6928

HISTOIRE
GÉNÉALOGIQUE
DES
MAISONS SOUVERAINES
DE L'EUROPE.

TOME SECOND.

SUITE
DE LA MAISON D'HABSBOURG-AUTRICHE.

Branches d'Autriche-Espagne.
>de Tyrol (deuxième).
>
>de Styrie (deuxième).
>
>de Tyrol (troisième).

Maison ducale de Lorraine, qui devient impériale d'Allemagne et d'Autriche. *Voyez le titre de la deuxième partie du tome II.*

Maison ducale de Guise et d'Aumale. *Voyez le titre de la troisième partie du tome II.*

Nota. Le second volume se compose de trois parties :
1° La suite de la Maison d'Habsbourg-Autriche.
2° La Maison de Lorraine, qui devient impériale, et toutes ses branches.
3° La Maison de Guise et toutes ses branches.
Chaque partie a sa Table particulière.

HISTOIRE GÉNÉALOGIQUE

DES
MAISONS SOUVERAINES
DE L'EUROPE,
DEPUIS LEUR ORIGINE JUSQU'A PRÉSENT.

Cet ouvrage est le complément de tout ce qui a paru sur les généalogies des diverses maisons souveraines de l'Europe. Il rectifie toutes les erreurs qui se rencontrent dans les auteurs qui ont précédemment écrit sur cette matière, tels que Dutillet, de Sainte-Marthe, Vignier, André Duchesne, Anselme, Clérembault, d'Epernon, Labbe, le Laboureur, Calmet, Hergott, Hubner, Imhof, Zurlauben, Chiflet, Chazot de Nantigny, d'Hozier, Lachesnaye des Bois, d'Etrées, l'Art de vérifier les Dates, Lesage, etc., etc., etc.; et fait connaître tous les personnages de chaque famille souveraine, avec les principaux traits de leur vie, depuis l'origine de ces familles jusqu'à cette année 1812.

AVEC DES TABLES GÉNÉALOGIQUES ET DES ARMOIRIES GRAVÉES EN TAILLE DOUCE.

PAR M. V****

TOME SECOND.

A PARIS,

Chez { l'AUTEUR, rue de la Vrillière, n° 10;
{ M^{de} veuve LEPETIT, rue Pavée-S.-André-des-Arcs, n° 2.

DE L'IMPRIMERIE DE P. DIDOT L'AÎNÉ.

M. DCCCXII.

MAISON

IMPÉRIALE

D'HABSBOURG - AUTRICHE.

FRÉDÉRIC,

IIe. du nom comme chef de la Maison d'Habsbourg-Autriche, et IVe. du nom comme Empereur d'Allemagne.(1)

F<small>REDERIC</small> IV était né le 21 septembre 1415, d'E<small>RNEST</small> Ier., dit de Fer, archiduc d'Autriche, chef de la branche de *Stirie* et de *Zimburge de Mazovie.* Voy. tom. 1er., page 258.

---

(1) Quelques historiens ne comptent Frédéric que comme IIIe. empereur d'Allemagne de ce nom; d'autres le comptent comme IVe., et ils ont raison :
1°. Frédéric Ier., surnommé Barberousse, de l'illustre maison de Hohenstauffen ou de Souabe, fut élu empereur le 4 mars 1152. Il régna jusqu'en 1190, époque de sa mort.
2°. Frédéric II, petit-fils de ce Frédéric Ier. et

Tome II. 1

Ce prince étant mineur lorsque son père mourut, fut mis, ainsi que son frère *Albert le Prodigue*, sous la tutèle de Frédéric Ier., dit le Vieux, comte de Tyrol, leur oncle paternel. Ils y restèrent jusques en 1435, qu'ils opérèrent entr'eux le partage de leur succession.

Le premier usage que Frédéric fit de la liberté que lui donnaient ses droits de majorité et de souveraineté, fut de diriger ses pas vers la *Terre-Sainte*, où l'esprit du siècle conduisait grands et petits, pour se sanctifier par la vue et l'adoration du Saint-Sépulchre.

De retour de ce pieux voyage, en 1436, il se joignit à Albert le Prodigue son frère et à Albert V son cousin, chef de la branche aînée de la maison d'Autriche, pour protester contre les lettres-patentes que l'empereur

---

fils d'Henri VI, aussi empereur, fut élu à l'Empire en 1196, avant son baptême; proclamé de nouveau en 1198; et enfin pour la troisième fois en 1211. Il régna jusqu'en 1250, époque de sa mort.

3º. Frédéric III, dit le Beau, de la maison d'Autriche, fils de l'empereur Albert Ier., et petit-fils de l'empereur Rodolphe Ier., fut élu empereur en 1314, concurremment avec Louis V de Bavière. La perte de la bataille de *Mulhdorf* semblait effectivement devoir lui faire renoncer pour toujours à cette dignité; mais un traité consenti entre lui et Louis V, conserva à Frédéric le titre, les honneurs et les droits de roi des Romains, qu'il devait partager avec son rival. Des chartes, des diplômes, attestent qu'il exerça l'autorité souveraine subséquemment à ce traité. Il mourut en 1330; voyez tom. 1er., pag. 193.

4º. Frédéric IVe., dont il est question maintenant.

Sigismond avait délivrées, pour élever à la dignité de *princes de l'Empire*, les comtes de *Cilley*, qui étaient vassaux des ducs d'Autriche. Leur opposition et la guerre qui s'éleva entr'eux et les comtes de Cilley, firent que les lettres-patentes de ce monarque demeurèrent sans effet.

Albert V (1), gendre de l'empereur Sigismond, fut son successeur à l'Empire et aux royaumes de Hongrie et de Bohême en 1437; mais ce règne ne fut que de très-peu de durée; car Albert descendit dans la tombe en 1439. Sa mort laissant le trône impérial vacant, les électeurs assemblés à Francfort, fixèrent encore leur choix sur la maison d'Autriche et proclamèrent empereur, le 2 février 1440, Frédéric IV. Ce prince prit aussitôt les rênes du gouvernement, et fit reconnaître son autorité dans toute la Germanie.

L'impératrice *Elisabeth*, veuve d'Albert II, qui à sa mort l'avait laissée enceinte, accoucha d'un prince qu'on nomma *Ladislas le Posthume*. Les royaumes de Hongrie et de Bohême lui appartenaient par droit de succession; mais les troubles qui les agitaient alors, ne permirent ni au fils, ni à la mère, d'en prendre possession, et encore bien moins de s'y fixer. Ils vinrent se réfugier sous la protection de l'empereur Frédéric, à qui la tutèle du

---

(1) Il était V°. du nom comme chef de la maison d'Autriche, et II°. du nom comme empereur d'Allemagne.

jeune Ladislas avait été déférée; mais ce monarque, loin de porter à son pupille tout l'intérêt qu'exigent et la faiblesse de l'enfance et les liens de parenté, se déshonora en quelque sorte, par l'avarice sordide, l'ambition dissimulée et les sentimens peu délicats qu'il manifesta dans toutes les affaires qui concernaient ce jeune prince. (Voyez l'article de ce dernier, tome 1er., page 253.)

Albert II, pendant tout son règne, et après sa mort le collège électoral, avaient adopté un système exact de neutralité, dans la querelle du pape Eugène IV et du concile de Basle, qui lui opposait Félix V. Frédéric au lieu de suivre ce parti, se hâta d'envoyer une ambassade à Rome, pour notifier à Eugène son élection et le prier de suppléer à ce qu'elle pouvait avoir de défectueux, par la plénitude de sa puissance apostolique; ayant obtenu du pontife ce qu'il désirait, il alla se faire couronner à Aix-la-Chapelle le 15 juin 1442. Il avait eu soin auparavant de remplir une formalité qui était usitée depuis long-tems dans le couronnement des empereurs d'Allemagne; c'était de se faire proclamer et de s'asseoir sur le trône impérial de *Rensée*. Ce trône, appelé en allemand *Kœnigs-Stuhl*, était un ancien bâtiment octogone, construit sur les bords du Rhin; sa hauteur était d'environ dix-sept pieds sur quatre-vingts de circuit et plus de vingt-cinq de diamètre; il faisait face aux terres des quatre électeurs du Rhin, et c'était là que, dans les tems primitifs, l'élection et la proclamation du roi de Germanie avaient lieu. Maximi-

FRÉDÉRIC IV, *Empereur.* 5

lien Ier. fut le dernier empereur qu'on y conduisit. De Rensée, l'empereur convoqua une diète à Francfort, dans laquelle on fit plusieurs lois ou édits, sur le maintien de la paix publique et sur la réforme de plusieurs abus dans les tribunaux et l'administration des affaires militaires ou civiles de l'Empire.

Deux jours après son couronnement, Frédéric IV signe, avec la ville de *Zurich*, un traité d'alliance contre les autres cantons suisses, avec lesquels elle se trouvait en guerre; mais abandonné par les princes de l'Empire qui refusent de prendre aucune part à cette querelle, il s'adresse à la France et obtient de Charles VII, un secours de cinquante mille hommes, formés de ce qu'on appelait alors les *grandes compagnies*. (Voyez pour le combat de St.-Jacques et les détails de cette guerre, tome Ier., pages 248 et suivantes.)

Bataille de *Warne*, le 10 novembre 1444. L'armée chrétienne, commandée par Ladislas roi de Hongrie, et le cardinal *Julien Cesarini*, est défaite par les Ottomans, qui avaient à leur tête Amurat II. Ladislas et le cardinal périrent dans la mêlée; toute la chrétienté conçut les plus vives alarmes de ce désastre; mais *Jean Huniade* et *Georges Castriot*, dit *Scanderberg*, sauvèrent la Hongrie et l'Europe entière par l'étendue de leur génie et l'intrépidité de leur caractère. Voy. t. Ier., p. 257 et suivantes.

Frédéric IV, loin de prendre une part active aux affaires militaires qui se passaient alors et qui étaient du plus grand intérêt et pour l'Allemagne et pour l'Autriche en particulier, employait tous ses momens à des débats ou à des pratiques de religion qui ne peuvent exclusivement convenir à un souverain. Ce genre d'occupation aurait dû néanmoins lui inspirer plus de dévouement pour ses devoirs envers le jeune Ladislas le Posthume son pupille et son cousin, et plus d'éloignement pour l'avarice détestable dont il était tourmenté. Le refus qu'il fit de remettre aux Hongrois ce jeune prince qu'ils voulaient asseoir sur le trône de son père, entache sa mémoire d'une manière ineffaçable. Qu'un prince se méprenne dans l'exercice des devoirs et des droits de la souveraineté, il n'y a rien de condamnable ni de déshonorant pour lui; mais que son cœur se ferme à la voix de la justice et de la probité, voilà un délit dont les peuples contemporains pourront bien être la victime, mais que la postérité et l'histoire condamneront, sans aucun égard pour la dignité éminente de celui qui l'aura commis. (Voyez pour tout ce qui concerne Ladislas le Posthume et la Hongrie, tom. 1er., p. 253 et suivantes.)

Nicolas V, successeur d'Eugène IV, fut reconnu pour pape légitime, par les électeurs de l'Empire, dans la diète d'*Aschaffenbourg*, tenue en 1447. *Æneas Sylvius Piccolomini*, secrétaire de l'empereur (il devint pape en 1458, sous le nom de *Pie II*), proposa, dans cette assemblée, le plan d'un règlement pour la collation des bénéfices; il fut ratifié le 17 février 1448 par le pontife, l'empereur, et plusieurs électeurs et princes d'Allemagne, sous le nom de *concordat de la nation Germanique*. Il portait en substance :

1°. Que l'élection canonique serait rétablie dans tous les chapitres et communautés médiatement ou immédiatement soumis au St.-Siège;

2°. Qu'aucunes provisions ni expectatives ne seraient plus accordées par la cour de Rome;

3°. Que le pape nommerait aux bénéfices d'Allemagne quand ils vaqueraient en cour de Rome, ou par la déposition et la translation des possesseurs, faite par autorité apostolique, ou enfin quand l'élection ou la postulation du nouveau bénéficier aurait été annulée ou cassée par le St.-Siège.

4°. Que le pape nommerait aux canonicats qui viendraient à vacquer dans les mois de janvier, mars, mai, juillet, septembre et novembre; et que la nomination des canonicats vacquans dans les six autres mois de l'année, appartiendrait aux chapitres;

5°. Que les annates seraient abolies, mais qu'on y substituerait une certaine taxe que le nouveau bénéficier payerait au St.-Siège en deux termes égaux, à une année d'intervalle;

6°. Que si pendant ces deux ans le même bénéfice vacquait deux ou plusieurs fois, la taxe ne serait payée qu'une seule fois.

Ces conditions, qui s'observaient encore de nos jours en Allemagne, excitèrent les plaintes et les reproches de divers Etats de l'Empire; l'on accusa Frédéric IV de s'être laissé influencer par son secrétaire et d'avoir ainsi sacrifié les droits de l'église germanique, lorsqu'il était en son pouvoir de stipuler des causes pareilles à celles qui font la base de la pragmatique sanction établie par Charles VII. Frédéric qui attachait un grand prix à être couronné à Rome, des mains du pape, avait consenti à tout pour lui être agréable et dans le dessein de le déterminer à procéder à cette cérémonie ; mais Nicolas VI, qui craignait la présence de l'empereur dans sa capitale, exigea, de la part de ce nouveau monarque, de nouveaux sermens qui furent prononcés et exécutés de la meilleure foi du monde. L'empereur reçut donc à Rome, le 16 mars 1452, la couronne de roi de Lombardie, et trois jours après celle d'empereur d'Allemagne. Il créa, à cette occasion, trois cents chevaliers sur le pont du Tibre. Ce couronnement est le dernier qui ait été fait à Rome. *Eléonore de Portugal*, qu'il n'avait encore que fiancée en passant à Sienne, fut couronnée impératrice avec lui. De Rome, l'empereur se rendit à Naples avec son épouse, pour faire une visite au roi Alphonse le Magnifique, oncle de cette princesse. Ce monarque engagea l'empereur à consommer son mariage avant son retour en Allemagne ; Frédéric très-superstitieux, et qui ne voulait pas que son enfant fût Italien, n'y consentit qu'avec peine ; il eut grand soin, dit-on, de faire écarter toutes les apparences d'enchantemens qui pouvaient offusquer son esprit.

En retournant en Allemagne, où l'empereur était rappelé par la révolte des Hongrois et des Autrichiens, il créa à Ferrare, le 18 mai 1452, le marquis Borso d'Est, *duc de Modène*. Ce nouveau prince s'engagea à payer à l'empereur un tribut annuel de quatre mille florins d'or. La maison des Ursins acheta dans le même tems, de ce monarque, la principauté de *Piombino;* et François Sforce et la république de Venise s'empressèrent également et de lui envoyer des présens magnifiques et de le fêter convenablement à sa dignité.

Les progrès des Hongrois étaient tellement avancés, que la forteresse de *Neustadt* allait succomber sous le poids de leurs efforts; Frédéric ne balança plus alors à rendre son pupille et à faire un traité de paix avec eux; mais son avarice, ou l'espoir de s'en servir un jour pour lui-même, lui fit retenir la couronne de St.-Etienne.

L'an 1453, le jour des Rois, en qualité de chef de l'Empire, il donna des lettres-patentes portant érection du duché d'Autriche en *archiduché.* Il accorda en même-tems aux archiducs le droit de créer des *comtes* et des *nobles,* d'établir des impôts et d'imposer des tailles. Enfin, pour que ce ne fût pas un vain titre, il y joignit tant de prérogatives, qu'un *archiduc* ne le cédait qu'à l'empereur auquel même il ne se croyait pas inférieur, quoique comme membre de l'Empire il reçoive de lui l'investiture.

L'empereur est même obligé de venir faire la cérémonie de cette investiture sur les limites de l'Autriche; l'archiduc l'y reçoit à cheval, vêtu *à la royale,* le bâton de commandement à la main, et sur la tête une couronne rehaussée de fleurons, fermée d'un bonnet à deux pointes affrontées, et surmonté d'une croix semblable à celle de la couronne impériale.

L'Allemagne, la Prusse, la Bohême et la

Hongrie, déchirées par des guerres de partis, laissent Mahomet II détruire l'Empire grec et enlever d'assaut la ville de Constantinople le 29 mai 1453. L'Europe menacée commence à craindre les armes des infidèles; une croisade contre les Turcs se prêche dans les diètes de *Ratisbonne* et de *Neustadt*; et les électeurs de l'Empire, réunis à *Nuremberg* et à *Francfort*, somment l'empereur de s'appliquer aux affaires de l'Etat; ils le menacent, en cas de refus, d'élire un roi des Romains à qui ils confieront le gouvernement de l'Empire. (On conserve encore aujourd'hui le cahier des griefs qu'ils lui présentèrent au nom de la nation) Mais tout cela ne put tirer Frédéric de son engourdissement, et la mésintelligence qui se glissa dans ces assemblées générales, anéantit les premiers élans des princes chrétiens.

L'empereur préférait s'occuper à faire tomber exclusivement sur sa tête la succession du jeune Ladislas son pupille, qui venait de mourir à Prague le 23 novembre 1457. Ses espérances sur un aussi vaste héritage se virent néanmoins frustrées par l'élection que firent les Hongrois de *Mathias Corvin*, et les Bohêmiens de *Georges Podiebrad* pour leurs rois. La seule Autriche lui offrait alors une espèce de dédommagement; mais Albert le Prodigue son frère, et Sigismond comte de Tyrol son cousin, prétendirent en avoir chacun une portion et coururent aux armes pour appuyer leurs droits. La guerre que se firent les deux frères dura six années consécutives, (voy. tom. 1er., p. 266) et l'empereur ne dut sa liberté et la levée du siège de *Vienne*, qu'aux secours puissans que lui emmena en personne Georges Podiebrad en 1463. Le prix de ce service signalé, fut que Frédéric reconnut Georges pour légitime roi de Bohême, et qu'il lui expédia des lettres-patentes pour élever à la dignité de princes de *Munsterberg* et d'*Œls* en Silésie, les fils de ce monarque.

L'an 1465, l'empereur termina également la guerre qui existait entre lui et Mathias Corvin roi de Hongrie, à l'occasion du refus qu'il avait toujours fait, de restituer aux Hongrois la couronne de St.-Etienne; il la rendit enfin contre une somme de soixante mille ducats et la promesse que, dans le cas où Mathias viendrait à mourir sans enfans mâles, la succession à ce royaume lui serait dévolue.

Æneas Sylvius Piccolomini, secrétaire de Frédéric IV, avait été porté sur la chaire de St.-Pierre, sous le nom de Pie II, le 14 août 1458; ses efforts pour rallier les princes chrétiens contre les Turcs, avaient été inutiles et laissèrent à Paul II son successeur, une tâche difficile à remplir. Ce pontife proposa dans la diète de *Nuremberg*, tenue en 1469, de lever des troupes et de marcher contre l'ennemi commun; mais l'expédition manqua, parce que les villes impériales ne voulurent pas acquitter les taxes qu'on leur avait imposées.

Cette diète de Nuremberg est célèbre dans les fastes de l'Allemagne, par la distribution des Etats de l'Empire *en trois collèges*; celui des *électeurs*, celui des *princes*, et celui des *villes*, qui jusqu'alors n'avaient formé qu'un seul corps.

L'an 1468, Frédéric institua l'ordre militaire des chevaliers de *St.-Georges*, lequel fut confirmé par le pape Paul II, puis renouvelé en 1493, par l'empereur Maximilien son fils. Cette association religieuse et militaire, rendit de grands services à l'Allemagne contre les Turcs ; elle fut ensuite dissoute par les guerres de religion, et il n'en reste plus aujourd'hui que la mémoire.

Dans les années 1470, 1471 et 1472, de nouvelles diètes furent convoquées à *Ratisbonne*, à *Neustadt* et à *Augsbourg*, pour aviser aux moyens de s'opposer aux Ottomans; mais comme les précédentes, elles furent infructueuses, parce que les Etats de l'Empire, qui connaissaient la cupidité de Frédéric IV, offraient seulement de faire marcher leur contingent sans accéder à donner des sommes d'argent, qu'ils prévoyaient bien devoir entrer dans les coffres particuliers du monarque.

Dans cette dernière année, la mort de Georges Podiebrad qu'on avait voulu plus d'une fois opposer à Frédéric, en parlant de l'élire roi des Romains, laissait le trône de Bohême vacant; Mathias Corvin roi de Hongrie, appuyé par le pape Sixte IV (le cardinal François de la Rovère), fit valoir ses prétentions sur cette couronne; mais les Hongrois élurent pour roi, et l'empereur et l'Empire reconnurent pour tel, *Ladislas* prince de *Pologne*, fils aîné du roi Casimir III et d'*Elisabeth d'Autriche*, fille de l'empereur Albert II.

Mathias offensé de ce procédé, se jette sur l'Autriche et en ravage toutes les provinces ; Frédéric est obligé de lui demander la paix et de lui promettre cent vingt mille ducats pour obtenir la restitution de ces conquêtes.

 Le duc de Bourgogne, Charles le Téméraire, venait d'acheter le duché de *Gueldre* et le comté de *Zutphen*, du duc Arnould, pour la somme de quatre-vingt douze mille florins. Ce dernier prince vendait ses Etats héréditaires, pour priver son fils Adolphe de sa succession, et se venger de la captivité qu'il lui avait fait éprouver, après s'être révolté et battu contre lui. L'agrandissement du duché de Bourgogne et l'ambition dont Charles était tourmenté, lui firent naître le projet de faire ériger ses Etats en monarchie ; il alla à cet effet trouver l'empereur qui était à *Tréves*, et entama avec lui une négociation dont le résultat fut que le duché de Bourgogne serait, conformément à ses vues, érigé en monarchie ; mais qu'en reconnaissance, il donnerait *Marie*, sa fille et unique héritière, à *Maximilien*, fils aîné de l'empereur. Les choses réglées de cette manière, on se fit de part et d'autre des présens magnifiques et l'on ne pensa plus qu'à ordonner les préparatifs des fêtes qui devaient avoir lieu pour le couronnement de Charles ; mais sur ces entrefaites, l'empereur reçut une lettre de Louis XI roi de France, qui lui mandait que le duc de Bourgogne était le prince de l'Europe le plus ambitieux et le plus remuant ; qu'il ne se bornerait jamais au royaume dont il allait lui donner le titre ; qu'il porterait son ambition jusqu'à l'Empire, et qu'il pourrait bien quelque jour devenir son compétiteur après avoir été son suppliant. Ces soupçons parurent à Frédéric d'autant plus vraisemblables, que depuis peu le duc lui avait demandé avec instance qu'il le fît vicaire du saint Empire; et que d'ailleurs, par l'étalage de ses immenses richesses, il avait paru vouloir lui reprocher la pauvreté de l'Empire. Frédéric fit naître quelques difficultés au sujet du mariage de Maximilien avec la fille du duc, et proposa de le faire célébrer avant le couronnement de Charles. Cet article fut discuté dans quelques conférences. L'empereur voyant que le succès ne lui serait pas favorable, partit la nuit dans une barque, sur la Mozelle, sans avertir le duc; il lui fit dire seulement qu'il allait à Cologne pour appaiser des troubles qui s'y étaient élevés à l'occasion de la tyrannie que Robert archevêque de cette ville y exerçait. L'empereur condamna la conduite de ce prélat et nomma administrateur de cet électorat, Herman prince de Hesse, chanoine de cette église.

Le duc de Bourgogne qui avait à se venger de Frédéric, offrit à Robert de puissans secours pour le rétablir dans sa principauté; ses offres ayant été acceptées, il vint poser le siège devant la ville de *Nuitz*, où Herman de Hesse s'était logé avec dix-huit cents chevaux et une infanterie suffisante pour défendre la place. L'Empire, le roi de France, la maison d'Autriche, le duc de Lorraine et les Suisses, se déclarent aussitôt contre Charles le Téméraire, (1) et se mettent en campagne pour lui faire la guerre. Louis XI se rend maître de la Picardie, les Suisses de la Franche-Comté, et l'empereur à la tête de quatre vingt mille hommes, marche sur Nuitz pour en faire lever le siège; mais soit que ce monarque se souciât peu du titre de grand capitaine, soit qu'il voulût encore renouer avec le duc de Bourgogne la négociation du mariage de son fils avec la fille de ce prince, il écouta les propositions que lui fit le nonce du pape; elles consistaient à s'en rapporter à la décision du St.-Siège, sur le différend existant entre l'archevêque Robert et le chapitre de Cologne, et qu'en attendant cette décision, la ville de Nuitz demeurerait en séquestre sous la protection du pape. Le duc de Bourgogne qui se morfondait devant la place, accepta avec plaisir cet expédient qui le tirait d'un extrême embarras et mettait son honneur à couvert. Un article particulier de ces conventions signées le 31 mai 1475, stipulait le mariage de Maximilien avec *Marie de Bourgogne*, et assurait à Frédéric IV une somme de deux cent mille écus. L'empereur dont les vues d'intérêt se trouvèrent satisfaites, abandonna dès-lors ses alliés et rentra en Autriche. Cette défection aussi inattendue qu'indélicate, le chargea de l'indignation de toute l'Europe.

Charles le Téméraire continuant la guerre contre les Suisses et contre le duc de Lorraine,

---

(1) Traité d'*Andernach*, conclu le 31 décembre 1475.

fut tué à la bataille de Nancy le 5 janvier 1477. (Voy. t. 1ᵉʳ., p. 264) Sa mort laissait son duché sans héritier mâle et faisait envisager la princesse *Marie* sa fille, comme la plus riche héritière que l'Europe pouvait offrir à cette époque. Les Flamands désiraient que cette princesse se mariât avec le dauphin de France, et poussèrent les choses jusques à en faire les propositions à Louis XI; mais ce monarque les rejeta; il n'entrait pas dans sa politique tortueuse que ce mariage s'effectuât. Il voulait bien s'emparer de la majeure partie des Etats de Charles le Téméraire, mais il ne voulait pas de sa fille pour bru. L'empereur ne pensait pas de même; il envoya sur-le champ des ambassadeurs à *Marie de Bourgogne*, pour lui rappeler ses engagemens envers son fils, et pour la prier d'en hâter l'exécution. La princesse influencée par sa dame d'honneur qui était de la maison d'Halwin, et que Frédéric avait su mettre dans ses intérêts, donna son consentement et épousa l'archiduc Maximilien le 7 août 1477. On sait qu'un des traits d'avarice qui signale le plus Frédéric IV, fut le dénuement presqu'absolu dans lequel il laissa son fils à l'époque de son mariage; ce dénuement était tel, et si peu convenable à un aussi grand prince, que la duchesse de Bourgogne sa future, fut obligée de lui fournir un équipage avec lequel il pût décemment arriver et paraître à Gand.

Louis XI se repentit bientôt de n'avoir pas accepté les offres des Flamands, concernant le mariage de la duchesse *Marie*, avec le dauphin ; dans son dépit, il s'empara de la Bourgogne, de la Picardie, de la Flandre et de l'Artois, comme étant des fiefs ouverts et dévolus à sa couronne. Maximilien n'eut pas plutôt épousé cette princesse, qu'il leva une armée pour obliger le roi de France à lui restituer ces provinces. Il vint poser le siège devant *Thérouenne*, en 1479; cette place défendue vaillament par *Andvier* qui en était gouverneur, ne laissait plus d'espoir à l'archiduc de l'enlever de vive force; il fallait se décider à livrer une bataille à l'armée française, qui était venue à son secours, et c'est le parti que prit Maximilien. Il abandonna spontanément ses lignes pour mener toutes ses troupes contre les Français qui se trouvaient près de *Guinégate*; la bataille s'engage le 4 août de la même année, et déjà la victoire semblait se décider contre lui, lorsque ses ennemis, divisant leur cavalerie d'avec leur infanterie, lui ouvrent un moyen facile de les couper, d'en faire un carnage horrible et de rester maître du champ de bataille. Maximilien ne sut pas profiter de ce succès. Au lieu de reprendre le siège de *Thérouenne*, il s'amusa mal-à-propos devant le château de *Malanoi*, bicoque mal située et peu fortifiée, défendue par le brave *Romanet* gascon d'origine, qui soutint quatre assauts avant de rendre la place. L'archiduc se laissant emporter par sa colère, le fit pendre sur-le-champ. Louis XI indigné de ce barbare affront et voulant venger la mort d'un aussi brave capitaine, fit pendre cinquante allemands. Une trêve conclue au mois d'août 1480, suspendit les hostilités.

Pendant que les princes chrétiens étaient ainsi divisés entr'eux, les Turcs armèrent deux flottes, l'une de cent vaisseaux, et l'autre de cent cinquante galères avec lesquelles ils formèrent le siège de *Rhodes* et celui d'*Otrante*; mais les chevaliers de *Rhodes*, sous la conduite du célèbre d'*Aubusson* leur grand maître, soutinrent pendant trois mois des attaques continuelles, et forcèrent les Turcs à abandonner leur entreprise, après une perte de plus de dix mille hommes. Il n'en fut pas de même de la ville d'*Otrante*, qui fut prise d'assaut et dont les malheureux habitans furent tous passés au au fil de l'épée.

L'empereur Frédéric, toujours occupé à amasser de l'argent, pour le seul plaisir de le posséder, s'embarrassait fort peu des progrès des ottomans et des guerres que se faisaient entr'eux les divers Etats de l'Allemagne et de l'Italie; sa seule ambition était de voir et de conserver ses trésors; le reste lui devenait indifférent. Cependant, *Mathias Corvin*, roi de Hongrie, indisposé contre lui, à cause du refus que ce monarque avait fait de lui donner sa fille *Cunégonde* en mariage, et du délai qu'il mettait à lui payer les cent vingt mille ducats stipulés dans leur dernier traité, reprit les armes, envahit les Etats de l'empereur, et se saisit de la ville de *Vienne* le premier juin 1485. Frédéric forcé d'abandonner ses provinces héréditaires, mène une vie errante pendant cinq années. Une suite de quatre-vingts personnes l'accompagne de couvent en couvent ; il met les moines à contribution par les frais que leur occasionne sa présence, et leur montre sa nonchalance, sa nullité et son amour cupide des richesses. Ses malheurs lui faisaient souvent répéter ces paroles, qui peuvent sans inconvénient se trouver dans le cœur d'un philosophe, mais non pas dans celui d'un roi : *rerum irrecuperabilium summa felicitas oblivio*; *l'oubli est le seul remède des choses perdues, quand la disgrace est inévitable.* Albert duc de Saxe et plusieurs princes de l'Empire, après avoir tenté vainement de chasser Mathias de l'Autriche, parvinrent par des voies de négociation à ménager entre lui et l'empereur, la trève de *Margendorf*, qui fut conclue le 24 novembre 1488. Frédéric, par un des articles de ce traité, devait rembourser au roi de Hongrie tous les frais de la guerre ; aussitôt ce remboursement, ce dernier prince devait évacuer la basse Autriche ; mais Frédéric trop avare pour se dessaisir de tant d'argent, aima mieux attendre, dans une espèce d'exil, la mort de Mathias ; elle arriva effectivement le 6 avril 1490, et ce ne fut qu'après cette époque que l'empereur rentra dans Vienne et qu'il reprit tous ses États héréditaires.

La duchesse *Marie de Bourgogne*, épouse de l'archiduc Maximilien, était morte dès le 27 mars 1482. Les Flamands toujours portés à susciter des tracasseries à ce prince, prétendirent lui disputer la tutèle de l'archiduc Philippe le Beau son fils, et l'obligèrent à faire sa paix avec le roi de France Louis XI, par le traité conclu à *Arras*, le 23 décembre de la même année. L'un des articles de ce traité stipulait le mariage de la princesse *Marguerite*, fille de Maximilien, alors âgée de trois ans seulement, avec le dauphin de France; elle lui portait en dot les comtés d'*Artois* et de *Bourgogne*, le *Mâconnois*, l'*Auxerrois*, *Salins*, *Bar-sur-Seine* et *Noyers*, c'étaient les plus belles provinces du duché de Bourgogne, et Maximilien ne faisait des cessions aussi considérables à la France, que parce que les Flamands l'y contraignaient. Après cette paix, il tourna les armes contre les Liégeois révoltés, prit *Tongres*, battit complettement leur armée et les força à lui payer une pension de trente-deux mille écus d'or.

Les Gantois firent bientôt retentir de nouvelles plaintes sur l'administration de Maximilien; *Guillaume Rim et Daniel Oureden*, à la tête des mécontens, se saisirent, en 1484, du jeune archiduc Philippe, et levèrent entièrement l'étendart de la révolte; ils mirent dans leur intérêt Charles VIII, fils et successeur de Louis XI, qui leur envoya un secours de six mille hommes; mais Maximilien ayant défait ces troupes près d'*Alost*, réduisit les Gantois à venir lui demander la paix. *Rim* et *Oureden* eurent la tête tranchée, et Maximilien fit son entrée à Gand le 7 juillet 1485.

Le 16 février de l'an 1486, les électeurs réunis à la diète de *Francfort*, présidée par l'empereur, élurent d'une voix unanime l'archiduc Maximilien son fils, ROI DES ROMAINS. Il fut intronisé à *Rensée* et couronné à *Aix-*

la-Chapelle, malgré la protestation de Ladislas roi de Bohême, qui ne s'était pas trouvé à l'élection. Le 18 septembre suivant, l'empereur Frédéric qui voulait reconnaître les services qu'Albert duc de Saxe, frère de l'électeur Ernest, lui avait rendus dans différentes occasions, lui accorde l'investiture éventuelle des duchés de *Juliers* et de *Berg*. C'est le premier fondement des prétentions que la maison électorale de Saxe a formées sur ces duchés.

Maximilien et Charles VIII s'étant brouillés de nouveau en 1486, les hostilités reprirent en Flandre; *St.-Omer* et *Thérouenne* se virent encore une fois au pouvoir des Français. Les Brugeois excités à la révolte par ces derniers, se saisirent en 1488, de la personne de Maximilien et le retinrent prisonnier pendant près de neuf mois. L'empereur et l'Empire arment pour faire rendre la liberté à ce monarque; mais déjà il l'avait obtenue par voie de négociation; les rébelles lui avaient imposé des conditions trop dures, pour que l'empereur se crût obligé de les tenir. Il dirigea son armée sur *Gand* et voulut en faire le siège; la résistance qu'il rencontra de la part des habitans, le lui fit abandonner au bout de six semaines, après avoir ravagé toute la campagne. Un traité conclu à *Tours*, le 22 juillet 1489, rétablit la paix entre Maximilien et Charles VIII. Les Flamands y furent admis. La régence de leurs provinces fut continuée à Maximilien, à qui ils payèrent cinq cent mille ducats à titre d'amende.

Dans la diète de *Francfort*, tenue en 1486, les États du cercle de *Souabe* avaient formé une confédération sous le nom de *Ligue de Souabe*, à l'effet de maintenir *la paix publique* dans cette province. Le résultat de cette association militaire lui ayant effectivement procuré la tranquillité, donna l'idée de renouveler cette union, en 1488, à *Esslingen*, sous le nom de ligue du bouclier de St.-Georges. L'empereur appuya les confédérés de toute son autorité, et l'Allemagne en retira les plus signalés services pour sa paix et sa sûreté intérieures.

La mort de Mathias Corvin arrivée, comme je l'ai dit, le 6 avril 1490, débarrassait l'empereur d'un ennemi puissant et audacieux; il songea dès-lors à rentrer dans ses Etats héréditaires; il y fut réintégré par le roi des Romains son fils, qui avait levé, à cet effet, une armée assez nombreuse. Après cet heureux évènement, Maximilien se porta sur la Hongrie; il prétendait à cette couronne et s'en voyait frustré par le choix qu'avaient fait les Etats de ce royaume, qui venaient de la décerner à *Ladislas* roi de Bohême, petit-fils de l'empereur Albert II. Le roi des Romains s'empara d'Albe Royale et d'autres places appartenantes à Ladislas; mais abandonné par ses alliés, il se vit bientôt dans la nécessité de négocier sa paix avec son ennemi; elle fut signée à Presbourg en 1491. Par ce traité, Maximilien conserva l'expectative du royaume de Hongrie, dans le cas où Ladislas mourerait sans héritiers;

il eut la liberté de porter le titre de roi de Hongrie et reçut cent mille écus d'or pour les frais de la guerre.

Cette même année 1491, la paix publique de l'Allemagne fut au moment d'être troublée, par les prétentions du duc Albert de Bavière, sur le comté de *Tyrol*, que Sigismond d'Autriche, dernier mâle de cette branche, lui avait cédé à raison de son mariage avec sa fille adoptive *Cunégonde*, propre fille de l'empereur Frédéric IV; mais ce monarque ne voulant pas qu'une province de cette importance sortît de sa maison, cassa par un décret impérial la donation de Sigismond, et mit Albert de Bavière au ban de l'Empire, parce que ce prince levait des troupes et cherchait des alliés. Le roi des Romains qui redoutait de voir s'élever une nouvelle guerre intestine dans l'Empire, interposa sa médiation dans cette affaire et rétablit la bonne harmonie entre la maison d'Autriche et celle de Bavière.

Dès l'an 1489, Maximilien ayant résolu de se remarier, avait fixé son choix sur *Anne*, fille et unique héritière de François II, dernier duc de *Bretagne*; il avait mis dans ses intérêts le maréchal de *Rieux*, tuteur de la princesse, qui avait déjà tellement avancé la chose, que le contrat de mariage était dressé, et qu'il ne demandait à Maximilien que de venir dans cette province avec quelques troupes, afin d'en chasser les Français qui avaient mis garnison dans les principales places. Le roi des Romains s'adressa à son père pour en obtenir des secours; mais Frédéric qui n'aimait pas à épuiser ses trésors, répondit à son fils : *qu'il ne fallait pas acheter si cher une seconde femme ; que comme il avait su conserver les Pays-Bas, sans qu'il en coûtât un sol à la maison d'Autriche, Dieu et son bon ange l'assisteraient de même, pour l'aider à se mettre en possession de la Bretagne et à s'y maintenir.* Dans cet état de choses, Maximilien fit toujours épouser la princesse par ses procureurs les princes de *Nassau-Orange* et Walfurg de *Pologne.* Charles VIII roi de France, à qui on avait eu soin de cacher ce mariage pendant quelque tems, prit, dès qu'il en fut informé, la résolution de s'emparer de la Bretagne et de l'unir à sa couronne ; il avait lui-même intention d'épouser la duchesse *Anne* et de renvoyer à Maximilien la princesse *Marguerite d'Autriche* sa fille, à laquelle il était fiancé, mais qu'il trouvait beaucoup trop jeune pour lui. Il vint donc poser le siège devant Rennes ; les Bretons alarmés de la présence d'une armée française qui cernait leur capitale, conjurèrent leur souveraine de consentir à la rupture de son mariage avec le roi des Romains, et à entendre les propositions du roi de France. *Anne* répugnait à épouser un prince qui lui faisait la guerre et qui venait, à la tête d'une armée, exiger et son cœur et sa main. Elle refusa absolument de donner son consentement à cette union. Charles VIII se vit obligé d'avoir recours au duc d'Orléans avec lequel il était brouillé et qu'il retenait enfermé dans la tour de Bourges ; il savait que ce prince avait beaucoup d'attachement pour la princesse, et qu'il en était également aimé ; mais comme il n'y avait dans la conjoncture présente, aucune apparence qu'il pût l'épouser, puisqu'il était marié, il fit sa paix avec lui, sous la condition qu'il déterminerait *Anne de Bretagne* à l'épouser.(1) Le duc d'Orléans sacrifiant tous ses ressentimens envers le roi et son amour pour la duchesse, se rendit auprés d'elle et obtint enfin ce consentement si désiré. Le contrat de mariage fut passé le 6 décembre 1492, à *Langeais* en Touraine, et les noces se célébrèrent aussitôt (2).

Maximilien fut au désespoir, lorsqu'il apprit qu'on lui avait ainsi ravi son épouse. Il perdait avec elle une province très-considérable ; et pour comble de disgrace, on devait lui renvoyer Marguerite d'Autriche sa fille, qu'il croyait devoir être bientôt *reine de France*. Il déclara sur-le-champ la guerre à Charles VIII, et fit une alliance avec le roi d'Angleterre Henri VII, pour agir avec plus de succès contre son ennemi. Ce dernier prince vint mettre le siège devant Boulogne ; mais appelé

---

(1) Les seigneurs bretons que Charles VIII avait mis dans ses intérêts, lui écrivirent qu'il n'y avait que *le duc d'Orléans* pour lequel leur duchesse avait une estime toute particulière, qui pût la déterminer à ce mariage.

(2) Ce même duc d'Orléans, depuis Louis XII, ayant hérité du royaume de France, à la mort de Charles VIII, répudia *Jeanne de France* sa femme en 1498 (et non pas comme le dit M. Lesage en 1593), pour épouser *Anne de Bretagne.*

dans ses États par des troubles qui commençaient à s'y manifester, il fit un traité de paix particulier avec la France, le 3 novembre 1492. Maximilien privé de cet appui, fut contraint de s'arranger aussi avec Charles VIII. Il signa sa paix à Senlis, le 23 mai 1493. Le roi de France lui rendit les places qu'il avait prises dans l'Artois, le Charolais et le comté de Bourgogne ; ses fiançailles avec Marguerite d'Autriche, fille de Maximilien, furent déclarées nulles, et son mariage avec Anne de Bretagne confirmé.

Pendant que le roi des Romains s'occupait des affaires de l'Empire, et qu'il soutenait avec des efforts inouis des guerres intestines et étrangères, l'empereur Frédéric IV son père, continuait à mener une vie indolente et passive qui ne lui faisait pas honneur. Sans cesse livré à l'astrologie, dont il avait fait une étude particulière, il espérait tout ou des songes ou des prédictions, et se mettait fort peu en peine ou de commander, ou de résister aux évènemens d'une autre manière. Il mourut à *Lintz* le 19 août 1493, après avoir régné cinquante-trois ans et quatre mois. Depuis *Auguste*, il est le seul empereur romain qui soit demeuré sur le trône impérial plus de cinquante ans. Comme il dissimulait avec beaucoup de soin les sujets de plaintes que lui donnèrent quelques papes, les Italiens disaient : *qu'il enfermait une âme morte dans un corps vivant.* Son avarice et son amour pour le repos, l'ont empêché de paraître sur la scène du monde, en prince digne de ses ancêtres et du trône sur lequel il était assis ; quelqu'inclination qu'il eut pour la paix, l'Allemagne ne fut jamais plus cruellement déchirée par les guerres civiles et étrangères, que sous son règne. Il avait pris pour devise mystérieuse une espèce d'anagramme, qui consistait dans les cinq voyelles A, E, I, O, U, et qui occupa long-tems les savans de son siècle. On n'en trouva l'explication qu'après sa mort, sur un billet écrit de sa propre main ; la voici: *Austria Est Imperare Orbi Universo.*

Frédéric IV avait épousé, en 1452, *Éléonore*, fille d'Edouard Ier. roi de *Portugal*, morte le premier septembre 1467. De ce mariage vinrent :

1°. Christophe, archiduc d'Autriche, né à Neustadt le 16 novembre 1455, mort le 21 mars suivant.

2°. Maximilien Ier., empereur, son article vient page 28.

3°. Jean, archiduc d'Autriche, né le 9 août 1466, mort le 15 février suivant.

4°. Hélène-Éléonore, née à Vienne le 3 novembre 1460, morte le 28 février suivant.

5°. Cunégonde, née le 16 mars 1465, mariée en 1485, à Albert le Sage duc de Bavière, mort en 1508. Elle se fit religieuse à *Munich* aussitôt après son veuvage, et mourut en 1520.

MAXIMILIEN Ier.,

EMPEREUR.

Maximilien Ier. était fils de l'empereur Frédéric IV et d'*Éléonore de Portugal* ; élu roi des Romains en 1486 (1), il fut porté à l'Empire en 1493, aussitôt après la mort de son père.

Le pape Alexandre VI voulant se venger du roi de Naples, qui lui avait refusé une de ses filles en mariage pour son fils aîné (2), conclut avec le duc de Milan et les Vénitiens, une ligue pour appeler les Français en Italie, et engager le roi de France à faire valoir ses droits sur le royaume de Naples, comme héritier de la maison d'Anjou. Ce duc de Milan était l'odieux *Ludovic-Marie Sforce, dit le* More, qui empoisonna son propre neveu *Jean-Galéas-Marie*, pour se mettre en possession de ce duché. Il avait ménagé, en 1493, un traité avec Charles VIII roi de France, pour livrer passage aux troupes de ce prince, lorsqu'il entreprendrait la conquête du royaume de

---

(1) Voyez tout ce qui est dit de ce prince pages 13, 15, 16, 19, 20, 21, 23 et suivantes.

(2) Alexandre VI vivait depuis long-tems avec *Lucrèce Varosia*, fille romaine, comme si elle avait été sa femme. Il en eut quatre garçons (entr'autres César Borgia, duc de Valentinois), et une fille qu'il reconnut publiquement et qu'il établit aux dépens du St.-Siège.

Naples; mais, aussi perfide envers ses alliés, que cruel envers ses parens, Ludovic engage en secret l'empereur Maximilien, à profiter de la présence de Charles VIII en Italie, pour pénétrer en France et s'emparer de la Champagne; il lui offre quatre cent quarante mille écus d'or pour le succès de cette expédition. Cette somme considérable ne devait se compter, à la vérité, que sous la condition que Maximilien donnerait l'investiture du duché de Milan à Ludovic, et que *Blanche-Marie Sforce*, nièce de ce dernier et veuve de Philibert 1er. duc de Savoie, épouserait l'empereur.

Maximilien balança pendant quelque tems à se décider pour un mariage qu'il trouvait aussi disproportionné, car le bisaïeul de *Blanche-Marie* était un simple bucheron nommé *Jacques Attendolo*, du village de Cotignola dans la Romagne; cet homme n'avait eu qu'un fils naturel nommé *François Sforce*, qui fit sa fortune dans la carrière des armes, et qui épousa *Blanche-Marie*, fille naturelle de *Philippe-Marie*, dernier duc de *Milan* de la maison de *Visconti*. *Galéas-Marie Sforce*, père de *Blanche*, était né de ce mariage. Un empereur d'Allemagne issu de l'illustre maison d'Autriche, pouvait hésiter à conclure une union aussi disproportionnée sous le rapport de la naissance; mais Maximilien ayant envisagé que les Sforce étaient déjà unis par les liens du sang, aux familles souveraines les plus considérables de l'Europe, se décida d'autant plus volontiers à épouser la duchesse *Blanche-Marie*, que les quatre cent quarante mille écus qu'elle lui apportait en dot, lui suffisaient pour lever et entretenir une armée dont il avait besoin dans les conjonctures où se trouvait l'Europe. Les cérémonies de ce mariage se firent avec la plus grande magnificence à *Inspruck*, le 16 mars de l'an 1494.

Les progrès des armées françaises en Italie, et des armées turques en Hongrie, engagèrent Maximilien, en 1495, à convoquer la *grande diète de Worms*, à l'effet d'obtenir des princes de l'Empire, des secours nécessaires pour les réprimer. On s'y décida lentement à accorder les troupes que l'empereur jugeait indispensables pour entrer en campagne; mais on y fit des règlemens sages pour l'administration intérieure de l'Allemagne; la célèbre constitution pour la conservation de la *paix publique*, y fut renouvelée et publiée avec la plus grande solennité, le premier mai de la même année. Maximilien donna dans cette diète deux investitures remarquables, celle de *Ludovic Sforce*, pour le duché de *Milan* et celle d'*Eberhard V*, comte de Wurtemberg, qui, après avoir agrandi ses Etats, voulut les faire ériger en *duché*. *La chambre impériale*, etablie à Francfort sur le Mein, date son institution de cette époque (1). Elle devait décider souverai-

---

(1) La chambre impériale fut composée d'abord d'un *grand juge*, tiré de la haute noblesse, et de seize assesseurs ou conseillers. Dans la suite, ce grand juge était à la nomination de l'empereur et ne se prenait que parmi les princes ou comtes de l'Empire; il avait sous lui quatre présidens, dont deux catholiques et

nement de toutes les questions qui s'élèveraient parmi les Etats de l'Empire, et juger toutes les causes criminelles qu'on peut regarder comme liées au maintien de la paix publique. Pendant que la diète délibérait sur l'abolition du *droit de défi*, on vit arriver à Worms un gentilhomme français nommé *Claude de Battré*, qui venait défier lui seul tous les Allemands. Maximilien crut que l'honneur de punir son audace était réservé au chef de l'Empire; il entra avec lui en champ-clos, et à la face de toute la nation, il engagea un combat singulier dont il sortit vainqueur. Sa victoire fut célébrée comme un fait d'arme éclatant. Telle était alors l'influence de l'esprit de chevalerie, qu'un monarque ne dédaignait pas d'entrer en lice avec un simple gentilhomme, pour soutenir les droits et l'honneur de sa nation. La diète de Worms rendit une loi contre les blasphêmes et réprima les abus

---

deux protestans et cinquante assesseurs dont vingt-six catholiques et vingt-quatre protestans; mais comme on négligea de pourvoir aux fonds nécessaires à l'entretien de ces juges, on fut obligé de réduire le nombre des assesseurs à dix-sept et celui des présidens à deux, et encore furent-ils assez mal payés. Ce tribunal fixé, dès son institution à *Francfort*, fut transféré à *Worms*, puis à *Nuremberg*, *Augsbourg*, *Ratisbonne*, *Esslingen*, *Spire*, et enfin à *Wetzlaer*. Il a été supprimé par suite de la dislocation de l'Empire d'Allemagne; et les princes de la confédération du Rhin ont pris des mesures pour venir au secours de ses membres.

de *la chambre Westphalique* (1); elle décida encore que l'empereur ne pourrait faire aucune alliance au nom de l'Empire, *sans le consentement des Etats.* C'est la première fois que la liberté des empereurs a été restreinte à cet égard par une loi publique. La guerre contre la France fut également résolue dans cette assemblée.

Charles VIII avait fait en très-peu de tems la conquête du royaume de Naples ; ce succès avait alarmé le pape Alexandre VI, qui, changeant bientôt et de politique et de sentimens envers la France, fomenta contre elle la fameuse *ligue de Venise,* qui fut conclue le 31 mars 1495, entre le pontife, l'empereur, les Vénitiens, le roi de Castille et les ducs de Milan et de Mantoue. Les confédérés devaient surprendre et attaquer le roi de France à son retour de Naples. Ils savaient que l'armée qu'il reconduisait dans son royaume, n'était que de neuf mille hommes, et qu'ils pouvaient lui en opposer une de quarante mille qu'ils avaient campée au pied de l'Apennin, sous le commandement du marquis de Mantoue. Le roi la rencontre, le 5 juillet, près du village de *Fornoue*, à neuf milles de Plaisance. Il sent la nécessité de s'ouvrir un passage l'épée à la main, et le lendemain 6, il présente la bataille à ses ennemis. Le combat ne dure qu'une heure ; et les alliés, vaincus par les Français,

---

(1) Voyez ce qui a été dit sur ce tribunal tome 1er., pages 235 et suivantes.

sont forcés de leur laisser libre le chemin des montagnes. Après le départ de Charles VIII, du royaume de Naples, le roi Ferdinand, aidé du grand capitaine *Gonsalve de Cordoue*, ne tarda pas à s'en remettre en possession.

L'empereur instruit que le roi de France méditait une nouvelle expédition contre l'Italie, passa dans cette contrée, afin de lui en disputer la conquête; mais Charles n'ayant pu rassembler assez tôt une armée, suspendit son projet et réduisit ainsi l'empereur à une espèce de nullité, qu'il voulut couvrir par le siège de *Livourne*, dont le résultat tourna contre ses intérêts et contre sa gloire; il fut obligé de regagner l'Allemagne en décembre 1496.

Cependant, les affaires d'Italie avaient établi des liaisons entre Ferdinand le Catholique, roi d'Arragon et l'empereur Maximilien Ier.; celui-ci en avait profité pour faire conclure, le 21 octobre 1496, le mariage de l'archiduc Philippe son fils, avec la princesse *Jeanne*, fille de Ferdinand et d'*Isabelle* reine de Castille. Ce mariage porta les royaumes d'*Espagne et des Indes* dans la maison d'Autriche.

L'archiduc Philippe, souverain des Pays-Bas, réclamait de Louis XII, successeur de Charles VIII, plusieurs villes du duché de Bourgogne; la France ne lui donnant aucune satisfaction, Maximilien fit entrer dans ce duché une armée composée d'Allemands et de Suisses, aux ordres de Guillaume de *Vergi*; mais loin d'obtenir de ces troupes les succès qu'on en attendait, on vit les Suisses se débander et abandonner les Allemands, sous prétexte qu'on ne leur payait pas leur solde. Cette défection amena entre l'archiduc Philippe et Louis XII, un traité de paix qui fut signé le 2 août 1498.

Charles d'Egmont duc de Gueldres, dépossédé par la maison d'Autriche, trouva moyen de rétablir dans son duché certains partis, à l'aide desquels il se saisit de *Ruremonde* et de *Nimègue*; Maximilien lui opposa des troupes commandées par Albert duc de Saxe, qui le força bientôt à abandonner le pays; mais quelque tems après (1497), Charles, soutenu par la France, reparut dans ses Etats et obtint des succès qui forcèrent l'empereur à lui en restituer une partie; cette réconciliation fut faite sous la médiation de Louis XII. Le duc Albert de Saxe, en reconnaissance des services qu'il avait rendus à Maximilien dans cette guerre, fut confirmé dans l'expectative des duchés de Juliers et de Berg, laquelle fut même reversible sur la branche Ernestine de la maison de Saxe.

Dans *la grande diète de Worms* de 1495, l'empereur avait indisposé singulièrement les Suisses contre lui, en exigeant qu'ils fournissent comme *Etats d'Empire*, leurs contingens en hommes et en argent dans les différentes guerres que l'Allemagne aurait à soutenir. La haine invétérée que ces républicains portaient à la maison d'Autriche et l'amour qu'ils avaient pour la liberté, leur avaient toujours fait répugner à se reconnaître *membres de l'Empire*. Soutenus dans cet esprit d'indépendance par la

France dont ils étaient alliés, ils n'hésitèrent pas à se refuser à fournir des secours à l'empereur contre cette dernière puissance. La mort de l'archiduc Sigismond, le dernier mâle de la maison d'Autriche de la branche du Tyrol, vint encore augmenter l'animadversion de Maximilien contre eux ; car l'empereur ayant hérité de ce prince du landgraviat d'Alsace, du Brisgaw et du comté de Ferrette, voulut renouveler, avec les Suisses, le traité d'alliance et de confraternité qui existait entr'eux et Sigismond ; ils s'y refusèrent avec une telle obstination, que l'empereur ne balança plus à les traiter en ennemis et à faire marcher contre eux des troupes capables de les soumettre ; mais ses espérances furent trompées, car les Suisses, assistés de la France avec laquelle ils avaient renouvelé leur alliance pour dix années, obtinrent des succès décisifs sur les Impériaux dans le comté de *Brégentz*, *l'Engadine*, *le Tyrol*, à *Obersdorf* et à *Dormeck*; il fallut alors de toute nécessité que Maximilien consentît à entrer en négociation avec eux et qu'il traita de la paix. L'acte en fut passé à Basle, le 22 septembre 1499 ; il confirme à jamais la liberté des Suisses, en les reconnaissant comme puissance indépendante.

Les armées françaises avaient inondé et conquis le duché de Milan, sous la conduite des généraux *Trivulce*, *Bayard* et Louis de la *Trémouille*, en 1499 et 1500. Ludovic Sforce, fait prisonnier lors de la reddition de *Novare*, fut conduit en France, et y demeura détenu au château de Loches jusqu'à sa mort arrivée en 1510. Louis XII voulant profiter de sa prépondérance en Italie, annonçait l'intention de conquérir le royaume de Naples; ce projet alarma Maximilien et lui fit assembler une diète à *Augsbourg*, pour solliciter des secours des princes de l'Empire contre la France; mais la diète s'empressa moins à répondre aux demandes de Maximilien, qu'à organiser l'intérieur de l'Empire. Ce fut dans cette assemblée que l'Allemagne reçut un accroissement de cercles, c'est-à-dire qu'elle fut divisée en six parties sous le nom de cercles de *Franconie*, de *Bavière*, de *Souabe*, du *Rhin*, de *Westphalie* et de *la basse Saxe*. L'empereur n'ayant pas obtenu des Etats de l'Empire, les troupes et l'argent qu'il désirait pour faire la guerre, songea à s'accommoder avec Louis XII, qui de son côté ne demandait pas mieux que de s'entendre avec Maximilien; leur réconciliation eut lieu par le traité de Trente, conclu le 13 octobre 1501; le mariage de Claude de France avec Charles duc de Luxembourg (depuis Charles-Quint), petit-fils de l'empereur, y fut stipulé, ainsi que celui d'une des sœurs de Charles avec le dauphin de France, dans le cas où il naîtrait un fils au roi Louis XII; de sorte que, par cet article, on faisait non-seulement le mariage de deux enfans au berceau, mais même celui d'un prince qui n'était pas encore né. L'empereur promit en outre de donner à Louis XII, l'investiture du duché de Milan.

Le *conseil Aulique* fut établi cette même année. L'empereur voulait, pour ses Etats héréditaires, un tribunal permanent qui pût juger concurremment avec la chambre impériale, et qui étendît sa juridiction en Italie.

Les paysans du Haut-Rhin, à l'exemple des Suisses, prétendirent s'ériger en république, et se rendre indépendans; ils formèrent une ligue en 1502, sous le titre de ligue du *soulier gris*, et commirent des ravages qui firent prendre les armes aux électeurs et autres princes voisins pour les réprimer.

Union de *Gelnhausen* entre les quatre électeurs du Rhin, pour la défense de la religion, de la patrie et de leurs privilèges et immunités.

Traité de Lyon le 5 avril 1503. L'archiduc Philippe, fils de Maximilien, obtient de Louis XII sa renonciation à la portion du royaume de Naples, en considération du mariage de Claude de France avec Charles de Luxembourg. Ferdinand le Catholique avait insinué à Philippe de négocier cette affaire, sous la promesse qu'il renoncerait aussi, par la même considération, à tout ce qui lui appartenait du royaume de Naples; et qu'ainsi la maison d'Autriche obtiendrait cette couronne pour la joindre à celles qu'elle possédait déjà; mais Ferdinand trompait l'archiduc son gendre, et ne l'avait envoyé à Lyon que pour l'éloigner de l'Espagne; il trompait aussi Louis XII, puisque loin de renoncer sincèrement au royaume de Naples, il en fit expulser, par son général Gonzalve de Cordoue, les Français qui s'y reposaient sous la foi des traités.

La guerre éclate en 1504, entre les deux branches de la maison de Bavière, à l'occasion de la succession de Georges le Riche, duc de *Landzhut*; Albert, chef de la branche de Bavière, s'en prétendait unique héritier, à l'exclusion de Robert gendre de Georges et fils de l'électeur Philippe l'Ingénu, chef de la branche palatine. Une commission impériale avait effectivement adjugé les Etats de Georges à Albert; mais l'électeur palatin et son fils, loin de se soumettre à ce jugement, coururent aux armes. L'empereur proposa de les mettre au ban de l'Empire; la proposition fut rejetée, mais la diète autorisa tous les princes voisins à envahir les Etats de Philippe. La perte qu'il fit de la bataille de *Ratisbonne*, ruina entièrement ses affaires, et causa tant de chagrin à Robert son fils, qu'il en mourut presqu'aussitôt. Cependant l'année suivante 1505, Philippe se réconcilia avec l'empereur par la médiation de l'électeur de Saxe; mais le monarque retint de cette succession le château de Kuffstein dans le Tyrol.

Maximilien conféra cette même année 1504, la dignité de *prince de l'Empire*, à Nicolas III prince de *Radzivil*, pour lui et ses descendans à perpétuité; ce fut pour la première fois que cette dignité fut conférée sans qu'on y affectât des fiefs.

Maximilien après avoir essayé vainement, en 1503, d'obtenir le consentement des princes de l'Empire pour faire ériger l'Autriche en *électorat*, accorda divers privilèges aux archiducs d'Autriche, et leur confirma tous ceux qui leur avaient été concédés par l'empereur Frédéric IV.

MAXIMILIEN Ier., *Empereur.*

Louis XII et Maximilien concluent, en 1505, le traité de Blois, par lequel les duchés de Bretagne, de Bourgogne et de Milan sont cédés en dot à la princesse *Claude de France,* future épouse de Charles de Luxembourg (1). Le cardinal Georges d'Amboise vient trouver l'empereur à Haguenaw, en reçoit, au nom de son maître, l'investiture du duché de Milan, et fait signer à Maximilien, les 4 et 7 avril, les traités faits avec la France (2).

La reine *Isabelle de Castille,* belle-mère de l'archiduc Philippe, venait de mourir ; son testament déférait la régence des Etats qu'elle laissait, au roi Ferdinand d'Arragon son mari, jusqu'à ce que Charles de Luxembourg, fils de Philippe, fût en âge de gouverner ; mais ce dernier prince mécontent de ces dispositions, se rendit au vœu des Castillans qui l'appelaient à leur trône, et fit voile pour l'Espagne. A

---

(1) Toutes les dispositions concernant ce mariage, furent le sujet de plusieurs conférences et ambassades qui occupent une grande place dans l'histoire ; elles n'aboutirent cependant à rien, car ce mariage fut rompu quelque tems après ; la princesse *Claude* épousa le comte d'Angoulême, qui fut depuis roi de France, sous le nom de François Ier.

(2) Une seconde investiture solennelle du duché de Milan, eut lieu à *Trente* quatre années après. L'acte authentique porte la date du 14 juin 1509.

Dans le trésor des chartes de France, à la layette de *Milan,* n°. 16, on voit une quittance de cent mille écus, donnée au roi de France, par l'empereur Maximilien, pour l'investiture du duché de Milan en 1509.

peine arrivé dans ce royaume, il y mourut (Burgos 1506). Cet évènement jeta l'empereur dans le plus profond chagrin et dans le plus grand embarras, d'autant que Philippe ne laissait que deux fils mineurs qui n'annonçaient pas, par leur constitution, devoir jouir d'une bonne santé. La régence de leurs États fut confiée, quant à ce qui regardait l'Espagne, au roi Ferdinand leur aïeul maternel; et quant aux Pays-Bas, à l'empereur Maximilien. Ce monarque confia l'administration de ces provinces à la princesse *Marguerite* sa fille. Les prédécesseurs de Maximilien avaient laissé tomber l'autorité impériale au-delà des monts; dans le dessein de la relever, ce prince se mit en marche au commencement de l'an 1508, pour aller se faire couronner à Rome. Arrivé à Trente, au mois de février, il fait demander aux Vénitiens le passage sur leurs terres; ils le lui accordent, sous la condition qu'il ne se fera pas suivre de son armée; cette clause qui équivalait à un refus, indisposa l'empereur contre la République, et lui fit rendre un décret par lequel il la mettait au ban de l'Empire. Il force les passages et pénètre jusqu'à Vicence; mais il est repoussé presqu'aussitôt par l'*Alviane* général vénitien, et *Trivulce* gouverneur de Milan pour la France, qui le battent complettement près de *Capoue*. Cette victoire est suivie de la conquête de l'*Istrie* et du *Frioul*, que les Vénitiens enlèvent à la maison d'Autriche. Ces revers empêchent Maximilien de continuer sa route pour Rome, et lui font prendre le parti de revenir en Allemagne; mais comme il y allait de son honneur de ne pas reparaître sans y apporter le titre d'*empereur*, et que d'un autre côté, il ne voulait pas se brouiller avec le pape en se faisant appeler empereur avant d'avoir été sacré par le St.-Père, il enjoignit, par une lettre circulaire à tous les Etats de l'Empire, de lui donner le titre d'*empereur des Romains élu*, titre que ses successeurs ont toujours pris depuis à leur avènement.

Le ressentiment de l'empereur contre les Vénitiens le porta à leur faire de nouveau la guerre; mais ces républicains, soutenus par la France, anéantissent deux armées impériales, s'emparent de plusieurs villes d'Italie et du Tyrol, et mettent Maximilien dans la nécessité de faire son traité avec eux. La France n'ayant point été comprise dans cette négociation, de la part de la république de Venise, fut indignée de cette ingratitude, et ne balança pas à se tourner du côté de l'empereur qui était bien aise de rompre son traité.

Ce fut alors que la princesse *Marguerite*, gouvernante des Pays-Bas, célèbre par son génie et ses belles qualités, conclut avec les ambassadeurs du pape Jules II, ceux du roi de France Louis XII et de Ferdinand roi d'Arragon, la fameuse *ligue de Cambrai* contre les Vénitiens, le 10 décembre 1508. Elle avait à cet effet reçu des pleins-pouvoirs de l'empereur son père. Le duc de Savoie accéda à cette ligue quelque tems après, dans l'espérance de s'emparer sur les Vénitiens du royaume de Chypre sur lequel il formait des prétentions.

Louis XII ouvre la campagne d'Italie au

mois d'avril 1509, et gagne sur les Vénitiens, commandés par le général *Pétilliane* et le lieutenant-général l'*Alviane*, la bataille d'*Agnadel*, le 14 mai suivant. Comme on observait à ce monarque, avant le combat, qu'il fallait prendre de grandes précautions contre des ennemis qui étaient autant renommés pour leur sagesse, il répondit: *marchons, je mettrai en tête à ces gens si sages, tant de jeunes fous, qu'ils ne leur résisteront pas*; effectivement la déroute des Vénitiens fut complette; les Français étaient commandés par la *Trémouille*, *Chaumont d'Amboise*, *Trivulce*, *Bayard*, *la Palisse* et *Gaston de Foix*. Dans la consternation où cette défaite jeta ces républicains, ils envoyèrent demander la paix au pape, à l'empereur et aux rois de France et d'Arragon, et firent sur-le-champ évacuer les places que ces diverses puissances réclamaient d'eux, et qui avaient servi de prétexte à la guerre; mais les hostilités n'en continuèrent pas moins. L'empereur, à la tête d'une armée commandée par le comte *Frangipani*, le duc de *Brunswick*, les comtes de Hanaw et de Waldeck, traversa le Tyrol et vint mettre le siège devant *Padoue*; mais après dix-sept jours d'assaut continuel, il éprouva tant de résistance, qu'il fut obligé de le lever. Il accusa les rois de France et d'Arragon de ce mauvais succès, attendu qu'ils ne lui avaient pas envoyé les renforts nécessaires pour enlever la place. Maximilien fit diriger ses troupes sur Vicence et Véronne, et s'accommoda chemin faisant avec la république de Florence, qui lui compta quarante mille écus d'or, pour obtenir la confirmation de ses privilèges et la possession de la république de Pise qu'elle avait assujétie.

Le pape Jules II, plus attaché à ses intérêts, que fidèle à ses engagemens, ne se fit aucun scrupule d'enfreindre le traité de Cambray, d'abandonner ses alliés et de conclure sa paix particulière avec les Vénitiens; il poussa les choses plus loin; de leur ennemi qu'il était, il devint leur allié, détacha les Suisses de l'alliance des Français, attira dans son parti les rois d'Espagne et d'Angleterre, et forma contre la France et l'Empire la *ligue de la Sainte-Union*. Maximilien avait résisté aux sollicitations du pontife et aux propositions d'argent que lui avait faites la République; il préférait continuer la guerre, de concert avec Louis XII. Il ouvrit en 1510, la diète d'Augsbourg pour demander des secours aux Etats de l'Empire. Les ambassadeurs de France y furent admis; on entendit leur demande avec intérêt, et l'on arrêta que les contingens d'hommes et d'argent seraient fournis sans délai, pour pousser la guerre avec vigueur contre les Vénitiens. Le nonce du pape qui avait voulu, par ses intrigues et ses discours hautains et peu mesurés, déranger les mesures de l'empereur, fut expulsé de l'assemblée.

Dans cette même diète, la ville de *Hambourg* fut déclarée ville libre et impériale.

Le comte de *Hanaw*, général de Maximilien, et le maréchal de Chaumont, général de Louis XII, prennent *Vicence*, *Véronne*, *Padoue*, *Covolo* et la *Scala*. Les deux monarques se lient encore plus étroitement par le traité de Blois, conclu en août 1510; ils forment le projet de faire la guerre au pape. L'empereur, sous la médiation de Louis XII, venait de faire sa paix avec Ferdinand roi d'Arragon, à qui il laissait l'administration de la Castille, jusqu'à ce que l'archiduc Charles (depuis Charles-Quint), eût atteint vingt-cinq ans; mais Ferdinand qui employait constamment la ruse et la duplicité dans toutes ses négociations, avait abusé le roi de France et l'empereur, en s'entendant avec le pape pour en obtenir l'investiture du royaume de Naples, sans que ces deux princes en eussent eu la moindre connaissance. Louis XII indigné de cette perfidie, accusa le roi d'Arragon de l'avoir trompé, et Jules II de n'avoir suivi que les mouvemens de sa haîne contre la France. Il se détermina à faire la guerre au pontife, après avoir fait approuver ce dessein dans une assemblée de prélats tenue à Orléans, puis à Tours; il fut même décidé dans cette assemblée que Louis XII pouvait, en cette occasion, rétablir la *pragmatique sanction* que le roi Charles VII son prédécesseur avait introduite en France. L'empereur approuva beaucoup ce dernier décret des évêques français; on prétend que déjà il songeait à s'accorder avec le roi de France pour assembler un concile général où la déposition de Jules II serait prononcée, et qu'alors le siège papal devenant vacant, il briguerait le souverain pontificat qu'il ambitionnait depuis longtems. Les hostilités continuaient en Italie avec des succès et des revers réciproques, lorsqu'un congrès, ouvert à Mantoue, laissa entrevoir des espérances de paix. L'adroit Jules II ayant attiré à Boulogne l'évêque de Gurck, ministre de l'empereur, gagna ce prélat par l'appât d'un chapeau de cardinal, et le disposa singulièrement à engager son maître à faire sa paix. Les ambassadeurs de France à Mantoue, et Louis XII lui-même, conçurent les plus vives alarmes de ce rapprochement, parce qu'ils savaient que le pontife voulait faire une paix séparée avec Maximilien, pour agir plus puissamment ensuite et chasser les Français d'Italie. Cependant Maximilien n'étant pas satisfait pleinement des propositions qu'on avait faites à son ministre, tranquilise le roi de France, fait un nouveau traité d'alliance avec lui en 1511, et continue les hostilités en Italie de concert avec la France. Bayard défait les troupes de la *sainte ligue*, à la bastide de *Genivole*, et Trivulce prend *Concordia* et *Bologne*. Quelques jours après, il défait l'armée de Jules II, et devient le maître d'envahir tout l'état ecclésiastique; mais Louis XII qui ne veut que forcer le pape à faire la paix, ordonne à Trivulce de ramener son armée en Lombardie. Malgré cette noble modération de la part du monarque français, Jules ne montre que plus de haine et de hauteur à l'égard de ce prince. Le concile de Pise avait été convoqué cette année 1511, pour révoquer les abus dont l'église était affligée, et pour réprimer les vues ambitieuses du pape. Mais ce pontife en casse tous les actes et lui oppose le concile général qu'il veut célébrer à Latran.

La Palisse et Gaston de Foix entrent sur les terres de Venise, battent l'armée de la République et s'emparent du Frioul. Les rois d'Angleterre et d'Arragon, alliés du pape et des Vénitiens, alarmés des progrès des armées françaises, mettent tout en œuvre pour détacher Maximilien des intérêts de la France; ils parvinrent effectivement à opérer cette désunion, parce qu'ils profitèrent du moment où Maximilien était indisposé contre Louis XII, à l'occasion de la ville de Boulogne que les Français retenaient et qui dépendait du lot promis à l'empereur.

Batailles de *Brescia* et de *Ravennes*, gagnées, en 1512, par Gaston de Foix sur les Vénitiens et leurs alliés. Ce jeune héros laisse la vie dans la dernière; Louis XII le pleure et dit qu'il a trop chèrement payé cette victoire.

Jules II se venge de ces défaites en excommuniant le roi de France par une bulle du 21 juillet, et Maximilien se déclare ouvertement contre Louis, en livrant dans ses Etats un passage aux Suisses qui viennent chasser les Français d'Italie. C'est à cette occasion qu'ils reçurent du pontife un drapeau béni, et le titre de *défenseurs du St.-Siège*. Maximilien *Sforce*, fils de Ludovic, est rétabli dans le duché de Milan, et Pierre de *Médicis* dans celui de Florence. Le concile de *Pise* ne pouvant siéger dans le tumulte des armes, se transfère à Lyon.

Maximilien, réconcilié avec le pape, fait ratifier dans la diète de Cologne, tenue en

1512, les décrets du concile de *Latran*, et condamner ceux du concile de *Pise*; il forme une nouvelle organisation du territoire de la Germanie qu'il divise en dix cercles. Charles-Quint son petit-fils, en laissant dans la suite exister ces dix cercles, leur donna une nouvelle étendue. Voyez l'article de cet empereur.

Les princes de l'Empire avaient exclu, depuis quelque tems, les *comtes immédiats*, des délibérations des diètes; ceux-ci se liguèrent à l'effet de rétablir leurs droits; ils y parvinrent en 1512, que le comte de *Solms*, leur député général, signa en cette qualité le recès de la diète de Cologne. Les comtes immédiats formèrent dans la suite quatre classes; 1º. Celle des comtes de Wettéravie; 2º. Celle des comtes de Souabe; 3º. Celle des comtes de Franconie; 4º. Celle des comtes de Westphalie.

Le pape n'ayant pu réconcilier les Vénitiens ses anciens alliés avec l'empereur, les excommunie et se ligue avec Maximilien et les Suisses pour leur faire la guerre. La république songe à conjurer un orage qui peut l'anéantir; elle ne voit de salut pour elle qu'en faisant sa paix avec Louis XII, et en formant avec ce prince une alliance formidable. L'acte en fut passé en 1513. Louis XII envoie de suite en Italie une armée sous le commandement de la Trémouille et de Trivulce; ils prennent Pavie, Asti, Alexandrie, Gênes et Milan. Mais les Suisses ayant gagné, le 6 juin, la bataille de *Novarre* sur les Français, profitent de leur avantage pour rentrer dans toutes les places où les Vénitiens et leurs alliés avaient garnison.

Les Vénitiens veulent réparer ces échecs en formant le siège de Véronne où Rocandolf, général de l'empereur, commandait; mais la belle résistance qu'il leur opposa le leur fit aussitôt lever.

Henri VIII, roi d'Angleterre, qui avait accédé à la ligue de *Malines*, formée par Jules II, l'empereur, le roi d'Espagne et les Suisses contre la France, fait une descente à Calais, avec une armée de trente mille hommes, dans le mois de juillet de l'an 1513; Maximilien lui conduit un renfort de vingt-trois mille hommes pour lequel il reçoit des subsides du roi d'Angleterre (1); avec ces troupes les alliés entreprennent le siège de *Thérouenne*, et livrent le 22 août la deuxième bataille de *Guinégate*, qu'ils gagnèrent et qui fut appelée *journée des Éperons*, parce que les Français en firent plus d'usage que de leurs armes. Le duc de

---

(1) L'empereur se rendit au camp d'Henri VIII, le 12 août 1513; il servit dans l'armée de ce prince en qualité de volontaire et reçut une solde de cent écus par jour. Henri VIII, enchanté d'avoir un empereur au nombre de ses capitaines, lui fit dresser une tente de drap d'or et le régala magnifiquement. Cette démarche qui a attiré à Maximilien certains blâmes de la part de quelques historiens, se trouve justifiée par d'autres qui disent, que l'empereur n'ayant pu rassembler une armée assez forte pour entrer en Bourgogne, voulut prouver à Henri VIII son allié, qu'il était fidèle à observer le traité de Malines, puisqu'il lui fournissait un renfort de vingt-trois mille hommes, et qu'il se résignait à servir dans son armée en qualité de volontaire.

MAXIMILIEN Ier. *Empereur.*

Longueville et *le chevalier Bayard*, leurs généraux, y furent faits prisonniers. Thérouenne est obligée de se rendre par capitulation, et Dijon, assiégé par une armée suisse et allemande, ne se sauve que par l'habileté d'une négociation consommée par la Trimouille qui y commandait. Henri VIII prend Tournai le 24 septembre.

Léon X de la maison de Médicis, qui venait de succéder à Jules II, désirait de pacifier l'Europe; mais il voulait exclure d'Italie et les Français et les Allemands dont il redoutait l'influence; plusieurs conférences eurent lieu entre les parties belligérantes sans obtenir néanmoins un résultat satisfaisant; la guerre continua donc de part et d'autre avec un succès à peu près égal. Cependant Louis XII trouva le moyen de faire sa paix générale par le traité du 14 septembre 1514; il abandonna le concile de Pise qui portait grand ombrage au pape, épousa *Marie d'Angleterre*, sœur d'Henri VIII, et promit *Renée de France* sa fille, à l'archiduc Charles, depuis Charle-Quint, avec le duché de Milan pour dot. Ce monarque descendit dans la tombe l'année suivante, et eut pour successeur François Ier. Les dispositions que fit ce prince pour ressaisir le duché de Milan, réveillèrent la jalousie des autres puissances, et furent cause d'une nouvelle confédération qui se forma contre lui. Le pape, l'empereur, le roi d'Espagne, le duc de Milan et les Suisses, se liguèrent en 1515 pour fermer aux Français le passage d'Italie;

mais François Ier, à la tête d'une armée de cinquante mille hommes, exécute ce passage en cinq jours par une route qu'un homme du pays lui découvre, où sa troupe n'a que des fatigues à éprouver, sans nul danger à courir de la part de l'ennemi; descendus dans les plaines d'Italie, les Français sont attaqués par les Suisses contre la foi d'un traité qui venait d'être conclu. Bataille de *Marignan;* elle dure deux jours (3 et 4 septembre 1515); les Suisses y sont défaits entièrement; ils laissent quatorze mille hommes sur le champ de bataille; tout le Milanais est soumis à François Ier, par cette éclatante victoire, qui force aussi Léon X et les Suisses à faire leur paix avec ce monarque; mais Maximilien, qui ne voulait pas laisser les Français maîtres de l'Italie, se rendit l'année suivante dans cette contrée avec une armée qu'il avait formée d'Allemands et de Suisses, et posa le siège devant Milan, où le connétable de Bourbon, Lautrec et Trivulce s'étaient jetés à son approche. Le baron d'Alt-Saxe vint renforcer ces généraux d'un corps de quinze mille Helvétiens, qui faisait alors le plus grand espoir des Français; mais quel fut l'étonnement du connétable, lorsqu'au moment même où il meditait d'attaquer les Impériaux, il entendit les Suisses lui déclarer qu'ils ne se battraient pas contre leurs compatriotes qui étaient au service de l'empereur. Cette défection fut compensée par celle qui arriva dans le camp de

Maximilien ; les Suisses qu'il avait pris à son service, connaissant son manque d'argent, demandèrent leur solde avec audace et refusèrent de combattre avant qu'ils ne fussent payés. Les choses furent poussées assez loin pour faire croire à Maximilien que les Français avaient fomenté cette espèce de soulèvement, et qu'il était tems qu'il songeât à sa sûreté ; il prit le prétexte d'aller à Trente pour y recevoir les sommes nécessaires à la solde de son armée, et s'échappa. Ainsi son expédition d'Italie fut manquée par cet évènement.

Le 15 janvier 1517, après avoir signé une trêve avec les Vénitiens, il leur rendit la ville de Vérone contre une somme de deux cent mille ducats et l'engagement que la République paierait à la France, celle de trois cent mille écus qu'il lui devait. Maximilien avait également fait sa paix avec cette dernière puissance par son accession au traité de *Noyon*, conclu en août 1516, entre le roi de France François Ier. et l'archiduc Charles, roi d'Espagne, qui venait d'hériter de ce royaume par la mort de Ferdinand le Catholique, arrivée le 23 janvier de la même année. Cette accession rompit la ligue que Léon X avait fait former à Londres le 23 octobre 1516, contre la France, et dans laquelle l'empereur, l'archiduc Charles (depuis Charles-Quint), le roi d'Angleterre et le pape étaient entrés, pour empêcher les Français d'agrandir leurs conquêtes.

Maximilien fit un voyage dans les Pays-Bas quelque tems après, pour y voir son petit-fils l'archiduc Charles, avant qu'il ne partît pour l'Espagne. Pendant son séjour à Bruxelles, il conclut avec lui et avec le roi de France, une ligue contre les Turcs, à la sollicitation du pape qui voulait anéantir ces ennemis formidables de la Chrétienté. Tous ces traités et toutes ces ligues étaient presqu'aussitôt rompus ou demeuraient sans effet.

L'empereur avait eu, en 1515, à Trautmansdorff et à Vienne, des entrevues avec Ladislas roi de Hongrie et Sigismond roi de Pologne, pour terminer la double alliance qu'il projetait depuis long-tems; c'était de faire épouser *Marie* sa petite-fille, à Louis roi de Bohême, fils de Ladislas, et *Anne* sœur de Louis, à l'archiduc Ferdinand son petit-fils (depuis empereur sous le nom de Ferdinand Ier.); ce mariage porta dans la maison d'Autriche les royaumes de Hongrie et de Bohême. Voyez la table généalogique qui se trouve tome 1er., page 174.

Martin Luther, né dans le comté de Mansfeld en 1483, commença à faire parler de lui en 1515. Une érudition profonde, une éloquence forte et persuasive, jointes à une imagination d'autant plus véhémente, qu'elle se sentait appuyée par la science, le rendaient plus opiniâtre dans ses idées et plus ferme dans ses principes. Frédéric III, dit le Sage, électeur de Saxe, venait de fonder l'Université de Wittemberg; ce prince, jaloux de donner à son nouvel établissement un éclat qui le mît au rang des premières écoles de l'Allemagne, crut en trouver le moyen, en y appelant Luther pour y professer la philosophie et la théologie. Le professeur y débuta

avec succès et fit soutenir des thèses publiques
qui devaient annoncer qu'il serait un jour le
fondateur d'une nouvelle secte. Son amour,
d'ailleurs, pour les écrits de *Jean Hus*, dont
il s'était enivré dans sa jeunesse, lui avait
suscité une haine marquée contre certaines
pratiques et certains dogmes de l'église romaine.
Il ne dissimula pas ses projets de réforme et
tonnait déjà contre la théologie scholastique,
lorsque Léon X, de la maison de Médicis, qui
voulait continuer la construction de la basi-
lique de St.-Pierre, lui fournit de nouveaux
sujets de récrimination. Ce pontife n'ayant pas
assez de fonds pour donner un libre cours à
son penchant pour les arts et pour les grandes
dépenses, imagina d'appeler les peuples du
monde chrétien, à fournir chacun selon ses
facultés, une contribution pour l'érection de
ce monument, et promit en retour des indulgences. Jean *Tetzel*, religieux Dominicain et
inquisiteur de la foi, fut chargé par l'archevêque de Mayence, en 1517, de les prêcher
en Allemagne. Il s'associa des moines de son
ordre avec lesquels il commença à remplir sa
mission ; ces prédicateurs exagéraient la vertu
des indulgences au point qu'ils cherchaient à
persuader aux peuples : « qu'on était assuré
» d'aller au ciel, aussitôt qu'on aurait payé
» la somme nécessaire pour les gagner ; que
» les plus grands péchés étaient effacés par
» elles ; qu'elles pourraient même absoudre un
» homme qui, par impossible, aurait *violé la*
» *mère de Dieu* ; que la croix avec les armes
» du pape, était égale à la croix de Jésus-

» Christ, etc, etc. » En descendant de la chaire, ces moines allaient dans les cabarets (1) où ils dépensaient en débauches une partie des revenus sacrés qu'ils touchaient pour le compte du pape. Le général des Augustins, *Jean Stupitz*, jaloux de ce que son ordre n'avait point participé à l'honneur de prêcher les indulgences, chargea ses religieux de prêcher contre le scandale que donnaient les Dominicains, et de réfuter toutes les opinions qu'ils mettaient en avant. *Luther*, qui était Augustin, saisit cette occasion pour mettre au grand jour les dogmes qu'il enseignait en secret. Il soutint des thèses que Tetzel fit brûler, et de là les premières étincelles de ce grand incendie qui embrâsa l'Europe. Maximilien effrayé des progrès de l'hérésie, convoqua, en 1518, une diète à *Augsbourg*. Luther, sur la citation qui lui en est faite, y comparaît, et y défend sa doctrine en présence du cardinal Cajétan, légat du pape; mais craignant d'être arrêté, il s'évade pendant la nuit, après avoir fait afficher un placard par lequel il appelait du *pape mal informé au pape mieux informé*. Lorsqu'il fut en lieu de sûreté, il forma un

---

(1) Il est assez d'usage en Allemagne que les ecclésiastiques aillent au cabaret. Je fus très-surpris, un jour que je me reposais dans une auberge de village, de voir arriver le curé du lieu avec ses vicaires et autres prêtres, demander à boire, se mettre à table ronde, et vuider plusieurs pots de vin avec le maître-d'école et plusieurs habitans.

second acte par lequel il citait lui-même le pape à un *concile général.* La doctrine de ce novateur avait déjà fait beaucoup de prosélytes ; l'inconduite scandaleuse de certains prélats et de certains prêtres, et les prétentions exagérées de la cour de Rome, contribuèrent encore davantage à l'accréditer. Plusieurs Etats de l'Empire ayant porté des plaintes violentes à la diète contre les exactions du St.-Siège, sans avoir pu en obtenir satisfaction, soutinrent le système de Luther, et accordèrent même protection et asile à sa personne. Ainsi Maximilien, loin de pouvoir arrêter ces débordemens dans leur principe, se vit obligé de les tolérer, parce qu'il n'était pas assez puissant pour agir hostilement contre les princes et les peuples qui adoptaient la nouvelle croyance. Si la religion catholique commença à souffrir sous son règne, on ne peut en accuser que la force des évènemens, car l'empereur en était le plus chaud partisan et le plus zélé défenseur.

Ce monarque avait même conçu depuis long-tems le projet de se faire élire pape. Il députa, à cet effet, en 1512, l'évêque de Gurck à Jules II, pour le prier de le nommer son coadjuteur, afin qu'à sa mort il pût monter sur la chaire de St.-Pierre. La proposition parut nouvelle au pontife, qui s'y refusa constamment, ainsi que tous les cardinaux à qui on la communiqua. Maximilien avait remis des sommes considérables à son envoyé pour gagner le conclave. Je rapporte ici, en stile original, la lettre que ce prince écrivait à

Marguerite sa fille, gouvernante des Pays-Bas, pour lui faire part de cette affaire.

« Très-chière et très-amée fylle, jé entendu
» l'avis que vous m'avez donné par *Guillain*
» *Pingun* notre garde-robes Uyess dont nous
» avons encore mius pensé desus.

» Et ne trouvons point pour nulle resun
» bon, que nous nous devons franchement
» marier, maes avons plus avant mys notre
» délibération et volunté de jamés plus hanter
» faem nue.

» Et envoyons demain Monsr. *de Gurce*,
» évesque à *Rome* devers le pape pour trouver
» fachon que nous puyssuns accorder avec ly
» de nous preure pour ung coadjuteur, afin
» qu'après sa mort pouruns estre assuré de
» avoer le *Papat* et devenir prestre et après
» estre saint, et que yl vous sera de nécessité
» que après ma mort vous serez contraint de
» me adorer, dont je me trouveré bien glo-
» ryoes.

» Je envoye sur ce ung poste devers le roy
» *d'Arogon*, pour ly prier quy nous voulle
» ayder pour à ce parvenir, dont yl est aussi
» content moynant que resingne l'*Empir* à
» notre comun fyls *Charl :* de sela aussy je
» me suys contenté.

» Le peupl et gentilhomes de *Rom* ount
» faet ung allyance contre les *Franchoes* et
» *Espaingnos* et sont xx. m. combatans,
» et nous ount mandé que yl veolunt estre
» pour nous, pour nous faere ung *Papa* à ma
» poste, et du l'*Empire d'Allemaigne*, et ne

» voulunt avoer ne *Francos*, *Arregonoes*,
» ne mains null *Venecien*.

» Je commence aussi practiker les *cardi-*
» *naux* dont ij C. ou iij C. mylle ducas me
» ferunt un grand service, avec la partialité
» qui est déjà entre eos.

» Le roi d'Arogon a mandé à son ambaxa-
» deur que yl veult comander aux *cardinaulx*
» *Espaingnos*, que yl veulent favoriser le
» Papat à nous.

» Je vous prie tenés ceste matere empu se-
» cret, ossi bien en brieff jours, je creins que
» yl fault que tout le monde le sache, car bien
» mal esti possible de pratiker ung tel sy grand
» matere secretement, pour laquell yl fault
» avoer de tant de gens et de argent succurs
» et pratike; et à Diu, fuet de la main de
» votre bon père *Maximilianus* futur *Pape*:
» le xviii. jour de setembre.

» Le *Papa* a encore les vyevers dubls et ne
» peult longement fyvre. La suscription, à
» ma bonne fille l'*Archiduchesse d'Ostrice*,
» Douairière *de Savoye*, etc. en ses mains.

Ce projet de se faire pape, remontait à l'an 1510, que l'empereur, alors allié au roi de France Louis XII, voulut s'accorder avec ce monarque pour assembler un concile général, dans lequel on ferait le procès à Jules II, pour le déposer du pontificat. On lit dans une lettre de l'empereur au baron de Liechtenstein, qu'il avait envie d'être pape après la mort de Jules, ou après sa déposition; et Mariana dit positivement, que le but de Maximilien, dans ses liaisons avec le roi de France pour la convocation d'un concile, était de parvenir à faire déposer Jules pour se faire élire à sa place. Afin de réussir dans cette entreprise, il avait résolu d'emprunter de l'argent aux Fuggers, les plus riches marchands de toute l'Allemagne, pour gagner les suffrages des cardinaux. Il devait donner en gage à ces négocians les ornemens impériaux et leur abandonner le tiers des revenus du St.-Siège, jusqu'à ce qu'ils eussent retiré leurs avances. (1) Mais comme l'empereur tenait son dessein fort secret, il se contenta de le communiquer à quelques amis, en leur défendant de le divulguer, et il ne se pressa pas alors de l'exécuter. Mais on prétend qu'il eut beaucoup de chagrin d'avoir échoué dans sa négociation officielle et publique auprès de Jules II, cette année 1512.

---

(1) Cette anecdote est confirmée par les lettres de Maximilien même, qui se trouvent dans le recueil des lettres de Louis XII, que M. Godefroi, directeur de la chambre des comptes de Lille, a publié. Voici les termes de l'empereur : *Quod quando ipse intelligis, ingenti pecuniæ summâ quæ impendenda erit, geri atque effici non posse, visum nobis est è re fore nostri propositi, ut Cardinalibus et Proceribus aliis Romanis quos ad res nostras pertrahere satagimus. polliceamur, ac spondeamus ter centum millia ducatorum à Fuggeris mutuandorum et Romæ ab eorumdem pannelcha ad constitutum diem præsentandorum. . . . . Oppignerabimus autem illi* (Jacobo Fuggero seniori) *Clenodiorum nostrorum pretiosiores quatuor cistas, unâ pariter cum pallio investiturali qui non ad Imperium, sed ad nostram domum Austriacam pertinet, et cujus nos, post adeptum Papatum, non amplius erit ut opus habeamus, etc.* Lettres de Louis XII, p. 326, t. 3, et pag. 1, t. 4.

MAXIMILIEN Ier., *Empereur.*

L'invention de l'imprimerie eut lieu sous le règne de Maximilien Ier., par *Jean Mentelin*, *Pierre Scheffer*, *Jean Fusth*, et *Jean Guttenberg*. (1) Le premier essai de cet art eut lieu à Strasbourg et se perfectionna à Mayence. Il faut dire cependant, qu'avant ceux que je viens de nommer, Laurent *Kuster*, de Harlem, avait imprimé, mais en caractères qui n'étaient pas mobiles ; il gravait des pages entières sur des planches de bois.

François, baron *de la Tour et Taxis*, forme aussi, sous les auspices de Maximilien, le premier établissement des postes en Allemagne. On érigea dans la suite, pour ses descendans, en fief de l'Empire, la dignité de grand-maître héréditaire des postes, avec le titre de prince. (2)

---

(1) Jean Mentelin était originaire de Strasbourg ; il y publia, en 1466, une bible in-folio en 2 vol., et plusieurs autres ouvrages. L'empereur Frédéric IV, père de Maximilien, lui accorda des armoiries.

Pierre Scheffer était originaire de Gernsheim ; il devint gendre de Jean Fusth.

Jean Fusth ou Faust, exerçait l'état d'orfévre à Mayence ; on prétend qu'il ne contribua à la découverte de l'imprimerie, qu'en fournissant des fonds à Guttenberg.

Jean Guttenberg, gentilhomme Mayençais, s'associe avec Pierre Scheffer et Jean Fusth, pour donner cours à la découverte qu'il avait faite d'imprimer un livre avec des caractères de bois sculptés et mobiles, puis ensuite avec des caractères de fonte.

(2) La maison de la Tour et Taxis a une origine fort ancienne et très-illustre. Elle tient par les liens

La santé de l'empereur se trouvant en mauvais état à Inspruck, où il s'était retiré après la diète d'Augsbourg, il se fit transporter à *Wels*, ville de la basse Autriche, où il mourut le 12 janvier 1519 : il fut enterré à Neustadt.

Quoique l'éducation de Maximilien eût été fort négligée, il avait cependant toujours eu du goût pour la lecture; il affectait même de savoir beaucoup. Bilibaldus-Pyrkaimer affirme que ce prince a composé en latin sa vie et celle de l'empereur Frédéric IV. Ce petit ouvrage qui a pour titre : le *Sage Roi*, (par où il voulait désigner son père) se conserve encore en original dans la bibliothèque de la maison d'Autriche. On assure qu'il est assez bien écrit, et qu'il s'y trouve de la méthode dans la manière de narrer les faits. Maximilien aimait les beaux arts et ceux qui les cultivaient : les poètes, les philosophes, les peintres, les historiens, eurent part à ses largesses, et se ressentirent de sa protection. Mais il fit plus de bien à ceux qui travaillaient sur l'écriture sainte; il l'étudiait lui-même, et l'on prétend qu'il avait lu la Bible entière plus de quatorze fois.

---

du sang aux familles les plus augustes de l'Europe. L'*aïeule* de S. M. le roi de Wurtemberg, aujourd'hui régnant, et de l'impératrice-mère de *Russie*, était une princesse de la *Tour et Taxis*. Le chef actuel de cette maison, est le prince *Charles Alexandre*, connu et estimé de toute l'Europe, à cause de l'étendue de son génie, des graces de son esprit et de l'affabilité de ses manières.

MAXIMILIEN I*er*., *Empereur.*

Maximilien avait épousé 1°. en 1477, *Marie*, fille et unique héritière de Charles le Hardi ou le Téméraire, duc de *Bourgogne*, morte à Bruges le 28 mars 1482 (voyez page 19) (1); 2°. le 16 mars 1494, *Blanche-Marie*, fille de *Galéas-Marie Sforce* duc de Milan, veuve de Philibert I*er*., dit le Chasseur, duc de Savoie, mort en 1482. Cette princesse mourut sans postérité le 31 décembre 1511.

L'Espagne entre dans la Maison d'Autriche.

. Du premier lit vinrent :
1°. Philippe, dit le Beau, archiduc d'Autriche, né à Bruges le 23 juin 1478; il fut établi gouverneur des Pays-Bas par l'empereur Maximilien son père, en 1495. Par accommodement fait en 1498, avec Louis XII roi de France, il rentra dans plusieurs villes du duché de Bourgogne, dont cette puissance s'était emparées à la mort de Charles le Téméraire, et il fit *hommage* au roi, pour la Flandre, l'Artois et le Charolois. Philippe avait épousé

---

(1) On sait qu'après la mort de *Marie de Bourgogne*, Maximilien épousa par procureur, *Anne de Bretagne*; mais que Charles VIII roi de France, s'empressa de rompre cette alliance, en épousant lui-même cette princesse en 1492, voyez page 25.

le 21 octobre 1496 (1), *Jeanne*, deuxième fille de Ferdinand le Catholique, roi d'Arragon, et d'*Isabelle* reine de *Castille*; cette princesse avait un frère et un neveu fils de sa sœur aînée, qui semblaient devoir lui fermer la barrière pour arriver au trône; mais la mort les ayant moissonnés, elle devint unique et présomptive héritière des royaumes d'Arragon et de Castille, droits qu'elle transmit à l'archiduc Philippe son époux. Ce fut pour se faire reconnaître en cette qualité, que ce prince se dirigea en 1501, avec l'archiduchesse son épouse, vers l'Espagne; ils traversèrent la France où ils furent accueillis avec la plus grande urbanité par Louis XII; ils arrivèrent à Fontarabie, le 15 janvier 1502; à leur entrée sur le territoire d'Espagne, Ferdinand et *Isabelle* firent aussitôt expédier des lettres pour les faire reconnaître héritiers présomptifs de leurs Etats. *Ximenès*, qui était archevêque de *Tolède*, fit tout préparer pour cette solennité; les rois catholiques et l'archiduc et l'archiduchesse s'y rendirent; ces derniers y furent reçus et reconnus avec des acclamations extraordinaires. La qualité de prince d'Espagne, donnée à Philippe, fit de la peine à Ferdinand; elle le préparait à se dessaisir des royaumes de Castille et

---

(1) Et non pas 1490, ainsi que le dit l'Art de vérifier les Dates, tome 1er., page 763.

de Léon, dès que la reine *Isabelle*, qui était infirme, serait expirée; de plus l'air noble de l'archiduc qui charmait les Castillans, lui donnait de la jalousie, et il en laissait assez souvent échapper des marques sensibles; il prit enfin la résolution d'éloigner ce prince; mais il fallait une raison plausible pour y réussir; il s'ouvrit à l'archiduc sur l'embarras que lui causait le royaume de Naples qu'il avait partagé avec le roi de France. Il proposa à Philippe de demander à Louis XII ce qu'il possédait du royaume de Naples, pour dot de la princesse Claude qui devait épouser Charles, fils aîné de Philippe, que lui de son côté se relâcherait aussi de sa portion, et qu'ainsi ce serait assurer un beau royaume de plus à la maison d'Autriche; cet expédient fut insinué avec tant de finesse, que l'archiduc ne s'aperçut pas qu'il tendait à l'éloigner. Il se rend effectivement en France pour y négocier cette affaire et la termine par le traité de *Lyon*, conclu en 1503. Ferdinand, en trompant son gendre, voulait aussi tromper Louis XII; car profitant de ce que ce monarque se reposait sur la foi des traités pour ses possessions du royaume de Naples, il ordonna perfidement à Gonsalve de *Cordoue*, général de ses troupes, de s'emparer sans coup-férir de tout ce royaume. L'archiduc indigné de la duplicité de son beau-père, s'empressa d'écrire au roi de France, qu'il avait traité avec lui sans aucun détour, et quelques jours après, sans exiger ni passeports, ni otages, il reprit la route de Lyon et vint se remettre à la discrétion de Louis. Ce prince qui connaissait sa loyauté, le traita avec beaucoup d'égards pendant tout le temps que s'ouvrirent de nouvelles conférences entre la France et l'Espagne, et lui permit même de retourner dans ses Etats, malgré qu'elles se fussent rompues par la mauvaise foi de Ferdinand et au désavantage de Louis.

L'intention de l'empereur Maximilien avait été de faire admettre l'archiduc Philippe son fils dans le collége des électeurs de l'Empire, et de faire ériger l'Autriche en électorat. Mais ayant échoué dans ce projet, par les ressentimens que lui portaient certains électeurs, il résolut d'accorder aux archiducs d'Autriche des prérogatives qui pussent les distinguer des autres princes. Il commença d'abord par confirmer le titre d'*archiduc* que l'empereur Frédéric IV leur avait accordé. Il ordonna ensuite que l'archiduc, après avoir demandé par trois fois à l'empereur l'investiture de son fief, serait censé l'avoir obtenue, si on refusait de la lui donner ; qu'il ne la recevrait qu'avec l'épée et gratuitement sur les limites de l'Autriche ; qu'il serait en droit de punir tous les attentats commis contre sa personne, comme crime de lèze-majesté et que personne ne pourrait l'appeler en duel.

La mort de la reine Isabelle, arrivée le 26 novembre 1504, semblait ouvrir à Philippe la succession aux trônes de Castille et de Léon; mais cette princesse, indisposée contre l'archiduc, à raison des mauvais traitemens qu'il faisait supporter à son épouse (1), avait réglé par le premier article de son testament, que si l'archiduchesse, sa fille, était absente, ou si elle ne voulait pas se donner la peine de gouverner ses États, ou s'il y avait quelqu'autre cause particulière qui l'en empêchât, Ferdinand, son père, prendrait le gouvernement du royaume jusqu'à ce que Charles, duc de Luxembourg (depuis Charles-Quint), fils aîné de *Jeanne*, eût atteint l'âge de vingt ans. Isabelle ne faisait aucune men-

---

(1) L'archiduc Philippe aimait une demoiselle de la suite de son épouse : cette princesse, qui chérissait son mari éperdûment, en conçut une telle jalousie, qu'elle fit couper les cheveux et morceler le visage à sa rivale, afin qu'il ne lui restât aucune trace de beauté. Le prince, affligé de cette barbarie, et piqué de cet affront, traitait sa femme avec mépris devant tout le monde, et lui disait les choses les plus désagréables; il fut même assez long-temps sans vouloir lui parler ni la voir. On n'entendait dans tout le palais de Gand, que gémissemens, plaintes et reproches. Les rois catholiques, informés de cette division domestique, en conçurent tant de chagrin, qu'ils en tombèrent malades l'un et l'autre. Ferdinand revint en santé; mais Isabelle demeura faible, languissante, et mourut quelque temps après, en emportant dans la tombe une haine contre son gendre.

tion de l'archiduc Philippe son gendre. Ce prince, très-mécontent de ce testament, le regarda comme un acte de mépris qu'il ne devait pas souffrir. Les lois, qui avaient donné à Philippe l'infante pour femme, voulaient aussi qu'il en fût le tuteur, en cas qu'elle se trouvât incapable de règner : il avait su mettre dans son parti les grands de Castille, qui s'assemblèrent alors et lui députèrent le célèbre *Jean Manuel*, que Philippe avait laissé dans ce royaume, pour veiller à ses intérêts. Manuel lui représenta qu'il ne devait pas s'arrêter au testament d'Isabelle, qui détruisait les lois fondamentales de la monarchie de Castille, en appelant un Aragonais au gouvernement de cet état, au préjudice de l'héritier présomptif et direct. L'archiduc, charmé des dispositions favorables des Castillans, prit dès-lors le titre et les armes de roi de Castille. Ferdinand, effrayé de l'influence que Philippe, quoique absent, acquérait chaque jour dans cette contrée, voulut se lier étroitement avec la France, afin de s'en faire un appui formidable et contre l'empereur, et contre l'archiduc son gendre, dans le cas où la guerre éclaterait entre eux. Il épousa *Germaine de Foix*, nièce de Louis XII, promit d'assurer la couronne de Naples et d'Aragon aux enfans qui naîtraient de ce mariage, et de payer cinq cent mille ducats à la France pour les frais de la dernière guerre. On stipula aussi, que dans le cas où Ferdinand n'aurait aucun enfant de *Germaine*, les droits de ce prince sur le royaume de Naples demeureraient dévolus à Louis XII. La nouvelle de ce mariage excita les craintes de l'archiduc Philippe, qui voyait que la maison d'Autriche perdrait irrévocablement les royaumes d'Aragon et de Naples, s'il survenait des enfans à Ferdinand. Il s'empressa de faire sa paix avec Charles, duc de Gueldres, qui depuis long-tems avait pris les armes contre lui, équipa une flotte et mit à la voile, avec son épouse, le 10 janvier 1506, pour se rendre en Espagne. Une tempête horrible fit périr à sa vue plusieurs de ses vaisseaux et l'obligea de se jeter sur les côtes d'Angleterre, afin d'éviter pour lui-même un plus grand danger. Henri VII profita de cet évènement pour faire consentir à Philippe, avec lequel il était en discussion sur certains objets, un traité qu'il ne lui eut pas ainsi arraché s'il eût été libre. Le monarque anglais abusa de la position de ce prince jusqu'à exiger de lui qu'il lui livrât *Polus, comte de Suffolck*, le seul qui restait de tous les prétendans à la couronne d'Angleterre, lequel s'était réfugié dans les Pays-Bas, sous la protection de l'archiduc. Des fêtes et des divertissemens magnifiques masquèrent la perfidie du monarque anglais, qui ne laissa aller ses illustres hôtes, que lorsque les conditions qu'il en avait exigées furent remplies, ou solidement garanties.

Après trois mois de séjour dans la Grande-Bretagne, l'archiduc et son épouse s'embarquèrent pour la Castille, où ils ne purent arriver qu'à la fin d'avril, après avoir été battus par une nouvelle tempête, qui les força de débarquer à la Corrogne. Les grands du royaume accoururent au devant de ce prince pour l'engager à se mettre sur-le-champ à la tête des affaires et lui insinuer de ne point consentir à voir Ferdinand son beau-père, qui se rendait à *Compostelle*, lieu indiqué pour une entrevue. Philippe naturellement crédule et soupçonneux, aigri par les procédés de son beau-père, et surtout par son dernier mariage et l'union qu'il avait formée avec la France, écouta ces conseils et refusa absolument de le voir; mais cependant, quelque temps après, ayant consenti à avoir une autre entrevue avec Ferdinand, il en résulta un traité ménagé par les soins de Ximenès (27 juin 1506), par lequel Ferdinand renonçait entièrement à l'administration de la Castille, et l'abandonnait à Philippe, qui en avait été proclamé roi par les principaux seigneurs. L'archiduc-roi ne jouit pas long-temps de sa nouvelle dignité; car s'étant trop échauffé en jouant à la paume, il mourut à Burgos, le 25 septembre 1506. Il nomma, dans son testament, Louis XII, roi de France, tuteur de Charles, son fils aîné, depuis empereur sous le nom de Charles-Quint. *Voyez* page 74.

Jeanne fut si touchée de la mort de son époux, qui ne l'avait jamais aimée, qu'elle en perdit entièrement la raison, ce qui la fit appeler *Jeanne la Folle*; on dit qu'elle parcourut quelque temps l'Espagne, faisant porter avec elle le corps de ce prince qu'elle découvrait de temps à autre pour le voir encore. On la détermina enfin à souffrir qu'on ôtât de sa présence ce triste objet de ses douleurs, pour le porter dans l'église des Chartreux de *Miraflores*, près de Burgos, d'où il fut transporté, dans la suite, dans la cathédrale de Grenade. Jeanne ne recouvra point sa raison et vécut encore long-temps (elle mourut le 12 avril 1555). Malgré son état, elle fut toujours censée gouverner la Castille, conjointement avec son fils Charles. Dans toutes les ordonnances, son nom était inséré à côté de ce prince, et ses sujets n'auraient pas souffert qu'il y fût omis, tant était grand l'attachement qu'ils avaient pour elle.

Du mariage de l'archiduc *Philippe le Beau* et de *Jeanne d'Aragon et de Castille*, vinrent :

A. Charles, duc de Luxembourg, Empereur *d'Allemagne*, sous le nom de Charles-Quint, et roi *d'Espagne* sous celui de Charles Ier. Il forme la souche de la branche d'Autriche-Espagne. Son article vient page 74.

B. Ferdinand Ier succède à son frère Charles-Quint, devient empereur d'Allemagne, et continue la lignée de la maison d'Autriche en Allemagne. *Voyez* son article qui vient après celui de Charles-Quint.

C. Eléonore, mariée 1° en 1519, à Emmanuel Ier, dit le Grand et le Fortuné, roi de Portugal, mort le 13 décembre 1521 ; 2° en 1530, à François Ier, roi de France, mort en 1547. Cette princesse mourut à Talaveyra en Espagne, le 18 fevrier 1558.

D. Isabelle, mariée le 12 août 1515, à Christiern II, roi de Suède et de Danemarck, surnommé le *Néron du nord*, détrôné en 1523 et mort en 1559. Isabelle partagea fidèlement les disgraces de son époux, et montra dans l'une et l'autre fortune, toutes les vertus qui convenaient à son sexe, à son rang et à sa situation. Elle mourut le 15 janvier 1526 (1), et fut enterrée à Gand. Ce fut à l'occasion de ce mariage, que Christiern II fit venir des Pays-Bas un nombre de paysans pour apprendre aux Danois à préparer le laitage et à cultiver les légumes. Il leur assigna l'île d'*Amac*, vis-à-vis de *Copenhague*; et d'une lande sabloneuse, ils firent bientôt un jardin d'un aspect riant et d'un

---

(1) L'Art de vérifier les Dates dit 1525, tome 1er, pag. 764, et tome 2, page 97, 1526. C'est cette dernière date qu'il faut suivre.

M. Lesage, table XXVII, met la mort de cette princesse en 1523, et table XX, en 1526; suivez cette dernière date.

excellent produit ; on l'admire encore de nos jours.

E. Marie, mariée en 1521, à Louis II, roi de Hongrie et de Bohême, tué le 29 août 1526, à la bataille de *Mohatz*, contre les Turcs. Devenue veuve, elle fut gouvernante des Pays-Bas en 1530, et mourut, en Espagne, le 18 octobre 1558.

F. Catherine, née posthume, le 14 juin 1507, fiancée le 29 juin 1518, à Jean Frédéric, prince électoral de Saxe, et mariée en 1525, à Jean III, roi de Portugal, mort le 7 juin 1557. Cette princesse mourut en 1577.

2° François, mort en 1481 (1).

3° Marguerite (2), née en 1480, fiancée le 23 juin 1483, au château d'Amboise, à Charles, dauphin de France (depuis Charles VIII). Elle fut élevée à la cour de ce prince, qui, par raison d'état et par convenance d'âge, rompit cette alliance et épousa *Anne de Bretagne*. Il renvoya, en 1493, Marguerite à Maximilien, son père. Cette princesse fut demandée en 1497, par Ferdinand le Catholique, roi d'Aragon et Isabelle, reine de Castille, pour leur fils unique le prince *Jean*; et comme elle allait en Espagne pour con-

---

(1) Non mentionné dans la généalogie de M. Lesage.

(2) Le lecteur ne perdra pas de vue que *François* et *Marguerite*, sont les enfants de Maximilien Ier, dont Philippe, roi de Castille, était fils aîné.

sommer ce mariage, son vaisseau fut battu d'une furieuse tempête, qui la mit sur le point de périr ; ce fut dans cette extrèmité qu'elle composa cette épitaphe badine.

Ci git Margot, la gente demoiselle,
Qu'eut d'eux maris, et si mourut pucelle.

Cette plaisanterie faite à l'instant du plus grand péril, montre la fermeté de son courage et de son âme. Jean, son époux, termina sa carrière quelques mois après l'arrivée de Marguerite en Espagne. Elle épousa en secondes noces, le 26 septembre 1501, *Philibert II, dit le Beau, duc de Savoie*, qui ne vécut que trois ans après cette alliance.

Marguerite connaissait à fond la science du gouvernement, aussi obtint-elle celui des *Pays-Bas*, où elle signala ses vertus et ses grandes qualités. *Voyez* ce que j'en ai dit page 41, à l'occasion de la *ligue de Cambrai* qu'elle négocia. Elle laissa divers ouvrages en prose et en vers, et prenait pour devise : *fortune, infortune, fors une*. Après la mort de son second mari Philibert le Beau, elle fit construire la belle église de *Brou*, près de *Bourg-en-Bresse*, où reposaient sous de magnifiques mausolées, le corps de Marguerite de Bourbon, femme de Philippe II, duc de Savoie, celui du duc Philibert II, époux de Marguerite, et enfin celui de

Marguerite qu'on y transporta de Malines, où elle mourut le 30 novembre 1530.

Nota. Je viens de remplir ma tâche, en donnant au Public tous les documents, tous les monuments historiques qui pouvaient l'éclairer sur l'origine de l'illustre maison d'Autriche. Les titres que j'ai cités sont authentiques, irréfragables ; ils sont extraits de chartes, de diplômes, de chroniques qui sont tous revêtus des sceaux de l'autorité et de la vérité. Je n'ai rien mis en avant qui ne fût prouvé par les monuments, l'histoire, ou des chartes particulières. J'ose dire qu'aucun auteur n'a jusques ici, offert plus de clarté, plus d'évidence dans son système de généalogie. Le public ne pourra sans doute qu'apprécier mon travail ; j'en forme le vœu ! Je me trouverai alors dédommagé des peines et des soins qu'il m'a coûté.

Maintenant que nous voilà arrivés à une époque de l'histoire où il n'y a plus rien d'obscur, plus rien d'équivoque sur l'existence des personnages dont j'ai à parler, je dois nécessairement rentrer dans le plan de mon Ouvrage et ne traiter que de la généalogie. J'y introduirai cependant quelques traits historiques, afin qu'on reconnaisse, sans autre recherche, les princes que je mentionne, aux faits qui les ont caractérisés pendant leur vie.

CHARLES-QUINT, *Empereur.*

Charles-Quint, fils de Philippe-le-Beau, archiduc d'Autriche, roi de Castille, et de Jeanne, héritière de toutes les Espagnes, naquit au château de Gand, le 25 février 1500. Dans son enfance il porta le titre de *duc de Luxembourg*. Son père, en descendant dans la tombe (le 25 septembre 1506), déféra sa tutelle à Louis XII, roi de France, qui lui donna pour gouverneur Guillaume de Croï, seigneur de *Chièvres* et *d'Arschot*.

La mort de Ferdinand le Catholique, roi d'Aragon, aïeul maternel du jeune prince, lui ouvrit le chemin aux trônes de Naples, de Sicile et de toutes les Espagnes. Il fut couronné en cette dernière qualité, sous le nom de Charles Ier, le 7 février 1518, à Valladolid. A peine avait-il pu s'occuper de l'administration de ses nouveaux Etats, qu'il fut appelé à gouverner l'empire d'Allemagne, dont le trône était vacant par la mort de Maximilien Ier, son aïeul paternel.

Les électeurs de l'Empire, assemblés à Francfort, furent indécis pendant quelque temps sur le choix qu'ils devaient faire parmi les illustres prétendans qui les sollicitaient. Charles-Quint, roi d'Espagne et archiduc d'Autriche; François Ier, roi de France, et Henri VIII, roi d'Angleterre, étaient les trois princes qui attiraient le plus particulièrement sur eux l'attention de l'assemblée. Ce dernier, néanmoins, ne pouvant y exercer une influence capable de balancer celle de ses deux rivaux, leur abandonna la partie; mais les électeurs, après de mûres réflexions, décidèrent qu'ils n'éliraient aucun prince étranger, et offrirent la couronne impériale à l'un d'eux, Frédéric le Sage, électeur de Saxe. Celui-ci eut la générosité de la refuser, et d'indiquer à ses collègues le roi d'Espagne, comme un prince capable de gouverner l'Empire avec sagesse, en leur représentant qu'il ne pouvait être considéré comme étranger à la nation germanique, sur laquelle ses ancêtres règnaient depuis si long-tems, et parmi laquelle, lui-même, avait pris naissance. Les électeurs vaincus par les raisonnemens de Frédéric, élurent, à l'unanimité, le 28 juin 1519, Empereur d'Allemagne, Charles, roi d'Espagne et archiduc d'Autriche. Ce monarque fut sacré à Aix-la-Chapelle, le 23 octobre 1520, par l'archevêque-électeur de Cologne, et couronné par les trois électeurs ecclésiastiques.

La rivalité qui s'était manifestée entre Charles-Quint et François I*er*, pour briguer l'Empire, loin de trouver sa fin, lorsque l'élection fut terminée, s'accrut au contraire avec force pendant le règne de ces deux monarques, et fut la cause des guerres déplorables qu'ils se firent dans la suite. Les généraux de l'empereur gagnèrent, le 24 février 1525, sur François I*er*, la célèbre bataille de *Pavie*. Ce dernier monarque y fut fait prisonnier, on le conduisit à Madrid où était l'empereur, qui lui imposa les conditions les plus rigoureuses pour le rendre à la liberté.

Charles-Quint se fait couronner roi de *Lom-*

bardie à Bologne, le 22 février de l'an 1530, par le pape Clément VII; puis, deux jours après, le même pontife le couronna empereur. De l'Italie, l'empereur retourna en Allemagne, où il ouvrit, le 13 juin de la même année, la diète d'*Augsbourg*; ce fut dans cette assemblée que les protestans déclarèrent leur confession de foi, rédigée par *Mélancthon*, sur les principes de *Luther*, et connue sous le nom de *Confession d'Augsbourg*.

L'an 1535, Charles dirige une expédition considérable contre *Tunis*, afin d'y rétablir Muley-Hascen qui en avait été chassé par le corsaire Frédéric Barbe-Rousse. Les armes de l'empereur sont victorieuses, il fait son entrée dans la ville, et délivre de ses propres mains vingt-deux mille esclaves chrétiens qui gémissaient dans les fers.

L'empereur fatigué du gouvernement et accablé sous le poids des désagrémens qui en sont la suite, cède l'Empire, le 7 septembre 1556, à Ferdinand, son frère puîné. (*Ce prince continue en Allemagne la lignée de la maison d'Autriche.* Voyez son article. Le 15 janvier d'auparavant, l'empereur avait abdiqué les couronnes d'Espagne en faveur de l'archiduc Philippe, son fils. Cette abdication se fit solennellement à Bruxelles, en présence de Maximilien, roi de Bohême, de la reine, son épouse, des reines douairières de France et de Hongrie, du duc de Savoie, du duc de Brunswick, du prince d'Orange, des grands d'Espagne, de la principale noblesse d'Italie, des Pays-Bas, de l'Allemagne, et des ambassadeurs

CHARLES-QUINT, *Empereur.*

de tous les souverains de l'Europe. Charles-Quint tenant son fils serré entre ses bras, le plaça lui-même sur le trône, en disant: « Vous » ne pouvez me payer de ma tendresse qu'en » travaillant au bonheur de vos sujets. Puis- » siez-vous avoir des enfans qui vous enga- » gent à faire un jour pour l'un d'eux, ce » que je fais aujourd'hui pour vous !..... » Ce spectacle à la fois sublime et intéressant, fit couler des larmes de la part de ceux qui assistaient à cette cérémonie; l'empereur lui-même ne put se défendre d'en verser.

Débarrasé du fardeau de la royauté, Charles-Quint voulut se consacrer entièrement à l'exercice de la religion; il se retira à cet effet au monastère de Saint-Just, dans l'Estramadure, et y mourut le 21 septembre 1558, après avoir régné comme empereur trente-sept ans, et comme roi d'Espagne quarante-quatre; son corps, inhumé à Grenade, fut depuis transféré à l'Escurial.

Cet empereur avait épousé, à Séville, le 10 janvier 1526, *Elisabeth* ou *Isabelle*, fille d'Emmanuel I*er*, surnommé le Grand, roi de *Portugal*, et de Marie de Castille et d'Aragon. Isabelle était née le 4 octobre 1503, elle mourut en couches le 1*er* mai 1539. Cette princesse fut enterrée à Grenade; elle fut regardée comme la plus belle femme de son siècle, et emporta dans la tombe les regrets de toute l'Espagne. Charles-Quint lui avait donné pour devise les *trois Grâces*, dont l'une portait des roses, l'autre une branche de myrte, et la troisième une branche de chêne avec son fruit.

Ce grouppe était le symbole de sa beauté, de l'amour qu'on avait pour elle, et de sa fécondité. François *de Borgia*, duc de Candie, vice-roi de Catalogne, arrière petit-fils du pape Alexandre VI, fut nommé pour accompagner son corps de Tolède à Grenade. Ce prince lui ayant découvert le visage, fut si frappé de voir la pâleur de la mort, défigurer ces traits naguères pleins de charmes, qu'il prit la résolution d'abandonner les vanités du monde et d'embrasser l'état ecclésiastique. Il se fit jésuite, et devint le troisième général de son ordre, auquel il rendit même des services signalés. Il mourut en 1572 en odeur de sainteté, et fut canonisé en 1671.

Du mariage de Charles-Quint (1) et d'Isabelle de Portugal, vinrent:

1°. Philippe II, roi d'Espagne, dont

---

(1) Charles-Quint, dans son enfance et sa jeunesse, avait été fiancé à cinq princesses :

1° En 1501, à Claude de France, fille de Louis XII ; mais les Etats, assemblés à Tours en 1506, firent casser cette alliance, et la princesse Claude épousa François, duc de Valois, depuis roi de France sous le nom de François Ier ;

2° En 1507, à Marie, fille de Henri VII, roi d'Angleterre : elle épousa, en 1514, Lous XII, roi de France, père de la princesse Claude ;

3° En 1513, à Renée de France, fille de Louis XII, et sœur puînée de Claude : elle épousa Hercule d'Est, duc de Ferrare et de Modène ;

4° En 1516, à Louise de France, fille de François Ier, née en 1515, morte en 1517 ;

5° En 1522, à Marie d'Angleterre, fille de Henri VIII: elle épousa dans la suite Philippe II, roi d'Espagne, fils de Charles-Quint.

l'article vient ci-dessous. *

2° *Marie*, née le 21 juin 1528, mariée le 13 septembre 1548, à *Maximilien*, archiduc d'Autriche, empereur, sous le nom de Maximilien II. Le zèle que cette princesse témoigna pour la religion catholique,

---

Branche de la maison d'Autriche régnante en Espagne.

1. PHILIPPE II.

* Philippe II, fils de l'empereur Charles-Quint et d'Isabelle de Portugal, naquit à Valladolid le 21 mai 1527. Il monta sur les trônes de Naples et de Sicile en 1554, et sur celui d'Espagne en 1556, en vertu de la cession qui lui avait été faite par son père, de ces divers Etats. Son mariage, contracté le 25 juillet 1554, avec Marie, reine d'Angleterre, lui donna encore le titre de souverain de ce pays, en 1580; puis ayant réuni le Portugal à ses possessions, il prit le titre de roi de Portugal. Emmanuel Philibert, duc de Savoie, général des troupes de Philippe II en Flandres, gagne, le 10 août 1557, la célèbre bataille de *Saint-Quentin* sur les Français, commandés par le connétable Anne de Montmorency et le duc d'Enghien, qui y fut blessé à mort. Pendant l'action, Philippe II avait fait vœu de fonder, s'il obtenait la victoire, un couvent pour deux cents religieux. Fidèle à sa promesse, il éleva, en 1563, le superbe couvent de l'*Escurial*, qui est considéré comme la huitième merveille du monde. C'est un palais magnifique où les rois d'Espagne se sont ménagés une résidence vraiment digne des plus grands souverains de la terre. Philippe II voua une haine implacable à toutes les sectes d'hérétiques qui s'élevaient dans ce siècle; il fit dresser pour elles des potences et des auto-da-fés, et les extermina avec une barbarie qui ternit à jamais sa mémoire, et qui fut cause du soulèvement des Provinces-Unies, qui se constituèrent, sous son règne, en

fit déclarer au pape Pie V, *qu'elle était digne d'occuper une place parmi les femmes que leur sainteté fait révérer sur la terre*, et Grégoire XIII la qualifia de *colonne de la foi*. Devenue veuve en 1576, elle quitta l'Autriche pour se retirer en

---

Branche de la maison d'Autriche régnante en Espagne.
Philippe II.

Etat libre et indépendant. Ce zèle pour la religion, lui fit tourmenter les Maures d'Espagne, qui faisaient fleurir les arts et l'agriculture dans les provinces qu'ils habitaient. Après avoir essayé vainement de les réduire, on vit la plupart de ces citoyens utiles et dévoués à l'Etat, quitter une patrie ingrate qui ne savait pas les apprécier.

Sa cruelle sévérité s'étendit jusque sur son fils, l'infortuné don Carlos, dont je vais parler page 84.

L'an 1588, Philippe envoie contre l'Angleterre une flotte de 150 gros vaisseaux, sous le commandement du duc de Médina-Sidonia. On l'avait nommée d'avance l'*Invincible*, titre prématuré ; une tempête affreuse la détruisit, et en fit tomber une partie entre les mains de ces mêmes Anglais contre lesquels elle avait été préparée. Cette expédition ruina la marine espagnole et affaiblit les finances : elle avait coûté 40 millions de ducats.

Philippe II avait porté son ambition à réunir la France à ses nombreux royaumes. Les troubles qu'il excita dans cette belle contrée sous les règnes de Henri III et de Henri IV, en fournissant des secours à la fameuse ligue, lui donnèrent l'espérance de venir à bout de son dessein. Mais Henri IV, en allant à la messe, lui fit perdre en un quart-d'heure tout le fruit de ses travaux et de ses dépenses. Il avoit tellement cru pouvoir s'emparer de la couronne de France, qu'en parlant des principales villes de ce royaume, il disait : *Ma bonne ville de Paris, ma bonne ville d'Orléans.*

CHARLES-QUINT, *Empereur* (*ses enfans*). 81
Espagne, sa patrie, dans le couvent des religieuses de l'ordre de Sainte-Claire, à Villa Monte; elle y finit ses jours le 26 février 1603; son corps fut transféré à l'Escurial : elle donna 16 enfans à l'empereur Maximilien II. *Voyez* cet article.

Branche de la maison d'Autriche régnante en Espagne.
Philippe II.

Ce fut ce prince qui fixa la majorité des rois d'Espagne à quatorze ans.

Le cruel et féroce duc d'Albe, don Louis de Requescens, don Juan d'Autriche, frère naturel du roi, Octave et Alexandre Farnèze, le comte d'Egmont (Philippe lui fit couper la tête), Antonio Sérez, furent les généraux et les ministres de ce monarque.

Philippe II mourut le 13 septembre 1598. Il fut inhumé à l'Escurial, dans l'église de Saint-Laurent. Il avait épousé,

1° Le 12 mars (1) 1543, *Marie de Portugal*, sa cousine germaine, fille de Jean III, roi de Portugal, et de Catherine d'Autriche. Cette princesse mourut le 15 juillet 1545, trois jours après être accouchée de l'infant don Carlos dont il sera question page 84.

2° Le 25 avril (2) 1554, *Marie, reine d'Angleterre*, fille de Henri VIII. Le parlement d'Angleterre n'accorda aucune autorité à Philippe; la reine seule avait le droit de disposer du gouvernement et de nommer aux

---

(1) C'est à tort que l'Art de vérifier les Dates dit le 15 novembre.

(2) C'est à tort que le même auteur dit le 25 juillet, et que le baron de Zurlauben donne la date du 15 novembre; car ce mariage fut célébré à Winchester le 25 avril 1554. Le roi Philippe était arrivé en Angleterre le 19 du même mois.

Tome II. 6

3° *Jeanne*, née en 1530 ; elle épousa en 1553, Jean, prince héréditaire de Portugal, qui mourut quelque temps après son mariage (2 janvier 1554). La princesse, son épouse, accoucha d'un fils posthume, le 20 du même mois ; on le nomma

---

Branche de la maison d'Autriche régnante en Espagne.
Philippe II.

dignités : si Philippe survivait à son épouse, il ne devait point lui succéder personnellement, mais bien les enfans qu'il aurait eus d'elle, et à leur défaut, la princesse Elisabeth, sœur de Marie. Les enfans nés du mariage de Philippe et de Marie, devaient être mis en possession des Pays-Bas et de la Franche-Comté, et régner sur l'Espagne, dans le cas où l'infant don Carlos, fils de Philippe et de Marie de Portugal mourrait sans enfans. La reine Marie descendit dans la tombe le 17 novembre 1558, d'une maladie d'hydropisie, qu'on avait prise pour une grossesse. Elle n'eut point d'enfans.

3° Le 20 juin 1559, *Elisabeth*, fille de *Henri II, roi de France*, et de Catherine de Médicis, née le 2 avril 1545. Cette princesse avait été promise à don Carlos, fils de Philippe. Elle en était aimée, et ne le voyait pas sans intérêt ; mais Philippe, épris lui-même des graces et de l'amabilité d'Elisabeth, rompit le projet de mariage de son fils avec cette princesse, et l'épousa par contrat passé à Paris le 20 juin 1559. Cette union ne fut pas heureuse ; Philippe fut jaloux de son fils, qu'il savait aimer et être aimé de la reine : on croit même que cette jalousie fut une des causes principales de la mort de don Carlos, dont il va être question tout à l'heure. Elisabeth ne survécut pas de long-tems à ce dernier; elle mourut dans le cours d'une grossesse, à Madrid, le 3 octobre 1568. Son corps fut transféré à l'Escurial le 8 juin 1573. Plusieurs auteurs n'ont pas craint d'avancer que sa mort n'avait pas

CHARLES-QUINT, *Empereur* (*ses enfans*). 83
don *Sébastien*, parce qu'il était né le jour où l'on célèbre la fête de ce saint. Le jeune prince succéda, en 1557, à Jean III, roi de Portugal, son aïeul, sous la régence de Catherine d'Autriche, épouse de celui-ci et aïeule également de don Sébastien.

Branche de la maison d'Autriche régnante en Espagne.
Philippe II.

été naturelle, et qu'elle était l'effet du dépit et de la vengeance de son époux.

4° Le 12 novembre 1570, *Anne-Marie d'Autriche*, fille de l'empereur Maximilien II, née en Espagne le 1er novembre 1549 (1). Elle mourut le 26 octobre 1580 à Badajoz, et fut inhumée à l'Escurial. Ce fut du chef de cette princesse que l'Espagne fit valoir ses droits à la succession d'Autriche, en 1740, à la mort de l'empereur Charles VI. Un traité fait entre Philippe III et l'archiduc Ferdinand de Gratz, abandonnait bien à cet archiduc, et à ses descendans, tous les droits que la branche espagnole avait sur les Etats de la branche Allemande, mais sous la réserve que si la postérité mâle de cette dernière venait à manquer, les descendans de Philippe seraient autorisés à les faire revivre en leur faveur. La cour d'Espagne, sous Philippe V, de la maison de France, profita de ce prétexte, pour fournir à l'infant don Carlos un établissement en Italie aux dépens de la maison d'Autriche.

---

(1) C'est à tort que l'Art de vérifier les Dates, tom. Ier, pag. 770, dit que Philippe épousa en quatrième noces ANNE-MARIE, *née la même année et le même jour que lui*; car Philippe était né le 21 mai 1527, et Anne le 1er novembre 1549, ce qui fait vingt-deux ans de différence. Il faut s'en rapporter à ma date. Maximilien II, père d'Anne, ne s'était marié qu'en 1548; or, sa fille aînée n'avait pu naître en 1527.

En 1568, ce prince prit les rênes du gouvernement et faisait concevoir les plus heureuses espérances de son règne, lorsque sollicité par ses courtisans de porter la guerre en Afrique, il perdit dans cette contrée, le 4 août 1578, la célèbre ba-

---

Branche de la maison d'Autriche régnante en Espagne.
Philippe II (*ses enfans*).

Enfans du premier lit.

1° Don Carlos, né le 12 juillet 1545 (1). Dès sa plus tendre jeunesse, ce prince montra un caractère sombre, farouche et hautain. Il se permit contre son père des plaisanteries déplacées, et fit entendre souvent des plaintes amères et quelquefois injustes. Il entretint des liaisons secrettes avec les Flamands et les Hollandais révoltés contre Philippe II, et leur promit même de venir incessamment se mettre à leur tête. Sa correspondance criminelle fut saisie par son père et le comte de *Lerme*, qui étaient entrés dans sa chambre pendant son premier sommeil. Le jeune prince, voyant les preuves évidentes de sa rébellion entre les mains de son père, qu'il disait déjà trop sévère envers lui, se précipite nu dans un brâsier ardent que ses domestiques avaient laissé allumé dans sa cheminée à cause de la rigueur de la saison. On n'eut que le tems de l'arracher à une mort qu'il prenait plaisir à se donner lui-même. Philippe lui nomma des gardes pour le servir, et fit défense qu'on le laissât communiquer avec per-

---

(1) C'est à tort que les Continuateurs du président Hénault, dans l'Abrégé chronologique de l'Histoire d'Espagne, placent la naissance de don Carlos au 8, puis au 15 janvier 1545.

CHARLES-QUINT, *Empereur (ses enfans).* 85
taille d'*Alcaçar-Quivir*, où il laissa la
vie. Cette perte jeta le Portugal dans le
plus grand embarras, parce que don Sébastien non encore marié, ne laissait point
de postérité. Le cardinal Henri, son oncle,
lui succéda et prit le titre de *prêtre-roi.* Il

Branche de la maison d'Autriche régnante en Espagne.
Philippe II (*ses enfans*).

sonne, ou de vive voix, ou par écrit. Il instruisit
les puissances de l'Europe des raisons qui le faisaient agir ainsi, puis ordonna secrètement que le
procès de son fils fût suivi par l'inquisition, qui,
dit-on, rendit un arrêt de mort contre lui. L'empereur Maximilien, cousin de l'infortuné don
Carlos, demanda sa liberté, et proposa de lui
donner sa fille Anne en mariage (1). Toutes les
prières et les sollicitations de ce monarque et de
plusieurs autres cours de l'Europe furent inutiles ; don Carlos mourut le 24 juillet 1568. Les
historiens sont partagés sur le genre de mort qu'il
subit. Les uns prétendent qu'elle fut naturelle,
et causée seulement par l'avidité avec laquelle il
prit de la nourriture après avoir voulu, pendant
plusieurs jours, s'abstenir de manger, afin de se
laisser mourir de faim ; d'autres prétendent qu'il
fut empoisonné ou étranglé, ou bien qu'il se fit
ouvrir les veines dans un bain. Son corps fut porté
dans les tombeaux de l'Escurial. On a remarqué
qu'il était séparé de la tête ; mais on ajoute que
c'est parce que la caisse de plomb qui le renferme
est trop petite. Le plus grand tort qu'ait pu avoir

---

(1) Ce fut cette même princesse *Anne* que Philippe II
épousa en 1570, et dont il est question dans la note de
la page précédente. Ainsi ce monarque épousa deux princesses qui avaient été destinées et promises à son fils.

mourut en 1580. Philippe II, roi d'Espagne, frère de Jeanne et oncle de Sébastien, réunit alors le Portugal à sa couronne. Il établit ses prétentions à ce royaume sur les droits de sa mère, Elisabeth ou Isabelle de *Portugal*, fille aînée d'Emmanuel-le-Grand.

Branche de la maison d'Autriche régnante en Espagne.
Philippe II (*ses enfans*).

don Carlos, aux yeux du roi Ppilippe II son père, ce fut d'avoir aimé et d'avoir été aimé de la reine Elisabeth, épouse de ce dernier. La jalousie de Philippe trouva les moyens de se venger, dans la conduite politique de son fils; et des torts qu'un père pouvait pardonner, furent trop sévèrement punis par un mari qui se croyait outragé. *L'abbé de Saint-Réal a composé, sur l'Histoire de don Carlos, un roman qui offre le plus grand intérêt.*

Enfans du troisième lit. (Philippe n'eut point d'enfans de son premier mariage.)

1° Isabelle-Claire-Eugénie, née le 11 août 1566. Philippe II, qui prêtait de puissans secours aux *Ligueurs* de *France* contre Henri IV, avait conçu le projet de demander cette couronne pour cette princesse, dans le cas où il ne parviendrait pas lui-même à déterminer les français à le recevoir pour roi. Mais Henri IV, en se faisant catholique romain, fit évanouir toutes ses espérances. La princesse Isabelle-Claire-Eugénie fut nommée, par le roi son père, gouvernante des Pays-Bas. En 1598 elle porta cette souveraineté en dot, avec la Franche-Comté et le Charolais, à l'archiduc Albert son cousin, qui quitta l'état ecclésiastique (il était cardinal, et archevêque de Tolède) pour l'épouser. Ce mariage se célébra, le 25 avril 1599,

CHARLES-QUINT, *Empereur* (*ses enfans*). 87
4° *Ferdinand*, mort jeune en 1545.
5° *Jean* et un autre prince morts au berceau.

ENFANS NATURELS.

Outre les enfans légitimes que je viens

Branche de la maison d'Autriche régnante en Espagne.
Philippe II (*ses enfans*).

à Valence. Isabelle et l'archiduc Albert se rendirent célèbres par leur administration des Pays-Bas, et par l'habileté et le courage qu'ils manifestèrent dans la guerre qui se renouvela en 1601 entre les Espagnols et les Hollandais, guerre dans laquelle presque toute l'Europe figura. Ce fut sous la conduite de l'archiduc que le fameux siége d'*Ostende* commença en 1601. Ambroise Spinola, général de Philippe III, frère d'Isabelle, emporta la place le 19 septembre 1604, malgré les efforts qu'avait faits Maurice de Nassau, prince d'Orange, pour la conserver aux Hollandais. Dans cette guerre, on vit plusieurs fois la princesse Isabelle se rendre au camp et haranguer les soldats avant le combat. Son époux mourut le 13 juillet 1621. Elle avait pour lui un attachement si grand, qu'elle voulut prendre le voile sacré, et se retirer dans un monastère après sa mort. Cependant, dans l'intérêt de ses peuples, qui la chérissaient comme une tendre mère, elle resta à la tête du Gouvernement, et continua de vivre jusqu'au 2 décembre 1633 (1). Elle n'eut point d'enfans. Son jugement et ses hautes qualités s'étaient développés de si bonne heure, que, dès l'âge de douze ans, elle entrait au conseil

---

(1) C'est à tort que Zurlauben place sa mort le 29 novembre.

de mentionner, l'empereur Charles-Quint avait eu (avant d'être marié) d'une maîtresse nommée Marguerite de Plumbes ou de Wangest :

Marguerite, née le 28 décembre 1522, mariée le 29 février 1536, à Alexandre

---

Branche de la maison d'Autriche règnante en Espagne.
Philippe II (*ses enfans*).

de son père, qui continua jusqu'à la mort à prendre son avis sur les affaires de la religion et de l'Etat. Cette princesse donna asile à *Marie de Médicis*, reine de France, veuve de Henri IV et mère de Louis XIII, dans les persécutions haineuses et trop déplorables que lui fit subir l'ingrat cardinal de Richelieu.

Maison de Sardaigne.

2° Catherine-Michelle, née le 10 octobre 1567. Elle épousa, le 11 mars 1585, Charles-Emmanuel, duc de *Savoie*, surnommé *le Grand*, qui s'était rendu à Saragosse pour ce mariage. Les présens que ce prince fit à son épouse et aux dames de sa suite, surpassèrent le prix de sa dot, qui était de plus de cent vingt mille écus. Philippe II avait été au-devant de lui, avec sa cour, à un mille de Saragosse. Dès que ces princes s'apperçurent, ils mirent pied à terre pour s'embrasser; étant remontés à cheval, le roi voulut absolument, par courtoisie, donner la droite au duc de Savoie. Dans la marche, le cheval de ce dernier s'agitait extraordinairement et avec grand bruit. « Eh ! qu'a donc votre » cheval ? lui dit le roi. Sire, répondit-il, c'est » qu'il sent bien qu'il n'est pas à sa place. » Ce prince mourut le 26 juillet 1630. Catherine l'avait précédé en 1597, le 6 novembre : elle fut inhumée dans l'église cathédrale de Turin. De ce mariage

CHARLES-QUINT, *Empereur (ses enfans).*
de *Médicis*, duc d'Urbin, fils naturel de
Laurent II, père de la célèbre Catherine
de Médicis, épouse d'Henri II, roi de
France, et mère de Charles IX. Alexandre
avait été créé *duc de Florence* en 1531,
par l'empereur Charles-Quint, qui venait

Branche de la maison d'Autriche régnante en Espagne.
Philippe II (*ses enfans*).

vint Victor-Amédée, duc de Savoie, souche des
rois de *Sardaigne* de nos jours.

Enfans du quatrième lit.

1° Don Ferdinand, né le 4 décembre 1571,
mort le 18 octobre 1578 (1). Philippe II défendit
qu'on portât le deuil de ce prince : il voulut paraître supérieur aux événemens qui accablent les
autres hommes, et n'être affecté que des intérêts
de l'Etat et de la religion.

2° Don Jacques, né en 1573, mort en 1582.

3° Don Charles-Laurent, mort jeune le 9
juillet 1575.

4° Don Diégo (2), né le 12 juillet 1575, reconnu
en 1580, par les Etats, prince des Asturies et héritier de la couronne d'Espagne, meurt le 21 Novembre 1582.

---

(1) Zurlauben dit à tort 1575; et les Continuateurs du
président Hénault sont dans l'erreur, en disant que ce
prince est mort dans sa seizième année ; car si en 1578
il eût eu seize ans, il avait dû naître en 1562 ; or, sa
mère ne s'étant mariée qu'en 1570, il n'a pu venir au
monde huit ans auparavant.

(2) Zurlauben a oublié de mentionner ce prince.

de forcer la république à subir ses lois et à reconnaître pour maître le souverain qu'il lui donnait. Alexandre avait commencé à gouverner avec beaucoup de sagesse et de bonté; mais trop ami des plaisirs, il s'enfonça dans la débauche, et

---

Branche de la maison d'Autriche régnante en Espagne.
Philippe II (ses enfans).

5° Don Philippe, roi d'Espagne, sous le nom de *Philippe III*. Son article va suivre.

6° Dona Marie, morte jeune le 4 août 1583 (1).

2. PHILIPPE III.

Philippe III, fils de Philippe II, roi d'Espagne, et d'Anne d'Autriche, naquit à Madrid le 14 avril (2) 1578. Il succéda à son père dans les royaumes d'Espagne, de Portugal, de Naples et de Sicile, le 13 septembre 1598. Il fut obligé de reconnaître enfin, par une trêve conclue avec les Provinces-Unies le 9 avril 1609, qu'elles étaient libres et indépendantes. Cet arrangement fit rentrer en outre la maison de Nassau dans toutes ses possessions.

Plusieurs édits de proscription sont publiés contre les Maures, que la cruelle sévérité de Philippe II avait encore tolérés: ils sont obligés de quitter à jamais l'Espagne, et de se réfugier en Asie et en Afrique (1610). Philippe perdit ainsi un million de sujets laborieux, qui se livraient avec le plus grand succès au commerce et aux arts.

Commencement de la guerre de trente ans: les Bohé-

---

(1) Sur ces six enfans du quatrième lit, M. Lesage en oublie cinq dans sa Généalogie.

(2) Et non pas le 14 mars, comme le dit le baron de Zurlauben.

succomba, le 7 janvier 1537, sous le fer assassin de *Laurent de Médicis*, son parent, qu'il associait à ses incontinences, et qui se mit à la tête des mécontens pour renverser Alexandre du trône et le priver de la vie. Du mariage de Marguerite avec

---

Branche de la maison d'Autriche régnante en Espagne.
Philippe III.

miens réclament le droit d'élire leur souverain, et défèrent leur couronne à l'électeur palatin, à l'exclusion de Ferdinand d'Autriche. Le roi d'Espagne envoie, en 1618, le comte de Buquoi, à la tête de douze mille hommes, se joindre aux armées qui devaient soutenir en Allemagne les intérêts de Ferdinand. Ce général y signala son génie militaire, et trouva la mort dans la campagne de 1621. Philippe III, quelque tems auparavant, avait imaginé que la *Valteline*, qui était soumise aux Grisons, serait à la bienséance de l'Espagne, parce qu'elle ouvrait une communication entre les branches de la maison d'Autriche, établies dans le Milanais et le Tyrol. Il fit soulever ce pays en 1620, et y envoya des troupes pour s'en saisir. La France et Venise s'opposèrent à cette invasion, ce qui alluma la guerre entre ces diverses puissances. Philippe III, dans ces entrefaites, fut surpris par la mort le 31 mars 1621. Ce fut un accident qui la lui causa. Il relevait de maladie, et assistait au conseil; la vapeur d'un brasier lui monta à la tête : il s'en plaignit; mais l'officier qui avait la charge du feu, n'étant pas présent, personne n'osa empiéter sur ses droits et faire son office. Cette délicatesse, fort déplacée, coûta la vie à ce prince. C'est à Philippe III que l'Espagne est redevable d'un édit qui accorde les honneurs de la noblesse, avec exemption d'aller à la guerre, à tous les nationaux qui s'adonneront à la culture des terres. Le célèbre duc de *Lerme* (depuis cardinal) fut le ministre et le favori du

Alexandre de Médicis, il ne sortit aucun enfant; cette princesse épousa en secondes noces, en 1538, *Octave Farnèze*, duc de *Parme*, qu'elle réconcilia avec Charles-Quint. Philippe II, roi d'Espagne, leur accorda une confiance sans borne et leur

---

Branche de la maison d'Autriche règnante en Espagne.
Philippe III (*ses enfans*).

roi. Néanmoins il tomba dans la disgrace, et se vit remplacer dans le ministère par le duc d'Uzéda son fils, et son plus cruel antagoniste. Le comte de Saldaigne, frère de ce dernier, le duc d'Ossone, le duc de Féria le cardinal Borgia, le marquis de Bedmar (1), don Pèdre de Tolède, Ambroise Spinola et le comte de Buquoi furent les ministres et les généraux les plus célèbres de ce règne.

Philippe III avait épousé, le 18 avril 1599, *Marguerite d'Autriche*, fille de l'archiduc Charles, de la branche de *Gratz*, et sœur de l'empereur Ferdinand. Cette princesse était née le 25 novembre 1584 : elle mourut le 3 octobre 1611, emportant avec elle les regrets de la nation espagnole, qu'elle avait édifiée par les qualités les plus brillantes et les plus rares. De ce mariage vinrent :

1° DON PHILIPPE, roi d'Espagne, sous le nom de *Philippe IV*. Son article vient page 96.

---

(1) Ce fut lui qui ourdit une conspiration, en 1618 contre la république de Venise, près de laquelle il exerçait les fonctions d'ambassadeur d'Espagne. Son but était de réunir aux Etats de Philippe III les possessions des Vénitiens. Mais le projet échoua, et le marquis de Bedmar ne trouva son salut que dans la fuite. Ce seigneur reçut quelque tems après le chapeau de cardinal.

CHARLES-QUINT, *Empereur* (*ses enfans*). 93
conféra le gouvernement des Pays-Bas.
Antoine Perrenot de *Granvelle*, évêque
d'Arras, fut le principal ministre de la
duchesse Marguerite, qui, en récompense
de ses services, lui procura le chapeau
de cardinal. Les édits sévères rendus par

Branche de la maison d'Autriche régnante en Espagne.
Philippe III (*ses enfans*).

2° Don CHARLES, né le 14 septembre 1607. Ce prince avait des vertus, et déployait des talens qui excitèrent la jalousie du roi son frère et la crainte de Gaspard de Gusman, comte d'Olivarès, premier ministre et favori du monarque. On l'écarta des affaires, quoiqu'il exerçât la charge de grand-amiral d'Espagne et de grand-prieur de Castille, parce qu'il les aurait conduites avec un génie et une probité qui auraient fait la censure du ministère. On s'opposa même à ce qu'il se mariât, dans la crainte qu'il ne se procurât l'appui du souverain qui lui donnerait sa fille. Il mourut le 3 juillet 1632.

3° Don FERDINAND, né le 6 mai 1609, cardinal, archevêque de Tolède, et gouverneur des Pays-Bas en 1633. L'Espagne compte ce prince au nombre de ses héros. Grand général, politique habile, administrateur sage et prudent, il remplit l'histoire d'Espagne, des Pays-Bas et de l'Allemagne de ses exploits et de ses faits. Il gagna, le 5 septembre 1634, la célèbre bataille de Nordlingen, où le maréchal de Hornes, général suédois, fut fait prisonnier. Don Ferdinand mourut le 9 novembre 1641.

4° Don ALPHONSE, né le 12 septembre 1611, mort l'année d'ensuite.

Maisons de France et d'Orléans.

5° ANNE-MARIE MAURICIE, née le 21 septembre

MAISON D'HABSBOURG-AUTRICHE.

Charles-Quint et Philippe II, contre les protestans des Pays-Bas, causèrent la révolution de 1566; Guillaume, prince d'Orange, se mit à la tête des mécontens, et médita dès lors de rendre la Hollande indépendante, ce qu'il effectua en 1578;

Branche de la maison d'Autriche règnante en Espagne.
Philippe III (*ses enfuns*).

1601, fut mariée à Bordeaux le 25 novembre 1615 à Louis XIII, roi de France et de Navarre. Le cardinal de Richelieu lui fit éprouver les plus grandes persécutions pendant son ministère. Il l'accusa auprès du roi son époux d'avoir trempé dans les complots de *Chalais*, et d'entretenir un commerce secret avec les ennemis de la France. Anne fut abreuvée de chagrin et d'amertume presque pendant tout le tems qu'elle passa avec Louis XIII. Cependant, à la mort de ce monarque, arrivée le 14 mai 1643, le parlement de Paris lui déféra la régence du royaume par arrêt du 18 du même mois, en cassant le testament du roi défunt, qui établissait un conseil de régence. La tutelle de son fils Louis XIV lui fut également dévolue sans restriction par le même arrêt. Le cardinal *Mazarin* obtint toute la confiance de la reine, et gouverna despotiquement la France. Les seigneurs, jaloux et indignés de la trop grande puissance de ce ministre, excitèrent des séditions, et obligèrent la reine et son favori de quitter Paris pour chercher un asile plus sûr à Saint-Germain-en-Laye (6 janvier 1649). La *fronde* et la *journée des barricades*, avaient donné à la régente une idée assez forte de ce que pouvaient des sujets révoltés. On comptait parmi ceux-ci François-Paul de Retz, coadjuteur de Paris, archevêque titulaire de Corinthe, connu sous le nom de cardinal de

CHARLES-QUINT, *Empereur* (*ses enfans*). 95
il fut nommé stathouder de la nouvelle
confédération des Provinces-Unies. Du
mariage de Marguerite avec Octave Farnèze vint le célèbre *Alexandre Farnèze*,
dont la vie fait une partie essentielle de
l'histoire d'Espagne et de celle des Pro-

Branche de la maison d'Autriche régnante en Espagne.
Philippe III (*ses enfans*).

Retz, le duc de Beaufort, le prince de Conti,
le duc de Bouillon, le maréchal de Turenne et
la célèbre duchesse de Longueville. Condé était le
seul prince qui eût suivi la régente et le roi. Une
petite armée, mise à sa disposition, le fit triompher des rebelles, et la cour fut réintégrée dans
la capitale. Mais celui à qui un service aussi grand
et un dévouement aussi honorable étaient dus,
se rangea incessamment du parti opposé, et médita
une autre guerre civile. La régente le fit arrêter,
le 18 janvier 1650, et conduire à Vincennes avec
les princes de Conti et de Longueville. Turenne,
craignant le même sort, se retira à Stenai, et se
joignit aux Espagnols. La France devient encore
le théâtre d'une guerre civile, et Mazarin est forcé
de s'exiler momentanément pour rétablir la tranquillité et la paix dans le royaume. La régence de
cette princesse fut très-agitée, et son histoire est
une des époques les plus célèbres des fastes de notre monarchie. Les troubles s'étant pacifiés, Anne
se livra entièrement aux exercices et à la pratique
de la religion. On doit à sa pieuse munificence la
fondation du Val-de-Grâce. Elle mourut au
Louvre le 20 janvier 1666, des suites d'un cancer.
Son corps fut transporté à Saint-Denis, et son
cœur déposé en l'église du Val-de-Grâce. Cette
princesse avait de la beauté et des grâces infinies.
C'est à elle que la cour de France dut le germe de
la politesse, qui la distingua des autres cours de

vinces-Unies. *Strada*, *Grotius*, et quantité d'écrivains du premier ordre nous ont transmis l'histoire de ses guerres de Flandre et de son administration des Pays-Bas. Ce prince avait épousé *Marie*, fille d'Edouard, duc de Guimaræns, et

---

Branche de la maison d'Autriche règnante en Espagne.
Philippe III (*ses enfans*).

l'Europe sous le règne de Louis XIV. On a remarqué que cette reine, qui aimait passionnément les fleurs, avait une aversion surnaturelle pour les roses ; elle ne pouvait même en supporter la vue en peinture. Anne avait été demandée à l'âge de trois ans par l'empereur d'Abissinie, pour épouse de son fils, qui en avait alors sept. De son mariage avec Louis XIII elle eut Louis XIV, roi de France, et Philippe, duc d'Orléans, souche des princes de ce nom.

6° Marie, née et morte en 1603.

7° Marie-Anne, née le 8 août 1606, mariée le 21 février 1631 à l'empereur Ferdinand III, mort en 1657. Elle fut mère, entre autres enfans, de l'empereur Léopold Ier, et mourut en couches le 13 mai 1646. Les Allemands la chérissaient comme une tendre mère, et disaient d'elle qu'elle était d'une *nature angélique*.

8° Marguerite, née le 25 mai 1610, morte en 1617.

3. PHILIPPE IV.

Philippe IV, fils de Philippe III, roi d'Espagne, et de Marguerite d'Autriche-Gratz, naquit au château de Valladolid le 8 avril 1605. Il succéda à son père dans les royaumes d'Espagne, de Portugal, de Naples et de Sicile, le 31 Mars 1621. La guerre de trente ans, dans laquelle il était allié de l'empereur Ferdinand II, continuait toujours en Allemagne. Le cardinal infant,

CHARLES-QUINT, *Empereur (ses enfans).*
petite-fille d'Emmanuel-le-Grand, roi
de *Portugal.* C'est du chef de cette princesse que la maison de Farnèze établit,
en 1580, ses prétentions au royaume de

Branche de la maison d'Autriche régnante en Espagne.
Philippe IV.

frère de Philippe, y commande une armée espagnole et
gagne la célèbre bataille de Nordlingen, le 5 septembre
1634. La trêve consentie pour douze ans avec les Provinces-Unies étant expirée, les hostilités reprirent
en 1621. Les armées espagnoles obtinrent en Hollande des succès assez considérables, tant que le général Spinola fut à leur tête; mais son rappel devint le
signal des défaites. La perte que fit l'Espagne de plusieurs flottes, vint encore ajouter à ces désastres. Dans
ces entrefaites, Philippe IV fit un nouveau traité avec
la France au sujet de la Valteline, qu'il s'engageait à
rendre aux Grisons. La succession de Mantoue divisa
de nouveau l'Espagne avec la France, et fut cause
d'une guerre en Italie en 1628. Les généraux Gonzalve
de Cordoue et Spinola y agirent à la tête des armées
espagnoles. Celles-ci y perdirent beaucoup de leur
gloire. Les Français apprirent à les vaincre et à ne
plus les redouter. Le traité de *Quiérasque*, signé en
1631, mit fin à cette guerre. L'année d'auparavant,
Philippe avait fait la paix avec l'Angleterre, par un
traité signé à Madrid le 15 novembre. Cet état de tranquillité ne fut pas de longue durée; le ministère espagnol soufflait le feu de la discorde à la cour de
France et armait contre Louis XIII Marie de Médicis
sa mère, et Gaston d'Orléans son frère. Ces hostilités
sourdes, jointes à la prise de Trèves et à l'enlèvement
de l'électeur, qui s'était mis sous la protection de la
France, amenèrent la guerre de 1635. Elle dura vingt-
cinq ans, et fut la plus longue que l'Espagne ait
éprouvée. C'était le siècle des malheurs : Philippe IV
perdait à jamais le royaume de Portugal, sur lequel ve-

Tome II.

MAISON D'HABSBOURG-AUTRICHE.

Portugal. La princesse Marguerite mourut à Aquila dans l'Abruzze, en février 1586 ; son époux la suivit de près au tombeau : il mourut le 18 septembre sui-

---

Branche de la maison d'Autriche règnante en Espagne.
Philippe IV.

nait règner la maison de Bragance ; la Catalogne se donnait à Louis XIII, par traité du 20 février 1641, et l'Artois était conquis par les armées françaises. Des révoltes à Naples, à Milan, en Sicile, faisaient encore trembler pour toutes les possessions espagnoles dans ces contrées. Philippe, voyant son royaume épuisé d'hommes et d'argent, rechercha la paix ; mais il la voulait à des conditions qu'on ne put lui accorder. Alors il refusa d'accéder au traité de Westphalie, conclu le 24 octobre 1648 entre les autres puissances belligérentes, et continua les hostilités en Catalogne et dans les Pays-Bas contre les armées françaises. L'an 1659 mit fin à tous ces désastres : la paix fut signée entre la France et l'Espagne dans l'île *des Faisans*, le 7 novembre, par le cardinal Mazarin et don Louis de Haro, plénipotentiaires des deux puissances. Ce traité contenait 124 articles. Le 23e stipulait le mariage de l'infante *Marie-Thérèse*, fille de Philippe, avec le roi de France Louis XIV. (*Voyez* l'article *Marie-Thérèse*, p. 101). Le Roussillon et une partie de l'Artois, avec les droits qu'avait l'Espagne sur l'Alsace, furent cédés à la France. Le prince de Condé, qui avait abandonné sa patrie pour servir chez les Espagnols, fut compris dans le traité ; il reçut sa grace et l'accueil le plus flatteur de Louis XIV. Les généraux les plus célèbres avaient servi dans cette guerre. De la part de la France, on comptait le même prince de Condé, dont je viens de parler, Turenne, Vendôme, Schomberg, La Mothe-Houdancourt, Montmorency, la Meilleraie, de Grammont, de Créqui, de Brezé, de Gassion, de Rantzau, du Plessis-Praslin, d'Harcourt, la

vant. La famille des Farnèze s'éteignit en 1766, dans la personne d'Elisabeth Farnèze, épouse de Philippe V, roi d'Espagne, qui porta ses droits sur Parme,

Branche de la maison d'Autriche régnante en Espagne.
Philippe IV.

Ferté, etc., etc., et de la part de l'Espagne, le cardinal infant don Ferdinand, l'infant don Carlos, grand amiral, Spinola, Pimentel, Gonzalve de Cordoue, le comte de Bucquoi, don Juan, fils naturel de Philippe IV; don François de Mello, don Philippe de Sylera, don André Cantelme, le comte de Fuensaldagne, don Frédéric de Tolède, le duc de Féria, le marquis d'Aytonne, don Rodrigue de Velasco, le comte de Fuentés, le marquis de Caracène, etc., etc. Les principaux ministres de Philippe IV, furent le comte-duc d'Olivarès et don Louis de Haro. Après le mariage de l'infante Marie-Thérèse, Philippe tourna tous ses efforts contre le Portugal; mais ils ne répondirent pas à ses espérances; ses troupes furent presque toujours battues. Ces revers causèrent tant de chagrin à ce monarque, qu'il en mourut le 17 septembre 1665.

Philippe IV avait épousé, 1°, le 18 octobre 1615, *Elisabeth de France*, fille de Henri IV, née le 22 novembre 1602. Cette princesse se montra, par son courage, son génie et ses vertus, affable et bienfaisante : elle fut la digne fille du grand Henri. Elle mourut le 6 octobre 1644 (1), regrettée de toute l'Espagne et du roi son époux, qui, à la nouvelle de sa maladie, quitta le siége de Lérida, où il commandait en personne, pour venir lui prodiguer ses soins et toutes les consolations qui sont si nécessaires dans les derniers instans de la vie. 2° Le 8 novembre 1649, *Marie-Anne d'Autriche*,

(1) Et non pas 1544, comme le dit M. Lesage. Henri IV, n'étant venu au monde qu'en 1553, n'avait pu avoir des enfans en 1544.

MAISON D'HABSBOURG-AUTRICHE.

Plaisance et le grand-duché de Toscane, à la maison de Bourbon règnante en Espagne.

Long-tems après son veuvage, Charles-

Branche de la maison d'Autriche règnante en Espagne.
Philippe IV (*ses enfans*).

fille de l'empereur Ferdinand III, née le 22 décembre 1634. A la mort du roi son époux, cette princesse fut nommée tutrice de Charles II son fils, et régente du royaume. Elle mit à la tête des affaires le jésuite *Nitard*, allemand de nation, qu'elle nomma grand-inquisiteur et son premier ministre. Mais don Juan d'Autriche, fils naturel de Philippe IV, chéri des Espagnols à cause de ses talens militaires et de ses hautes qualités, força la régente, qui l'avait persécuté, à éloigner son ministre et à partager le gouvernement avec lui. Louis XIV s'empare d'une grande partie des Pays-Bas et de la Franche-Comté, comme lui étant échus du chef de Marie-Thérèse son épouse, fille de Philippe IV. Cette invasion occasionne une guerre entre la France et l'Espagne. L'alliance de cette dernière puissance avec les Hollandais, ennemis déclarés de Louis XIV, qui avait encore à combattre l'empereur, l'électeur de Brandebourg et presque tout l'empire, fut la cause de la prolongation des hostilités sous le règne de Charles II, qui prit les rênes du gouvernement en 1677. Ce jeune prince, mécontent de voir la reine sa mère s'attribuer toute l'autorité, s'échappa pendant la nuit de son palais de Madrid, et se sauva à Buen-Retiro, d'où il fit expédier des ordres pour la faire conduire dans un couvent de Tolède. Cette princesse mourut le 16 mai 1696.

Enfans du premier lit.

1° Don Balthazar, né le 17 octobre 1629. A l'âge de trois ans, ce prince avait été reconnu par les états, héritier présomptif de la monarchie espa-

CHARLES-QUINT, *Empereur (ses enfans)*. 101
Quint eut de *Barbe de Blomberg*, d'une famille noble d'Augsbourg (1), le fils qui suit :

Jean, connu sous le nom de don Juan,

Branche de la maison d'Autriche règnante en Espagne.
Philippe IV (*ses enfans*).

gnole. Il mourut le 11 octobre 1629, âgé de dix-sept ans. Il donnait les plus belles espérances, quoique son éducation eût été beaucoup négligée. Son père fut inconsolable de sa perte.

2° Marie-Madeleine, née et morte en 1621.

3° Marguerite-Catherine, née le 25 novembre 1623, et morte le 4 décembre de la même année.

4° Marie, née en 1625, morte le 27 décemb. 1627.

5° Marie-Anne, née le 17 janvier 1636, morte le 8 décembre de la même année.

Maison de France. (*Droits au royaume d'Espagne*).

6° Marie-Thérèse, née le 20 septembre 1638. Cette princesse fut le gage de la paix entre le roi de France, Louis XIV, et Philippe IV, roi d'Espagne. Le traité des Pyrénées, signé dans l'île *des Faisans* le 7 novembre 1659, entre le cardinal Mazarin et don Louis de Haro, au nom de la France et de l'Espagne, stipulait le mariage de cette princesse avec Louis XIV. On promettait à Marie-Thérèse une dot de *cinq cent mille écus*, et l'on exigeait d'elle une renonciation à la monarchie espagnole ; clause dont il était facile de prévoir la nullité ou l'insuffisance dans le cas où le trône d'Espagne viendrait à vaquer. On avait exigé

---

(1) Plusieurs auteurs prétendent que cette dame a prêté son nom pour dérober au public celui de la véritable mère de don Juan.

né à Ratisbonne le 28 février 1547. Ce prince fut élevé comme un simple gentilhomme jusqu'à la mort de son père, qui chargea dans ses derniers momens,

---

Branche de la maison d'Autriche régnante en Espagne.
Philippe IV (*ses enfans*).

la même renonciation d'Anne d'Autriche-Espagne, fille de Philippe III et mère de Louis XIV. Le roi d'Espagne partit pour Madrid avec toute sa cour pour remettre la princesse sa fille entre les mains du monarque français, qui s'était rendu dans l'île de *Bidassoa* pour cette cérémonie. Philippe, l'homme le plus grave de son siècle, s'attendrit jusqu'aux larmes en faisant ses derniers adieux à sa fille. Le mariage s'était célébré le 9 juin 1660 à Saint-Jean-de-Luz. Les Français reçurent leur reine avec des transports de joie. C'était la première princesse de l'univers, par les avantages de la plus illustre naissance, réunis à la beauté, aux grâces, aux vertus. Louis XIV l'aima tendrement, quoiqu'il lui fût souvent infidèle. En apprenant sa mort (30 juillet 1683), il pleura, en s'écriant : *J'ai perdu une femme admirable, qui ne m'a jamais donné d'autre chagrin que celui de sa mort !* Ce monarque, à la mort de Charles II, le dernier des princes de la maison d'Autriche-Espagne, fit valoir les droits qu'il avait à ce trône, du chef de Marie-Thérèse. Après une guerre assez longue et assez meurtrière, il finit par y faire asseoir Philippe, duc d'Anjou, son petit-fils, qui fonda dans ce royaume une dynastie des Bourbons. *Voyez* page 106.

Enfans du second lit.

1° Don Philippe-Prosper, né le 28 décembre 1657, mort le premier novembre 1661.

2° Don Thomas-Charles, né le 23 décembre 1658, mort enfant.

CHARLES-QUINT, *Empereur (ses enfans).* 103
un de ses officiers, d'aller révéler le secret de sa naissance à Philippe II, et de le lui recommander. Le roi Philippe distingua les talens et le courage de don Juan,

---

Branche de la maison d'Autriche régnante en Espagne.
Philippe IV (*ses enfans*).

3° Don Charles, roi d'Espagne, sous le nom de *Charles II*. Son article vient page 104.

Maison électorale de Bavière. (*Ses droits au royaume d'Espagne*).

4° Marguerite-Thérèse, née le 11 juillet 1651, mariée le 12 décembre 1666 à l'empereur Léopold Ier. Cette impératrice mourut le 12 mars 1673. Elle fut mère de *Marie-Antoinette* d'Autriche, qui épousa Maximilien-Emmanuel, duc et électeur de Bavière. Ce fut du chef de cette princesse que la maison de Bavière prétendit à la succession d'Espagne. Joseph-Ferdinand, prince électoral de Bavière, fils de Marie-Antoinette et de Maximilien-Joseph, fut déclaré héritier de la monarchie espagnole par le roi Charles II, qui le choisit pour son successeur ; mais la mort ayant ravi ce jeune prince à l'âge de sept ans, Charles II désigna Philippe, duc d'Anjou, petit-fils de Marie-Thérèse et de Louis XIV, pour lui succéder.

5° Marie, née le 7 décembre 1655, morte au berceau.

6° N***, née en novembre 1661, morte la même année.

Enfant naturel.

Philippe IV avait eu d'une comédienne, nommée *la Caldérona*, un fils naturel qui suit :

Don Juan, *né le 7 avril 1629. Ce prince fut un héros. L'histoire le présente comme le dernier*

il le fit venir près de lui et l'honora du nom de *frère*, en lui faisant connaître son origine. Don Juan gagna, le 7 octobre 1571, la célèbre victoire de *Lepante* sur

---

Branche de la maison d'Autriche règnante en Espagne.
Philippe IV (*ses enfans*).

des grands hommes qu'ait eus l'Espagne sous les rois de la maison d'Autriche. Il signala son génie militaire dans toutes les guerres que sa patrie eut à soutenir contre les Français, les Hollandais et les Portugais. Ses exploits porteront son nom à la postérité la plus reculée. Il fut le ministre de Charles II son frère, lorsque ce monarque se saisit des rênes du Gouvernement en 1677. Mais les maux de l'Etat étaient trop profonds pour qu'il pût y remédier visiblement. Il mourut le 17 septembre 1679, non sans soupçon de poison. Son corps fut enterré dans la sépulture royale de l'Escurial. Il laissa une fille naturelle, nommée doña Theresia, qu'il avait eue en 1661, d'une dame noble de Madrid. Elle s'était retirée dans un couvent à Bruxelles, et y mourut le 26 novembre 1719. Il ne faut pas confondre don Juan avec un autre prince de ce nom, fils naturel de Charles-Quint, dont l'article se trouve page 101. Quoique bâtards, ils eurent tous les deux ces qualités brillantes qui forment les grands princes et les rendent dignes de la vénération des peuples.

4. CHARLES II.

Charles II, fils de Philippe IV, roi d'Espagne, et de Marie-Anne d'Autriche sa seconde épouse, naquit le 6 novembre 1661. Il succéda aux états de son père en 1665, sous la régence et la tutelle de la reine-mère. (*Voyez* page 100). L'an 1672, la guerre éclata de nouveau entre l'Espagne et la France. Le théâtre des

les Turcs; il fut un des généraux les plus habiles de son siècle. Philippe II le nomma gouverneur des Pays-Bas; il y signala son talent pour l'administration et

---

Branche de la maison d'Autriche régnante en Espagne.
Charles II.

hostilités se trouvant dans les Pays-Bas et la Hollande, Charles choisit pour généralissime de ses armées Guillaume III de Nassau, prince d'Orange (depuis roi d'Angleterre, l'adversaire le plus prononcé de Louis XIV). Mais le génie militaire et la valeur de ce stathouder, ne purent arrêter les progrès des armées françaises, commandées par leur monarque, Turenne, Luxembourg et Duquesne. La paix devenait nécessaire à l'Espagne; elle l'acheta par le traité de *Nimègue*, signé le 17 septembre 1678, en cédant la Franche-Comté à la France. Cette réconciliation entre les deux monarchies amena le mariage de *Marie-Louise d'Orléans*, nièce de Louis XIV, avec Charles II. La paix fut interrompue en 1683, par les prétentions de la France sur le comté d'Alost, et en 1689, par l'accession de Charles II à la ligue d'*Augsbourg*, formée par le prince d'Orange entre l'Empire, la Suède, la Hollande, la Savoie et Rome, contre Louis XIV. Mais ce dernier monarque et ses illustres généraux, surent résister à toute l'Europe conjurée contre eux. L'Espagne se vit même menacée dans son sein par les troupes françaises, commandées par le maréchal de Noailles et le duc de Vendome, qui s'étaient établis en Catalogne. Elle fut trop heureuse que le traité de *Ryswick*, signé le 21 septembre 1697, vint l'arracher à tous les dangers qui la menaçaient.

La santé chancelante de Charles II, et la stérilité de ses deux mariages, le mirent dans la nécessité de se nommer un successeur. Il assembla à cet effet, en 1698, un conseil à Madrid, où, malgré les droits de *Marie-Thérèse d'Autriche-Espagne* sa sœur,

son génie pour la guerre. Une fièvre maligne l'emporta le 7 octobre 1578, dans son camp, près de Namur. Il laissa deux filles naturelles ; 1° *Anne*, qu'il avait eue

---

Branche de la maison d'Autriche régnante en Espagne.
Charles II.

fille du premier lit de Philippe IV, et épouse de Louis XIV, il appela le jeune prince de Bavière, âgé de sept ans, à la succession au trône d'Espagne. Ce prince était fils de l'infante Marguerite-Thérèse, fille du second lit de Philippe IV, et sœur puînée de Marie-Thérèse. Ce choix alarma la France, l'Autriche et l'Angleterre, qui avaient déjà établi des projets de partage de la monarchie espagnole ; mais la mort du prince de Bavière, arrivée le 6 février 1699, rétablit les espérances et les droits de chaque prétendant. Louis XIV, le plus prudent de tous, sut prévenir en sa faveur le roi Charles II, ses ministres et les grands d'Espagne. Ce monarque avait d'ailleurs, pour appuyer les droits de son épouse, la volonté exprimée dans le testament de l'empereur Charles-Quint, qui appelle les descendans de Philippe II, tant mâles que femelles, à la succession d'Espagne. Les filles et leurs enfans, dans l'ordre de primogéniture, y sont substitués aux droits des mâles défunts, et, à défaut des filles et de leurs descendans, il appelle à la succession les descendans de Ferdinand son frère. Le pape Innocent XII ayant aussi été consulté sur les droits de la France, répondit que la succession de Charles II appartenant de droit au dauphin son neveu, il devait appeler le duc d'Anjou, second fils de ce prince, au trône d'Espagne. Ainsi Charles II, éclairé sur la conduite qu'il avait à tenir, déclara, par un testament solennel, Philippe, duc d'Anjou, son héritier universel, le 2 octobre 1700, et il descendit dans la tombe le 1er novembre suivant.

Charles II avait épousé, 1°, le 19 novembre 1679, *Marie-Louise d'Orléans*, fille de Philippe de France,

CHARLES-QUINT, *Empereur (ses enfans).* 107
à Madrid, de dona *Maria Mendoza;*
Anne fut abbesse de Burgos en Espagne,
et mourut en février 1630; 2° *Jeanne,* née
à Naples, de Diane *Phalanga,* dame no-

Branche de la maison d'Autriche régnante en Espagne.
Charles II.

frère de Louis XIV, née le 27 mars 1662. Cette princesse, qui aspirait à la main du dauphin, témoigna beaucoup de tristesse lorsque ce monarque lui annonça son mariage. Le roi, s'apercevant de son chagrin, lui dit, pour la consoler : *Je ne pourrais faire mieux pour ma fille. Ah!* répliqua la princesse, *vous pourriez faire quelque chose de plus pour votre nièce* (1). Cependant il fallut partir pour l'Espagne. Charles II vint au-devant de Marie-Louise jusqu'à Burgos, où la bénédiction nuptiale fut donnée aux nouveaux époux. Ce n'est qu'avec un frémissement rempli d'horreur que l'écrivain se voit obligé de dire qu'en réjouissance de ce mariage, on ordonna un *auto-da-fé,* où vingt-deux victimes de l'inquisition furent brûlées, et soixante autres condamnées à diverses peines corporelles (2). La

---

(1) Elle aspirait à la main du Dauphin.
(2) Doit-on être étonné de cette pieuse barbarie, lorsqu'on connaît à fond l'esprit faible et superstitieux de Charles II. Ne sait-on pas qu'il fut lui-même une victime des prêtres, et qu'on lui fit accroire, un an avant sa mort, qu'il était ensorcelé; que de là venait la cause de tout son malheur et de toutes ses maladies, et qu'il était indispensable qu'il se fit exorciser. Le cardinal Porto-Carrero, le grand-inquisiteur Rocaberti, le père Froylan Dias, dominicain, confesseur du roi, furent les criminels ministres qui parvinrent à subjuguer l'esprit du trop faible monarque. Ce prince, rempli de fausses terreurs, eut recours à *l'exorcisme,* et l'appa-

ble de Surrento; elle épousa, en 1599, François Brancaforte, prince de Buteiro en Sicile, et mourut en février de l'an 1630. L'Espagne eut encore un autre prince du nom de don Juan, fils naturel de Philippe IV. *Voyez* page 103.

Branche de la maison d'Autriche régnante en Espagne.
Charles II.

reine Marie-Louise mourut le 12 février 1689. 2° Le 4 mai 1690, *Marie-Anne de Neubourg*, fille de Philippe-Guillaume, duc de Neubourg, puis électeur palatin, née à Dusseldorff le 28 octobre 1667. Cette princesse mourut à Guadalaxara le 16 juillet 1740.

Ainsi finit, en Espagne, la branche aînée de la maison d'Habsbourg-Autriche, qui était venue y régner en 1506.

Tous les Espagnols qui appréhendaient le partage de leur monarchie, apprirent avec joie que ce beau royaume serait conservé, et qu'il aurait pour maître un Bourbon. Le roi de France ratifia le testament de Charles II le 6 novembre 1700, et le *duc d'Anjou* fut proclamé roi à Madrid, sous le nom de *Philippe V*, le 24 du même mois. Louis XIV, en annonçant au duc d'Anjou qu'il était roi d'Espagne, l'embrassa en s'écriant : *Mon fils, il n'y a plus de Pyrénées !*

---

reil effrayant de cette cérémonie le jeta dans la mélancolie affreuse qui le conduisit au tombeau. Pourquoi les rois ne sont-ils pas privilégiés de la nature, au point de ne pas succomber sous le poids de toutes ces idées fausses et insensées qui affligent les autres hommes ? et combien les ministres qui profitent de l'ascendant que leur esprit audacieux a acquis sur celui de leur maître, ne doivent-ils pas être voués au mépris et à l'exécration publics, lorsqu'ils l'emploient ainsi à la dégradation du trône et de l'humanité !.....

FERDINAND Ier.

Ferdinand Ier, frère puîné de Charles-Quint, et fils de Philippe le Beau, archiduc d'Autriche, et de Jeanne la Folle, héritière des royaumes de Castille et d'Aragon, naquit à Alcala de Henarès en Castille, le 10 mars 1503. L'empereur Charles-Quint lui avait abandonné, dès l'an 1521, tous les états que la maison d'Autriche possédait en Allemagne, à l'exception des Pays-Bas ; il lui confia de bonne heure le maniement des affaires de la Germanie, et se reposa entièrement sur lui des soins du gouvernement ; mais ce qui augmenta la fortune de Ferdinand, fut le mariage qu'il contracta avec *Anne*, princesse de Hongrie et de Bohême, sœur du roi Louis II. Ce jeune monarque qui était le seul mâle de sa race, s'étant fait tuer, en 1526, à la bataille de *Mohatz* contre les Turcs, laissa tous ses droits à sa sœur et à son époux. Ferdinand, sans perdre de tems, se fit reconnaître et couronner roi de Bohême et de Hongrie en 1526 et 1527, tant du chef de sa femme que du sien, en vertu des traités de succession faits entre les rois de Bohême et la maison d'Autriche ; c'est ainsi que ces deux royaumes, que cette dernière famille avait déjà possédés, lui revinrent pour ne plus les perdre. (*Voyez* une table généalogique et politique, à la page 147 de la 1re partie de cet Ouvrage.) Néanmoins la prise de possession de ces nouveaux états, occasionna des guerres longues et sanglantes. Ferdinand avait pour la

Hongrie un concurrent dangereux dans Jean Zapolski, palatin de Transylvanie, qui avait été élu roi par une partie des Hongrois, et qui appela pour soutenir cette élection, Soliman le Magnifique, empereur des Turcs. Les Ottomans qui ne demandaient pas mieux que d'entrer dans ce beau royaume, sous quelque prétexte que ce pût être, accoururent à la voix de Zapolski, et inondèrent de leurs troupes toutes les places fortes de ces contrées. La ville de Vienne même subit un siége de leur part, en 1529, et ne dut son salut qu'à Frédéric, comte palatin, qui vint la délivrer avec une armée fourni par les états de l'empire. La mauvaise situation des affaires de l'Allemagne nécessitant la présence non interrompue d'un chef de l'empire, Ferdinand fut élu *roi des Romains*, le 9 janvier 1531, dans la diète de Cologne. Les guerres que Charles-Quint avait à soutenir en Espagne et en Italie exigeant continuellement sa présence dans ces contrées, il fut bien aise de se décharger sur son frère des soins qu'il avait à donner à la Germanie. Un traité fait en 1536, entre Ferdinand et Jean Zapolski, mit fin à la guerre qui s'était élevée entre ces deux rivaux. Le monarque autrichien fut obligé d'abandonner la partie du royaume que celui-ci possédait, à condition qu'elle lui reviendrait après sa mort. Cet événement ne tarda pas à arriver; Zapolski descendit dans la tombe en 1540; il laissait un fils sous la tutelle et la régence du célèbre Martinuzzius (depuis cardinal) qui, voulant perpétuer son autorité sous un prince mineur, fit proclamer

FERDINAND Ier, *Empereur.*

roi le jeune enfant, en appelant une seconde fois les Turcs en Hongrie pour soutenir ses intérêts contre Ferdinand d'Autriche. La guerre la plus affreuse ravagea ce malheureux pays, et donna les inquiétudes les plus violentes a Ferdinand pour ses propres états héréditaires. Les divisions que la différence de religion excitait dans l'Allemagne, vinrent encore ajouter à cet état de crise; elles mettaient la maison d'Autriche dans l'impossibilité de résister avec succès aux armes des Turcs. Charles-Quint, fatigué de tous ces événemens, prit le parti d'abdiquer; il céda l'empire à Ferdinand en 1556. Le nouvel empereur ne fut proclamé néanmoins que le 24 février 1558. Il tenta vainement, dès le commencement de son règne, de persuader aux protestans de reconnaître le concile de *Trente*; l'ascendant qu'ils avaient acquis en Allemagne, mit l'empereur dans la nécessité de s'arranger avec eux et de confirmer dans son intégralité, *la paix de religion* conclue en 1555. Les vues sages et bienfaisantes de ce monarque tendaient à réunir les deux religions, afin d'arrêter les flots de sang qui inondaient l'Allemagne; il chargea le savant *Cassander* d'exposer les articles sur lesquels les deux partis étaient déjà d'accord, et de dresser sur les autres un formulaire qu'il se proposait de faire accepter dans une diète qu'il aurait convoquée à cet effet; mais la mort vint l'arrêter, le 25 juillet 1564, dans l'exécution d'un projet aussi pieux que philantropique. Ce prince, dès l'an 1543, avait fait un testament qui appelait la princesse Anne, sa seconde fille, et ses descendans, et successivement ses autres filles et leurs descendans, à la succession des états de la maison d'Autriche, en cas que les descendans mâles de ses fils et ceux de Charles-Quint, son frère, vinssent à manquer (1). Le cas arriva en 1740, par la mort de l'empereur Charles VI. Alors les princes dont les ancêtres avaient épousé les filles de Ferdinand I*r*, revendiquèrent les droits établis dans ce testament et déclarèrent la guerre à Marie-Thérèse. La maison de Bavière soutenue de la France, fut celle qui se montra avec le plus d'énergie. (*Voyez* plus loin l'article *Anne*.)

Ferdinand I*er* avait épousé, le 5 mai 1521, *Anne*, fille de Ladislas, roi de Hongrie et de Bohême, née le 23 juillet 1503. Cette princesse, dont la beauté, les vertus et la piété servirent de modèles à son siècle, et charmèrent la vie de son époux, donna tous ses soins à l'éducation de ses enfans. On sait, par ce qui a été dit page 109, qu'elle porta les royaumes de Hongrie et de Bohême dans la maison d'Autriche. Le titre de reine avait été déféré à cette princesse, dès sa plus tendre enfance (2), et l'on

---

(1) Ce testament a été la cause de la guerre de 1740. Les lecteurs qui voudraient le connaître à fond, ainsi que le testament subséquent du même Ferdinand I*er*, peuvent consulter le Supplément de Rousset, au Corps diplomatique de *Dumont*, et un ouvrage en 2 vol. in-12, intitulé *Déduction bavaroise*, imprimé à la Haye en 1743.

(2) C'était assez l'usage dans ce tems. Tous les contrats de mariage des princesses, filles de Ferdinand I*er*, leur donnent le titre de *reines*, quoiqu'elles n'épousent que des ducs et autres princes souverains.

cite à cette occasion l'anecdote suivante : L'on faisait en 1509, dans la cathédrale de Prague, l'inauguration de Louis II, frère de cette princesse, qui n'était alors âgé que de trois ans. Anne voyant que son frère était le seul objet de la cérémonie et qu'on ne la couronnait pas, se mit à pleurer amèrement. Son père ému par ses cris, prit la couronne et la lui posa sur la tête ; Anne cessa de pleurer et parut satisfaite. Des acclamations sans nombre se firent entendre dans l'église de la part des seigneurs hongrois, qui considérèrent cette action comme du plus heureux présage, et qui déclarèrent spontanément que si le jeune prince venait à mourir sans postérité, la princesse lui succéderait. Ladislas que ce spectacle attendrit jusques aux larmes, promit de ne pas marier Anne, sans prendre le consentement des états, puisque leur sort se trouvait si essentiellement attaché à son mariage. L'amour que les Hongrois portaient à cette princesse, contribua beaucoup dans la suite à faire élire Ferdinand son époux, en qualité de roi de Hongrie, et lorsque Soliman, empereur des Turcs, vint poser le siége devant Vienne en 1529, on vit la reine Anne, soutenir par son courage et sa fermeté, les habitans de cette ville et les déterminer à faire bonne contenance jusqu'à l'arrivée du comte palatin Frédéric, qui délivra cette place avec une armée que lui avaient fourni les états d'empire. Anne mourut le 27 janvier 1547.

De ce mariage, vinrent :

1.° *Maximilien II*, empereur d'Allemagne. Son article vient page 124.

2° *Ferdinand*, qui fonde la 2me branche de Tyrol, rapportée ci-dessous *.

3° *Charles*, qui fonde la branche de Gratz ou de Styrie, rapportée ci-dessous **.

4° *Jean*, né le 10 avril 1538, mort le 20 mars 1539. Il est inhumé à Stambs.

2me *Branche de Tyrol.* (La 1re branche est mentionnée page 219 de la 1re partie; elle s'éteignit en 1496.)

1. FERDINAND Ier.

* Ferdinand Ier, né le 14 juin 1529. L'empereur Ferdinand Ier son père lui légua par son testament, le comté de Tyrol avec le pays de l'Adige, l'Innthal, le Pusterthal, la seigneurie de Lintz, les souverainetés et autres seigneuries de la Souabe, de la Forêt-Noire, de l'Alsace, du Sundgaw et du Brisgaw; le retrait du margraviat de Burgaw et du bailliage de Hanaw. Ferdinand fonda la sixième branche de Tyrol; il épousa, en 1550, *Philippine de Welseren*, fille de François de Welseren ou Welser, baron de Zinnenberg (1). Cette alliance ne fut

---

2me *Branche de Gratz ou de Styrie.*

1. CHARLES Ier.

** Charles Ier, né à Vienne le 5 juin 1540. Le partage des vastes états de son père, lui

---

(1) C'est par erreur que Pleffel dit: *La belle Philippine Welserin*, fille d'un praticien *d'Augsbourg*. Louis *Dumay* est dans la même erreur.

FERDINAND Ier, *Empereur* (*ses enfans*).

5° *Elisabeth*, née à Lintz le 9 juillet 1526, épouse, le 21 avril 1543, Sigismond-Auguste II, roi de *Pologne*; elle mourut le 15 juin 1545 (1).

Prétentions de la Maison de Bavière à la succession d'Autriche.

6° *Anne*, née à Prague, le 7 juin 1528,

2me *Branche de Tyrol.* Ferdinand Ier.

point approuvée d'abord par l'empereur, parce que Philippine n'étant pas née princesse, ne pouvait, malgré sa parfaite beauté et ses rares vertus, aspirer à la main d'un prince autrichien; cependant, quelques années après son mariage, ayant trouvé le moyen de s'introduire dans l'appartement de l'Empereur, elle se jeta à ses pieds, obtint son pardon et la faveur d'être reconnue belle-fille de Ferdinand. Mais la nation allemande trop attachée aux préjugés ou trop jalouse du point d'honneur, pour permettre une alliance inégale, ne considéra les enfans nés de ce mariage que comme des enfans naturels et inhabiles à succéder, quoiqu'ils fus-

---

2me *Branche de Styrie.* Charles Ier.

procura pour sa portion la Styrie, le comté de Cilley, la Carinthie, la Carniole, les seigneu-

---

(1) C'est à tort que l'Art de vérifier les Dates, tom. 2, pag. 73, dit qu'Elisabeth était *sœur* de Ferdinand Ier; elle en était la *fille*.

116 MAISON D'HABSBOURG-AUTRICHE.

mariée le 4 juillet 1546, à Albert III, dit le Magnanime, duc de *Bavière* ; elle mourut en 1590 (1). Le testament de l'empereur Ferdinand I*er*, père de cette princesse, appelle Anne et ses descendans à

2*me* *Branche de Tyrol.* Ferdinand I*er* (*ses enfans*).

sent cependant très-légitimes. Philippine mourut le 24 avril 1580, et fut inhumée dans la chapelle du château d'Inspruck. Ferdinand se remaria en 1582, à *Anne-Catherine*, fille de *Guillaume de Gonzague*, duc de *Mantoue*, et mourut le 24 janvier 1595. Tous ses biens passent à l'empereur Rodolphe II, son neveu; sa veuve refusa d'épouser l'empereur Mathias et se retira dans un couvent, où elle finit ses jours en 1621.

Enfans du premier lit :

1° *Philippe*, mort jeune;
2° *André I*er, né le 12 septembre 1558; ce prince porta le nom d'*Autriche*, malgré ce qui a été dit sur le mariage de son

---

2*me* *Branche de Styrie.* Charles I*er*.

ries de Windismarch, Medling, le comté de Goritz, l'Istrie et la ville de Trieste. Il fonda

---

(1) M. Lesage, table xx, fait mourir cette princesse en 1587, et, table xxiv, il la fait mourir en 1580. Voilà une double erreur. Il ne faut croire ni à l'une ni à l'autre date. *Voyez* l'Histoire de Bavière, par M. le Blanc, tom. 3, pag. 459, édit. de 1680.

FERDINAND Ier, *Empereur* (*ses enfans.*)

la succession des États de la maison d'Autriche, dans le cas où la postérité mâle de lui Ferdinand et de Charles-Quint son frère, viendrait à manquer, ce qui arriva en 1740, par la mort de l'empereur Charles VI. Alors Charles-Albert, duc de Bavière, s'appuyant des droits que lui donnait ce testament, revendiqua la succession autrichienne, et, appuyé de la France, il se fit élire empereur après avoir

---

2me *Branche de Tyrol.* Ferdinand Ier (*ses enfans*).

père. Il fut pourvu du margraviat de *Burgaw* et embrassa l'état ecclésiastique; en 1576 il fut fait cardinal à l'âge de 18 ans, et coadjuteur de *Brixen* en 1580, puis évêque de *Constance* en 1589. Il posséda en outre les abbayes de Murbach, Ludern et Luxeuil; il fut nommé en 1598, gouverneur-général des Pays-Bas, et mourut à Rome le 11 novembre 1600.

3° *Charles Ier*, né en 1560, succéda à son frère le cardinal André dans le margraviat de *Burgaw*, et mourut le 30 octobre 1618, sans laisser de postérité de *Sybille de Clèves*, qu'il avait épousée le

---

2me *Branche de Styrie.* Charles Ier.

la branche de Styrie (qui continua la lignée de la maison d'Autriche), avec *Marie-Anne*, fille d'Albert III, dit le Magnanime, duc de *Bavière*, né le 21 mars 1551, mariée le 26

déclaré la guerre à Marie-Thérèse, fille de Charles VI. Cette guerre devint funeste à Charles-Albert; il perdit tous ses États, et mourut de chagrin en 1745. Maximilien-Joseph, son fils et son successeur, s'empressa de faire sa paix avec Marie-Thérèse, par le traité de Fuessen, signé la même année qu'il parvint au trône de Bavière. *Voyez* la note qui concerne le

---

2.me *Branche de Tyrol.* Ferdinand Ier (*ses enfans*).

4 mars 1601. Elle était fille de Guillaume, duc de *Juliers et de Clèves*, et veuve de Philippe, margrave de Bade; elle était née le 26 avril 1557, et mourut en 1628 (1). Ce

---

(1) L'Art de vérifier les Dates est dans l'erreur lorsqu'il dit, tom. 5, pag. 187, que Sybille ne fut que *fiancée* au margrave de Bade : elle épousa au contraire ce prince en 1586, et demeura avec lui jusqu'à la mort de ce dernier, arrivée le 17 juin 1588.

Le même auteur se trompe encore en disant que Charles second, mari de Sybille, mourut en 1628, *dix ans après sa femme* : ce fut au contraire Charles qui mourut en 1618, et Sybille en 1628, *dix ans après son mari*.

2.me *Branche de Styrie.* Charles Ier.

août 1570 et morte le 30 avril 1608. Charles finit ses jours à Gratz, le 10 juillet 1590 (2),

---

(2) Et non pas 1696, ainsi que le dit M. Lesage.

FERDINAND I*er*, *Empereur (ses enfans)*.

testament de Ferdinand I*er*, au bas de la page 112.

7° *Marie*, née à Prague le 15 mai 1530, mariée le 18 juillet 1546, à Guillaume dit le Riche, duc de *Clèves*, de *Berg* et de *Juliers*; elle mourut le 12 décembre 1584. Cette princesse fut mère de

---

2*me Branche de Tyrol*. Ferdinand I*er* (*ses enfans*).

fut de son chef que Charles se mit au rang des prétendans à la succession de Clèves et de Juliers. Sybille fut une princesse très-ambitieuse et voulut perdre par une fausse accusation d'adultère, la princesse Jacqueline de Bade, épouse de Jean-Guillaume, son frère, afin de retenir à elle seule, la régence des États de ce dernier qui était tombé en démence.

4° *Marie*, morte dans l'enfance.

Enfans du second lit:

1° *Anne*, née le 4 octobre 1585, ma-

2*me Branche de Styrie*. Charles I*er* (*ses enfans*).

laissant de son mariage (1) les enfans qui suivent :

1° *Ferdinand*, né à Judenbourg le 25

---

(1) Avant son union avec Marie de Bavière, il avait été question de faire épouser à ce prince, Marie, reine d'Ecosse, puis Elisabeth, reine d'Angleterre, mais ces projets échouèrent.

Jean-Guillaume, dernier mâle de l'illustre maison de Clèves et de Juliers, dont la succession causa une guerre très-vive dans l'Empire, en 1610 et les années suivantes.

8° *Madeleine*, née à Inspruck le 14 août 1532, morte en 1564, au couvent de Hall en Tyrol.

9° *Catherine*, née le 25 septembre 1533, mariée, 1° le 22 octobre 1549, à François de Gonzague, duc de Mantoue, qui se noya le 21 février 1550. Il ne laissa point d'enfans. Catherine se remaria le 5

2ᵐᵉ *Branche de Tyrol*. Ferdinand Iᵉʳ (*ses enfans*).

riée le 4 décembre 1611, à l'*empereur* Mathias, morte le 14 décembre 1618, sans lui avoir donné d'enfans. Cette princesse est la fondatrice de la célèbre église des Capucins de Vienne, lieu choisi par l'illustre maison d'Autriche pour sa sépulture.

2ᵐᵉ *Branche de Styrie*. Charles Iᵉʳ (*ses enfans*).

juillet 1572, mort cinq jours après sa naissance; inhumé à Seckaw.

2° *Ferdinand*, empereur d'Allemagne sous le nom de Ferdinand II, succède à Mathias Iᵉʳ, son cousin, le dernier des mâles de la branche aînée, et continue la lignée de la Maison d'Autriche. *Voyez* l'article de Ferdinand II, *empereur*, page 146.

FERDINAND Iᵉʳ, *Empereur (ses enfans).* 121

juillet 1553, à Sigismond-Auguste II, roi de Pologne, veuf d'Elisabeth, sœur de Catherine. Cette dernière princesse mourut le 28 janvier 1572.

10° *Eléonore*, née le 2 novembre 1534, épouse, le 26 avril 1561, Guillaume III de *Gonzague*, duc de Mantoue. Flaminio, bâtard des Paléologues, conspire à Casal contre leur vie. Ses dimensions étaient prises pour faire soulever la ville, au coup de cloche qui devait sonner au commencement de la préface d'une messe épiscopale, à laquelle le duc et la duchesse assistaient. Une lettre apportée à l'église même, au duc Guillaume, quelques mi-

---

2ᵐᵉ *Branche de Tyrol.* Ferdinand Iᵉʳ (*ses enfans*).

2° *Marthe*, morte jeune.

3° *Anne-Cathérine*, religieuse à Inspruck.

Fin de la deuxième branche de Tyrol, qui était devenue Burgaw.

2ᵐᵉ *Branche de Styrie.* Charles Iᵉʳ (*ses enfans*).

3° *Charles*, né le 17 juillet 1579, mort le 17 mai 1580.

4° *Maximilien-Ernest*, né le 17 novembre 1583, commandeur de l'ordre Teutonique, mort en 1616. Une infinité d'auteurs le confondent avec Maximilien d'Autriche, son cousin, grand-maître de

MAISON D'HABSBOURG-AUTRICHE.

nutes avant le signal, révèle la conspiration et met ce prince et son épouse en état de la faire échouer, par la présence d'esprit et les services que leur rendit en cette occasion Vespasien de Gonzague leur parent. Cette princesse mourut le 5 août 1594.

11° *Marguerite*, née le 16 février 1536, religieuse à Hall en Tyrol, morte le 21 mars 1566.

12° *Barbe*, née le 30 avril 1539, mariée le 5 décembre 1565, à Alphonse II d'Est, duc de *Ferrare* (1), le prince de

---

2ᵐᵉ *Branche de Styrie.* Charles Iᵉʳ (*ses enfans*).

l'ordre Teutonique et fils de l'empereur Maximilien II.

5° *Léopold*, qui fonde la 3ᵐᵉ branche de Tyrol, rapportée ci-dessous *.

3ᵐᵉ *Branche de Tyrol.*

1. LÉOPOLD Iᵉʳ.

* Léopold Iᵉʳ, né le 9 octobre 1586. Ce prince ayant embrassé l'état ecclésiastique, fut d'abord pourvu de la coadjutorerie de Passaw en 1598, et

---

(1) Ce fut ce prince qui fit enfermer, sous prétexte de folie, dans l'hôpital de Sainte-Anne de Ferrare, le célèbre poète le *Tasse*; mais la raison vraie de l'animadversion d'Alphonse pour le Tasse, était que ce dernier n'était pas vu sans intérêt d'Eléonore, sœur du prince. Alphonse voulut arrêter l'effet de cette liaison

FERDINAND I*ᵉʳ*, *Empereur (ses enfans)*.   123

son siècle qui protégeait le plus les sciences et les arts. Barbe mourut le 19 septembre 1572.

13° *Ursule*, née le 24 juillet 1541, morte le 30 avril 1543. Elle est inhumée à Stambs.

14° *Hélène*, née le 7 janvier 1545, religieuse à Hall en Tyrol, morte le 4 mars 1574.

15° *Jeanne*, née à Prague le 24 jan-

2*ᵐᵉ Branche de Styrie*. Charles I*ᵉʳ* (*ses enfans*).

6° *Charles*, né posthume le 7 août 1590. Il embrassa l'état ecclésiastique et fut évêque de Breslaw en 1610, et de

---

3*ᵐᵉ Branche de Tyrol*. Léopold I*ᵉʳ*.

de l'évêché de Strasbourg en 1607 (1). Il jouissait aussi de l'abbaye de Murbach, lorsqu'il quitta tous ces bénéfices pour rentrer dans le monde. Alors, en vertu d'un accord fait avec

---

amoureuse, en privant le poète de sa liberté. Sa détention dura sept ans.

(1) Plusieurs auteurs sont dans l'erreur, lorsqu'ils disent que Léopold fut évêque de *Brixen* en 1615. Ce siége fut occupé depuis l'an 1613 jusqu'en 1624 par Charles, archiduc d'Autriche-Styrie, grand-maître de l'ordre Teutonique, frère de Léopold, et après 1624, ce fut Jérôme Otton Agricola, grand doyen de ce chapitre, qui fut élevé à la dignité d'évêque.

vier 1547. Elle épouse, en novembre 1565, François-Marie *de Médicis*, grand-duc de *Toscane*, et meurt le 6 avril 1578. De ce mariage, vint Marie de Médicis, épouse de Henri IV, roi de France, mère de Louis XIII, princesse célèbre par sa régence, l'élévation et l'ingratitude de Richelieu.

MAXIMILIEN II.

Maximilien II, fils de Ferdinand Ier et d'Anne de Hongrie et de Bohême, naquit à

2me *Branche de Styrie*. Charles Ier (*ses enfans*).

Brixen en 1613. L'archiduc Maximilien, son cousin, grand-maître de l'ordre Teutonique, fils de l'empereur Maximilien II,

---

3me *Branche de Tyrol*. Léopold Ier.

l'empereur Ferdinand II, son frère, il devint souverain du Tyrol, et mourut le 3 sept. 1632. Il est enterré à Inspruck, dans l'église des Jésuites. Il épousa, le 19 avril 1626 (1), *Claude de Médicis*, fille de Ferdinand Ier, grand-duc de Toscane, veuve de Frédéric-Gui-Ubald, duc d'Urbin. Cette princesse était née le 14

---

(1) Les Auteurs qui prétendent que Léopold ne quitta l'état ecclésiastique qu'en 1627, se trompent, puisque son mariage date du mois d'avril 1626, et qu'il eut, le 9 février 1627, une princesse née de ce mariage.

Vienne le 1er août 1527. Il avait été, du vivant de son père, couronné roi de Bohême, le 20 septembre 1562, élu roi des Romains le 24 novembre suivant, et couronné roi de Hongrie le 8 septembre 1563. Ce prince avait signalé son courage et ses talens militaires dans la campagne qu'il fit en 1544 contre François Ier, roi de France, et dans la guerre que les catholiques d'Allemagne soutinrent contre les protestans de la ligue de Smalkade. Il succéda, le 25 juillet 1564, à tous les Etats de son père, aussi bien qu'à ses bonnes qualités. Il ne cessa, pendant tout son règne, de prévenir les divisions qui pouvaient troubler le repos de l'Allemagne. Les protestans d'Autri-

---

2me *Branche de Styrie.* Charles Ier (*ses enfans*).

étant mort à Vienne le 2 décembre 1618, Charles lui succéda dans la grande maîtrise de l'ordre, en ayant été nommé co-

---

3me *Branche de Tyrol.* Léopold Ier (*ses enfans*).

juin 1604, et mourut le 25 décembre 1648. De son mariage avec Léopold Ier, vinrent :

1° *Ferdinand-Charles*, dont l'article vient page 128.

2° *Sigismond François Ier*, qui succède au précédent, et dont l'article vient page 132.

3° *Marie-Eléonore*, née le 9 février 1627, morte le 6 août 1629.

che lui furent redevables de la liberté de conscience. Il refusa constamment de prendre aucune part aux guerres de religion qui s'étaient élevées en France et dans les Pays-Bas. Il avait en horreur la persécution. *Ce n'est point*, disait-il, *en rougissant du sang hérétique les autels, qu'on honore le père commun des hommes.* Cette seule maxime est faite pour honorer, dans l'histoire, la vie d'un souverain. Combien il eût été à désirer que Philippe II, roi d'Espagne, l'eût prise pour devise et pour règle de sa conduite! des flots de sang n'eussent pas inondé les plus belles provinces de l'Espagne, et des auto-da-fés n'eussent pas servi à faire noter ce siècle d'infamie par la

---

2.ᵐᵉ *Branche de Styrie.* Charles I.ᵉʳ (*ses enfans*).

adjuteur dès le mois de septembre précédent (1). Il fut appelé en Espagne en 1621 par le roi Philippe IV, et nommé vice-ro

---

3.ᵐᵉ *Branche de Tyrol.* Léopold I.ᵉʳ (*ses enfans*).

4° *Isabelle-Claire*, née le 12 août 1629 épouse, le 13 juin 1649, Charles III d Gonzague, duc de *Mantoue.* Elle mou rut en 1685, et fut enterrée dans le cou vent des Ursulines de Mantoue. De c de Portugal. Il mourut à Madrid le 2

---

(1) *L'Art de vérifier les Dates est dans la plus grand erreur en disant que Charles d'Autriche, qui succéda Maximilien dans la grande maîtrise de l'ordre Teu*

MAXIMILIEN II, *Empereur*.

postérité !... Maximilien était un prince sage, éclairé, ayant une connaissance profonde des hommes et des affaires. Il avait appris six langues, ce qui le mettait à même de correspondre avec tous les princes de la chrétienté dans celle qui leur était propre. Il mourut à Ratisbonne le 12 octobre 1576, et fut enterré à Prague dans l'église métropolitaine.

Maximilien avait épousé, le 13 septembre 1548, *Marie d'Autriche*, fille de l'empereur Charles-Quint, née le 21 juin 1528, et morte le 26 février 1603, à Villamonte en Espagne. *Voyez* page 79. Elle lui donna les enfans qui suivent :

1° *Ferdinand*, né en Espagne le 24

2ᵐᵉ *Branche de Styrie*. Charles Iᵉʳ (*ses enfans*).

décembre 1624, et fut enterré à l'Escurial.

3ᵐᵉ *Branche de Tyrol*. Léopold Iᵉʳ (*ses enfans*).

mariage, vint Charles IV, dernier duc de Mantoue, mort sans postérité en 1708. Sa succession passa à la maison d'Autriche.

5° *Marie-Léopoldine*, née le 28 novembre 1632, épouse, le 2 juillet 1648,

---

tonique, *était* frère de celui-ci, et par conséquent *fils de l'empereur Maximilien II. Il n'était que cousin du grand-maître, auquel il succédait, et neveu de l'empereur Maximilien II.*

mars 1551, mort le 24 janvier 1552. Il est enterré dans l'église de Saint-Etienne de cette ville.

2° *Rodolphe II*, empereur, succède à son père. Son article vient page 138.

3° *Ernest*, né à Vienne le 15 juin 1553. Ce prince reçut une partie de son éducation à la cour de Philippe II, roi d'Espagne. Après la mort de Sigismond Auguste, roi de Pologne, il fut en concurrence pour ce trône électif avec Henri d'Anjou, frère de Charles IX, roi de France. Les suffrages se trouvèrent partagés dans la diète ouverte le 5 avril 1573; mais l'éloquence et les soins de Jean de Montluc, ambassadeur de France, em-

---

2ᵐᵉ *Branche de Styrie.* Charles Iᵉʳ (*ses enfans*).

7° *Anne*, née le 16 août 1573, mariée le 31 mai 1592, à Sigismond III, roi de Pologne et de Suède. Cette princesse

---

3ᵐᵉ *Branche de Tyrol.* Léopold Iᵉʳ (*ses enfans*).

l'empereur Ferdinand III, et meurt le 19 août de l'année suivante.

2. FERDINAND-CHARLES Iᵉʳ.

Ferdinand-Charles Iᵉʳ, né le 17 mai 1628, succède à son père Léopold Iᵉʳ dans le comté de Tyrol, et meurt le 30 décembre 1662. Il

MAXIMILIEN II, *Empereur* (*ses enfans*). 129
portèrent la pluralité des voix en faveur de Henri d'Anjou. Il fut élu roi de Pologne le 9 mai suivant. L'empereur Rodolphe dédommagea son frère en le nommant gouverneur de Hongrie et régent de l'Autriche. Ernest avait déployé des talens militaires dans la guerre que la Hongrie soutenait contre les Turcs; et, de concert avec le célèbre Montécuculli, il gagna la bataille de Sisseck, en 1592. Philippe II l'appela dans les Pays-Bas en 1594, et l'en nomma gouverneur-général. Il prit la *Fère*, sur les Français, le 19 mai de la même année. L'histoire lui reproche d'avoir aposté des assassins (sans succès à la vérité) pour faire périr le

---

2.me *Branche de Styrie*, Charles Ier (*ses enfans*).

mourut le 10 février 1598, et fut enterrée à Cracovie. Le roi, son époux, se remaria à Constance, sa sœur, dont l'article vient sous le n° 14, page 140.

3me *Branche de Tyrol*, Ferd.-Charles Ier (*ses enfans*).

est inhumé à Inspruck, dans l'église des Jésuites. Il avait épousé, le 10 juin 1646, *Anne de Médicis*, fille de Cosme II, grand-duc de Toscane, née le 21 juillet 1616, morte le 21 septembre 1676. De ce mariage il ne vint que des princesses :

1° *Claude-Félicité*, née le 30 mai

Tome II.   9

prince Maurice de Nassau-Orange, chef de la confédération des provinces hollandaises, qui s'affranchissaient de la domination de Philippe II. Cette souveraineté avait été promise à Ernest, avec la main d'Isabelle, fille du monarque espagnol; mais un amour déréglé des plaisirs trancha les jours de ce prince avant l'exécution de son mariage, le 20 février 1595.

4° *Mathias Ier*, empereur, succède à son père Rodolphe II. Son article vient page 141.

5° *Maximilien*, né à Neustadt le 12 octobre 1558. Henri d'Anjou, roi de Pologne, ayant abandonné ce trône pour monter sur celui de France, sous le

---

2me *Branche de Styrie*, Charles Ier (*ses enfans*).

8° *Marie-Christine*, née le 10 novembre 1574, épousa, le 6 août 1595, Sigismond Bathori, prince de Transylvanie,

---

3me *Branche de Tyrol*, Ferd.-Charles Ier (*ses enfans*).

1653 (1), mariée le 15 octobre 1673 à l'empereur Léopold Ier, morte le 8 avril 1676. *Voyez* la fin de l'article de Léopold Ier,

---

(1) Et non pas 1633, ainsi que le dit Zurlauben; son père et sa mère ne s'étaut mariés qu'en 1646, elle n'a pu naitre en 1633.

MAXIMILIEN II, *Empereur (ses enfans).*

nom de *Henri III*, en 1574, les Polonais, divisés de nouveau dans leur élection, proclamèrent, d'une part, Etienne Batthori, prince de Transylvanie, et de l'autre, l'archiduc Maximilien d'Autriche. Une guerre assez vive s'éleva entre les deux rivaux ; mais Etienne Batthori, soutenu par la majeure partie des Polonais, conserva la couronne jusqu'à sa mort, arrivée le 13 décembre 1586. Il semble qu'alors Maximilien devait, sans difficulté, prendre possession de la Pologne ; mais un concurrent, aussi redoutable que Batthori, vint traverser ses desseins, et fut élu *roi* le 9 août 1587 : c'était Sigismond III, fils de Jean III, roi de Suède, et petit-fils, par sa mère, de Sigismond Ier, roi de Pologne. Maximilien veut appuyer, par la force de ses

---

2me *Branche de Styrie*, Charles Ier *(ses enfans).*

mort prisonnier au château de Prague, le 20 mars 1613, sans laisser d'enfans de son épouse, qui finit ses jours le 6 avril 1621.

3me *Branche de Tyrol*, Ferd.-Charles Ier *(ses enfans).*

page 159. Elle fut inhumée à Vienne, dans l'église des Dominicains. Jacques *Stuart*, prétendant à la couronne d'Angleterre, avait demandé sa main.

2° *Marie-Madeleine*, née le 17 août

armes, les voix qu'il avait eues dans l'élection ; mais le succès ne couronna pas ses espérances : il fut fait prisonnier à Witzen en Silésie, le 25 janvier 1588, après avoir perdu deux batailles. Son rival ne lui accorda sa liberté que l'année d'ensuite, contre des actes formels de renonciation au trône de Pologne. A la mort de l'archiduc Charles, chef de la branche de *Styrie*, il fut chargé de la tutelle de Ferdinand son fils, qui devint empereur sous le nom de *Ferdinand II*. Le 15 mars 1595, Maximilien fut mis en possession de la grande maîtrise de l'ordre Teutonique. Il commanda les troupes de l'ordre et celles de Rodolphe II, son frère, contre les Turcs, et il perdit contre

---

2.me *Branche de Styrie*, Charles I.er (*ses enfans*).

Elle fut inhumée dans le monastère de Hall, en Tyrol. Sigismond Batthori fut un guerrier célèbre, mais la légèreté qu'il

---

3.me *Branche de Tyrol*, Ferd.-Charles I.er (*ses enfans*).

1656, morte le 20 janvier 1669, enterrée à Inspruck, dans l'église des Jésuites.

5.o *N****, princesse née et morte le 19 août 1654.

3. SIGISMOND-FRANÇOIS I.er

Sigismond-François I.er, frère de Ferdinand-

eux, en 1596, la bataille de *Kereste*. En 1606, il modifia les statuts de l'ordre Teutonique, et mourut à Vienne le 2 novembre 1618, avec la réputation d'un excellent prince. Il est enterré dans l'église de Saint-Etienne. A la mort de l'empereur Rodolphe II, son frère, les électeurs de l'Empire lui offrirent la couronne ; mais il la refusa, et sollicita en faveur de Mathias, son aîné.

6°. *Albert*, né à Neustadt le 13 novembre 1559, fut destiné d'abord à l'état ecclésiastique, et envoyé en Espagne pour y recevoir la primatie de ce royaume et l'archevêché de Tolède. Il fut créé cardinal, puis gouverneur de Portugal sous Philippe II. Sa science pour le maniement des affaires, et son génie militaire, quoique ecclésiastique, le firent

---

2.me *Branche de Styrie*, Charles Ier (*ses enfans*).

mit dans sa conduite politique, en se dépouillant volontairement de la Transylvanie, qu'il échangea avec l'empereur Ro-

---

3.me *Branche de Tyrol*, Sigismond-François Ier.

Charles, était né en 1630. Ce prince avait embrassé l'état ecclésiastique, et se trouvait pourvu des évêchés de Gurck, d'Augsbourg et de Trente. A la mort de son frère aîné, il quitta ces bénéfices pour lui succéder dans le comté de Tyrol, et pour épouser *Marie-Hedwige*,

choisir, par Philippe II, pour gouverner les Pays-Bas, et y commander les armées espagnoles qui y agissaient, contre les Hollandais et les Français. Il enleva à Henri IV Ardres, Guines et Calais. Ses exploits guerriers et son administration lui assignent une place parmi les héros de son siècle. Il avait quitté, après la paix de Vervins, en 1598, l'état ecclésiastique, pour épouser *Isabelle-Claire-Eugénie*, fille de Philippe II, qui donna pour dot à cette princesse les Pays-Bas, la Franche-Comté et le Marolais en souveraineté, sous la clause du retour à l'Espagne au défaut d'hoirs mâles ou femelles. *Voyez* page 86, l'article d'Isabelle. Ce prince mourut à Bruxelles le 13 juillet 1621, et y fut enterré dans l'église de Sainte-Gudule, avec une magnificence sans exem-

---

2.me *Branche de Styrie*, Charles Ier (*ses enfans*).

dolphe contre les principautés d'Oppelen et de Ratibor en Silésie, causa tous es malheurs. Les regrets que lui donna cet

---

3.me *Branche de Tyrol*, Sigismond-François Ier.

princesse palatine *de Sultzbach*; mais il mourut le 25 juin 1665, avant que d'avoir consommé son mariage.

En lui s'éteignit la troisième branche du nom de Tyrol.

MAXIMILIEN II, *Empereur (ses enfans).* 135

ple. Comme il ne laissait point de postérité, la souveraineté des Pays-Bas et de la Franche-Comté retourna à l'Espagne, après la mort d'Isabelle, son épouse. A la mort de Rodolphe II, son frère, les électeurs de l'Empire ne voulant pas élire Mathias, lui offrirent la couronne impériale; mais il imita l'exemple de Maximilien, en la refusant, et en sollicitant les suffrages pour Mathias, qui fut élu malgré les mauvaises dispositions qu'avaient eues pour lui les électeurs dans le principe.

7° *Wenceslas*, né à Neustadt le 7 mars 1561, fut grand-prieur de l'ordre de Malte en Castille, et y mourut le 7 novembre 1578 (1). Il est inhumé à l'Escurial.

8° *Frédéric*, né à Lintz le 21 janvier 1562, mort le 17 janvier suivant, et inhumé à Stambs.

9° *Charles*, né le 27 septembre 1565,

2ᵐᵉ *Branche de Styrie*, Charles Iᵉʳ (*ses enfans*).

échange, le rendirent infidèle à sa promesse, et c'est pour s'être ressaisi différentes fois de la Transylvanie où il excitait des troubles, que l'Empereur le fit enfermer au château de Prague.

---

(1) Et non pas 1598, ainsi que le dit M. Lesage.

mort l'année d'ensuite. Il est enterré à Vienne, dans l'église de Saint-Etienne.

Prétentions de l'Espagne à la succession d'Autriche.

10° *Anne-Marie*, née en Espagne le 1ᵉʳ novembre 1549, mariée le 12 novembre 1570 à *Philippe II, roi d'Espagne*. Elle mourut le 26 octobre 1580, et fut mère de Philippe III. Ce fut du chef de cette princesse que l'Espagne fit valoir ses droits à la succession d'Autriche en 1740.

11° *Elisabeth*, née le 5 juin 1554, mariée le 26 novembre 1570 à *Charles IX, roi de France*. C'était une princesse de la plus rare beauté et de la piété la plus exemplaire. Elle sut, au milieu de la cour licencieuse de son mari, conserver la pureté de ses mœurs et les pratiques les plus sévères de sa religion. On disait d'elle que, dans sa plus grande jeunesse, elle avait toutes les vertus de l'ancien tems : *Prisci moris vel juvenili ætate*

2ᵐᵉ *Branche de Styrie*, Charles Iᵉʳ (*ses enfans*).

9° *Catherine Renée*, née le 4 janvier 1576, morte le 29 juin 1695. Elle est enterrée à Seckaw.

10° *Elisabeth*, née le 13 mars 1577, morte le 29 janvier 1586.

11° *Grégorine-Maximilienne*, née le

MAXIMILIEN II, *Empereur (ses enfans).* 137

fœmina. Charles IX étant à l'article de la mort, exigea d'elle le serment de ne jamais se remarier, quoiqu'elle ne fût âgée que de vingt ans. Elle fut fidèle à sa promesse, et refusa la main de Henri III, de Philippe II et de plusieurs autres souverains. Elle se retira à Vienne après la mort de son époux, y fonda le monastère de Sainte-Marie-des-Anges, où elle finit ses jours le 22 janvier 1592, en odeur de sainteté. De son mariage avec Charles IX elle n'eut qu'une fille, née le 27 octobre 1572, morte le 2 avril 1578, à l'âge de cinq ans et demi (1). Elisabeth, reine d'Angleterre, en fut la marraine : elle envoya le baron de Worcester pour la représenter à cette cérémonie, pour laquelle elle avait fourni *une cuve à baptiser d'or massif.*

12° *Marie,* née le 27 juillet 1555, morte à Lintz l'année d'ensuite.

13° *Marie,* née et morte en 1564.

14° *Marguerite,* née le 25 janvier 1567.

2⁻ᵉ *Branche de Styrie,* Charles Ier (*ses enfans*).

22 mars 1581, fiancée à Philippe III, roi d'Espagne, morte le 20 septembre 1597, enterrée à Seckaw.

12° *Eléonore,* née le 25 septembre

(1) C'est par erreur que cette princesse n'est point mentionnée dans la Généalogie de M. Lesage.

158 MAISON D'HABSBOURG-AUTRICHE.

Elle se retira en Espagne avec l'impératrice sa mère, après la mort de Maximilien. Elle se voua entièrement à la religion, refusa la main de Philippe II, et se confina dans le monastère de Sainte-Claire à Madrid, où elle mourut, le 5 juillet 1633, en odeur de sainteté.

15° *Eléonore*, née le 4 novembre 1568, morte à Prague en 1579.

RODOLPHE II.

Rodolphe II, fils de l'empereur Maximilien II et de Marie d'Autriche, fille de l'empereur Charles-Quint, naquit le 18 juillet 1552. Étant parvenu à l'âge de vingt ans, son père abdiqua en sa faveur la couronne de Hongrie, qu'il reçut à Prague le 25 septembre 1572. Trois ans après, c'est-à-dire le 22 septembre 1575, du vivant de Maximilien II, il fut encore couronné roi de Bohême, puis élu roi des Romains le 27 octobre suivant. Il succéda à ce dernier monarque dans toutes les possessions de la maison d'Autriche le 12 octobre 1576. Ce prince vit son règne agité par les

───────────

2me *Branche de Styrie*, Charles Ier (*ses enfans*).

1582, religieuse à Hall, en Tyrol, morte le 28 janvier 1620.

15° *Marguerite*, née le 25 décembre 1584, mariée le 18 avril 1599 à Philippe III, roi d'Espagne. Ce mariage fut célébré à Valence. La reine Marguerite mourut le

troubles qu'excitèrent dans ses Etats, et dans toute l'Allemagne, les nouveaux dogmes de la religion réformée, et par la guerre longue et sérieuse que les Turcs firent en Hongrie. Ce beau royaume était au moment de succomber sous les efforts des Infidèles, lorsque Rodolphe y envoya l'archiduc Mathias, son frère, avec d'habiles généraux (1), afin de repousser leurs attaques. Le duc de Mercœur, à la tête de plusieurs compagnies françaises, vint joindre les troupes de l'Empereur, et se signala avec les siens contre les Ottomans. Après des succès et des revers réciproques, la paix se rétablit entre l'Empereur et le Grand-Sultan par le traité de Situatoroc, le 9 novembre 1606. Si l'archiduc Mathias avait jusqu'ici donné tous ses soins à la guerre de Hongrie, c'était dans l'intention peu généreuse d'en recueillir le fruit aux dépens de l'autorité et des droits de son frère. Les peuples de ce royaume, déjà mécontens de l'indolence de Rodolphe,

---

2ᵐᵉ *Branche de Styrie*, Charles Iᵉʳ (*ses enfans*).

5 octobre 1611. Les regrets de la nation espagnole, qu'elle avait charmée par les plus brillantes et les plus solides qualités, l'accompagnèrent au tombeau. Anne, sa

---

(1) Le comte de Sérin, l'illustre Montécuculli, le baron Adolphe de Schwarzemberg, colonel-général de l'infanterie, le comte de Plettemberg, général des Bavarois, le servirent dans cette guerre.

et voulant obtenir d'un nouveau roi le libre exercice de la religion évangélique, cédèrent aux impulsions qu'ils avaient reçues de Mathias, et l'élurent pour leur souverain en 1607. Rodolphe, quoique indigné des démarches de son frère, ratifie son élection le 27 juin 1608, à Debritz, près de Prague. Le royaume de Hongrie ne suffisait pas à Mathias, il força son frère à lui céder encore la Bohême par traité du 22 mai 1611. Rodolphe se vit tellement dépouillé par son frère, qu'à peine il lui restait de quoi pourvoir à sa subsistance personnelle. Dans le dénuement extrême où il se trouvait, il fut même obligé de demander aux électeurs de l'Empire qu'ils lui assignassent quelques revenus. Le chagrin s'étant emparé de ce prince, il mourut à Prague, le 20 janvier 1612, sans avoir été marié. Rodolphe était, à la vérité, peu propre au gouvernement : il s'était entièrement adonné à l'alchimie, à l'astronomie et aux arts mécaniques. Ces occupations, dignes de la protection d'un souverain, mais non faites pour être exclusivement pratiquées par lui, absorbaient tout son tems, tous ses soins. Ce fut sous ses yeux que les célèbres astronomes

---

2me *Branche de Styrie*, Charles Ier (*ses enfans*).

fille, épousa Louis XIII, roi de France, et fut mère de Louis XIV. *Voyez* page 93 et suivantes.

14° *Constance*, née le 24 décembre 1588, mariée le 11 décembre 1605 à Sigismond III, roi de Pologne, veuf d'Anne

RODOLPHE II, *Empereur*.

Ticho-Brahé et *Kepler*, qu'il avait appelés à sa cour, dressèrent leurs Tables, qui, pour cette raison, furent appelées *Rodolphines*. Le règne de Rodolphe fut encore célèbre par la ligue que les protestans formèrent à Hailbron contre les catholiques, en 1594, et qu'ils renouvelèrent en 1608, et par l'ouverture de la fameuse succession des duchés de Clèves, de Juliers et de Berg. L'avis que lui avait donné l'astronome Ticho-Brahé de se méfier de ses plus proches parens, faisait qu'il ne les laissait point approcher de sa personne: il en usait de même envers les étrangers. Ceux qui voulaient le voir étaient obligés, dit Pfeffel, de se déguiser en palefreniers pour l'attendre dans son écurie quand il venait voir ses chevaux, qu'il aimait passionnément.

MATHIAS I*er*.

*Mathias I*er, frère de Rodolphe II, lui succéda dans tous les Etats de la maison d'Autriche en 1612. Ce prince était né le 24 février 1557. L'ambition se manifesta chez lui dès sa plus tendre jeunesse, au point qu'il ne

---

2*me* *Branche de Styrie*, Charles I*er* (*ses enfans*).

sa sœur, dont je viens de parler page 128. Le pape Clément VIII accorda, à l'occasion de ce mariage, les dispenses nécessaires, ce qui n'empêcha pas le sénat de Pologne d'en être scandalisé. On cite même une lettre des sénateurs de ce royaume au

craignit pas, pour obtenir de l'emploi, et pour faire parler de lui, d'accepter, sans le consentement de son frère, et contre les intérêts de Philippe II, son cousin, le gouvernement des Pays-Bas, qui lui fut offert par des sujets révoltés contre ce dernier monarque. Cette démarche inconsidérée tourna même à son préjudice ; car les Pays-Bas, voyant que l'Empereur, loin de fournir des secours à un prince qu'ils avaient mis à leur tête, blâmait et désapprouvait sa conduite, l'abandonnèrent totalement, et offrirent leur souveraineté à François, duc d'Alençon et d'Anjou, frère de Charles IX, roi de France. Mathias eut beaucoup de peine à obtenir ensuite la permission de rentrer en Autriche, où il vécut pendant quelque tems dans le dénuement le plus absolu, et même voisin de l'extrême indigence. Cependant, la guerre que les Turcs faisaient en Hongrie contre l'empereur Rodolphe, son frère, ayant déterminé celui-ci à l'employer à la tête des armées impériales, Mathias devint un général assez expérimenté pour se rendre né-

---

2.me *Branche de Styrie*, Charles Ier (*ses enfans*).

souverain pontife, dans laquelle ils oublient la politesse et le respect dû aux souverains, au point de dire *qu'ils ne souffriraient pas une pareille union, même dans leurs haras.* Messieurs les sénateurs se permettaient un petit mensonge, car

cessaire à son frère, et même pour lui en imposer au point qu'on a vu, dans l'article de ce dernier prince, qu'il l'avait entièrement dépouillé de ses royaumes de Hongrie et de Bohême. A la vacance de l'Empire, par la mort de Rodolphe II, les électeurs, indisposés contre Mathias, à cause des mauvais procédés qu'il avait eus pour son frère, offrirent la couronne impériale à deux de ses autres frères, Albert et Maximilien, qui eurent la générosité de la refuser, et de solliciter les électeurs de rendre leur amitié à Mathias et de lui donner leurs suffrages. Son élection eut effectivement lieu le 13 juin 1612. Une couronne de plus ne donna pas le bonheur à ce monarque; l'Allemagne, toujours en proie à des troubles occasionnés par la différence de religion, et la Hongrie, continuellement en proie à la fureur dévastatrice des Turcs, lui causèrent beaucoup d'inquiétude et de tribulation. Cependant il finit par conclure, en 1615, avec le sultan Achmet, une trêve qui procura une suspension d'hostilités pour vingt années, et la restitu-

---

2.me *Branche de Styrie*, Charles I.er (*ses enfans*).

ils avaient un exemple de ce genre encore présent à la mémoire, Sigismond-Auguste, roi de Pologne, s'étant remarié à Catherine *d'Autriche*, après avoir épousé et perdu Elisabeth sa sœur. Elles étaient filles de l'empereur Ferdinand I.er. La reine

tion de nombre de places fortes, frontières de la Hongrie.

Mathias et ses deux frères, Albert et Maximilien, n'ayant aucun enfant, le roi d'Espagne, Philippe III, s'intéressa beaucoup pour que l'Empereur appelât à lui succéder l'archiduc Ferdinand, de la branche de Styrie. Cette adoption solennelle eut lieu selon les désirs du monarque espagnol, et Ferdinand fut déclaré le successeur de Mathias, et couronné roi de Bohême le 29 juin 1617.

L'insubordination et l'ingratitude que l'Empereur avait témoignées envers Rodolphe, furent d'un dangereux exemple pour Ferdinand. Il semble même que ce dernier ait pris à tâche de l'imiter dans tous les mauvais procédés dont il avait été coupable; car à peine fut-il couronné roi de Bohême, qu'il l'obligea à lui faire cession de la couronne de Hongrie. Le cardinal Klesel, évêque de Vienne, et premier ministre de Mathias, conseillait à ce monarque de ne pas se laisser ainsi dépouiller, et de résister avec force aux vues ambitieuses de Ferdinand; mais celui-ci, informé des mauvaises dispositions du prélat à son égard, le fit arrêter prisonnier au milieu de Vienne, et conduire secrètement dans une forteresse

---

2me *Branche de Styrie*, Charles Ier (*ses enfans*).

Constance mourut à Varsovie, le 10 juillet 1631, et fut enterrée à Cracovie.

15° *Marie-Madeleine*, née le 7 octobre 1589, épouse, le 19 octobre 1608,

MATHIAS Iᵉʳ, *Empereur.*

du Tyrol. Tant d'audace, tant de violence convainquirent le faible Mathias qu'il n'était plus qu'un fantôme de roi, et que son successeur *désigné* voudrait seul règner et gouverner désormais, sans aucun égard, sans aucun respect pour lui. Dévoré du chagrin de cette triste perspective, de celui que lui causait la perte de son ministre favori, et des troubles que les protestans avaient excités en Bohême, il descendit dans la tombe le 20 mars 1619. Il fut enterré dans l'église des capucins de Vienne.

Mathias avait épousé, le 4 novembre 1611, *Anne*, archiduchesse d'Autriche, fille de Ferdinand, chef de la branche de Tyrol (*Voyez* page 119), née le 4 octobre 1585, et morte le 14 décembre 1618, sans lui avoir donné d'enfans. Cette princesse est la fondatrice de la belle église des capucins de Vienne, que les monarques autrichiens ont choisie pour le lieu de leur sépulture. Anne y est inhumée.

Cet empereur avait eu, d'une maîtresse, un fils naturel, nommé don Mathias d'Autriche, qui fut élevé en Espagne.

Branche de Styrie, Charles Iᵉʳ (*ses enfans*).

Cosme II de Médicis, grand-duc de Toscane, mort le 28 février 1621. Elle finit ses jours en 1631.

La branche de Styrie, dans la personne de Ferdinand II, hérite de la branche aînée, et devient impériale.

FERDINAND II.

Ferdinand II, fils de l'archiduc Charles Ier, chef de la branche de *Styrie*, et de Marie-Anne de *Bavière* (*Voyez* page 120), naquit au château de Gratz le 9 juillet 1578. L'empereur Mathias et ses deux frères, Albert et Maximilien, tous trois cousins de Ferdinand, se voyant sans postérité, se déterminèrent, à la sollicitation du roi d'Espagne, Philippe III, à lui céder tous leurs droits sur le vaste héritage de la maison d'Autriche. En conséquence, Mathias le fit élire et proclamer roi de Bohême le 29 juin 1617. Ferdinand, loin d'avoir pour ce monarque tous les égards et toute la reconnaissance que méritait cette généreuse démarche, lui arracha encore la couronne de Hongrie, ainsi que je viens de le dire page 144.

Les protestans de Bohême, ayant à leur tête le comte de *la Tour*, excitent, en 1618, une révolution générale dans ce royaume ; Ferdinand est déposé par les mécontens, et l'électeur palatin, Frédéric V, élu à sa place. C'est ici l'origine de la guerre de *trente ans*. L'empereur Mathias meurt de chagrin en 1619, et les électeurs, partagés d'opinions, veulent sortir la couronne impériale de la maison d'Autriche pour la porter dans celle de Bavière. Le connétable de Luynes, favori de Louis XIII, loin de suivre les principes des cardinaux de Richelieu et Mazarin, qui avaient toujours eu pour but d'affaiblir la maison d'Autriche, se prononça au contraire avec chaleur pour l'élection de Ferdinand, ce qui contribua beaucoup à faire proclamer ce prince en qualité d'empereur, le 28 août 1619. Maximilien I*r*, duc de Bavière, qui avait été le concurrent le plus redoutable de Ferdinand, en devint l'allié le plus dévoué. Sa haine contre l'électeur palatin, roi de Bohême, qui était cependant de la même maison que lui, le porte à joindre toutes ses forces à celles de Ferdinand pour le détrôner. Il y parvient en effet par le gain de la bataille de Prague, le 8 novembre 1620. Frédéric ne put réparer cet échec; non-seulement il lui fit perdre la couronne de Bohême, mais encore ses propres Etats héréditaires, ayant été proscrit et mis au ban de l'Empire. Ferdinand, en reconnaissance des services de Maximilien, transporte, en 1623, à la branche de Bavière, le titre d'électeur, dont il avait dépouillé le palatin. La guerre continue en Allemagne; les protestans et les catholiques ne pouvant se mettre d'accord, tant sur leurs intérêts politiques, que sur les dogmes de leur croyance, se livrent des batailles, et font couler des flots de sang. Gustave-Adolphe, roi de Suède, se déclare contre la maison d'Autriche; il vient soutenir la cause des protestans jusque dans le cœur de l'Allemagne; mais, pour agir avec plus de succès, il fait une ligue avec la France, l'Angleterre et la Hollande. Fort de ces grandes alliances, il pousse ses conquêtes, et gagne, le 7 septembre 1631, la bataille de *Léipsick* sur les impériaux et les Bavarois, commandés par Tilly. Cette victoire lui soumet, non-seulement l'Alsace et la

Souabe, mais lui fournit encore les moyens de rencontrer son ennemi sur les bords du Lech, le 16 avril 1632, et de le mettre dans une déroute complette. Tilly va mourir à Ingolstadt des blessures qu'il a reçues dans cette journée, et la Bavière devient la proie du vainqueur ; l'Autriche même commence à trembler pour son sort. Le 16 novembre 1632 fut néanmoins un jour fatal pour Gustave-Adolphe : il livre la bataille de *Lutzen*, et périt dans le commencement de l'action ; ses soldats vengent sa mort en se battant comme des forcenés, et en couvrant la tombe de leur roi des lauriers de la victoire. Le duc de Saxe-Veymar, Oxenstiern, Bannier, Wrangel, suppléent, par la force de leur génie et de leur courage, à la perte qu'ils ont faite de Gustave-Adolphe : ils soutiennent les affaires des protestans en Allemagne.

Walstein, général de l'Empereur, après avoir acquis une réputation militaire du plus haut degré, conspire contre son maître, et est assassiné à Egra le 25 février 1634. Ferdinand confie alors le commandement de ses armées à son fils, du même nom que lui, et déjà élu roi de Hongrie et de Bohême ; le jeune monarque répond aux espérances de tant de peuples, en gagnant la bataille de *Nordlingen*, le 6 septembre 1635, sur les Suédois, commandés par le général Horn.

La France envoie au secours de ceux-ci un corps d'armée sous les ordres du cardinal de la Valette, fils du fameux duc d'Epernon.

Les Espagnols, alliés de l'Autriche, en-

FERDINAND II, *Empereur (ses enfans)*. 149
lèvent l'électeur de *Trèves*, qui s'était mis sous la protection de la France. Cette démarche occasionna une guerre cruelle entre cette dernière puissance et l'Espagne. Prise de *Philipsbourg* par les impériaux ; leur général *Gallas* pénètre jusqu'en Lorraine ; le prince de Condé, qui avait envahi la Franche-Comté, et posé le siége devant Dole, après avoir épuisé toutes ses ressources, et perdu trois mille hommes, est obligé de le lever et de prendre le parti de la retraite. Les impériaux et leurs alliés, qui avaient acquis une supériorité sur leurs ennemis, la perdent par les défaites de *Domnitz* et de *Wistock*, où les Autrichiens et les Saxons furent entièrement battus. Ferdinand ne survécut pas long-tems à ces événemens ; il mourut le 15 février 1637. Son corps fut enterré dans le cimetière de l'église de Saint-Gilles de Gratz, auprès de celui de Marie-Anne de Bavière, sa première femme. Ils y reposent sous un mausolée remarquable par son architecture et ses ornemens. Ferdinand III fut un des plus grands empereurs que l'Allemagne ait eus.

Ce monarque avait épousé, 1° le 23 avril 1600, *Marie-Anne*, fille de Guillaume II, dit *le Religieux*, duc de Bavière, née le 18 décembre 1574, et morte le 7 mars 1616 ; 2° le 4 février 1622, *Eléonore*, fille de Vincent Ier *de Gonzague*, duc de Mantoue, morte à Vienne le 27 juin 1655, sans lui donner de postérité, les enfans qui suivent étant *du premier lit :*

1° *Jean-Charles*, né le 1er novembre

1605, mort le 16 décembre 1619. Il est enterré à Gratz.

2° *Ferdinand III*, empereur. Son article vient page 152.

3° *Léopold-Guillaume*, né le 6 janvier 1614. Il fut grand-maître de l'ordre Teutonique, évêque de Strasbourg, de Passau, de Brême, de Halberstad, de Magdebourg, d'Olmutz et de Breslaw. A ces bénéfices, il joignit encore les abbayes de Murbach et de Weissenaw. Il fut gouverneur des Pays-Bas depuis 1647 jusqu'en 1656. Ce prince, amateur des beaux-arts et de la botanique, laissa des collections précieuses de tableaux, de curiosités et de plantes rares. Les Jésuites, qui l'avaient élevé, lui avaient inspiré une telle dévotion, qu'il se refusait, par mortification, la jouissance de l'odorat des fleurs qu'il cultivait; et il était si sévère sur les principes de chasteté, qu'il fuyait la présence de ses propres sœurs. Tout cela n'empêcha pas Léopold-Guillaume d'être un des généraux les plus célèbres du règne de son frère : son génie militaire ne souffrit jamais de sa grande dévotion, et quoique ecclésiastique et prélat du premier ordre, il sut en même tems être capitaine valeureux et expérimenté. A la mort de Ferdinand III, son frère, plusieurs électeurs lui offrirent leur voix. Il eut la générosité de les refuser et de les solliciter pour son neveu Léopold Ier, dont il était le tuteur,

FERDINAND II, *Empereur (ses enfans).* 151
et qui fut élu. Léopol Guillaume mourut à Vienne le 20 novembre 1662 (1). Son corps est enterré dans l'église des capucins de cette ville.

4° *Christine*, née le 25 mai 1601, morte jeune.

5° *Marie-Anne*, née le 13 janvier 1610. Cette princesse fut promise à Gabriel-Bethléem, prince de Transylvanie, qu'elle refusa d'épouser, parce qu'il ne voulut point embrasser la religion catholique : elle fut mariée le 5 juillet à Maximilien Ier, dit *le Grand*, électeur de Bavière, et mourut le 28 septembre 1665. Elle fut mère de l'électeur Ferdinand-Marie, qui refusa la couronne impériale à la mort de Ferdinand III (2).

---

(1) Et non pas 1622, ainsi que le dit Pfeffel.

(2) Il existe à cette occasion une contradiction bien singulière entre deux excellens auteurs ; la voici :

Pfeffel dit, page 544, en parlant de l'élection qui se fit à la mort de Ferdinand III : « L'électeur de Bavière
» *ne refusa l'empire que sur les vives instances de sa*
» *mère*, qui était sœur du défunt empereur, et tante
» de Léopold Ier. »

L'Art de vérifier les Dates, tom. III, pag. 407, dit
« que le comte de Furstemberg, à l'instigation d'Hen-
» riette de Savoie, électrice de Bavière, brigua le trône
» impérial pour Ferdinand-Marie, son époux, mais que
» ce prince l'ayant su, il désavoua le comte, et fit dire
» à la diète, que si elle se réunissait pour lui imposer la
» couronne impériale, il secouerait la tête pour la faire
» tomber à ses pieds. *Sa mère lui ayant fait des re-*

6° *Cécile - Renée*, née le 16 juillet 1611, mariée le 9 août 1637, à Ladislas VII, roi de Pologne : elle mourut à Wilna le 13 mars 1644.

FERDINAND III.

Ferdinand III, fils de l'empereur Ferdinand II et de Marie-Anne de Bavière, naquit le 20 juillet 1608, fut proclamé roi de Hongrie le 8 décembre 1625, roi de Bohême le 25 novembre 1627, et élu roi des Romains le 28 décembre 1636. Il succéda, le 15 février 1637, à l'Empire et à tous les Etats de la maison d'Autriche, qu'avait possédés son père.

La guerre de trente ans continue toujours en Allemagne. Ferdinand, déjà célèbre par la bataille qu'il avait gagnée à *Nordlingen*, en 1634, sur les Suédois, commandés par le maréchal Gustave de *Horn* et le duc de *Saxe-Weymar*, fait tous ses efforts pour soutenir les intérêts de sa maison contre les

---

» *proches à ce sujet* : Madame, dit-il, j'aime mieux » être un riche électeur qu'un pauvre empereur. »

On voit combien il y a de contradiction dans ces deux exposés. Cependant c'est l'Art de vérifier les Dates qui a raison. Le Père Barre, tom. IX, pag. 887, est de la même opinion. Il dit : « La princesse sa mère em- » ploya tout ce qu'elle avait de pouvoir sur son esprit » pour l'empêcher de rendre inutiles les soins qu'on » se donnait pour son élection. » Et plus bas : « Comme » sa mère le pressait instamment d'accepter les offres » qu'on lui faisait, il répondit : J'aime mieux être un » riche électeur qu'un pauvre empereur. »

FERDINAND III, *Empereur.* 153

protestans, qui avaient pour alliés les puissances les plus considérables de l'Europe. Les événemens militaires se succèdent avec rapidité sous ce règne, et les noms des capitaines les plus célèbres se présentent à nos yeux. *Jean Dewert*, l'un des généraux de Ferdinand, bat le duc de Saxe-Weymar devant Rhinfelden, en 1638 ; mais, cinq jours après, celui-ci prend sa revanche, et le fait prisonnier. Weymar poursuit ses succès, gagne la bataille de *Wittenweyer*, et les combats de *Benfeld* et de *Frisenheim*, de *Than*, de *Saint-Pierre-de-Fribourg*, et s'empare de *Brisach*, tandis que *Bannier* et *Torstenson*, généraux suédois, obtiennent presque toujours l'avantage sur les impériaux et les Saxons. Cependant *Piccolomini*, général de l'Empereur, livre, le 7 juin 1639, la bataille de *Thionville* au marquis de *Feuquières*, général français, qui la perd, et qui y est fait prisonnier. Le comte d'*Harcourt* assiége *Turin* en 1640, et y entre victorieux : le vicomte de *Turenne* coopère à ce succès. Le comte de *Guébriant* s'avance vers le Rhin, bat les Autrichiens à *Ordingen*, *Memphen* et *Kempen*. Il seconde ensuite *Torstenson*, qui faisait le siége de *Leipsick*, et qui gagne la bataille de ce nom en 1642. Guébriant prend *Rotweil* l'année suivante, mais il y est blessé à mort. La mésintelligence s'étant glissée entre les Français et leurs alliés, les impériaux en profitent pour les vaincre à *Dutlingen*. Turenne est envoyé en Allemagne pour réparer cette défaite ; mais il ne peut empêcher les impériaux et les Ba-

154 MAISON D'HABSBOURG-AUTRICHE.

varois de s'emparer de *Fribourg*. Le Duc *d'Enghien*, depuis, le Grand-Condé, si célèbre par le gain de la bataille de *Rocroi*, vient au secours de Turenne, et détruit, par une bataille qui dure trois jours (1), l'armée impériale sous le commandement du général *Mercy*. Celui-ci se venge de cette perte l'année d'ensuite, en surprenant à *Marienthal* l'armée de Turenne, qu'il met en déroute. Le duc d'Enghien vient encore une fois réparer les échecs du grand Turenne ; et, secondé par ce capitaine célèbre, il gagne sur Mercy la bataille de *Nordlingen*, le 3 août 1645. Ce dernier perdit la vie dans l'action. Turenne termina cette campagne par la prise de Trèves, où il rétablit l'électeur. L'année suivante, s'étant joint, près de Giessen, au général Wrangel, qui avait parcouru la Silésie et la Saxe, ils pénètrent en Bavière, et forcent l'électeur à entrer en accommodement avec la France, par un traité signé à Ulm le 14 mars 1647. Ce traité fut rompu l'année d'ensuite par l'électeur de Bavière, ami dévoué de Ferdinand. La France, que cette infraction indispose, donne ordre à Turenne d'envahir la Bavière, de concert avec le général suédois Wrangel, qui vient joindre l'armée française près *Winsheim*. Ils se jettent sur la Bavière, et remportent, à *Summershausen*, le 7 mai (2) 1648,

---

(1) 3, 5 et 9 août 1644.

(2) L'Art de vérifier les Dates, tom. Ier, p. 681, dit que cette affaire eut lieu le 17 mai, et tom. II, pag. 44,

une victoire qui oblige l'électeur de se retirer à Salzbourg. Le général *Melander*, qui commandait les Bavarois et les impériaux, fut blessé mortellement dans ce combat: le reste de l'armée impériale dut son salut à la bravoure de *Montécuculli* et du duc *Ulric de Wurtemberg*.

Dans les Pays-Bas, l'archiduc Léopold, frère de l'Empereur, à la tête des troupes autrichiennes et espagnoles, fait la guerre avec succès contre l'armée française, commandée par le maréchal de *Gassion*, et s'empare, en 1647, d'*Armentières*, *Landrecies*, *Comines* et *Lens*. Cette dernière place, néanmoins, fut assiégée et reprise par le général français, qui reçut pendant ce siége un coup de mousquet qui lui coûta la vie. L'année suivante, l'archiduc Léopold surprit *Courtray* le 19 avril, et rentra dans *Lens* le 19 août suivant. Mais, le lendemain, le Grand-Condé lui fait perdre, sous les murs de cette ville, une bataille qui coûta neuf mille hommes aux impériaux et aux Espagnols. Ces derniers étaient commandés par le général *Beck* et le comte de *Fuensaldagne*.

En Espagne, le maréchal de *Schomberg*, et en Italie, le maréchal *du Plessis-Praslin*, ajoutent encore aux succès des Français. La paix, qui se négociait au milieu du tumulte des armes,

---

il dit le 17 avril : ce n'est ni l'une ni l'autre date, mais bien le 7 mai, le général Melander étant mort le 9 des suites des blessures qu'il avait reçues le 7 dans ce combat.

depuis le 10 juillet 1643, fut enfin conclue, le 24 octobre 1648, par le fameux traité d'*Osnabruck* et de *Munster*, connu sous le nom de paix de *Westphalie*.

Ferdinand fait élire son fils, de même nom que lui, roi des Romains, à la diète d'Augsbourg, le 31 mai 1653; mais, le 9 juillet de l'année suivante, il eut la douleur de voir mourir ce jeune prince, qui donnait les plus belles espérances. L'Empereur le suivit au tombeau le 2 avril 1657. Son corps, avec celui de sa seconde femme, fut inhumé à Gratz, dans l'église de Saint-Gilles, sous un mausolée remarquable par son architecture et ses ornemens.

Ferdinand III avait épousé, 1° le 21 février 1631, *Marie-Anne*, fille de Philippe III, roi d'Espagne, née le 8 août 1606, et morte en couches le 13 mai 1646. *Voyez* page 96. 2° Le 2 juillet 1648, *Marie-Léopoldine d'Autriche*, fille de l'archiduc Léopold, chef de la troisième branche de *Tyrol*, née le 8 novembre 1632, et morte le 19 août 1649. 3° Le 30 avril 1651, *Éléonore de Gonzague*, fille de Charles II, duc de *Mantoue*, née le 18 novembre 1619, morte le 5 décembre 1686.

Enfans du premier lit :

1° *Ferdinand*, né le 8 septembre 1633, couronné roi de Bohême le 5 août 1646, roi de Hongrie le 16 juin 1647, élu à Augsbourg, roi des Romains le 31 mai 1653. Ce prince ne put succéder à l'Empire, étant descendu dans la tombe

FERDINAND III, *Empereur (ses enfans)*. 157

le 9 juillet 1654, avant la mort de son père. Il est enterré aux Capucins de Vienne.

2° *Philippe-Auguste*, né le 15 juillet 1637, mort le 29 juin 1639.

3° *Maximilien-Thomas*, né le 20 décembre 1638, mort le 6 juillet de l'année suivante.

4° *Léopold Ier*, empereur; son article vient page 159.

5° *Marie-Anne-Josephe*, née le 22 décembre 1634, mariée le 8 novembre 1649 (1), à Philippe IV, roi d'Espagne. Elle mourut le 16 mai 1696; elle fut régente de l'Espagne et tutrice de Charles II, son fils. Le père *Nitard*, jésuite fameux, fut son ministre favori. *Voyez* page 100.

6° *Marie*, née et morte en 1646.

Enfant du deuxième lit :

1° *Charles-Joseph*, né le 7 août 1649; il fut élu, en 1662, coadjuteur de son oncle *Léopold-Guillaume*, dans la grande maîtrise de l'ordre Teutonique, puis nommé aux évêchés de Passaw et d'Olmutz. Ce jeune prince donnait de telles espérances, qu'on le considérait comme un prodige d'esprit; mais la mort vint trancher ses jours à l'âge de quinze ans, le

---

(1) Et non pas 1640, ainsi que le dit Pfeffel.

27 janvier 1664 (1). Il est enterré aux Capucins de Vienne.

Enfans du troisième lit :

1° *Ferdinand-Louis-Joseph*, né le 11 février 1657. Le feu ayant pris dans l'appartement de ce prince, un des gardes le porta dans la chambre de l'Empereur, avec une telle précipitation, qu'il brisa le berceau contre le mur, et fit tomber l'enfant. L'Empereur qui était au lit, fort malade, éprouva une si grande révolution de ce funeste évènement, qu'il en mourut une heure après. L'enfant vécut encore une année, c'est-à-dire, jusqu'au 16 juin 1658 (2).

2° *Thérèse-Marie*, née le 28 mars 1652, morte le 12 mai 1653.

3° *Éléonore-Marie-Josephe*, née le 27

---

(1) Heiss, dans son Histoire d'Allemagne, Larrey, dans la Vie de Louis XIV, et une infinité d'Auteurs qui se sont copiés, sont dans la plus grande erreur, en disant que Ferdinand III ne laissa en mourant que Léopold Ier, qui lui succéda. On voit clairement que Charles-Joseph, autre fils de Ferdinand, lui survécut six ans; et l'existence de ce prince est tellement avérée, qu'il gouverna l'ordre Teutonique en sa qualité de grand-maître, jusqu'au 27 janvier 1664, sous la régence (parce qu'il était mineur) de *Jean-Gaspard d'Ampringen*, qui, à la mort de Charles, fut élu lui-même pour lui succéder, le 20 mars de la même année 1664. Or, Charles n'était donc pas mort avant le 2 avril 1657.

(2) Et non pas 1698, ainsi que le dit, par erreur, le Père Barre.

FERDINAND III, *Empereur (ses enfans)*.

mai 1653, mariée, 1° le 27 mai 1670, à Michel *Wiecnowiecki*, roi de *Pologne*, mort le 10 novembre 1673; 2° le 5 février 1678, Charles IV, duc de *Lorraine*, qu'elle fit père de Léopold Ier, duc de Lorraine, dont le fils François-Étienne, recueillit, en épousant *Marie-Thérèse*, tout l'héritage de la maison d'Habsbourg, le dernier mâle de cette maison s'étant éteint en la personne de l'empereur Charles VI, père de Marie-Thérèse en 1740. *Voyez* p. 182. Éléonore mourut le 7 décembre 1697.

4° *Marie-Anne-Josephe*, née à Ratisbonne le 20 décembre 1654, mariée le 25 octobre 1678, à Jean-Guillaume, électeur palatin, morte à Vienne le 7 avril 1689 (1).

LÉOPOLD Ier, DIT LE GRAND.

LÉOPOLD Ier, fils de l'empereur Ferdinand III, et de Marie-Anne d'Autriche-Espagne, naquit à Vienne le 9 juin 1640. Il fut couronné roi de Hongrie le 27 juin 1655, et roi de Bohême le 14 septembre 1656; à la mort de son père, les électeurs de Mayence, de Cologne, de Bavière et palatin, jetèrent d'abord les yeux sur Louis XIV, pour occuper le trône

---

(1) Et non pas 1699, ainsi que le dit le Père Barre; car l'électeur palatin, Jean-Guillaume, se maria en secondes noces à *Marie-Anne-Louise de Médicis*, le 26 avril 1691.

impérial, mais ayant rencontré beaucoup d'opposition de la part de leurs autres collègues, pour l'exécution de ce projet, ils voulurent élire l'électeur de Bavière Ferdinand-Marie, ou l'archiduc Léopold-Guillaume, oncle de Léopold; le premier refusa les offres qui lui furent faites, par pur désintéressement; et le second imita son exemple, pour ne pas nuire d'abord à son neveu, dont il était le tuteur, et afin de ne pas intervertir l'ordre de succession qui s'était établi depuis plusieurs années dans la maison d'Autriche, à l'occasion de la couronne impériale. Toutes ces considérations amenèrent l'élection de Léopold Ier à l'Empire, le 18 juillet 1658.

Ce prince continue l'alliance faite par son père, avec la Pologne, le Danemarck et le Brandebourg, contre la Suède. Ses troupes, avec celles de ses alliés, obtiennent dans l'île de *Fuhnen*, dans le *Holstein* et la *Poméranie*, des succès qui forcent cette puissance à faire le traité d'*Oliva*, en 1660.

Tranquille au nord de ses Etats, Léopold voit naître au midi une guerre qui va mettre son Empire à deux doigts de sa perte. Les Turcs, ces éternels ennemis de la maison d'Autriche, avaient recommencé leurs hostilités, et s'étaient emparés en 1660 et 1663, de la Transylvanie, de la Moravie et de Neuhausel. L'Allemagne, effrayée de leurs progrès, envoie enfin deux armées, sous le commandement du prince *Louis de Bade*, et du comte de *Hohenlohe*, pour en arrêter les effets. Louis XIV, qui croit de sa dignité de fournir des secours contre l'ennemi commun du nom chrétien, fait marcher un corps d'armée de six mille hommes, sous les ordres du comte de *Coligny*, et du marquis de la *Feuillade*, pour se joindre aux troupes de l'Empire. Bataille de *Saint-Gothard*, le 1er août 1664. Les Turcs avaient déjà renversé les bataillons autrichiens, lorsque les Français et les troupes confédérées du Rhin rétablirent le combat, et remportèrent une victoire signalée sur les Infidèles. Cette victoire força ceux-ci à faire leur paix avec l'Empereur, le 17 septembre suivant.

Les troubles de la Hongrie avaient encore laissé des germes d'insurrection dans cette malheureuse contrée, lorsque les comtes *Serini*, *Nadasti*, *Frangipani* et *Tettembach*, conspirèrent contre la maison d'Autriche, et entreprirent de faire soulever contre elle la nation hongroise. Cette tentative conduisit ses auteurs à l'échafaud ; mais leur exécution, loin de ramener la paix, excita l'animadversion des Hongrois, les fit trembler pour leur liberté et courir aux armes, sous le commandement du comte Eméric *Tékéli*, et de François *Racoczi*, qui étaient les antagonistes les plus déclarés de la maison d'Autriche. Pour agir avec succès dans sa révolte, Tékéli appelle les Turcs à son secours, se fait élire prince de Hongrie et de Transylvanie, et soutient la guerre contre les Autrichiens.

Dans ces entrefaites, Louis XIV indisposé contre les Hollandais, qui avaient méconnu d'une manière outrageante les obligations qu'ils lui devaient, forme une ligue contre eux, et fait inonder leur pays de ses armées. La république, au moment d'être anéantie par les armes victorieuses de ce grand monarque, implore le secours de l'Empereur, qui signe un traité d'alliance avec elle le 25 juillet 1672. L'électeur de Brandebourg et l'Espagne se joignirent à Léopold, et la guerre se transporta vers le Rhin.

C'était le beau siècle militaire de la France; Louis XIV et ses généraux remplissaient l'Europe de leurs exploits, et faisaient craindre qu'on ne pût arrêter la supériorité de leurs armes, lorsque l'Empereur leur opposa le célèbre *Montécuculli*, qui soutint avec éclat la gloire de son maître, et devint le digne rival de *Turenne*. Cette guerre ne prit fin que par le traité de *Nimègue*, conclu en 1679, entre la France et l'Empire.

La trêve de vingt ans, entre l'Empereur et les Turcs, étant expirée en 1683, ces derniers refusèrent de la prolonger et recommencèrent les hostilités. Le grand-visir Kara-Mustapha ayant traversé la Hongrie, à la tête d'une armée de deux cent mille hommes, vint poser le siége devant Vienne, que Léopold avait laissée sous la défense du comte de *Starenberg*. Tout annonçait la perte de cette place et l'envahissement des États autrichiens, par les Ottomans, lorsque trois héros se dévouant pour le salut de la maison d'Autriche, délivrèrent la capitale et battirent les Turcs, sur lesquels ils firent un butin immense, le 12 septembre 1683. Ces trois libérateurs furent *Jean Sobieski*, roi

LÉOPOLD Ier, *dit* le Grand, *Empereur.* 163
de Pologne, allié de l'Empereur, Charles V, duc de Lorraine, et Louis-Guillaume, margrave de Bade. Les Infidèles s'étant retirés près de *Barcan*, y furent poursuivis et attaqués par *Sobieski*, qui eut le désavantage dans ce combat (7 octobre); mais deux jours après, le duc de Lorraine qui lui amenait des troupes de renfort, le mit à même de prendre sa revanche et de remporter sur eux une victoire signalée, dont la suite fut la prise de *Gran*. Ces avantages néanmoins ne firent point renoncer les Turcs à poursuivre la guerre; ils s'efforcèrent au contraire à lever des troupes, et à se présenter devant les Impériaux, qui prirent sur eux *Neuhausel*, *Wisgrade*, *Bude* et *Belgrade* dans les campagnes suivantes.

Une autre guerre avec la France vint encore occuper Léopold. La succession de l'électeur palatin, sur laquelle la duchesse d'*Orléans* avait des droits, en fut la cause apparente; mais la haine que Guillaume, prince d'*Orange*, stathouder des Pays-Bas, portait à Louis XIV, en fut le mobile secret, jusqu'au moment où la ligue d'Augsbourg fut conclue ostensiblement contre ce monarque, le 21 juin 1686, par le roi de Suède, les électeurs de Saxe, de Bavière et de Brandebourg, auxquels se joignirent bientôt les États de Hollande. Le Palatinat devint alors un des théâtres les plus sanglans des hostilités; elles furent poussées, par les Français, jusqu'à la barbarie dans cette malheureuse contrée, et ternirent les fastes militaires de Louis XIV, ainsi que l'histoire du ministère de *Louvois*. On brûla les maisons, on arracha les vignes, et des villes entières furent minées pour les faire sauter d'un seul coup ; ainsi l'on transforma une des plus belles contrées de l'Europe, en un désert affreux jonché de ruines et de cadavres. Tant de désastres ne cessèrent que par le traité de *Ryswick*, conclu en 1697. Deux ans après, l'Empereur fit également sa paix avec les Turcs, par le traité de *Carlowitz*, signé le 26 janvier 1699.

La mort du roi d'Espagne, Charles II, arrivée le 1er novembre 1700, troubla de nouveau la bonne intelligence qui régnait entre la maison d'Autriche et Louis XIV. Le testament du monarque espagnol, appelant à sa succession Philippe, duc d'Anjou, petit-fils du roi de France, à l'exclusion de la maison d'Autriche, dont celle d'Espagne descendait, parut injuste à Léopold I er, qui se trouvait le plus proche agnat de Charles II. L'Empereur crut alors devoir obtenir par la force des armes, ce que la justice lui avait refusé, et donna ordre, en 1700, au prince *Eugène* de Savoie, de pénétrer en Italie, pour attaquer le maréchal de *Villeroi*, qui y commandait les Français. Ceux-ci furent effectivement battus les 9 juillet et 1er septembre, aux combats de *Carpi* et de *Chiari*. La guerre qui se fit en Allemagne, en Espagne, en Italie et dans les Pays-Bas, donna lieu à des événemens célèbres, parmi lesquels on distingue la prise de *Crémone*, par le prince Eugène, sur le maréchal de Villeroi, qui y fut fait prisonnier, les batailles de *Santa-Vittoria*, de *Luzzera* et de *Fridlingen*, gagnées sur les Impériaux, par le duc de *Ven-*

LÉOPOLD I*er*, *dit* le Grand, *Empereur.* 165
dôme et le marquis de *Villars;* la bataille d'*Hochstett*, gagnée en 1704, par milord *Malborough* et le prince *Eugène*, sur les Français et les Bavarois leurs alliés, commandés par l'électeur de Bavière et les maréchaux de *Marsin* et de *Tallard.* L'archiduc Charles, deuxième fils de Léopold, avait gagné le territoire espagnol à la tête d'une armée assez considérable, et s'était fait proclamer roi en 1703, avec l'appui des Anglais, qui étaient devenus les alliés de son père. Ceux-ci commandés par le prince de *Hesse-Darmstadt* et l'amiral *Rook*, s'emparèrent de *Gibraltar*, qui n'avait pour toute garnison qu'une centaine d'hommes. Depuis cette époque, cette forteresse est restée au pouvoir des Anglais, qui en firent une des places les plus importantes de l'Europe.

L'Empereur, au milieu de cet embrâsement général, mourut à Vienne le 6 mai 1705; il avait épousé, 1° le 12 décembre 1666, *Marguerite-Thérèse d'Autriche-Espagne,* fille de Philippe IV, roi d'Espagne, morte le 12 mars 1673. *Voyez* son article, page 103; 2°, le 15 octobre 1673, *Claude-Félicité d'Autriche*, fille et héritière de Ferdinand-Charles, archiduc d'Autriche, chef de la branche de *Tyrol.* C'était une princesse d'une rare beauté et d'un caractère plein de fierté; elle fit renvoyer du ministère, le prince de *Lobkowitz,* qui s'était opposé à son mariage et qui avait recommandé la princesse palatine de Neubourg. Aux grâces de l'esprit et aux charmes de la beauté, Claude-Félicité joignait encore les agrémens d'être excellente musicienne. Sa passion pour la chasse épuisa sa santé et la conduisit au tombeau le 8 avril 1676. *Voyez* page 130. 3° Le 14 décembre 1676, *Éléonore-Madeleine*, fille de Philippe-Guillaume de *Bavière*, comte palatin de *Neubourg*. Cette princesse fut d'une piété exemplaire, et possédait à fond les langues allemande, latine, française et italienne ; elle traduisit plusieurs ouvrages de dévotion, parmi lesquels on distingue celui intitulé : *Réflexions pieuses pour tous les jours du mois*, imprimé à Cologne. Elle fut régente des États d'Autriche, à la mort de Joseph Ier, et les gouverna jusqu'à l'arrivée de Charles VI, qui était en Espagne. Elle mourut le 19 janvier 1720, après avoir vécu dans la mortification la plus austère, quoiqu'assise sur le premier trône de l'Europe.

Enfans du premier lit :

1° *Ferdinand-Wenceslas*, né le 28 septembre 1667, mort le 13 janvier 1668, et inhumé à Vienne dans l'église des Capucins.

2° *Jean*, né le 20 février 1670, mort quelque tems après sa naissance.

Droits de la maison de Bavière sur l'Espagne.

3° *Marie-Antoinette*, née le 18 janvier 1669, mariée le 15 juillet 1689, à Maximilien-Emmanuel, duc et électeur de Bavière, de qui elle eut *Joseph-Ferdinand*, déclaré héritier de la *monarchie*

LÉOPOLD I*er*, *dit* le Grand, *Emp. (ses enfans).* 167
espagnole, en 1698, par le roi Charles II, qui n'avait aucun héritier mâle, et qui crut devoir appeler à sa succession le jeune prince électoral de Bavière, qui, étant né d'une fille de sa sœur, semblait y avoir des droits ; mais ce jeune prince étant mort à l'âge de sept ans, Philippe d'Anjou, petit-fils de Louis XIV, fut déclaré héritier du royaume d'Espagne, sous le nom de Philippe V. Marie-Antoinette mourut le 24 décembre 1694.

4° *Marie-Anne*, née et morte en février 1672.

Enfans du deuxième lit :

1° *Anne-Marie*, née le 9 septembre 1674, morte le 22 décembre suivant.

2° *Marie-Joseph*, née le 11 octobre 1675, morte le 11 juillet suivant.

Enfans du troisième lit :

1° *Joseph I*er, empereur : son article vient page 169.

2° *Léopold-Joseph*, né le 2 juin 1682, mort le 3 août 1684 (1).

3° *Charles VI*, empereur; il succède à son frère Joseph I*er* : son article vient page 175.

4° *Marie-Élisabeth*, née à Lintz, le 13 décembre 1680, fut gouvernante des Pays-Bas, depuis le 27 janvier 1725 jus-

---

(1) C'est par erreur que Pfeffel dit 1648.

qu'à l'époque de sa mort, arrivée le 26 août 1741. L'histoire fait le plus bel éloge de ses connaissances dans les sciences et la littérature ; elle connaissait parfaitement l'allemand, le latin, le français et l'italien.

Maison de Brésil.

5° *Marie-Anne*, née à Lintz le 7 septembre 1683, épouse, le 9 juillet 1708, *Jean V*, roi de Portugal, mort en 1750. De ce mariage, vint *Joseph Ier*, roi de Portugal, aïeul du prince de *Brésil* de nos jours. Marie-Anne fonda les Carmélites de *Bélem*, où elle fut inhumée le 14 août 1754.

6° *Marie-Thérèse*, née à Vienne le 22 août 1684, morte en 1696.

7°. *Marie-Josephe*, née à Vienne le 6 mars 1687, morte le 14 avril 1703.

8° *Marie - Madeleine-Josephe*, née à Vienne le 26 mars 1689, directrice de l'ordre des Dames de la Croix-Étoilée, morte le 1er mai 1743, âgée de 54 ans. (1)

9° *Marie-Marguerite*, née le 22 juillet 1690, morte le 22 avril suivant.

---

(1) Pfeffel est donc dans l'erreur, en disant que cette princesse est morte jeune.

JOSEPH Ier.

Joseph Ier, fils de l'empereur Léopold Ier et d'Eléonore-Madeleine de *Bavière*, princesse palatine de *Neubourg*, naquit à Vienne le 26 juillet 1678. Il fut couronné roi de Hongrie le 9 décembre 1687, élu roi des Romains à Augsbourg le 24 janvier 1690 ; il succéda à Léopold Ier, son père, à l'empire et au royaume de Bohême le 6 mai 1705.

Dans la guerre qui s'était déclarée en 1701, entre son père et la France, à l'occasion de la *succession d'Espagne*, ce prince avait donné des preuves de son génie militaire et de son courage aux deux siéges de *Landau*, qu'il emporta le 11 septembre 1702 (1), et le 23 novembre 1704. Ce fut à ce dernier siége, qu'en parlant des Français, il s'écria au prince Louis de Bade qui commandait l'armée impériale, qu'*il y avait de la gloire à vaincre de pareils ennemis*. La place avait été défendue par M. de *Laubanie*, dont la valeur avait égalé celle de M. de Mélac.

Joseph, à son avènement à l'empire, continua cette guerre, dont les résultats furent le gain des batailles de *Cassano*, de *Calcinato*, de *Castiglione*, d'*Almanza* et de *Villa-Viciosa*, par les Français ; mais les succès de

---

(1) Cette place était défendue par M. de Mélac, qui ne se rendit qu'après une résistance qui lui fit le plus grand honneur.

ces derniers furent éclipsés par la perte qu'ils firent contre les Impériaux, les Anglais et les Hollandais, des batailles de *Ramillies*, de *Turin*, d'*Oudenarde*, de *Saragosse* et de *Malplaquet*. Les noms des généraux célèbres qui s'illustrèrent dans ces glorieuses campagnes, sont, du côté de l'Empereur et de ses alliés: le prince *Eugène* de *Savoie*, le prince *Louis* de *Bade*, milord *Malborough*, le duc *de Wurtemberg*, milord *Galloway*, les comtes de *Merci*, *de Stharemberg* et de *Daun*; et du côté de la France et de l'Espagne: le duc d'*Orléans*, le duc *de Bourgogne*, le duc de *Vendôme*, le duc de *Noailles*, le maréchal de *Villars*, le baron de *Pointis*, les maréchaux de *Barwick*, de *Marsin*, de la *Feuillade*, de *Tessé*, de *Villeroi*, de *Vauban*, de *Boufflers*, d'*Harcourt*, de *Montesquiou*, le comte de *Médavi-Grancey* et l'amiral *Duguay-Trouin*.

Le prince François-Léopold *Racoczi* s'étant échappé de la prison de *Neustadt*, où le défunt Empereur l'avait fait resserrer, va former un nouveau parti en Hongrie, et fait déposer, en 1707, à Onodi, dans une diète qui lui est dévouée, l'empereur Joseph Ier en sa qualité de *roi* de *Hongrie*. Joseph envoie contre les rebelles le feld-maréchal *Heister*, qui, après diverses campagnes, les dissipe, et rétablit la tranquillité dans ce royaume. Le prince Racoczi, forcé d'abandonner ses projets, quitte la Hongrie pour se retirer en France, où il fut connu sous le nom de *Ragostki*; il reçut de cette puissance, dont il avait été l'allié, une pension annuelle de *cent mille francs*, pour subvenir à ses besoins ; il passa ensuite en Espagne et en Turquie, où il mourut en 1735.

Le règne de Joseph Ier est sans contredit un des plus beaux de l'histoire de la maison d'Autriche ; ce prince sut, par la grandeur de son génie et la force de son caractère, prendre un ascendant si considérable dans les affaires de l'Empire, que les électeurs eurent quelques craintes pour leurs propres priviléges et libertés. Ils furent obligés à consentir à la proscription des électeurs de Cologne et de Bavière qui avaient pris parti pour la France ; et les contributions que Joseph imposa sur la majeure partie de ce dernier électorat, servirent à l'indemniser des frais de la guerre, et à récompenser les services de *Malborough* qui fut élevé à la dignité de prince de l'Empire, et investi de la principauté de *Mindelheim*, qu'on avait démembrée de ce duché.

L'Empereur, au comble de la gloire, et dans l'instant même où il voit la France forcée de lui demander la paix, est enlevé par la petite-vérole le 17 avril 1711.

Ce monarque avait épousé, le 15 janvier 1699, *Wilhelmine-Amélie* de *Brunswick*, fille de Jean-Frédéric, duc de *Hanovre*, née le 26 avril 1673. Cette princesse, à la mort de son père, avait été conduite par sa mère, Bénédite-Henriette, princesse *palatine* de la branche de *Simmeren*, à la cour de France, près de Anne-Henriette, princesse de *Condé*, sa tante. Quelque tems après elle passa à la cour de Modène, où elle reçut la demande de sa main pour l'empereur Joseph Ier, alors roi des Romains. Elle fonda, près de Vienne, un couvent de religieuses, où elle fit sa résidence pendant de longues années. Elle mourut à Closter-Neubourg le 10 avril 1742. De ce mariage, vinrent:

1º *Léopold-Joseph*, né le 28 octobre 1700, mort le 4 août 1701.

1er *Archiduchesses Joséphine.* 2me *Maison de Saxe; ses droits à la succession d'Autriche.*

2º *Marie-Josephe*, née le 8 décembre 1699. Cette princesse épousa, le 20 août 1719, Frédéric-Auguste, prince électoral de *Saxe*, depuis électeur de Saxe, et roi de *Pologne* sous le nom de Frédéric-Auguste II. Par le pacte de famille conclu sous le règne de Léopold Ier, et confirmé par ses deux fils, Joseph et Charles, la monarchie autrichienne devait, en cas d'extinction de la ligne masculine, passer aux archiduchesses *Marie-Josephe* et *Marie-Amélie*, en leur qualité de filles de l'aîné; mais Charles VI une fois monté sur le trône, à la mort de son frère, méconnut ce traité, et préféra, pour son héritière universelle, *Marie-Thérèse*, sa propre fille. Il força donc ses nièces, en les mariant, à renoncer solennellement à la succession des États autrichiens. Cependant, à la mort de ce prince, l'électeur de Saxe voulut faire

JOSEPH Ier, *Empereur (ses enfans)*. 173
valoir les droits qu'il tenait du chef de
sa femme, et fut un des prétendans à la
succession de Charles VI ; mais il renonça dans la suite à ses prétentions, par
les traités faits en 1743 et 1745, avec
Marie-Thérèse, reine de Hongrie, fille
de ce dernier. Le roi de Prusse mécontent
de ces traités, déclara la guerre à l'électeur de Saxe, et fit aussitôt envahir ses
États ; mais la bonne harmonie se rétablit
entre eux par un traité passé le 25 décembre de la même année 1745.

Onze ans après cette paix, et sans aucun
motif pour la rompre, le roi de Prusse dirige une armée de soixante mille hommes
sur la Saxe, et entre spontanément à
Dresde à la tête de ces troupes le 10 septembre 1756. L'électeur n'avait eu que
le tems de se sauver à *Pyrna* où dix-sept
mille Saxons s'étaient réunis ; mais son
épouse n'ayant pu le suivre, vit entrer
dans son palais le roi de Prusse qui exigea
d'elle les clefs des archives de la maison
de Saxe. Sur son refus, le monarque
prussien fait enfoncer les portes, et est
tout surpris, après avoir fait vérifier tous
les papiers, de ne trouver aucune trace
de l'alliance offensive qu'il supposait conclue entre la *Saxe*, la *Russie* et l'*Autriche*,
contre lui. Plusieurs historiens affirment
que le chagrin de cette invasion, et l'agitation que causèrent à *Marie-Josephe* les
mauvais traitemens qu'elle éprouva du
roi de Prusse, la précipitèrent au tom-

beau le 17 novembre 1757. De ce mariage, vinrent, entre autres enfans, 1° *Frédéric-Christian*, électeur de Saxe, père de Frédéric-Auguste, roi de Saxe de nos jours; 2° Albert-Cazimir, duc de *Saxe-Teschen*, lieutenant-gouverneur-général du royaume de Hongrie, prince aussi respectable par ses vertus civiles que par son génie militaire et ses connaissances profondes dans les lettres et les sciences; il en sera parlé à l'article de l'empereur François Ier, dont il a épousé la fille, *Marie-Christine*, morte en 1798. *Voyez* cet article.

Maison de Bavière; ses droits à la succession d'Autriche.

3°. *Marie-Amélie*, née le 22 octobre 1701, épousa, le 5 octobre 1722, *Charles-Albert*, duc et électeur de *Bavière*. A la mort de l'empereur Charles VI, le dernier mâle de la maison d'Habsbourg-Autriche, arrivée l'an 1740, Charles-Albert se mit en devoir de faire valoir ses droits à cette succession, d'abord du chef d'*Anne d'Autriche*, fille de l'empereur Ferdinand Ier, laquelle avait porté par son mariage avec Albert III, dit le Magnanime, duc de Bavière, la reversibilité des Etats d'Autriche à la maison de Bavière, dans le cas où la descendance masculine des princes autrichiens viendrait à manquer, *voy*. pages 112 et 115, et du chef

CHARLES VI, *Empereur.* 175

de sa propre femme, *Marie-Amélie*, dont je parle, qui était fille de Joseph Ier, aîné de Charles VI. La France soutint contre *Marie-Thérèse*, fille de ce dernier, les droits de Charles-Albert, qui se fit couronner *roi de Bohême* en 1741, et *empereur d'Allemagne* en 1742; mais le génie de *Marie-Thérèse* sut la faire triompher de la France et de l'électeur de Bavière qui mourut de chagrin de se voir chassé de sa capitale et privé de ses propres États héréditaires, pour avoir voulu s'emparer d'une couronne étrangère. *Marie-Amélie* aida son époux à supporter le poids de ses infortunes, et fut la première, après sa mort, à engager Maximilien-Joseph, son fils, à faire sa paix avec *Marie-Thérèse*, par le traité de *Fuessen*, signé le 18 avril 1745. L'électrice Marie-Amélie mourut le 11 décembre 1756.

CHARLES VI.

Charles VI, deuxième fils de l'empereur Léopold Ier, et d'Eléonore - Madeleine de *Neubourg*, naquit à Vienne le 1er octobre 1685. Il fut déclaré *roi d'Espagne* par l'Empereur son père, le 12 septembre 1703, à la mort de Charles II, le dernier mâle de la branche d'Autriche régnante en Espagne. Il partit aussitôt pour prendre possession de ce royaume, qui lui était disputé par Philippe, duc d'Anjou, petit-fils de Louis XIV; il arriva le 9 mars

1704 devant Lisbonne, et s'empara de Barcelonne le 9 octobre suivant. Philippe V (le duc d'Anjou) vint l'y assiéger le 11 mai 1706 ; mais une éclipse de soleil qui jeta la terreur dans son armée, et la retraite du comte de Toulouse qui bloquait le port, et qui craignit les Anglais, auxquels il était cependant supérieur en nombre, firent échouer son projet. Charles, débarrassé de son ennemi, s'avance vers l'Estramadure avec ses généraux, milord *Péterborough* et lord *Galloway*, commandant les Anglais ses alliés, et le marquis de Las-Minas, commandant les Espagnols ; il pénètre jusqu'à *Madrid*, où il se fait proclamer roi ; mais la supériorité des armes de Philippe V l'obligea bientôt à abandonner cette capitale, et à se retirer dans l'Aragon.

Le maréchal de *Berwick*, anglais d'origine, mais entré au service de France, et commandant l'armée de Philippe V en Espagne, gagne, le 25 avril 1707, la bataille d'*Almansa* sur milord *Galloway*, français d'origine (1), commandant l'armée anglaise et impériale. Cette défection à laquelle il faut ajouter encore la perte de la bataille de *Villaviciosa*, affaiblît beaucoup les affaires de Charles en Espagne, et donna le dessus à Philippe V, son compétiteur. La guerre se prolongea néanmoins dans ce royaume jusqu'à la mort de l'empereur Joseph Ier, arrivée le 17 avril 1711. Ce prince ne laissa point d'héritier mâle; son frère Charles

---

(1) C'était le marquis de Ruvigny.

CHARLES VI, *Empereur.* 177

quitta le royaume d'Espagne pour venir prendre possession des vastes états de la maison d'Autriche, dont il était l'unique rejeton. Il fut élu empereur d'Allemagne à Francfort, le 12 octobre 1711, et couronné roi de Bohême et de Hongrie en 1712.

L'avènement de Charles à l'empire, laissa Philippe V paisible possesseur de l'Espagne; les hostilités continuèrent cependant encore quelque tems entre l'Empereur, ses alliés, et la France; mais le traité d'*Utrecht*, conclu le 11 avril 1713, et celui de Rastadt, conclu le 6 mars 1714, terminèrent entièrement cette guerre qui fut très-glorieuse pour les armées impériales. Le 15 novembre 1715, l'empereur régla également, par un traité spécial avec les Hollandais (il est connu sous le nom de traité *des Barrières*), tous les différens qu'il avait eus avec cette république.

La maison d'Autriche était alors très-puissante; elle possédait, outre la dignité impériale d'Allemagne, les royaumes de Hongrie et de Bohême, tous les États héréditaires d'Autriche, les Pays-Bas espagnols acquis par le traité de Rastadt, ainsi que les royaumes de Naples et de Sardaigne, le duché de Milan et les côtes maritimes de la Toscane.

Le sultan Achmet III ayant déclaré la guerre aux Vénitiens, en 1715, l'Empereur se vit dans la nécessité d'empêcher que les Ottomans ne pénétrassent dans cette belle contrée de l'Italie; il mit sur pied des armées considérables, dont il donna le commandement au célèbre prince *Eugène* qui battit les Turcs entre

Tome II. 12

Peter-Waradiuet Salenkemen, le 5 août 1716; il emporta, le 13 octobre suivant, *Temeswar*, la seule place forte qui leur restait en Hongrie, et termina cette belle expédition par la fameuse bataille de *Belgrade*, qu'il gagna le 16 août 1717. Les Ottomans furent dès-lors forcés à faire la paix, et le traité en fut signé le 21 juillet 1718, à *Passarowitz*. La maison d'Autriche y gagna le Bannat de *Temeswar*, *Belgrade* et la *Servie*.

Le cardinal *Albéroni* qui était parvenu au ministère d'Espagne, prétendit faire rentrer sous la dépendance de ce royaume les états d'Italie qui avaient été cédés à l'empereur ; il profita du moment où ce monarque était occupé avec les Turcs, pour envoyer le marquis *de Leyde* avec une flotte assez considérable, s'emparer de la Sicile et de la Sardaigne. Le comte *de Mercy*, à la tête de l'armée impériale en Sicile, remporta sur les Espagnols divers avantages qui ruinèrent leurs affaires dans ce pays. La disgrace d'Albéroni et son éloignement du ministère, laissèrent à Philippe V son penchant naturel pour la paix ; il fit évacuer la Sicile, et accéda, le 26 janvier 1720, après avoir fait son traité avec Charles VI, à la *quadruple alliance* formée entre l'empereur, le roi de France, l'Angleterre et la Hollande, pour maintenir l'exécution des traités d'*Utrecht* et de *Bade*, et accommoder les affaires d'Italie. Ce fut en vertu de ce traité que l'empereur fut mis en possession de la *Sicile*, en échange de la *Sardaigne* qu'il céda au duc de Savoie. La maison de Bourbon-

CHARLES VI, *Empereur.* 179

Espagne reçut, dans la personne de *Dom Carlos*, fils de Philippe V, l'investiture éventuelle des fiefs de Toscane, Parme et Plaisance, dans le cas où la race masculine des souverains de ces Etats viendrait à manquer.

La mort de Frédéric-Auguste I*er*, roi de Pologne, arrivée en 1733, laissant ce trône vacant, l'empereur et la Russie soutinrent l'élection de Frédéric-Auguste II, électeur de Saxe, fils du monarque défunt, qui avait pour concurrent le roi Stanislas *Leczinski*, beau-père de Louis XV, roi de France. Frédéric-Auguste soutenu par un corps de trente mille Russes, fait prévaloir son élection, et force son rival à quitter la Pologne. Louis XV outragé dans l'affront que reçoit son beau-père, fait la guerre à Charles VI. Les hostilités commencent en Allemagne et en Italie. Les Espagnols alliés de la France, s'emparent des royaumes de Naples et de Sicile, et Dom Carlos s'y fait proclamer roi. L'empereur est contraint de faire la paix; les préliminaires conçus en sept articles, sont signés à Vienne le 30 octobre 1735. Par ce traité, le roi Stanislas abdiqua la couronne de Pologne en faveur de l'électeur de Saxe; il reçoit en échange les duchés de Lorraine et de Bar, qui sont reversibles à la France après sa mort; le grand-duché de Toscane est cédé à la maison de Lorraine en indemnité de ses Etats héréditaires; Dom Carlos est maintenu sur les trônes de Naples et de Sicile; le duc de Savoie, roi de Sardaigne, reçoit des agrandissemens en Italie, et le roi de France s'engage à garantir la *pragmatique-sanction* de l'empereur pour ses États héréditaires.

Cette pragmatique-sanction avait été l'objet de toutes les sollicitudes de Charles VI. Ce prince craignant de mourir sans enfant mâle, avait voulu établir et fixer, par un acte solennel, les droits à la succession des États de la maison d'Autriche, en faveur de ses filles. Cet acte appelait, au défaut d'enfans mâles, l'archiduchesse *Marie-Thérèse*, sa fille aînée, et ses descendans ; ensuite ses autres filles et leurs descendans, selon le droit d'aînesse ; puis les archiduchesses Joséphines, ses nièces, filles de l'empereur Joseph Ier, son frère, et leurs descendans. J'ai parlé de ces princesses page 172 et suiv., et enfin au défaut de toutes les princesses que je viens de citer, les archiduchesses ses sœurs, filles de l'empereur Léopold Ier, dans l'ordre de primogéniture et de succession linéale. Ce règlement fut adopté par les États provinciaux de l'Autriche, le 19 avril 1719, puis par ceux de Silésie, le 25 octobre suivant ; les Pays-Bas autrichiens s'y soumirent le 7 avril 1723. L'Angleterre et la Hollande en promirent la garantie le 16 mars 1731 ; l'Espagne, le 22 juillet suivant ; l'électeur de Saxe, en 1733, et enfin la France, en 1735. Mais on sait qu'à la mort de Charles VI, toutes ces promesses dictées par une politique astucieuse et mensongère, s'évanouirent, et que la plupart des parties contractantes rompirent leur serment pour courir aux armes, afin d'obtenir une portion de cette vaste succession, que Marie-Thérèse, cependant, sut, par son courage et la force de son génie, conserver presque intacte, en la faisant passer, avec la couronne impériale, sur la tête de François de Lorraine, grand-duc de Toscane, son auguste époux.

En 1737, l'Empereur, en sa qualité d'allié de la Russie, se trouva engagé avec les Turcs dans une guerre qui dura deux années, et dont l'issue ne fut que malheureuse, puisque, pour la terminer, il fallut consentir, en 1739, un traité qui cédait aux Ottomans les villes et forteresses d'*Orsowa*, de *Belgrade*, de *Sabach* (ces deux dernières, à la vérité, devaient être démolies), la *Valachie* et la *Servie*. Les rives du Danube et du Saü y furent désignées comme formant les frontières de la Hongrie et celles des Etats du Grand-Seigneur.

L'Empereur allait s'occuper de faire élire *roi des Romains* le grand-duc de Toscane, son gendre, lorsque la mort vint surprendre ce monarque le 20 octobre 1740 : en sa personne s'éteignit la descendance masculine de la maison *d'Habsbourg-Autriche* qui avait régné sur l'Allemagne au-delà de quatre cent soixante ans.

Charles VI avait épousé, le 1er août 1708, *Elisabeth-Christine de Brunswick*, fille de Louis-Rodolphe, duc de *Brunswick-Wolfenbuttel-Blanckenbourg*, née le 28 août 1691, morte à Vienne le 21 décembre 1750. De ce mariage, vinrent :

1° *Léopold-Jean-Joseph*, né le 13 avril 1716, mort le 4 novembre suivant (1).

---

(1) Oublié dans la Généalogie de M. Lesage.

La maison de Lorraine hérite de l'Autriche, et vient régner en Allemagne, en Hongrie et en Bohème.

2° *Marie-Thérèse*, princesse qui a fait l'honneur de son sexe et la gloire de son siècle. La plupart des puissances qui avaient garanti la pragmatique-sanction qui établissait Marie-Thérèse héritière des vastes Etats de son père, rompirent leurs engagemens à la mort de Charles VI, et firent la guerre à sa fille pour lui arracher une partie de sa succession. Mais la grandeur d'ame, la supériorité de génie de cette princesse, lui firent surmonter avec gloire tous les évènemèns ; elle porta l'empire, les royaumes de Hongrie et de Bohème, et l'archiduché d'Autriche à François-Etienne, duc de Lorraine, grand-duc de Toscane, son auguste époux, qu'elle fit couronner empereur à Francfort, sous le nom de François Ier, le 4 octobre 1745, après avoir soutenu une guerre de cinq années contre la Prusse, la France et la Bavière. François-Etienne, chef de la maison de Lorraine, était issu, comme Charles VI, de la maison d'*Alsace*, qui s'était divisée en deux branches, celle de *Sundgaw*, et celle de *Nordgaw*; de cette dernière, vinrent : 1° la maison impériale d'*Habsbourg-Autriche*, éteinte dans ses mâles en 1740 ; 2° la maison ducale de *Lorraine*, qui devint impériale d'Allemagne à l'extinction de la branche

CHARLES VI, *Empereur (ses enfans)*. 183
d'Habsbourg - Autriche ; 3° la branche d'*Egisheim* qui s'était éteinte dès 1089 (1). Ainsi la maison de Lorraine, en prenant possession des vastes Etats de la branche d'Habsbourg - Autriche, ne fit qu'entrer dans un héritage qui lui était dû par tous les droits de la nature et de la politique. *Voyez*, pour la suite de cet article, celui de l'empereur François Ier, dans la généalogie historique de la maison de Lorraine.

3° *Marie-Anne-Éléonore*, née le 14 septembre 1718, mariée le 7 janvier 1744 au prince Charles-Alexandre de *Lorraine*, frère de l'empereur François Ier ; l'archiduchesse Marie-Anne et son époux, furent nommés conjointement gouverneurs des *Pays-Bas* ; mais cette princesse ne jouit pas long-tems de cette dignité, étant descendue dans la tombe le 16 décembre 1744. Son époux fut un des généraux les plus célèbres de son siècle. Il mourut le 4 juillet 1780.

4° *Marie-Amélie-Caroline*, née le 5 avril 1724, morte le 10 avril 1730 (2).

Fin des généalogies historiques de la branche d'Habsbourg-Autriche, *issue de la maison* d'ALSACE.

---

(1) *Voyez* la première Table généalogique de la maison d'Autriche.
(2) Encore oubliée dans la Généalogie de M. Lesage.

TABLE DES MATIERES

CONTENUES

DANS LA PREMIERE PARTIE DU SECOND VOLUME.

A.

Aeneas Sylvius Piccolomini, 6, 11.
Agnadel (bataille d'), 42.
Alviane, 40.
Anne de Bretagne, 23.
Archiduc d'Autriche (prérogatives de l'), 9.
Auto-da-fé, 107.

B.

Battré (Claude de), 31.
Bavière (maison de), 103, 115, 174.
Bayard (le chevalier), 35, 42, 45, 49.
Blasphèmes, 30.
Bohême, 52, 109.
Brescia (bataille de), 46.
Brésil (maison de), 168.

C.

Cambrai (ligue de), 41, 43.
Carlos (Dom), fils de Philippe II, roi d'Espagne, 84.
Carlos (Dom), fils de Philippe V, roi d'Espagne, 179.
Chambre impériale, 30.
Chambre westphalique, 32.
Charles-Quint, empereur, 36, 44, 49, 69, 74 et suiv.
Charles VI, empereur, 167, 175.
Charles VIII, roi de France, 23, 29, 32.
Charles II, roi d'Espagne, 105 et suiv., 164.
Charles Ier, chef de la seconde branche de Stirie, 114.
Charles-le-Téméraire, duc de Bourgogne, 13, 15.
Comtes de l'Empire, 47.
Concordat germanique, 6.
Confession d'Augsbourg, 76.
Corwin, 5, 10.

D.

Devise de Frédéric IV, empereur, 27.

E.

Eperons (journée des), 48.
Espagne, 33, 61, 108.
Espagne (branche de la maison d'Autriche régnante en), 79 et suiv.

F.

Faisans (isle des), 98.
Ferdinand Ier, empereur, 69, 109 et suiv.
Ferdinand II, *idem*, 120, 146 et suiv.
Ferdinand III, *id.*, 150, 152.
Ferdinand le Catholique, roi d'Aragon, 33, 41, 44, 63, 68.
Ferdinand Ier, chef de la seconde branche de Tyrol, 114.
Ferdinand-Charles, *idem*, 125, 128.
France (maison de), 93, 101.
François Ier, empereur, de la maison de Lorraine, grand-duc de Toscane, 181, 182.
François Ier, roi de France, 49, 74 et suiv.
Frédéric IV, empereur, 1, 27.

G.

Gaston de Foix, 46.
Gelnhausen, 37.
Gonsalve de Cordoue, 33, 37, 63, 97.

Granvelle (le cardinal de) 93.
Guinégate (batailles de), 17, 48.

H.

Hambourg, 43.
Henri VIII, 48, 74 et suiv.
Honaw (comte d'), 43.
Hongrie, 52, 109.

I.

Imprimerie (invention de l'), 59.
Isabelle, reine de Castille, 33, 39, 62 et suiv.
Isabelle-Claire-Ugénie, 86, 134.

J.

Jean Huniade Corwin, 5.
Jeanne-la-Folle, 33, 65, 69.
Joseph Ier, empereur, 167, 169 et suiv.
Juan (Dom), fils naturel de Charles-Quint, 101 et suiv.
Juan (Dom), fils naturel de Philippe IV, 103.
Jules II, pape, 41, 43, 44.

L.

Ladislas-le-Posthume, 3, 6, 10.
Latour et Taxis (maison de), 59.
Léon X, 49.

Léopold Ier, empereur, 157, 159 et suiv.
Léopold Ier, chef de la troisième branche de Tyrol, 122.
Ligue de la sainte union, 43.
Loches, 35.
Louis XI, roi de France, 13 et suiv.
Louis XII, roi de France, 33, 39, 41, 47.
Louis XIII, roi de France, 94 et suiv.
Louis XIV, roi de France, 96 et suiv., 101, 106, 107.
Ludovic Sforce, 28, 30, 35.
Luther, 52.

M.

Marguerite d'Autriche, gouvernante des Pays-Bas, 24, 40, 56, 71.
Marie-Thérèse, fille de l'empereur Charles VI, 180, 182 et suiv.
Marie de Bourgogne, 13 et suiv., 19.
Marignan (bataille de), 50.
Mathias Ier, empereur, 130, 141 et suiv.
Mathias Corwin, 10, 12, 18, 22.
Maximilien Ier, empereur, 13, 20, 22, 25, 27, 28.
Maximilien II, empereur, 113, 124 et suiv.
Montécuculli, 162.

N.

Novare, 35, 47.

O.

Orléans (maison d'), 93.

P.

Pavie (bataille de), 75.
Philippe Ier, dit le Beau, 33, 61.
Philippe II, roi d'Espagne, 79.
Philippe III, roi d'Espagne, 90.
Philippe IV, roi d'Espagne, 92, 96.
Philippe V, roi d'Espagne, petit-fils de Louis XIV, 106, 108, 175.
Piombino (principauté de), 9.
Podiebrad (Georges), 10.
Pragmatique sanction, 180.

R.

Radziwill (prince de), 98.
Ragotzki, 170.
Ravennes (bataille de), 46.
Rensée, 4.
Rodolphe II, empereur, 128, 138 et suiv.

S.

Sanction (pragmatique), 180.
Saint-Georges (ordre de), 12.

Sardaigne (maison de), 88.
Saxe (maison de), 172.
Scanderberg, 5.
Sforce, 28, 29, 46.
Sigismond-François, chef de la troisième branche de Tyrol, 125, 132.
Styrie (2e branche de), 114 et suiv.
Suisses, 33 et suiv., 43, 46, 49.

T.

Thérouenne, 17, 21, 49.
Tour et Taxis (princes de la), 59.

Trivulce, 35, 40.
Tyrol (seconde branche de), 114 et suiv.
Tyrol (troisième branche de), 122 et suiv.

V.

Valteline, 91.
Venise, 32, 41, 43, 47, 51.

W.

Warne (bataille de), 5.
Worms (diète de), 30.

FIN DE LA TABLE DE LA PREMIÈRE PARTIE DU TOME II.

HISTOIRE
GÉNÉALOGIQUE
DES
MAISONS SOUVERAINES
DE L'EUROPE.

IIe PARTIE DU TOME II.

MAISON DUCALE DE LORRAINE,

QUI DEVIENT

IMPÉRIALE D'ALLEMAGNE ET D'AUTRICHE.

Branches de Lorraine.
- de Vaudémont (première).
- de Flandres.
- de Boulogne.
- de Floranges.
- de Toul.
- de Vaudémont (deuxième)
- du Châtelet.
- de Mercœur.
- de Chaligny-Mouy.
- de Commercy.
- de Brisgaw.
- de Wurzbourg.

ERRATA.

Tome II, pages 48. — Chalons, *lisez* Chalon.
127. — son article vient page 129, *lisez* 130.
135 — Courtras, *lisez* Coutras.

MAISON DUCALE
DE LORRAINE

DEVENUE IMPÉRIALE
D'ALLEMAGNE ET D'AUTRICHE.

---

1. ADELBERT ou ALBERT Ier.

Adelbert ou Albert Ier était fils d'Eberhard IV, comte de Nordgaw, et frère de Hugues II, aussi comte de Nordgaw, et de Gérard, comte de Metz, favori de l'empereur Henri II. Voyez page 67 du tome I, et les Tables généalogiques, n° 1 et 3.

Ce prince avait obtenu de la succession de son père beaucoup de terres situées dans l'Alsace, la Lorraine allemande, et le pays de Trèves. Héritier de la religion et de la piété de ses ancêtres, il forma le dessein de fonder l'abbaye de *Bouzonville*, si célèbre dans les annales de Lorraine : laissant donc à la comtesse Judith, son épouse, sœur de Sigefroi, premier comte de *Luxembourg*, le soin de construire l'église et le monastère, il se mit en route pour la Palestine, d'où il ambitionnait de rapporter un morceau de la vraie croix pour décorer le nouveau temple qu'il élevait à la gloire de Dieu : c'était vers l an 1029. *Ipse perrexit Jerosolymam propter sancti sepulchri amorem ; uxor sua Juditha interim domi residens, monasterium Buosonis villæ construxit,* etc. Etant heureusement arrivé à Jérusalem, il communiqua son dessein au patriarche, qui lui fit présent d'un morceau considérable de la vraie croix. Albert, dont les vœux étaient comblés par ce précieux dépôt, retourna dans ses états vers l'an 1033; il eut la satisfaction d'y trouver l'église et le monastère achevés, par les soins de la comtesse Judith; et il ne s'occupa plus que d'en faire faire la dédicace. Ce fut Thierri, évêque de Metz, son neveu, qu'il pria de remplir cette sainte commission : le prélat fit cette consécration le dernier février de l'an 1034, sous l'invocation de la sainte Vierge, de S. Pierre, et des autres saints dont on y conservait les reliques. Adelbert la dota de *cent sols toulois de dix-huit deniers,* somme alors fort considérable. Depuis ce tems cette abbaye porta communément le nom de *Sainte-Croix*, à cause du morceau de la vraie croix qu'Adelbert y avait déposé.

Pendant le voyage de ce prince en Palestine, le bruit de sa mort s'était répandu en occident ; la comtesse Judith, son épouse, pénétrée de douleur, fit, par un sentiment d'amour conjugal et de piété, donation à l'abbaye de Saint-Mathias de Trèves, du village de *Mamensdorf* avec toutes ses dépendances, à condition qu'on célébrerait tous les ans l'anniversaire du comte et de tous ses parens dans l'église de ce monastère. Les lettres patentes qu'elle en fit expédier sont de l'an 1030, sous l'empire de Conrad-le-Salique, neveu d'Adelbert. *Nos igitur Jutta marchionissa Lotharingiæ, etc., etc. regnante gloriosissimo imperatore Conrado consanguineo nostro.* La princesse est représentée dans son sceau avec un grand manteau ouvert, orné d'hermine ; elle tient en sa main droite un sceptre, elle a la gauche appuyée sur son estomac. Autour du sceau on lit ces mots: *S.* (signum) *Jutte marchionisse Lotharingię.* Adelbert, lors de son retour, confirma cette donation dans le synode de l'église de Trèves, en présence de Popon, archevêque de cette ville, de Thierri II, évêque de Metz, de Bertholf, abbé de Saint-Mathias, et de plusieurs autres prélats, clercs et laïques. Les lettres patentes qui en furent délivrées portent la date du 10 juin 1037. *Adelbertus dux et marchio Lotharingiæ, et Juditha uxor mea ducissa et marchionissa.*

On voit par cette charte que dès cette époque Adelbert était qualifié de *duc de Lorraine*, ce qui se trouve encore confirmé par une autre charte d'Adalbéron, grand-prévôt de Saint-Paulin de Trèves, dans laquelle ce prélat donne plusieurs terres à l'église de Saint-Mathias, et où il est dit: *Facta est autem donatio solemniter anno Domini M. XXXVII, regnante serenissimo imperatore Conrado nepote nostro, etc., in cujus rei testimonium et perpetuam firmitatem, præsens scriptum sigillo nostro, necnon Adalberti avunculi nostri marchionis et* ducis *Lotharingiæ, et Judithæ nostræ amitæ uxoris suæ, sigillis muniri fecimus.* Le duc Adelbert est représenté dans ses sceaux à cheval, armé de toutes pièces, l'épée haute, le bouclier sur la poitrine, sur lequel est représentée une aigle éployée ; elle est de même représentée sur la housse, sur le poitrail et sur le cou du cheval. Autour du sceau on lit ces mots : *S.* (signum) *Alberti marchionis et* ducis *Lothor.* Le contre-scel est aussi une aigle éployée avec ces mots, *Sigillum secretum marchionis* ducis.

Dans une autre charte d'Egbert, archevêque de Trèves, datée de 979, le titre de duc est encore donné à Adelbert : *Villam nostram longesuram ; quam nobilis dominus Adelbertus* dux *Lotharingiæ et marchio, Juditha uxor sua, etc.*

Ainsi il est constaté par des chartes, par des monumens authentiques, que le titre de *duc de Lorraine* a été dévolu à Adelbert, souche de cette illustre maison, dès l'an 979 ; et au titre de *duc de Lorraine* Adelbert ajoutait encore celui de comte de Metz. *Albertus comes Metensis et Gerhardus filius ejus, multa contulerunt ecclesiis.* Ce prince mourut en 1038 : quelques auteurs ont placé sa mort en 1030 et 1033, mais les actes qu'il a signés en 1037 prouvent qu'ils sont dans l'erreur. Il laissa de *Judith de Luxembourg,* son épouse, les enfans qui suivent :

1° Adelbert ou Albert II, dont l'article vient page 7.

2° Gérard, dit d'Alsace, du nom de ses ancêtres et à cause des possessions dont il jouissait dans le *Nordgaw,* était second fils d'Adelbert Ier, duc de Lorraine, fondateur de l'abbaye de Bouzonville. Il fut comte de Metz après la mort de Gérard son oncle, et celle d'Adelbert son père. Il faut observer qu'il y avait deux sortes de comtes de Metz; les uns étaient comtes du pays Messin et de la Mozellane, et les autres étaient seulement comtes du palais de l'évêque. Quelquefois, à la vérité, un seul réunissait ces deux qualités, mais cela n'était pas général, ni même commun. Gérard possédait de grands biens vers la Sarre et la Meuse. Les anciens auteurs, en parlant de sa puissance, disent que les églises et les abbayes se mettaient sous sa protection. L'empereur Conrad le-Salique, dont Gérard avait épousé la nièce, le constitua également le défenseur de plusieurs monastères. *Dato eis defensore, et in rerum redditarum tutela adjutore Gerardo comite augusti nepote, in illis regionibus, oppidis, possessionibus, divitiis præcunctis potente.* Il fut un des bienfaiteurs de l'abbaye de Bouzonville, fondée par son père en 1037; car nous voyons dans une charte de ce monastère qu'il est dit: *Comes Adelbertus, in choro sanctæ Crucis* (l'abbaye de Bouzonville se nommait aussi l'abbaye de Sainte-Croix), *est sepultus et uxor sua Juditha in medio monasterii sepulta: successit que eis Gerardus comes, et marchio filius, qui cum uxore sua Gisila locum præfatum omni custodiens diligentiá, etc.* Gérard mourut vers l'an 1047, et laissa de *Gisèle de Luxembourg,* son épouse, nièce de l'empereur Conrad le-Salique, les enfans qui suivent :

    A. Gérard I*er*, dont l'article vient page 7.
    B. Adelbert, mort jeune.

Maison de Lénoncourt.

    C. Odalric, mentionné dans l'acte de fondation de Bouzonville, et dans une charte d'Adalbéron, évêque de Metz, pour l'abbaye de Saint-Tron, sous la date de l'an 1065. On voit également sa signature dans une charte d'Eude ou Udon, évêque de Toul, datée de 1069 : *Sign. Odelrici de Nancei.* On le considère comme la souche des comtes de Nancy, d'où viennent les branches de *Lénoncourt,* de *Colombey,* de *Gondrecourt-Blainville,* de *Serrès-Heudicourt,* de *Loches,* de *Marolle,* et de *Chauffour*, lesquelles ont fourni beaucoup d'hommes illustres dans les armes et dans l'église.

Maison impériale et ducale de Luxembourg.

    D. Gizèle, que quelques uns nomment Clémence ou Hermenson ; elle épousa Conrad I*er*, comte de Luxembourg, et fonda avec lui la maison de ce nom, qui devint impériale d'Allemagne.

2. ALBERT II.

Albert II, fils aîné d'Albert Ier, fut créé duc de la haute Lorraine, en 1046, par l'empereur Henri III, à l'exclusion de Godefroi le-Barbu, duc de la basse Lorraine. La guerre éclata presqu'aussitôt entre les deux rivaux; mais Godefroi ayant surpris, en 1048, Albert dans un moment où ses troupes étaient débandées, le tua avec tous ceux de sa suite qui voulurent faire résistance. Il ne laissa point de postérité. Albert était aussi comte de Longwi, *comes de Longui-castro*, ce que plusieurs historiens ont traduit par comte de *Longcastre*.

3. GERARD Ier.

DIT LE GRAND ET D'ALSACE.

Gérard Ier, dit le Grand et d'Alsace, fils de Gérard, dont j'ai parlé page 4 et suivantes, fut créé duc de Lorraine en 1048, à l'âge d'environ dix ans, par l'empereur Henri III, dit le Noir. Cette promotion eut lieu dans la diète générale de Worms, en présence des prélats, des seigneurs de l'empire, et des envoyés romains. Ce jeune prince succédait dans cette principauté à Albert II, son oncle, qui avait été tué dans un combat par Godefroi-le-Barbu, duc de la basse Lorraine, ainsi que je l'ai dit plus haut.

Ce fut dans la même diète de Worms, que Brunon, évêque de Toul, cousin issu de germain de Gérard I, fut élu pape d'une voix unanime, sous le nom de Léon IX.

Gérard est connu dans l'histoire sous le nom de Gérard d'*Alsace*, Gérard de *Castinach* ou de *Chatenoi*, de Gérard de *Longwi* ou de *Longcastre*, et de Gérard de *Flandres*.

Le nom d'Alsace lui vient de l'origine de sa famille, issue des anciens comtes d'Alsace; celui de Castinach ou de Chatenoi, celui de Longwi ou de Longcastre, des seigneuries ou châteaux de ce nom; et celui de Flandres, de Hedwige de Namur, son épouse, comtesse de Flandres: cette dernière principauté entra même dans la famille de Gérard, en 1128.

Les possessions de ce prince consistaient dans le duché de la Mozellane, les comtés de Longwi, de Lunéville, de Bitche, de Remiremont, d'Epinal, de Chaumontois, de Chatenois, de Saargaw, d'une grande partie de la principauté de Salm, et d'une infinité d'autres seigneuries. La réunion de tous ses états divers forma le duché de Lorraine.

Les empereurs avaient toujours eu l'intention de ne revêtir de la dignité de *duc* que des seigneurs aussi distingués par leurs richesses que par leur naissance, et qui fussent en état d'en soutenir l'éclat par leur puissance, leur autorité, et leurs grands biens. « La famille « de Gérard d'Alsace, dit dom Calmet, était de « tout l'empire la plus capable de soutenir « avec splendeur, l'honneur qu'on lui faisait ; « alliée à tout ce qu'il y avait de plus grand et

« de plus auguste dans l'Europe ; tenant aux
« empereurs, aux rois de France, aux comtes
« de Flandres, aux ducs de Luxembourg, de
« Bourgogne, de Metz, de Dachsbourg, etc. ;
« accoutumée dès long-tems à gouverner et à
« commander ; allant de pair avec les têtes
« couronnées, et leur cédant plutôt par des
« raisons de bienséance et de parenté que par
« la force et la contrainte ». *In vita Conradi imperatoris. Wipo.*

 L'empereur Henri III, pour punir Godefroi-le-Barbu du meurtre du duc Adelbert II, avait non seulement donné la haute Lorraine à Gérard d'Alsace, mais il avait encore investi de la basse Lorraine, Frédéric de Luxembourg. Godefroi, ne voulant pas se laisser dépouiller impunément, courut aux armes, et fit une guerre sanglante à ses deux rivaux ; il fut même assez heureux pour faire prisonnier le duc Gérard, qui ne fut remis en liberté qu'après que le pape S. Léon IX eut interposé ses bons offices pour réconcilier Godefroi avec l'empereur.

 Cependant la concession de la haute Lorraine fut confirmée à Gérard, ce qui occasionna dans la suite entre lui et Godefroi-le-Barbu de nouvelles guerres, où le premier signala sa valeur et son habileté.

 Gérard eut la noble ambition de gouverner ses sujets avec douceur et équité ; il voulut même les affranchir des impôts et des vexations dont la plupart des seigneurs lorrains les accablaient ; mais ceux-ci, mécontens d'une autorité qui les forçait à être justes et probes, trouvèrent le moyen de faire empoisonner leur duc, qui mourut le 6 mars de l'année 1070.

La duchesse Hedwige de Namur, épouse de Gérard I, était issue du sang de Charlemagne ; elle avait pour mère Ermengarde de Lorraine, fille de Charles de France, duc de la basse Lorraine en 976 : ce prince était fils de Louis IV, dit d'Outre-Mer, roi de France. Le caractère inquiet et violent de Charles avait tellement indisposé contre lui la nation française, qu'à la mort de Louis V, dit le Fainéant, son neveu, elle refusa de reconnaître ses droits réels et incontestables au trône, pour y appeler Hugues Capet. Henri-le-Balafré, duc de Guise, si célèbre dans notre histoire sous les règnes de Charles IX et de Henri III, argua de cette origine pour élever, contrairement à la loi salique, des prétentions sur la couronne de France à laquelle il aspirait depuis long-tems. C'est aussi du chef d'Hedwige que Thierri, son fils, dit dans ses diplômes, « Qu'il est issu de la race de Charle-« magne » : *Theodoricus Gerardi ducis Lotharingiæ, ex antiqua Carolimagni progenie genitus.* Cette princesse mourut au prieuré de Chatenoi, qu'elle avait fondé en 1069, sur le penchant d'une colline, au-dessus de laquelle était situé le château de ce nom, où elle et Gerard I, son époux, faisaient leur résidence ordinaire. De leur mariage vinrent les enfans qui suivent :

1° Thierri Ier, dont l'article vient page 12.

GÉRARD I. (*ses enfans.*)

2° Gérard, qui fonde la branche de Vaudémont (*).

3° Bertrix, abbé de Moyen-Moutier depuis 1077 jusqu'en 1115, époque de sa mort. Il est mentionné dans un diplôme de l'empereur Henri IV, où il est dit : *Interventu Theodorici ducis Lotharingiæ, fratris Bertrici abbatis.*

4° Béatrix, mariée à Etienne, dit le Hardi, comte de Mâcon, fils de Guillaume-Tête-Hardie (1), comte de Bourgogne.

Première branche de Vaudémont.

1. GÉRARD Ier.

(*) GÉRARD Ier, second fils de Gérard-le-Grand et d'Alsace, duc de Lorraine, et d'Hedwige de Namur, fut pourvu du comté de *Vaudémont* à la mort de son père. Dans sa jeunesse il fut inquiet, ambitieux, et remuant, ce qui lui occasionna des guerres assez pénibles à soutenir. Il fonda, en 1107, le prieuré de *Belleval*, et mourut en 1108. Il avait épousé *Hedwige*, fille de Gérard (2), comte d'Egisheim, nièce du pape S. Léon IX, morte en 1119. De ce mariage vinrent :

1° Hugues Ier, qui succéda à son père ; son article vient page 12.

(1) Oubliée dans la généalogie de M. Lesage, ainsi que son frère Bertrix.

(2) Et non pas de Hugues, ainsi que le dit par erreur l'Art de vérifier les Dates.

4. THIERRI Ier, dit le vaillant.

Thierri Ier, dit le Vaillant, deuxième du nom comme duc de Lorraine, succède, en 1070, à Gérard Ier, son père, sous la régence et la tutèle d'Hedwige de Namur, sa mère. Parvenu à l'âge de majorité, il seconda l'empereur Henri IV dans la majeure partie de ses entreprises, ce qui lui valut l'excommunication du pape Gré-

---

Première branche de Vaudémont. Gérard Ier. (*ses enfans.*)

2° Udalric ou Ulric fut comte d'Egisheim, et fonda, en 1138, l'abbaye de *Pairis* en Alsace; il mourut vers l'an 1145. L'abbaye de Pairis, *Parisiense monasterium*, était de l'ordre de Cîteaux. Voyez t. I, p. 82.

3° Etiennette, mariée à Frédéric, comte de Ferrette.

4° Gisèle, mariée à Renaud Ier, dit le Borgne, comte de Bar, avec lequel elle coopéra à la fondation de l'abbaye de *Rieval*, ordre des Prémontrés.

2. HUGUES Ier.

Hugues Ier, fils de Gérard Ier, lui succéda dans le comté de Vaudémont, et fit faire la dédicace de l'église de Belleval en 1134; il accompagna, en 1147, le roi de France, Louis-le-Jeune, à la croisade. L'époque de sa mort est débattue par plusieurs historiens; cepen-

goire VII, de laquelle il ne fut relevé qu'en 1077. La guerre que lui fit Gérard Ier, son frère, fondateur de la première branche de Vaudémont, occupa aussi une partie de ses momens. Thierri fit de grands biens à l'abbaye de Saint-Mathias de Trèves, à celle de Bouzonville, et à plusieurs autres églises. Il fut le fondateur de Notre-Dame de Nancy, qu'il soumit à l'abbaye de Molesme. Il mourut, le 23 janvier 1115, avec la réputation d'un grand capitaine et d'un

---

Première branche de Vaudémont. Hugues Ier.(*ses enfans.*)

dant le plus grand nombre la fixe à 1165. Il avait épousé, 1° *Angeline*, fille de Hugues II, dit Borel et le Pacifique, duc de Bourgogne; 2° *Anne de Lorraine*, fille de Simon Ier; cette dernière princesse est nommée dans un titre de l'abbaye de Beaupré, de l'an 1134: *Assensu Annæ de Lotharingia uxoris meæ.* Elle lui donna les enfans qui suivent:

1° Gérard II, qui succède à son père, et dont l'article vient page 14.

2° Ulric, qui épousa l'héritière de *Deuilli*, et mourut sans postérité. La terre de Deuilli n'en resta pas moins dans la maison de Vaudémont, et servit dans la suite de titre distinctif et d'apanage à une de ses branches.

3° Otton, Odon ou Eudes, qui fut évêque de Toul depuis 1193 jusqu'en 1197 (1).

---

(1) C'est par erreur que l'Art de vérifier les Dates ne le mentionne pas.

prince zélé pour la justice. Il avait épousé *Gertrude*, fille de Robert-le Frison, comte de Flandres, veuve en 1095 de Henri III, comte de Louvain (1), de laquelle il laissa:

1° Simon Ier, qui lui succéda. Son article vient page 34.

2° Thierri(*),qui devint comte de Flandres, et fonda une branche rapportée ci-dessous.

Première branche de Vaudémont. Hugues Ier.(*ses enfans.*)

4° Hugues, chevalier de Jérusalem, qui mourut en 1168, en laissant pour fils un prince nommé Gérard.

André Duchesne et le P. Anselme, qui passent à juste titre pour des autorités, font descendre tous ces enfans d'Angeline, première femme de Hugues Ier.

3. GÉRARD II.

Gérard II succède à son père Hugues Ier; il

Branche de Lorraine-Flandres.

1. THIERRI Ier.

(*) Thierri Ier, dit d'Alsace, fils de Thierri Ier,

---

(1) Dom Calmet dit qu'on ignore l'année du mariage de Thierri avec Gertrude, *mais qu'il ne se put guère faire avant l'an* 1080. Il est dans l'erreur, car Gertrude ne perdit son premier mari qu'en 1095, dans un tournoi; or elle n'avait pu épouser le second quinze ans auparavant.

THIERRI I. (*ses enfans.*)

3° Gérard, qui eut pour apanage les biens que son frère Thierri possedait en Alsace, lorsqu'il hérita du comté de Flandres.

4° Henri, évêque de Toul en 1129, mort en 1167.

5° Hara, Ava ou Eve, abbesse de Bouxières.

6° Fronique, ou Euphronie, religieuse à Remiremont.

Première branche de Vaudémont. Gérard II.

épouse *Adélaïde-Gertrude*, fille de Geoffroi III, dit le Vieux, sire de Joinville : elle l'accompagna, en 1188, dans un pélerinage qu'il fit à S. Jacques de Galice. Dans un titre de l'abbaye de *Saint-Mansuy*, délivré en 1171 par l'évêque de Toul, Angeline de Lorraine, mère de Gérard, et Adelaïde sa femme se trouvent mentionnées ainsi qu'il suit : *Confirmamus etiam vobis illud quod comes Vadani-Montis* (1) *Gerardus II, laude matris suæ Angelinæ, suæque*

Branche de Lorraine-Flandres. Thierri Ier.

dit le Vaillant, duc de Lorraine, et de Gertrude de Flandres, obtint pour son apanage le comté de Bitche, puis hérita, en 1128, du chef de sa mère, du comté de Flandres, après avoir defait Guillaume Cliton qui en était souverain. Thierri supporta plusieurs guerres avec ses

(1) Vaudémont.

7° Ode, épouse Gebhard, comte en Bavière.

8° Gertrude-Pétronille, épouse Florent-le-Gros, comte de Hollande, souche des comtes de ce nom.

9° Mathilde, mariée à Folmar, comte de Metz et de Lunéville.

Première branche de Vaudémont. Gérard II. (*ses enfans.*)

conjugis Adeleis et fratris sui Odonis (pour Odon ou Eudes) *Archidiaconi vestræ contulit ecclesiæ* (*Tullensis*). Gérard II mourut en 1190, et laissa les enfans qui suivent :

1° Hugues II, qui lui succéda, et dont l'article vient page 17.

2° Geoffroi, seigneur de Deuilli, mentionné, comme témoin avec son frère, dans une charte de donation, faite par son père en 1176, à l'abbaye de *Clairlieu. Testes autem hujus donationis fuerunt: Hugo et Gotfredus filii mei.* Geoffroi fit hommage, en 1231, de sa terre de Deuilli à Thibaut, comte

---

Branche de Lorraine-Flandres. Thierri Ier.

voisins, et fit quatre fois le voyage de la Terre-Sainte : après avoir joué un assez grand rôle dans les affaires de son tems, et fondé l'abbaye de Claire-Marais et les ports de Nieuport et de Gravelines, il mourut le 7 janvier (1) 1168. Il avait

(1) Et non pas le 4 février, ainsi que le dit Zurlauben.

THIERRI I. (*ses enfans.*) 19

10° N***, mariée à Bernard II, sire de Brancion et d'Uxelles, frère de Josserand, évêque de Langres, lequel mourut en 1125. De ce mariage vint Josserand, premier du nom, seigneur de Brancion, souche des sires de ce nom, qui héritent de la sirerie

Première branche de Vaudémont. Gérard II. (*ses enfans.*)

de Champagne. De sa femme, nommée *Gertrude*, il eut plusieurs enfans qui continuèrent la première branche de *Deuilli*, qui s'éteignit après quelques générations. La terre de Deuilli passa ensuite à la maison *du Châtelet*, issue des ducs de Lorraine, et servit encore de nom distinctif à l'une de ses branches.

3° Gérard, évêque de Toul, mort en 1219 (1).

4. HUGUES II.

Hugues II, fils et successeur de Gérard II,

Branche de Lorraine-Flandres. Thierri Ier.

épousé, 1° en 1128, *Maguerite de Clermont*, qui mourut en 1130; 2° en 1139, *Swanéchilde* ou *Sybille*, fille de Foulques V, dit le Jeune, comte d'Anjou, roi de Jérusalem, laquelle avait

(1) C'est par erreur que l'Art de vérifier les Dates ne le mentionne pas.

de *Salins*, puis se fondent dans la maison de *Choiseul*, par le mariage de Marguerite de Brancion, fille et unique héritière de Henri III, avec Bernard de Choiseul, seigneur de Traves (1).

Nota. « Plusieurs historiens donnent pour

Première Branche de Vaudémont. Hugues II. (*ses enfans.*)

fait le voyage de la Terre-Sainte, et combat, en 1187, à la funeste journée de *Thibériade*. Il mourut en 1236, laissant d'*Hedwige de Saarbruck*, son épouse, fille de Simon Ier, comte de Saarbruck, les enfans qui suivent :

1° Hugues III, qui lui succéda, et dont l'article vient page 19.

2° Geoffroi. Il est mentionné dans une charte de son père, sous la date de 1229 : *Ego Hugo comes Vadani-Montis, notum facio, quod Gotfridus filius meus, etc., etc.*

Branche de Lorraine-Flandres. Thierri Ier.

été fiancée à Guillaume Cliton, comte de Flandres, dont il vient d'être question. Cette princesse suivit son mari dans le dernier voyage qu'il fit à la Terre-Sainte, et s'y consacra, avec son consentement, à une vie tout-à-fait religieuse dans l'hôpital de Saint-Jean, desservi par des filles de l'ordre de S. Lazare, dont elle

---

(1) M. Lesage dans sa généalogie a oublié de mentionner cette princesse et toutes ses sœurs.

première femme à Thierri-le-Vaillant, duc Lorraine, *Hedwige*, fille de Frédéric, comte de Formbach, veuve de Gebhard, comte de Supplenbourg et de Querfurt, qu'elle fit père de l'empereur Lothaire II ; et ils ajoutent qu'Hedwige, dans son second mariage, donna

---

Première branche de Vaudémont. Hugues II. (*ses enfans.*)

3° Gérard. Il obtint les terres d'Uruphe, Saint-Christophe, Chénevière, Vaudincourt, Arey, et Bovaincourt, par testament de son père fait en 1235.

5. HUGUES III.

Hugues III succède à son père Hugues II, et fait le voyage de la Terre-Sainte en 1237 et 1240 : après avoir couru les risques d'être fait prisonnier par les infidèles, il retourna dans

---

Branche de Lorraine-Flandres. Thierri Ier. (*ses enfans.*)

devint abbesse : elle y termina ses jours en 1165.

Enfant du premier lit.

1° Laure ou Laurence, mariée, 1° à Henri II, comte de Limbourg, séparée pour cause de parenté ; 2° à Yvain de Gand, comte d'Alost et de Waes ; 3° à Raoul, comte de Vermandois ; 4° à Henri II, dit l'Aveugle, comte de Limbourg et de Luxembourg.

MAISON DUCALE DE LORRAINE.

le jour à Simon Ier, duc de Lorraine, qui suit. Mais comme dom Calmet, Zurlauben, Baleicourt, et tous les meilleurs auteurs, n'ont pas adopté ce système, il faut s'en tenir éloi-

---

Première branche de Vaudémont. Hugues III.

ses états, où il bâtit la petite ville de *Saulxerote*. Il mourut en 1246, après avoir épousé *Marguerite de Neufchâtel,* de laquelle il laissa :

6. HENRI Ier.

Henri Ier, fils de Hugues III. Son esprit impétueux et violent lui occasionna plusieurs

---

Branche de Lorraine-Flandres. Thierri Ier. (*ses enfans,*)

Enfans du second lit.

1° Baudouin, mort en bas âge.
2° Philippe Ier, qui succède à son père; son article vient page 26.
3° Mathieu (*), qui fonde la branche des comtes de *Boulogne,* rapportée ci-dessous.

Branche de Lorraine-Boulogne.

1. MATHIEU Ier.

(*) Mathieu Ier, prince ambitieux et entreprenant, passe en Angleterre pour engager *Marie de Boulogne,* abbesse de Ramsey, à

gné : je vais d'ailleurs prouver la fausseté de l'opinion de ceux qui prétendent que Simon Ier est fils de cette Hedwige :

« *Robertus* (dit le Frison, comte de Flandres)

Première Branche de Vaudémont. Henri Ier.

guerres, dont il fut la victime. Ferri, duc de Lorraine, qu'il avait attaqué, ravagea tout son pays, et le força de s'expatrier. Henri se retira dans le royaume de Naples, s'y forma un petit état, et y épousa *Marguerite de Ville-Hardouin*, duchesse d'Athènes. Il seconda en 1270, avec Charles d'Anjou, l'expédition que S. Louis dirigeait contre l'Afrique ; mais comme il arrivait

---

Branche de Lorraine-Flandres. Thierri Ier. (*ses enfans.*)

4° Pierre, evêque de Cambrai en 1167, quitte cet évêché pour épouser, en 1176, *Mahaut de Bourgogne*, veuve de Gui, comte de Nevers, d'Auxerre et de Tonnerre. Pierre mourut quelque tems après son mariage, laissant une fille nommée *Sybille*, qui porta les terres de Lille, de Saint-Venant et le

---

Branche de Lorraine-Boulogne. Mathieu Ier.

quitter son monastère, et à lui donner sa main au préjudice de ses vœux. Ce mariage fut tellement avantageux à Mathieu qu'il revint en France avec son épouse, et y prit possession du comté de Boulogne, que la mort

MAISON DUCALE DE LORRAINE.

« *duos filios genuit, Robertum* (ce fut Robert
« le Jérosolymitain) *et Philippum* (burgrave
« d'Ypres) *et tres filias ;* ADELAM, *posteà reginam*
« *Daniæ ; secundam ,* GERTRUDAM *ducissam*

Première branche de Vaudémont. Henri Ier.

dans ce pays, il apprit la mort du monarque
français, ce qui le fit retourner à Naples, où
il continua ses services au roi de Sicile. Il paraît néanmoins, par des chartes authentiques
et par le traité qu'il fit avec Ferri III, duc de
Lorraine, en 1276, qu'il s'était réconcilié avec
ce prince, puisqu'il s'engagea dans ledit traité,
lui et ses trois fils, à aider le duc de Lorraine

Branche de Lorraine-Flandres. Thierri Ier. (*ses enfans.*)

comté de Grignon, à Robert-Waurin, à qui
elle se maria.

*Maison de Flandres, devenue impériale de
Constantinople.*

5° Marguerite Ire, qui succède à son frère

Branche de Lorraine-Boulogne. Mathieu Ier.

de Guillaume, frère de Marie, laissait vacant.
Mathieu, s'étant brouillé ensuite avec le roi
d'Angleterre, à l'occasion de la seigneurie de
Mortain, fit une descente dans ce royaume,
à la tête de six cents voiles, et y répandit la

THIERRI I.

« *Elsatiæ; tertiam,* MARIAM *Messines abbatis-*
« *sam* ». Chronic. comit. Flandr. apud Vignier.

« *Gertrudem ducissam de Nanceïo, quæ* PE-
« PERIT SIMONEM DUCEM, *et Theodoricum nobilem*

Première branche de Vaudémont. Henri Ier. (*ses enfans.*)

dans la guerre qu'il entreprenait contre l'évêque de Metz. Il fut tué, en 1279, au siége de *Lucéra* dans la Capitanate, après avoir eu de son mariage les enfans qui suivent:

1° Renaut, mentionné dans le traité dont je viens de parler en qualité d'aîné, mais mort avant son père; ce traité commence ainsi: *Je Henrys cuens* (comte) *de Vade-*

Branche de Lorraine-Flandres. Thierri Ier. (*ses enfans*)

Philippe Ier, et qui porte le comté de Flandres dans la maison de Hainaut. Son article vient page 33.

Maison de Savoie, devenue royale de Sardaigne.

6° Gertrude épouse, 1° Humbert III, dit

Branche de Lorraine-Boulogne. Mathieu Ier.

terreur; le monarque anglais donna satisfaction au comte, et voulut encore se l'attacher, comme un allié valeureux et entreprenant, en faisant avec lui un traité qui les unissait défensivement et offensivement. Marie de Bou-

« *Flandriarum comitem et principem* ». Alber.
Chronic. an. M. LX.
— Dans l'histoire, Gertrude se trouve nom-

Première branche de Vaudémont. Henri Ier. (*ses enfans.*)

mont et Datienne (d'Athènes), *sires* Renaut,
Hanris et Jaikes (Jacques), *sui enfans, fai-
sons savoir à tous, etc., etc.;* et finit par ces
mots : *Et nos sires Renaut, Henrys et Jaikes,
porce que nous n'avons mie scels, avons fait
saeller ces lettres dou scel de notre pere Henri,
douquel nos usons en cette besongne, etc.*(1).

Branche de Lorraine-Flandres. Thierri Ier. (*ses enfans.*)

le Saint, comte de Savoie, mort en 1188;
elle le fit père de Thomas Ier, comte de Savoie,
souche de la maison royale de Sardaigne de
nos jours (2). 2° Hugues, quatrième du nom,

Branche de Lorraine-Boulogne. Mathieu Ier.

logne, son épouse, repentante d'avoir quitté
le cloître pour se marier, voulut y rentrer
pour faire pénitence ; elle se sépara donc, en

---

(1) C'est par erreur que l'Art de vérifier les Dates ne
mentionne pas ce prince.
(2) Voici encore un de ces reproches sérieux qu'on peut
faire aux généalogies de M. Lesage. Dans la table XV, généalogie de la maison de Savoie, il ne mentionne nullement
Gertrude comme femme de Humbert-le-Saint, et il fait
descendre toute la lignée des ducs de Savoie de Béatrice de

mée de *Flandres*, à cause de sa famille ; d'*Alsace*, du nom de Thierri d'Alsace, duc de Lorraine, son mari ; et de *Nancy*, parce-

---

Première branche de Vaudémont. Henri Ier. (*ses enfans.*)

2° Henri II, qui succéda à son père ; son article vient page 26.

3° Jacques, sire de Bainville, épouse la sœur du comte de Saarbruck, seigneur de Commercy.

4° Gui ou Guillaume, chanoine de Toul, se dévoue dans l'art militaire à la défense de

---

Branche de Lorraine-Flandres. Thierri Ier. (*ses enfans.*)

sire d'Oisy et de Montmirel. Quelques auteurs mettent ce mariage le premier.

7° Mahaut, abbesse de Fontevrault, vivant en 1187.

Branche de Lorraine-Boulogne. Mathieu Ier.

1170, de son mari pour se retirer au monastère de Montreuil, où elle mourut en 1182. Mathieu se remaria aussitôt à *Eléonore*, fille de

---

Viennois, tandis qu'au contraire elle vient de Gertrude 1 e Lorraine-Flandres. Voyez l'Art de vérifier les Dates, t. III, p. 11, et mieux encore page 615, à la fin de l'article de Humbert III, et au commencement de celui de Thomas Ier. Voyez aussi Zurlauben, le P. Anselme, et tous les auteurs accrédités de la maison de Lorraine.

26 MAISON DUCALE DE LORRAINE.

que cette princesse faisait sa résidence dans cette ville.

Sainte-Marthe dit que « Thierri, duc de « Lorraine, surnommé le Vaillant, épousa

---

Première branche de Vaudémont. Henri Ier. (*ses enfans.*)

la religion, et périt en Sicile, les armes à la main, dans un combat naval.

7. HENRI II.

Henri II, succède à son père Henri Ier dans les états héréditaires de la branche de Vaudémont; mais aussi inquiet et remuant que ce

---

Branche de Lorraine-Flandres. Thierri Ier. (*ses enfans.*)

8° Elisabeth, abbesse de Messines en 1199.

Thierri eut deux fils naturels; l'un nommé *Conon*, l'autre *Gérard :* celui-ci fut prévôt de l'église de Bruges, et chancelier de Flandres; il mourut le 23 janvier 1206.

2. PHILIPPE Ier.

Philippe Ier, fils de Thierri Ier, dit d'Alsace,

Branche de Lorraine-Boulogne. Mathieu Ier.

Raoul, comte de Vermandois, veuve de Geoffroi, comte d'Oostrevand, et de Guillaume, comte de Nevers. Il fonda, en 1172, la ville d'*Etaples*, et s'allia l'année suivante avec Henri, fils revolté du roi d'Angleterre; il lui fournit

THIERRI I.

« Gertrude de Flandres, et que la maison de
« Lorraine en est sortie. »

Dom Calmet débute ainsi : « Simon, premier
« du nom, duc de Lorraine, fils du duc *Thierri*

Première branche de Vaudémont. Henri II. (*ses enfans.*)

dernier, il les perdit par la même cause, et
fut obligé de s'expatrier en Sicile. Il fut tué,
en 1299, dans une rencontre avec des vaisseaux arragonais. Il avait épousé *Helizende de
Vergi* (1), de laquelle il laissa :

1° Henri III, qui lui succéda; son article vient page 28.

2° Anne, qui épousa, 1° Jean, dit Boute-

Branche de Lorraine-Flandres. Philippe Ier.

succède à son père dans le comté de Flandres
en 1168; il fut aussi comte de Vermandois, de
Valois et d'Amiens par son mariage avec *Isabelle de Vermandois*, sœur et unique héritière
de Raoul-le-Lépreux. Philippe fut l'ami dévoué
de S. Thomas de Cantorbéry, et joua un grand
rôle dans les affaires de son tems. Il assista, en

Branche de Lorraine-Boulogne. Mathieu Ier.

des secours, et marcha en personne pour les
commander. Il fut blessé à mort au siége de

---

(1) Elle se remaria à Gaucher de Châtillon, cinquième
du nom, connétable de France, et mourut vers l'an 1313.

28 MAISON DUCALE DE LORRAINE.

« et de *Gertrude de Flandres*, commença à
« régner en 1115, etc. »

A tout ceci il faut ajouter une charte de l'année 1126, par laquelle le duc Simon Ier fait

Premiere branche de Vaudémont. Henri II. (*ses enfans.*)

Feu, sire de Joinville; 2° N***, sire de Neufchâtel, ou, selon d'autres historiens, sire de Nanteuil, dont elle se sépara, parcequ'il était devenu goutteux et impuissant.

3° Catherine, abbesse de Remiremont.
4° N..., religieuse à N.-D. de Soissons.

8. HENRI III.

Henri III ; il succède à son père Henri II, et

Branche de Lorraine-Flandres. Philippe Ier.

1179, en qualité de comte de Flandres et de pair de France, au sacre du roi Philippe-Auguste, qui était son filleul, et y porta l'épée royale; il fut aussi tuteur de ce prince, et régent du royaume de France pendant sa minorité : il fit deux fois le voyage de la Terre-Sainte, et mourut de la peste devant Saint-

Branche de Lorraine-Boulogne. Mathieu Ier.

Driencourt en Normandie, le 25 juillet 1173. Elénore de Vermandois, sa seconde femme, fut célèbre par son génie et son amour pour la poésie; elle protégea les lettres et les sciences, et se remaria, pour la quatrième fois, à Ma-

donation à la cathédrale de Toul de cinquante perches, à prendre dans le bois de Hey, à la charge par les chanoines de cette église de prier Dieu pour le repos de son ame et de celle

---

Première branche de Vaudémont. Henri III.

s'attache à vivre en paix avec Ferri III, duc de Lorraine, qui lui restitua tous ses états héréditaires, et lui donna en mariage sa fille *Isabelle*, veuve de Louis de Bavière, tué dans un tournoi en 1289, par un comte de Hohenlohe. Henri et Isabelle fondèrent, en 1325 (1), le chapitre de Vaudémont; puis quelque tems après l'hôpital de Pont-Saint-Vincent. Les abbayes de Beaupré, de Clairlieu et de Bouxières

---

Branche de Lorraine-Flandres. Philippe Ier.

Jean-d'Acre le 1er juin 1191. Il avait épousé, 1°, ainsi que je l'ai deja dit, en 1156, *Isabelle*, comtesse de Vermandois et de Valois, morte le 26 mars 1182, sans lui donner d'enfans; 2°, en 1187, *Mahaud de Portugal*, dite aussi *Thérèse*, fille d'Alphonse Ier, roi de Portugal,

---

Branche de Lorraine-Boulogne. Mathieu Ier.

thieu III, comte de Beaumont-sur-Oise, qui se distingua à la bataille de *Bouvines*, et qui

---

(1) Et non pas en 1525, ainsi que le dit par erreur dom Calmet.

de son père Thierri, de sa mère *Gertrude*, et de ses prédécesseurs :

« *Quinquaginta perticas in diversis ordinibus*
« *condonatas, in foreste de Hey, beato Ste-*

Première branche de Vaudémont. Henri III. (*ses enfans.*)

lui durent également de grands bienfaits; et ce fut par leurs soins que la petite ville de Veselize fut fermée de murailles. Henri III mourut le 10 mars 1339 (1), laissant d'*Isabelle de Lorraine* (2), morte le 11 mai 1335, les enfans qui suivent :

1° Henri IV, qui lui succéda, et dont l'article vient page 31.

Branche de Lorraine-Flandres. Philippe Ier.

laquelle se remaria à Eudes III, duc de Bourgogne, de qui elle fut séparée pour cause de parenté. Des évènemens malheureux ont signalé la vie de cette princesse : en venant en

---

Branche de Lorraine-Boulogne. Mathieu Ier.

fut fait grand-chambrier de France par Philippe Auguste : elle mourut, le 14 juin 1214, dans un âge fort avancé (3).

(1) Et non pas 1332, ainsi que le dit par erreur l'Art de vérifier les Dates.
(2) C'est à tort qu'Hubner la nomme *Marguerite*.
(3) M. Lesage a oublié de mentionner cette princesse.

THIERRI I.

« *phano concedimus, pro salute animæ meæ,*
« *animarumque patris mei Theodorici et matris*
« *meæ* Gertrudis, *et antecessorum meorum.* »

Ce n'est pas l'histoire qui parle là, c'est le

Première branche de Vaudémont. Henri III. (*ses enfans.*)

2° Marguerite, qui succède à son frère Henri IV, et qui porte le comté de Vaudémont dans la maison de *Joinville* par son mariage avec Anseau, sire de Joinville : son article vient page 33.

9. HENRI IV, dit le libéral.

Henri IV, fils unique de Henri III, lui suc-

Branche de Lorraine-Flandres. Philippe Ier.

Flandres pour épouser son premier mari, elle fut attaquée par des pirates, et dépouillée de tous ses bijoux ; Philippe, voulant venger cet affront, envoya quelques vaisseaux à la recher-

---

Branche de Lorraine-Boulogne. Mathieu Ier. (*ses enfans.*)

Enfans du premier lit.

1° Ide Ire, qui succède à son père ; son article vient page 34.

2° Mathilde, mariée à Henri II, dit le Guerroyeur, duc de Brabant, mort en 1211. De ce mariage vinrent, entre autres enfans, *Marie,* femme de l'empereur Otton IV, et

duc Simon lui-même qui se fait reconnaître pour fils de *Gertrude*. Or c'est donc à tort que les historiens le font descendre d'*Hedwige de*

Première branche de Vaudémont. Henri IV.

cède dans tous les biens de la branche de Vaudémont en 1332 : il épousa *Marie de Luxembourg* (1), fille de Jean, roi de Bohême, avec lequel il accourut au secours de Philippe de Valois, roi de France, qui se trouvait attaqué par les Anglais. Jean et Henri périrent dans la mêlée à la bataille de *Créci*, en 1346. Il ne laissa point de postérité. Marguerite lui succède.

Branche de Lorraine-Flandres. Philippe Ier.

che de ces brigands, qui lui furent amenés, et qu'il fit pendre au nombre de quatre-vingts. Après sa séparation de son second mari, comme elle s'en retournait à Furnes, sa voiture tomba dans un marais, d'où on ne put la retirer assez tôt pour lui sauver la vie; elle y expira le 16 mai 1208 (2). Philippe n'avait eu aucun

---

Branche de Lorraine-Boulogne. Mathieu Ier. (*ses enfans.*)

Alix, femme de Guillaume X, comte d'Auvergne. A la mort de Mahaut Ire, qui était

(1) C'est par erreur que dom Calmet fait *Marie* fille de l'empereur Charles IV.

(2) M. Lesage a oublié de mentionner cette princesse dans sa généalogie de Portugal.

Formbach, lorsqu'il vient de *Gertrude de Flandres*. L'Art de vérifier les Dates a commis cette erreur, et M. Lesage l'a copiée. »

Première branche de Vaudémont. Marguerite Ire.

10. MARGUERITE Ire.

(La sirerie de Joinville est jointe au comté de Vaudémont.)

MARGUERITE, sœur de Henri IV, lui succède dans le comté de Vaudémont avec Anceau, sire de Joinville, son époux, qui était maréchal de France, et jouissait de toute la confiance du

---

Branche de Lorraine-Flandres. Philippe Ier.

enfant de ses deux femmes; quelques auteurs lui donnent un fils naturel, nommé *Thierri*, qui servit avec distinction en Asie et à la prise de Constantinople. Philippe eut pour successeur Marguerite sa sœur.

3. MARGUERITE Ire.

MARGUERITE Ire, sœur de Philippe Ier, lui suc-

Branche de Lorraine-Boulogne. Mathieu Ier. (*ses enfans.*)

le dernier rejeton de la branche de Lorraine-Boulogne, le comté de ce nom fut, en considération de ce mariage, porté dans la maison d'Auvergne.

Du second lit vint une fille dont le nom et le sort sont ignorés.

5. SIMON Iᵉʳ.

Simon Iᵉʳ, fils aîné de Thierri, dit le Vaillant, duc de Lorraine, succéda à son père en 1115 : il soutint plusieurs guerres contre l'archevêque

---

Première branche de Vaudém. Marguerite Iʳᵉ.(*ses enfans.*)

roi Philippe de Valois. Anceau et Marguerite unirent les seigneuries de Joinville, d'Ancerville, de Vaucouleur, de Resnel, et de Bouve, au comté de Vaudémont. Anceau mourut en 1351, laissant :

1° Henri, cinquième du nom, qui du

Branche de Lorraine-Flandres. Marguerite Iʳᵉ.

céda dans le comté de Flandres en 1191. Cette princesse, veuve en 1167 de Raoul-le-Lépreux, comte de Vermandois, épousa, en 1169, Baudouin V, dit le Courageux, comte de Hainaut, à qui elle porta tous ses droits sur la Flandres : ils furent mis l'un et l'autre en possession de ce comté à la mort de Philippe Iᵉʳ. Du mariage de Marguerite avec Baudouin vinrent, entre autres enfans, Baudouin VI et Henri Iᵉʳ, qui

---

Branche de Lorraine-Boulogne. Ide Iʳᵉ.

2. IDE Iʳᵉ.

Ide Iʳᵉ, fille aînée de Mathieu Iᵉʳ, lui succéda

de Trèves et quelques princes ses voisins, qui vinrent faire du dégât jusqu'au sein de son pays ; cependant avec l'assistance de l'empereur Lothaire, son beau-frère, il les vainquit, et les expulsa de son territoire. La piété de Simon le fit entrer dans la plus parfaite intimité avec

---

Première branche de Vaudém. Marguerite Ire. *(ses enfans.)*

chef de sa mère hérita du comté de Vaudémont ; son article vient page 36.

2° Deux autres fils qui vécurent peu.

3° Isabelle, qui épousa Jean de Vergy, seigneur de Mirebeau.

Branche de Lorraine-Flandres. Marguerite Ire.

furent empereurs de Constantinople ; puis Yolande, qui fut mariée à Pierre de Courtenay, qui, du chef de sa femme, se fit élire empereur de Constantinople à la mort de Henri, son beau-frère. Marguerite mourut le 15 novembre 1194. L'histoire de ses enfans appartient à la maison de Flandres, issue des comtes de Hainaut.

Fin de la branche de Lorraine qui a régné sur la Flandres.

Branche de Lorraine-Boulogne. Ide Ire.

au comté de Boulogne en 1173, sous la régence de Philippe d'Alsace, frère de son père. Ide épousa, 1° Mathieu, comte de Toul, qui mou-

S. Bernard et S. Norbert, qui étaient alors dans la plus grande considération en Europe, et surtout en Alsace. Ces saints personnages exhortèrent souvent le duc à faire des libéralités aux églises et aux monastères qu'ils protégeaient. Quelques historiens prétendent à tort que Simon fit le voyage de la Terre-Sainte; il accom-

---

Première branche de Vaudémont. Henri V.

11. HENRI V.

Henri V, comte de Vaudémont et sire de Joinville, réunit ces deux seigneuries, qui lui étaient échues tant du côté paternel que du côté maternel. Il se trouva, en 1356, à la bataille de *Poitiers*, où il combattait pour la France, et y fut fait prisonnier. Rendu dans la suite à la liberté, il provoqua à la guerre le duc de Lorraine, qui mit tout à feu et à sang dans le comté de Vaudémont, et livra le com-

---

Branche Lorraine-Boulogne. Ide Ire.

rut vers l'an 1180; 2° Gérard III, duc de Gueldres, mort en 1183; 3° Berthold IV, duc de Zœringhen, mort en 1186; 4° Renaud, comte de Dammartin, à qui elle porta le comté de Boulogne. Ce dernier fut redevable de son mariage à Philippe-Auguste, roi de France, qui le protégea contre les entreprises d'Arnoul, baron d'Ardres, comte de Guines, qui aspirait à la main d'Ide; mais Renaud se brouilla bien-

pagna seulement l'empereur Lothaire II, dans son expédition d'Italie en 1137, contre Roger, roi de Sicile; puis il rentra dans son pays l'année d'ensuite, et y mourut le 19 avril 1139(1), après avoir fondé l'abbaye de *Sulzbronn*, où il se fit enterrer.

Ce prince avait épousé *Adélaïde*, sœur de

Première branche de Vaudémont. Henri V. (*ses enfans.*)

bat de *Saint-Blin*, où Henri éprouva une déroute totale (2). Le roi de France, Charles V, interposa ses bons offices pour rétablir la paix entre les deux princes, qui se réconcilièrent effectivement d'une manière sincère. Henri mourut au commencement de 1374, laissant de *Marie de Luxembourg*, fille de Guy (3) de Luxembourg, comte de Ligny et de Saint-Pol, les enfans qui suivent:

1° Deux fils morts en bas âge.
2° Marguerite II, dont l'article vient p. 38.

Branche de Lorraine-Boulogne. Ide Ire.

tôt avec le roi de France, et devint un de ses ennemis les plus acharnés. Ce fut à son instigation que l'empereur Otton IV déclara la

---

(1) Et non pas le 14 janvier, ainsi que ledit Zurlauben.
(2) C'est par erreur que dom Calmet dit qu'*il remporta la victoire.*
(3) C'est par erreur que l'Art de vérifier les Dates la fait fille de Jean de Luxembourg.

l'empereur Lothaire II, et fille d'Hedwige de Formbach, dont j'ai parlé p. 32, et de Gebhard, comte de Supplenbourg et de Querfurt. (L'Art de vérifier les Dates récuse cette opinion, parcequ'elle condamne évidemment celle que le même auteur a mise en avant, en faisant Hedwige de Formbach épouse de Thierri-le-Vail-

---

Première branche de Vaudémont. Henri V. (*ses enfans.*)

3° Alix, mariée à Thibaut, comte de Neufchâtel, maréchal de Bourgogne, à qui elle porta les terres de Châtel-sur-Moselle, Bainville, et Chaligny.

12. MARGUERITE II.

Marguerite II, fille aînée de Henri V, est

Branche de Lorraine-Boulogne. Ide Ire.

guerre à Philippe-Auguste, et qu'il lui livra la bataille de *Bouvines*, où Renaud renversa de sa propre main, dans la mêlée, le roi de France. Cependant le comte y fut fait prisonnier, et conduit devant le roi, qui lui reprocha sa perfidie et son ingratitude devant les seigneurs de sa cour, et l'envoya chargé de chaînes au château de Péronne, où il mourut de chagrin et de désespoir en 1227. La comtesse Ide, pendant la captivité de son mari, s'était retirée au monastère d'Ypres, où elle mourut en 1216, laissant de ce prince :

lant, et mère de Simon, lequel se trouverait alors avoir épousé sa *sœur utérine*, chose inouie dans notre histoire, et réprouvée par nos mœurs et la religion. La vérité est que Simon ne fut point le *fils* de cette Hedwige, ainsi que je l'ai prouvé, mais bien le *gendre*, ainsi que l'attestent tous les documens, toutes les chartes, et

---

Première branche de Vaudémont. Marguerite II.

le deuxième exemple de l'avènement des filles à l'hérédité du comté de Vaudémont et de la sirerie de Joinville, desquels elle fut mise en possession aussitôt après la mort de son père; elle était veuve alors de Jean de Bourgogne, sire de Montagu. Elle épousa en secondes noces le 25 mai 1374, Pierre, comte de Genève, frère du pape Clément VII, et fils d'Amédée III,

---

Branche de Lorraine-Boulogne. Mahault Ire.

3. MAHAULT Ire.

MAHAULT Ire, fille de la comtesse Ide et de Renaud de Dammartin, porte le comté de Boulogne dans la maison royale de France, par son mariage avec Philippe, dit Hurepel, fils de Philippe-Auguste, roi de France, dont elle fut veuve en 1234. Elle se remaria à l'infant dom Alphonse de Portugal, qui devint roi de cette monarchie en 1248; mais il répudia Mahault aussitôt qu'il fut monté sur le trône, et ne voulut même pas qu'elle mît le pied dans son royaume.

tous les meilleurs historiens). Adélaïde, touchée des sentimens de piété que la fréquentation de S. Bernard lui avait inspirés, se retira après son veuvage dans l'abbaye de Tart, près de Dijon, où elle termina ses jours, après avoir été le modèle de toutes ses compagnes, laissant

Première branche de Vaudémont. **Marguerite II.**

comte Genevois. Pierre fit son testament le 24 mars 1394, et mourut quelques jours après sans laisser d'enfant. Sa veuve se remaria à Ferri de Lorraine, fils du duc Jean Ier : elle lui porta le comté de Vaudémont et la sirerie de Joinville. Ferri fut tué, le 25 octobre 1415, à la bataille d'*Azincourt,* où il servait la France

Branche de Lorraine-Boulogne. **Mahault Ire.** (*ses enfans.*)

Elle finit ses jours dans la douleur et le deuil, le 14 janvier 1258, laissant de son premier mariage :

1° Albéric, qui succéda momentanément dans le comté de Dammartin, puis abandonna la France pour passer en Angleterre, où il se maria, et eut une fille qui épousa le fils de Simon de Montfort, comte de Leycestre, beau-frère de Henri III, roi d'Angleterre.

2° Jeanne, qui se maria à Gaucher de Châtillon, l'un des plus fameux guerriers de son tems. Jeanne mourut sans enfans avant sa mère.

Fin de la branche de Lorraine-Boulogne. (Le

SIMON I. (*ses enfans.*)

de son mariage avec Simon Ier les enfans qui suivent :

1° Mathieu Ier, qui succéda au duché de Lorraine, et dont l'article vient page 44.

2° Baudouin, mentionné dans deux chartes de l'abbaye de Tart, sous la date de 1142.

Première branche de Vaudémont. Marguerite II.

contre les Anglais(1). Marguerite mourut l'année d'ensuite. Ils formèrent une seconde branche de Vaudémont, qui est rapportée à la fin de l'article de Jean Ier, duc de Lorraine. J'y renvoie le lecteur.

Fin de la première branche de Vaudémont.

Branche de Flandres-Boulogne. Mahault Ire.

comté de Boulogne passa par droit de succession collatérale à la maison d'Auvergne, à cause du mariage d'Alix de Brabant, fille de Mathilde de Lorraine-Boulogne, dont il a été question page 31.)

---

(1) C'est par erreur que le P. Benoit, dans son Histoire de Toul, et dom Calmet dans celle de Lorraine, mettent le premier mariage de Marguerite avec Pierre de Genève;

Et Zurlauben se trompe en disant que Jean de Bourgogne-Montagu, second mari de Marguerite, fut tué à la bataille d'Azincourt; il le confond avec Ferri de Lorraine, troisième mari de Marguerite, qui périt effectivement à cette journée.

L'Art de vérifier les Dates est aussi dans l'erreur lorsqu'il dit, tome III, page 609, que Marguerite, veuve de Pierre, épousa en secondes noces Ferri de Lorraine : lisez en troisièmes noces.

3° Robert, sire de Florange, dont la branche est rapportée ci-dessous (*).

4° Adalbéron, religieux de Clairvaux.

5° Gaultier, qui obtint la seigneurie de Gerbevillers, et qui épousa *Anne d'Haraucourt*. Leur fille *Jeanne* ou *Joatte* fut mariée à Jean d'Haraucourt, et devint mère de Perrin, seigneur d'Haraucourt, d'où viennent les seigneurs de ce nom (1).

6° Jean, mentionné dans un titre de 1148, concernant l'abbaye d'Etanche.

7° Anne ou Angeline, mariée à Hugues Ier, comte de Vaudémont. Voyez page 13.

Branche de Lorraine-Florange.

1. ROBERT Ier.

(*) Robert Ier, fils de Simon Ier, duc de Lorraine, obtint pour son partage le comté de Florange ou Fleurange; il fonda une branche particulière qui prit ce nom distinctif; et épousa *Demundes*, fille d'Oalde, comte de Boulay, de laquelle il laissa :

2. PHILIPPE Ier.

Philippe Ier, seigneur de Florange, qui mourut en 1293; il avait épousé *Lucie*, dont on

(1) M. Lesage a oublié de le mentionner, ainsi que toutes ses sœurs, de sorte que dans la généalogie de la maison de Lorraine, dressée par cet auteur, sur douze enfans que le duc Simon a eus, dix se trouvent oubliés.

Maison impériale de Souabe.

8° Agathe, épouse Renaud III, comte de Bourgogne, dont elle eut *Beatrix*, qui épousa l'empereur Frédéric Ier, dit Barberousse, de l'illustre maison de Souabe. Leur descendance donna quatre empereurs à l'Allemagne.

9° Hedwige, qui épouse Frédéric, comte de Toul.

10° Berthe, religieuse à l'abbaye de Tart, où s'était retirée sa mère.

11° Deux princesses mortes jeunes.

Branche de Lorraine-Florange. Philippe Ier. (*ses enfans.*)

ignore la famille, et fut père des enfans qui suivent :

1° Gilles, dont l'article vient page 44.

2° Philippe, élu évêque de Metz en 1260, concurremment avec Guillaume de Porcèlet, qui se désista en sa faveur. Philippe mourut le 20 décembre 1297; Guillaume de Traisnel lui succéda.

3° Habile, qui épousa Jean, sire de Maresch, en 1312.

4° Ancillon, épouse *Jeanne*, dont on ignore le nom de famille, et devient père d'un autre Ancillon qui épousa *Elise*, fille de Jean de Remesdinges, dit le Majeur (1).

(1) Baleycourt est dans l'erreur lorsque d'*Ancillon* il fait une *femme*, et lorsqu'encore il lui fait épouser Jean de

6. MATHIEU Ier.

Mathieu Ier, fils de Simon Ier, lui succède dans le duché de Lorraine en 1139. Son ambition démesurée le porta à envahir les états de ses voisins, qui s'étaient croisés pour aller faire la guerre en Asie. Le pape Eugène III l'excommunie, et exige qu'il leur restitue tout ce qu'il leur avait pris; à ces conditions l'excommunication fut levée. Cette affaire n'empêcha pas le duc Mathieu de tomber sur les terres de l'évêque de Metz et l'abbaye de Re-

---

Branche de Lorraine-Florange. Gilles Ier.

3. GILLES Ier.

Gilles Ier, seigneur de Florange, vivant en 1312, épouse *Alix de Passavant,* qui lui porte cette seigneurie. De ce mariage vint:

4. ROBERT II.

Robert II, seigneur de Florange, épouse *Helwide,* dont on ignore la famille. De ce mariage vint:

5. PHILIPPE II.

Phillipe II, seigneur de Florange, épouse

Remesdinges; on voit au contraire que le fils de cet Ancillon, nommé aussi Ancillon, épousa la fille de Jean de Remesdinges, dit le Majeur.

miremont, ce qui occasionna une guerre assez violente entre lui et cet évêque, qui força le duc à une restitution prompte de toutes ses conquêtes. Mathieu I*er* accompagna l'empereur Frédéric I*er*, dit Barberousse, dans presque toutes ses expéditions, et se distingua dans les campagnes qu'il fit sous ses drapeaux. De retour dans son duché, il acquit de Drogon, chef de la maison de Nancy, dite depuis de *Lénoncourt*, la ville de Nancy; il fonda en outre le monastère de l'*Etanche* et l'abbaye de *Clairlieu*, dans laquelle il finit ses jours le 13 mai 1176. Il avait épousé *Judith-Berthe*, princesse

---

Branche de Lorraine-Florange. Philippe II.

Alix de Sept-Fontaines, qui le fait père de :
    1° Philippe III, qui vient plus bas.
    2° Jeannette, mariée à Godefroi de Randesch. Un acte du 15 octobre 1344 porte sa renonciation à la succession de ses ancêtres.

6. PHILIPPE III.

P*hilippe* III, sire de Florange, est père de
    1° Robert III, dont l'article vient page 46.
    2° Lise, dont l'article vient page 47.

Maison de Bourbon.

3° Jeanne, qui épousa Ferri, sire de Chamblay, qu'elle fit père d'un autre Ferri, duquel descend Marguerite de Chamblay, qui

46 MAISON DUCALE DE LORRAINE.

de Souabe, sœur de l'empereur Frédéric I*er*, dont je viens de parler, laquelle mourut en 1195; elle fut inhumée dans l'abbaye de Clairlieu, auprès de son mari, qu'elle avait fait père des enfans qui suivent:

1° Simon II, qui succéda, et dont l'article vient page 52.

2° Ferri I*er*, qui succéda à son frère Simon II, et dont l'article vient page 55.

3° Mathieu qui fonde une branche des *comtes de Toul,* rapportée ci-dessous (*).

4° Thierri, élu évêque de Metz par l'au-

Branche de Lorraine-Florange. Philippe III. (*ses enfans.*)

épousa Louis de Beauvau; de ce dernier mariage vint Isabelle de Beauvau, mariée à Jean II de Bourbon, comte de Vendôme, laquelle fut mère de François de Bourbon, aïeul d'Antoine de Bourbon, roi de Navarre, père de Henri IV.

7. ROBERT III.

Robert III, sire de Florange, épouse, en

Branche de Lorraine-Toul.

1. MATHIEU I*er*.

(*) Mathieu I*er*, fils de Mathieu I*er*, duc de Lorraine, épouse *Béatrix,* fille et unique héritière de Frédéric IV, dernier comte de Toul; elle

MATHIEU I. (*ses enfans.*)

torité de son oncle l'empereur Frédéric Barberousse, mais déposé dans le troisième concile de Latran en 1179, mourut en 1181.

5° Philippe, évêque de Chartres.

6° Alix, mariée à Hugues III, duc de Bourgogne, pair de France, fondateur, en 1172, de la sainte Chapelle de Dijon. Ce prince fut célèbre par ses croisades, et commanda souvent les armées européennes en Asie contre les infidèles : il mourut à Tyr en 1193. Après vingt ans de mariage il avait répudié Alix, de laquelle il eut, 1° Eudes III,

---

Branche de Lorraine-Florange. Robert III.

1381, *Diane-Marie de la Marck*, et meurt sans laisser d'enfans ; sa sœur Lise lui succède.

8. LISE Ire.

Lise, fille de Philippe III, et sœur de Robert III, seigneurs de Florange, succède à ce dernier dans l'héritage de ses ancêtres, et porte le comté de Florange dans la maison de Lenoncourt par son mariage avec Colart, sire de

---

Branche de Lorraine-Toul. Mathieu Ier.

lui porte ce comté, avec les seigneuries de Fontenoi, de Charmes, et de Conssey. Mathieu Ier fut mis en possession de ces divers domaines à la mort de Frédéric IV, et il prit le titre de comte de Toul. Il fit une guerre san-

duc de Bourgogne, duquel descendent les ducs de Bourgogne de la première race ; 2° Alexandre de Bourgogne, duquel viennent les branches de *Montagu*, de *Sombernon*, et de *Conches* ou *Couches*.

Maison de Châlons, d'où viennent les princes d'Orange qui se fondent dans la maison de Nassau.

7° Judith, mariée à Etienne Ier, comte d'Auxonne, fils de Guillaume IV, comte de

---

Branche de Lorraine-Florange. **Lise Ire.**

Lénoncourt, vivant en 1415. Lise vivait encore en 1431 ; elle eut de son mariage Jeanne de Lénoncourt et de Florange, qui epousa, 1°, en 1463, Jean de Marley (1), seigneur du Saulcis ; et 2°, en 1430, Henri de la Tour, seigneur de Pierrefort. Du premier mariage de Jeanne vint Colart de Marley, dont la fille unique, nommée Jeanne, porta les seigneuries de Florange,

---

Branche de Lorraine-Toul. **Mathieu Ier.**

glante aux chanoines de l'église de Toul, pour certains droits qu'ils refusaient de lui payer. Ces prêtres avaient même résisté les armes à la main aux prétentions de Mathieu, mais celui ci les fatigua au point, qu'ils posèrent la

(1) C'est par erreur que Baleycourt dit Jean de *Merci*.

MATHIEU I. (*ses enfans.*) 49

Bourgogne, de Vienne et de Mâcon. De ce mariage vient Etienne II, comte de Bourgogne, souche des maisons de *Chálon*, de *Vienne*, de *Mâcon*, d'*Auxonne*, des comtes d'*Auxerre*, des sires d'*Arlay*, devenus *princes d'Orange*, des sires de *Baux*, de *Joigni*, et de *Viteaux*.

Maison grand-ducale de Bade.

8° Berthe, mariée à Herman III, margrave de Bade. De ce mariage vient Her-

Branche de Lorraine-Florange. Lise Ire.

de Marley, de Dun, de Jamets, et du Saulcis, dans la maison de la Marck Bouillon, par son mariage avec Robert Ier de la Marck, seigneur de Sedan, tué au siège d'Yvoi en 1489. Le petit-fils de celui-ci, nommé aussi Robert, fut maréchal de France, et composa des mémoires sur les choses mémorables arrivées en France, en Allemagne et en Italie, depuis 1503 jus-

Branche de Lorraine-Toul. Mathieu Ier.

cuirasse et l'épée, et recoururent aux armes de l'excommunication. Simon II, son frère, l'aida dans cette guerre, qui finit par l'intervention de l'évêque de Toul. Des actes patents prouvent que Mathieu régnait encore en 1181, 1186, 1188, 1194; il mourut au château de

3. 4.

mán IV, souche de la maison grand-ducale de nos jours.

Maison de Limbourg, devenue de Luxembourg et impériale d'Allemagne.

9° Sophie, mariée à Henri III, comte de Limbourg, qui joua un grand rôle dans les affaires de son tems. Elle mourut après l'an 1195, laissant de ce prince, entre autres

---

Branche de Lorraine-Florange. Lise Ire.

qu'en 1521; cet ouvrage porta d'abord le titre de *Mémoires du Jeune Aventureux;* puis celui de *Mémoires du maréchal de Florange.* La postérité masculine de ce maréchal de Florange ayant cessé en 1588, Charlotte de la Marck, son arrière-petite-fille, porta les principautés de Bouillon, de Sedan et de Raucourt, dans la maison de Turenne, par son mariage avec

---

Branche de Lorraine-Toul. Mathieu Ier. (*ses enfans.*)

Fontenoi, et fut enterré à l'abbaye de Clairlieu (1); il laissa les enfans qui suivent:

1° Frédéric, comte de Toul, premier du

(1) Baleycourt et Vignier ont donc bien tort de le marier à Ide, comtesse de Boulogne, puisque le prince de ce nom, qui épousa la comtesse Ide, mourut vers l'an 1180, et qu'elle se remaria presqu'aussitôt. Des actes, des chartes authentiques prouvent l'existence de Mathieu jusqu'en 1194.

MATHIEU I. (*ses enfans.*)

enfans, le fameux Valéran, comte de Limbourg, qui, en 1197, brûlant de combattre les infidèles, rompit la trève faite par le roi d'Angleterre avec les Sarrasins, et commença des hostilités qui devinrent funestes aux croisés. De retour en Allemagne, il prit une part très active dans les guerres qui dévastèrent cette contrée; et il devint comte de Luxembourg par son mariage avec *Ermensette de Luxembourg*, héritiere de cette maison. De leur descendance viennent les comtes de Luxembourg, qui devinrent rois

---

Branche de Lorraine-Florange. Lise Ire.

Henri Ier, de la Tour d'Auvergne, vicomte de Turenne, père du héros que la France perdit à Saaspach, le 27 juillet 1675 (1).

Fin de la branche de Lorraine-Florange, qui s'est fondue dans la maison de la Marck-Bouillon, qui se fond elle-même dans celle de Turenne.

Branche de Lorraine-Toul. Mathieu Ier.(*ses enfans.*)

nom de cette branche de Lorraine, mais cinquième comme regnant dans le comté de Toul; son article vient page 52.

(1) La Chesnaye des Bois dit, *le célébre vicomte de Turenne naquit le 27 juillet 1675*. C'est une bien grande erreur, car ce fut precisément l'époque de sa *mort*, après avoir rempli la carrière la plus glorieuse. Turenne etait né le 11 septembre 1611.

de Hongrie, de Bohême, et empereurs d'Allemagne (1).

10° N***, morte en bas âge, et enterrée à Flavigny.

7. SIMON II.

Simon II, fils de Mathieu Ier, lui succède en 1176; il avait suivi son père dans presque toutes les expéditions où il s'était trouvé sous le règne de l'empereur Frédéric Barberousse. Cepen-

---

Branche de Lorraine-Toul. Mathieu Ier. (*ses enfans.*)

2° Renaud ou Renard, qui obtint la seigneurie de Coussey, et qui fonda une branche qui eut quelques générations.

2. FRÉDÉRIC Ier.

Frédéric, premier du nom de la branche de Lorraine-Toul, mais cinquième du nom comme comte régnant à Toul, succéda à Mathieu son père; soit besoins réels, soit pour cause de dissipation, il engagea plusieurs fois son comté à l'évêque de Toul et au duc Mathieu II de Lorraine. Il avait épousé *Agnès de Commerci*, de laquelle il laissa:

1° Eudes, qui lui succéda, et dont l'article vient page 53.

(1) M. Lesage aurait il dû oublier de mentionner toutes ces princesses? de dix enfans qu'eut Mathieu Ier, il en oublie cinq, et de ce nombre se trouvent trois filles qui forment la souche des maisons souveraines les plus importantes de l'Europe.

dant Simon II était dans l'âge de l'adolescence lorsqu'il succéda à son père, puisqu'on le voit, dans les premières années de son règne, dirigé par les conseils de la duchesse sa mère. Il eut avec son frère Ferri, dit de Bitche, de violens démêlés, qui ne se terminèrent que par une augmentation d'apanage consentie à ce dernier. Il assista le comte Mathieu de Toul, son autre frère, dans la guerre qu'il fit au chapitre de cette ville, et fournit des troupes, qu'il commanda en personne, à Arnould, évê-

---

Branche de Lorraine-Toul. Frédéric Ier. (*ses enfans.*)

2° Ferri.
3° Erric.

3. EUDES Ier.

Eudes Ier succède à Frédéric Ier son père, et, comme lui, engage son comté au duc Mathieu II de Lorraine, pour la somme de cinq cents livres; il finit même par le lui vendre définitivement, se voyant sans enfans. Mais en 1261, Gilles de Sorcy, évêque de Toul, retira des mains de ce prince le comté de Toul, et le réunit à jamais à ses domaines, avec défense à ses successeurs et à ses chanoines de le vendre, désunir ou aliéner, pour quelque cause que ce puisse être.

Eudes avait épousé, 1° *Isabelle de Paroye;* 2° *Gillette de Passavant,* qui se remaria à Jean Ier, fils de Ferri Ier, sire du Châtelet. Il n'eut aucun enfant de ces deux mariages.

Fin de la branche de Lorraine-Toul.

que de Verdun, qui assiégeait Sainte-Menehould. Le prélat fut tué dans cette expédition, qui prit fin par cet évènement. Les habitants du pays de Metz ayant déclaré la guerre au duc Simon, celui-ci gagna sur eux la bataille de *Boullai*, qui fut décisive. Ce prince fit d'excellentes lois pour protéger le pauvre contre l'homme puissant, assurer le libre passage sur les routes, qui étaient infestées par des nobles qui ne rougissaient pas de dévaliser les voyageurs, et réprimer les blasphèmes qui n'étaient alors que trop en usage : il peut, à juste titre, passer pour le *législateur de son pays*. Fatigué des soins du gouvernement, il se retira du monde en 1205 (1), et choisit son asile chez les moines de l'abbaye de Sultzbronn, où il mourut le 14 janvier de l'an 1207 (2). Il avait épousé *Ide*, fille de Gerard Ier, comte de Vienne et de Mâcon, veuve de Humbert II, sire de Coligni, laquelle mourut en 1224, et fut enterrée à l'abbaye de Goile, près de Salins, lieu de la sépulture de ses parens maternels. C'est à tort que certains historiens donnent à Simon II une seconde femme (3). Ce prince ne laissant point de postérité, son frère Ferri, dit de Bitche, lui succéda.

(1) Et non pas 1225, ainsi que le dit par erreur dom Calmet ; car il était mort dès 1207.
(2) Le P. Vignier dit qu'il mourut religieux à Sultzbronn, qu'il avait *fondé* en 1207. C'est une erreur : cette célèbre abbaye dut sa fondation, en 1135, au duc Simon Ier, aïeul de Simon II.
(3) Je n'ai pas voulu jusqu'ici relever les erreurs de Claude Paradin ; j'aurais eu trop à faire. Cet auteur était dans le délire lorsqu'il composa ses généalogies, et sans

8. FERRI I*ᵉʳ*, DIT DE BITCHE.

Ferri Iᵉʳ, frère de Simon II (1), avait obtenu

rime ni raison, il a distribué des enfans, des mariages, autant qu'il lui en venait à l'imagination ; il faudrait que j'ajoutasse un volume de plus à mon ouvrage si j'entreprenais de réfuter toutes ses rêveries. J'avertis seulement tout littérateur de ne puiser chez lui qu'avec la plus grande circonspection, et de vérifier encore chez d'autres auteurs mieux accrédités ce qu'il desirera en extraire. Paradin donne pour fils à Simon II, Raoul, évêque de Maïence. Ce Raoul était au contraire fils de Conrad Iᵉʳ, duc de Zœringnen, et de Clémence de Namur ; il fut élu archevêque de Maïence par les assassins d'Arnoul de Selehoven, qui remplissait ce siége ; mais cette élection n'ayant point été confirmée par l'empereur, Conrad de Wittelspach fut élu et reconnu archevêque légitime de Maïence. Dans la suite on donna à Raoul l'évêché de Liège, qu'il gouverna avec un despotisme et une luxure qui font peu d'honneur à sa mémoire. Il fut le persécuteur du prêtre Lambert, fondateur des deux congrégations religieuses, connues sous le nom de *Béguards* et de *Béguines*. Raoul, prélat guerrier et entreprenant, ruina les armes à la main le comté de Loss, brûla le château de ce nom, ainsi que ceux de Chaumont et de Bilsen ; il vendit publiquement les bénéfices, les prébendes, et les canonicats de son diocèse : il avait choisi, pour courtier de cette infâme simonie, un boucher, nommé Udelin, *qui vendait les prébendes à l'enchère, sur le même étal de boucher où il débitait sa viande.*

On voit qu'il n'est pas sans intérêt, pour la maison de Lorraine, de n'avoir point à compter parmi ses membres un prince aussi peu délicat, à qui l'histoire reproche de s'être déshonoré, et comme souverain et comme ecclésiastique. Ce sera mon dernier mot sur Paradin.

Laurent Turquoys, dans son Empire français, commet la la même faute que Paradin.

(1) C'est à tort qu'Hubner fait continuer la lignée de Lorraine à Simon II, en lui donnant pour fils Ferri Iᵉʳ, qui ne fut que son frère.

le comté de Bitche pour apanage; mais peu satisfait de ce lot, il força son frère, les armes à la main, de lui faire d'autres concessions : ce ne fut qu'à ces conditions que la paix fut rétablie entre eux. Simon II s'étant retiré, en 1205, à l'abbaye de Sultzbronn, des actes patents et publics donnent le titre de *duc de Lorraine* à Ferri Ier, qui lui succéda; mais son règne fut de peu de durée, car il abdiqua, en 1206, en faveur de Ferri II, son fils aîné, et mourut en 1208, laissant de *Ludomille de Pologne*, fille de Micizlas III, dit le Vieux, les enfans qui suivent:

1° Ferri II, qui lui succéda, et dont l'article vient page 58.

Maison du Châtelet.

2° Thierri, dit du Diable ou d'Enfer, né vers l'an 1175, acquit ce surnom à cause de son intrépidité. Il fit de grands biens au prieuré de Relange, ce qui a fait croire mal-à-propos à plusieurs historiens qu'il en avait été le fondateur. Ce prince vivait encore vers la fin de 1225, mais on ne peut préciser l'époque de sa mort : il fut enterré dans l'église du prieuré de Relange. Il avait fait bâtir une forteresse, qu'on appela *le Châtelet*, et dont sa branche prit le nom distinctif. *Unà cum Theodorico Diaboli domino* Castelleti *propè abbatiam dictam l'Etanche, etc.*

Il avait épousé *Gertrude de Montmorency*,

fille de Mathieu II, connétable de France, surnommé le Grand, et de Gertrude de Néele-Soissons; il laissa d'elle, entre autres enfans, Ferri Ier qui continua la lignée *du Châtelet*, et devint la souche des branches de *Deuilly*, de *Thons-Vauvillars*, de *Trichâteau*, de *Thons-Clémont*, de *Lomont*, de *Pierrefite*, de *Saint-Amand*, de *Bulgneville*, de *Sorci*, et de *Vauvillars*, desquelles branches sont sortis des hommes illustres, tant dans l'épée que dans l'église.

3° Philippe, seigneur de Gerbevillers, vivant en 1231, marié à *Agnès de Paroye*, fille de Simon III de Paroye, et d'Anne de Romont; il n'en laissa pas d'enfans.

4° Mathieu, dit aussi Mahère, fut promu à la dignité de grand-prévôt de l'église de Saint-Dié en 1188, puis élu évêque de Toul en 1198. Ses dissipations et son amour pour le luxe et les plaisirs le firent déposer en 1205. Renaud de Senlis, fils de Guy de Senlis, grand-bouteiller de France, lui fut substitué. Mathieu, offensé de se voir donner un successeur, en médite la perte, et le fait assassiner en 1217 de la manière la plus horrible et la plus cruelle. Effrayé par les remords de ce crime, Mathieu se retire dans les montagnes de la Lorraine, où il mène une vie errante; mais Thibaut Ier, duc de Lorraine, son neveu, l'ayant un jour rencontré près du village de Nompatlise, le tua de sa propre main, en lui enfonçant sa lance dans le cœur. C'était venger un crime par un autre crime. (Même année 1217.)

5° Henri, surnommé le Lombard (ce qui veut dire *prêteur*); il épousa *Anne de Bayon*, de laquelle il eut trois enfans; il fit de grandes donations, en 1250, à l'abbaye de Sénones, où il fut enterré. On le considère comme le fondateur du château de Bayon.

Maison princière de Salm.

6° Judith, mariée à Henri II, comte de Salm et de Blâmont, souche, par les femmes, de la maison princière de Salm de nos jours.

7° Agathe, abbesse de Remiremont en 1236.

9. FERRI II.

Ferri II succède à son père Ferri Ier dans le duché de Lorraine, en vertu de l'abdication de ce dernier, consentie en 1206 du vivant de son oncle Simon II, qui avait aussi abdiqué, ainsi que je l'ai dit ci-dessus, pour se retirer en l'abbaye de Sultzbronn. Thibaut, comte de Bar, déclara la guerre à Ferri II, qui était son gendre, et la poussa avec une telle vigueur qu'il le fit prisonnier dans un combat avec ses deux frères, Thierri, dit d'Enfer, et Philippe de Gerbevillers: il ne les relâcha qu'après leur avoir imposé des conditions fort dures, et fait payer de fortes rançons. Ferri II rendu à la liberté épousa dans la suite les intérêts de l'empereur Frédéric II contre Otton IV, son compétiteur, et soumit la ville d'Haguenau qui reconnut l'autorité du premier. En reconnaissance de ce service, Frédéric lui concéda la ville de Rosheim. Il mourut à Nancy le 18 octobre 1213, et fut enterré à Sultzbronn.

Il avait épousé *Agnès-Thomassette*, fille de Thibaut I*er*, comte de Bar, laquelle mourut en 1226, et fut inhumée dans l'abbaye de Beaupré ; de ce mariage vinrent les enfans qui suivent :

1° Thibaut I*er*, qui succède à son père, et dont l'article vient page 60.

2° Mathieu II, qui succéda à son frère Thibaut I*er*, et dont l'article vient page 63.

3° Jacques, évêque de Metz en 1239. Ce fut un prince accompli, qui fit le bonheur de ses sujets : il fonda, en 1254, la collégiale et le château de Hombourg-l'Evêque ; il fit réparer les murs et les fortifications de la ville de Sarbourg, qui avaient singulièrement souffert pendant les dernières guerres ; il y fonda une collégiale, et permit aux habitans d'établir une banque pour les faciliter dans leur commerce. Jacques fit fortifier et réparer les villes de Vic, d'Arestein, de Turckestein, d'Epinal, de Rembervillers, et le château de Conflans ; il fonda en outre à Vic une collégiale pour onze chanoines et un doyen ; il augmenta les biens de son évêché de plusieurs fiefs et châteaux qu'il acheta de divers seigneurs. L'empereur Frédéric II ayant été excommunié par Innocent IV, et déposé dans le concile de Lyon 1245, Jacques reconnut et se rangea du parti de Guillaume de Hollande, qui avait été élu à sa place; mais les habitans de l'évêché de Metz tinrent bon pour Frédéric, ce qui occasionna des dissentions entre le prélat et les bourgeois de cette ville. Jacques conduisit en personne des secours à Guillaume, et commanda une aile de son armée dans une bataille qu'il livra en 1251 à Conrad IV, fils de Frédéric II. Ce prélat mourut le 24 octobre 1260 (1).

4° Renaud, seigneur de Bitche, épouse *Elisabeth*, fille et unique héritière de Henri II, comte de Blicastel, seigneurie qu'elle porta à son époux. Cette princesse fonda, en 1423, le monastère de *Graffenthal*, près de Sarguemines. Veuve de Renaud de Lorraine à qui elle ne donna point d'enfans, elle se remaria à Berthold, comte de Salm. Elle est inhumée sous le grand autel de l'église de Graffenthal.

5° Alix-Berthe, mariée, 1° à Wernher, comte de Kibourg; 2° à Gauthier, dit le Jeune, sire de Vignori.

6° Laurette, mariée en 1226 à Simon II, comte de Saarbruck.

10. THIBAUT Iᵉʳ.

Thibaut Iᵉʳ succéda à Ferri II son père, en 1213; il ne suivit pas le même système politique de ce prince, et se brouilla avec l'empereur Frédéric II qui était proscrit par le souverain pontife. Thibaut soutint Otton IV,

(1) Vignier se trompe en disant 1262.

son compétiteur, et lui fournit des secours dans toutes les guerres qu'il eut à soutenir tant contre Frederic II que contre Philippe-Auguste, roi de France. Il se trouva en personne à la bataille de *Bouvines*, livrée, en 1214, par Otton IV au monarque français qui y demeura vainqueur. Les affaires d'Otton furent entièrement ruinées par cet échec.

Le duc de Lorraine retourna alors dans ses états, et médita de s'affranchir du *vasselage* qu'il devait au comte de Champagne, pour certaines terres qui relevaient de ce comté. Il prit parti contre la comtesse Blanche, mère et tutrice du comte de Champagne, en faveur d'Érard de Brienne qui lui faisait la guerre, et fournit des secours à ce nouvel allié. Thibaut conçut en même tems le dessein de reprendre la ville de Rosheim en Alsace, que l'empereur Frédéric II avait réunie à ses domaines. Il donna le commandement de ses Lorrains à Lambyrin d'Ourches, général assez expérimenté, qui entra dans la place sans coup férir; mais ses soldats s'étant livrés au pillage et enivrés, les habitans saisirent le moment où ils étaient tous pris de vin pour les égorger, et se remettre sous la dépendance de l'empereur. Thibaut, à l'annonce de cette sinistre nouvelle, accourt en Alsace avec des renforts pour venger la mort des siens; mais l'empereur, faisant une diversion en Lorraine, l'accable de toutes ses forces, met le siége devant le château d'Amance, où Thibaut s'était retranché, et le force à rendre la place et sa personne à discrétion. Le duc de Lorraine prisonnier de l'empereur consentit, au mois de juin

1218, à toutes les conditions onéreuses que le monarque voulut lui imposer, tant pour ce qui le concernait personnellement que pour ce qui regardait la comtesse de Champagne, qui fut par ce traité rétablie dans tous ses droits de suzeraineté, pour les terres que le duc de Lorraine possédait dans son comté. Malgré son assentiment à tout ce qu'exigeait Frédéric, Thibaut n'en resta pas moins prisonnier, et demeura à la suite de l'empereur qui voyageait en Allemagne : le monarque cependant l'admettait à sa table, et défrayait ses gens pendant le voyage. Conrad, évêque de Metz, ami fidèle et zélé de Thibaut, vint trouver, en 1219, l'empereur et son prisonnier à Wurtzbourg, pour y traiter de la liberté de ce dernier; Frédéric ne l'accorda que moyennant une forte rançon, dont le prélat se rendit caution.

Thibaut eut alors la permission de retourner dans son duché; mais à peine eut-il passé le Rhin qu'une courtisanne, nommée *Sodoria*, qu'il avait connue en Allemagne, vint le rejoindre, sous prétexte qu'elle ne pouvait vivre séparée de lui, lui administre un poison lent, et disparaît. L'histoire accuse l'empereur Frédéric II d'avoir été l'instigateur de cette infamie. Thibaut portant la mort dans son sein arrive dans son pays, et y termine ses jours, en mars 1220 : c'était un des plus beaux hommes de son siecle. Il fut enterré dans l'église de Sultzbronn.

Il ne laissa point de postérité de *Gertrude*, fille et unique héritière d'Albert, comte de Dachsbourg et de Moha, qu'il avait épousée en 1206. Cette princesse se remaria à Thibaut-le-

Posthume, dit le Grand, comte de Champagne, mariage qui fut cassé pour cause de parenté; Gertrude prit un troisième mari, qui fut Simon-Frédéric, comte de Linange. Elle mourut en 1225. Le comté de Dachsbourg et de Moha, dont cette princesse était propriétaire, devint une source de querelles et de guerres, d'abord entre ses trois maris ou leurs héritiers qui y prétendaient exclusivement, et les évêques de Metz et de Strasbourg qui arguaient de leur suzeraineté sur lesdits biens. Après bien du sang versé, chacun des prétendans eut une portion de ce vaste héritage.

11. MATHIEU II.

Mathieu II succéde à Thibaut Ier, son frère, dans le duché de Lorraine, en 1220; il commença son règne par régler divers intérêts de famille, et tout ce qui pouvait concerner les droits de Gertrude de Dachsbourg, veuve de Thibaut son frère, laquelle se remaria à Thibaut, comte de Champagne, ainsi que je l'ai dit ci-dessus Mathieu, en 1229, assista Thibaut IV, comte de Champagne, dans la guerre qu'il fit à Henri II, comte de Bar, à l'occasion de l'archevêque de Lyon, que le premier avait, contre la foi publique, arrêté sur ses terres, lorsque le prélat les traversait comme simple voyageur et sans défense. Le comte de Bar sa de représailles contre Mathieu, et vint dévaster la Lorraine: la paix ne se rétablit entre ces princes qu'en 1233. Le duc de Lorraine, aussi grand politique que capitaine habile et expérimenté, joua un rôle brillant dans les affaires de son siècle ; il assista, en 1231, à la diète de Worms, et en 1245 à celles de Wurtzbourg et de Francfort, pour coopérer à l'élection de Henri Raspon, landgrave de Thuringe, à la dignité de roi des Romains. Mathieu est nommé dans l'acte d'élection immédiatement après le roi de Bohême, et *avant* les ducs de Brunswick, de Souabe, de Carinthie, les comtes de Savoie, de Gueldres, de Limbourg, et le landgrave de Hesse. Henri Raspon ayant été blessé mortellement au siége d'Ulm, quelque tems après son élection, les princes de l'Empire opposés à Frédéric II, élurent Guillaume, comte de Hollande, roi des Romains. Le duc de Lorraine se prononça en faveur de ce dernier monarque, et signala son ardeur pour ses intérêts dans toutes les guerres qui se firent pour soutenir cette élection : sa haine pour l'empereur Frédéric II avait une cause palpable dans le traitement odieux que ce prince fit souffrir à Thibaut Ier son frère.

Plusieurs histoires manuscrites donnent la relation de quatre ou cinq voyages faits en Palestine par le duc Mathieu, et font l'éloge de la bravoure que ce prince témoigna contre les Sarrasins. Il ne faut cependant pas croire que ces manuscrits soient d'une vérité respectable ; le nombre de voyages paraît d'autant plus suspect, que le tems bien calculé ne laisse pas au duc Mathieu assez d'espace pour avoir fait cette entreprise quatre ou cinq fois.

Le duc Mathieu II eut la reputation d'un

prince sage, juste, vaillant et généreux : il fonda, avec *Catherine de Limbourg* son épouse, une abbaye de filles de l'ordre de Cîteaux, sous le nom de *Marienflos;* il fit de grands biens au prieuré de Sainte-Marie-aux-Bois, ce qui a fait croire à certains historiens qu'il en avait été le fondateur (ce prieuré existait bien avant lui): il fut aussi le bienfaiteur des abbayes de Bouxières, de Saint-Mont, de Châtenois, de Justemont, et de la cathédrale de Toul.

Il fut le premier duc de Lorraine qui ordonna que les actes publics seraient écrits en langue vulgaire, c'est-à-dire en français dans le *romain pays*, et en allemand dans la Lorraine allemande; il créa à cette occasion des tabellions ou notaires, qui furent choisis parmi les gens les plus instruits et les plus notables du pays. Il mourut le 24 juin 1251 (1).

Il avait épousé, en septembre 1225, *Catherine*, fille de Waléran Iᵉʳ, duc de Limbourg et comte de Luxembourg. Cette princesse consomma la fondation du prieuré de *Mervaville*, commencée avant l'an 1224, et devint régente des états de Lorraine pendant la minorité de son fils, le duc Ferri III. Catherine mourut au mois de juillet 1255 (2), laissant les enfans qui suivent :

---

(1) C'est par erreur que Zurlauben le fait mourir le 10 février; car on voit une lettre de ce prince, postérieure à cette époque, dans laquelle il fait promesse de rendre tout ce qui a été pillé à quelques marchands qui passaient par la Lorraine pour aller aux foires de Champagne.

(2) L'Art de vérifier les Dates, tome III, page 49, adopte bien cette date; mais, page 50, il donne celle de 1258. Les historiens sont partagés, à la vérité, entre 1255 et 1258;

1º Ferri III, qui succéda à son père Mathieu II ; son article vient page 68.

2º Laure, qui naquit au château d'Ainville sur le Cernon, et fut mariée à l'âge de dix-sept ans à Jean, seigneur de Dampierre, fils de Guillaume de Bourbon, sire de Dampierre, à qui elle porta pour dot la terre de Saint-Dizier en Pertois ; elle eut deux fils de ce mariage, Jean, seigneur de Dampierre et de Somme-Puis, et Guillaume de Saint-Dizier : étant devenue veuve, elle épousa Guillaume de Vergy, second du nom, seigneur de Mirebeau et d'Autrey, sénéchal de Bourgogne, duquel elle n'eut point d'enfans, et qui mourut après l'an 1272. Laure est l'*héroïne* d'un roman intitulé : *la Comtesse de Vergy*. L'auteur de cet ouvrage suppose que le théâtre des aventures de cette princesse fut la cour d'Eudes III, duc de Bourgogne ; cet auteur n'était guère fixé sur les époques, car il présente Laure comme *veuve avant son mariage ;* mais un roman peut se permettre de ne pas être plus exact dans la date des faits, que dans les faits mêmes.

Maison de Montbéliard.

3º Catherine, fiancée à un fils du comte

cependant dom Calmet dit : « La duchesse Catherine était « morte au mois de juin 1255, et fut enterrée à Beaupré : « Waléran II, comte de Ligny, son neveu, Burnig de « Riste, son cousin, le comte de Bar, et le duc Ferri son « fils, étaient présens à ses funérailles. »

MATHIEU II. (*ses enfans.*) 67

de Los, mais mariée à Richard II, comte de Montbéliard et de Montfaucon. De leur mariage vint Thierri IV, comte de Montbéliard et de Montfaucon, souche des branches de *Montbéliard*, de *Sarrebruck*, de *Rouci*, et de *Commerci*. La branche de Montbéliard s'éteignit dans la personne de Henri, tué à la bataille de *Nicopolis*, en 1396; sa fille Henriette, porta le comté de Montbéliard dans la maison de Wurtemberg (1).

4° Marguerite, épouse Thierri de Vienne.

5° Elisabeth ou Isabelle, mariée, 1° à Guillaume, comte de Vienne et de Mâcon, mort en 1236, sans lignée (2); 2°, avant l'an 1238, à Jean Ier de Châlon, seigneur de Rochefort, comte d'Auxerre, fils aîné de Jean-le-Sage, comte de Châlon, et d'Isabeau de Courtenai.

Nota. A ces enfans, M. Lesage ajoute: «*Bou-*
«*chard*, évêque de Metz, mort en 1296.» (3)

---

(1) C'est à tort que dom Calmet donne deux filles du nom de *Catherine* à Mathieu II.

(2) Dom Calmet et le P. Benoît sont dans l'erreur en faisant épouser Henri, comte de Vienne, frère de Guillaume, à Elisabeth, et en faisant naître de ce mariage un prince nommé Philippe. Le comte Henri avait épousé, à la vérité, une Elisabeth, mais elle était fille de Jean, comte de Bourgogne. Ils ne donnent non plus à Elisabeth qu'un seul mari, tandis qu'il est prouvé qu'elle contracta les deux alliances que je viens de mentionner.

(3) M. Lesage est dans l'erreur; jamais aucun prince de la maison de Lorraine ne s'est appelé de ce nom, et Bouchard, évêque de Metz, mort en 1296, loin d'appartenir à la maison de Lorraine, etait fils de Jean d'Avesnes, comte de Hainaut, et d'Alix, comtesse de Hollande, sœur de Guillaume de Hollande, élu empereur en 1247. Bouchard

12. FERRI III.

Ferri III, fils de Mathieu II, lui succéda en 1251 dans le duché de Lorraine, sous la régence et la tutèle de la princesse Catherine sa mère, qui gouverna avec beaucoup de sagesse et de sagacité jusqu'en 1254, que le duc Ferri fut déclaré majeur.

L'an 1257, l'Empire se trouvant vacant par la mort de Guillaume de Hollande, roi des Romains, les électeurs se réunirent à Francfort pour donner un nouveau chef à l'Allemagne; mais divisés d'opinion entre eux, les

---

fut porté au siége de Metz en 1284, à la place de Jean de Flandres, qui passa à l'évêché de Liège. Bouchard gouverna l'église de Metz pendant douze années consécutives; et ce qu'il y a de plus extraordinaire dans cette erreur de M. Lesage, c'est que l'histoire de Lorraine n'est remplie que des guerres que cet évêque, valeureux et entreprenant, fit à Ferri III, duc de Lorraine, pendant tout son règne. Des siéges, des combats, des traités de paix conclus et rompus sont relatés tout au long dans dom Calmet, Meurisse, Benoit, et dans d'autres exacts historiens, de manière à ne pas faire cette erreur, si on veut se donner la peine, seulement de les ouvrir. Bouchard d'Avesnes mourut en 1296, et eut Gérard de Relanges pour successeur au siége de Metz. Les personnes qui voudront se convaincre de la vérité de cette réfutation, consulteront la Généalogie des comtes de Flandres, par Olivier de Wrée; les Annales du Hainaut, par Jacques de Guise, cordelier, natif de Mons; la Chronique de Jean Beka, chanoine d'Utrecht; la Chronique de Hollande, par Guillaume Hede, doyen d'Utrecht. Tous ces livres sont vieux et enterrés sous la poussière des bibliothèques; mais ils sont bons, et il faut les en exhumer si l'on veut donner des ouvrages utiles au public.

FERRI III. 69

uns élurent Richard de Cornouailles, et les autres, d'après la recommandation du duc de Lorraine, décernèrent la couronne impériale à Alphonse-le-Sage, roi de Castille. Le duc Ferri fut député par les princes de l'Empire pour porter à Alphonse la nouvelle de son élection : le monarque castillan, qui savait qu'il en était redevable à l'influence qu'avait exercée sur les électeurs le duc de Lorraine, accueillit ce prince avec la plus grande magnificence, et lui donna, comme empereur, l'investiture des fiefs qu'il tenait de l'Empire (1).

Cette cérémonie se fit en lui mettant entre les mains cinq bannières ou étendards, pendant qu'il était à genoux devant le trône du

(1) C'est à tort que l'Art de vérifier les Dates, tome III, page 49, sous la date de l'an 1251, dit: « Cette même « année, Ferri III ayant été député vers Alphonse le-Sage, « roi de Castille, par les princes d'Allemagne, qui l'avaient « élu roi des Romains, etc., etc. »

1º En 1251, Ferri III était mineur; il ne fut déclaré régnant et majeur qu'en 1254 : or les princes de l'Empire n'eussent pas député au roi de Castille, un enfant mineur pour lui porter la nouvelle de son élection.

2º Il est avéré par l'histoire que le duc de Lorraine, Ferri III, *exerça une grande influence* sur les électeurs qui donnèrent leur voix à Alphonse-le-Sage. Or un enfant mineur ne peut déterminer les suffrages d'une assemblée aussi grave que celle des électeurs, dans le choix qu'elle doit faire d'un chef de l'Empire.

3º Enfin, c'est que l'assemblée de Francfort, qui se divisa pour l'élection d'un empereur, n'eut lieu qu'en 1257; qu'une portion des électeurs porta à l'Empire Richard de Cornouailles, et l'autre Alphonse de Castille. Cette vérité est incontestable; or on n'a pu député, en 1251, pour un évènement qui n'a eu lieu qu'en 1257.

roi La première était pour son emploi de grand sénéchal de l'empereur, lorsqu'il tient sa cour aux environs du Rhin, et en cette qualité Ferri devait lui servir le premier plat les jours de fêtes et de cérémonies : dans le cas où l'empereur marchait en personne à la guerre contre le roi de France, le duc était obligé de faire l'avant-garde en allant, et l'arrière-garde à son retour. Le second étendard marquait que le duc devait reprendre de l'empereur les duels des nobles entre la Meuse et le Rhin, c'est-à-dire assigner le champ de bataille, et présider, au nom de l'empereur, à ces combats qui se faisaient alors avec beaucoup de solennité, soit pour découvrir la vérité, soit pour vider les procès et les différens. Le troisième étendard était pour l'investiture du comté de Remiremont ; le quatrième pour celle de la charge de marquis ou grand voyer de l'Empire dans toute l'étendue du duché, tant sur la terre que sur l'eau. Le cinquième enfin était donné pour l'investiture de la régale que l'empereur avait dans les abbayes de Saint-Pierre et de Saint-Marin de Metz, dont il faisait la cession au duc.

A son retour de la Castille, Ferri III s'occupa avec succès du gouvernement de ses états, et entreprit plusieurs guerres contre le comte de Bar et l'évêque de Metz. Jean de Choiseul, général des troupes du duc de Lorraine, fut fait prisonnier par ceux de Metz en 1281, à la bataille de *Moresberg;* et, suivant l'usage du tems, le duc paya sa rançon, et l'indemnisa de la perte de tous ses équipages, moyennant la somme de deux mille livres tournois. La paix ne se rétablit d'une manière solide entre le duc de Lorraine et l'évêque de Metz qu'en 1291.

Le comté de Toul, qui avait été annexé au duché de Lorraine, devint en 1261 la propriété de l'évêque de Toul, par la cession que lui en fit le duc de Lorraine.

L'empereur Adolphe de Nassau, ayant déclaré la guerre à Philippe-le-Bel, roi de France, voulut engager dans son parti le duc Ferri III, qui loin de répondre à ses vues se déclara pour le monarque français, et vint servir dans son armée. Le duc de Lorraine était arrière-vassal de la France pour certains fiefs mouvans du comté de Champagne, ce qui est prouvé par la lettre que trente-un barons de France adressèrent, dans le mois d'avril 1303, au collége des cardinaux, en leur propre nom et en celui de la noblesse française, touchant le différent du roi Philippe-le-Bel avec Boniface VIII. On voit sur cette lettre la signature du duc de Lorraine immédiatement après celle des princes du sang royal, et avant celles des autres seigneurs qui possédaient des fiefs titrés.

Les premières monnaies que nous voyons des ducs de Lorraine datent du règne de Ferri III. Ce prince mourut le 31 décembre 1303, âgé d'environ soixante-quatre ans (1); il fut en-

(1) Dom Calmet est dans l'erreur en disant que ce prince était âgé de quatre-vingt dix ans lorsqu'il mourut; car ayant été, d'après l'aveu même de cet auteur, déclaré majeur en 1254, époque à laquelle il devait décidément être âgé de

terré dans l'abbaye de Beaupré. Il avait épousé, en 1255, *Marguerite de Champagne-Navarre*, fille de Thibaut IV, comte de Champagne et roi de Navarre, surnommé le Grand et le Troubadour : cette princesse mourut en 1304. De ce mariage vinrent :

1° Thibaut II, qui succéda à son père, et dont l'article vient page 74.

2° Jean, comte de Toul, marié à *Marguerite de Tuillières,* fille de Jacques de Tuillières, seigneur de Gesil, et de Marguerite d'Aigremont : il mourut le 3 septembre 1306, et fut enterré dans l'abbaye de Beaupré, à côté de son épouse, morte avant lui.

3° Frédéric, seigneur de Plombières et de Brémoncourt, mort le 8 octobre 1312, inhumé dans l'abbaye de Beaupré avec sa femme *Marguerite*, fille de Henri, comte de Blamont, qui était morte le 4 juin 1310.

4° Ferri ou Frédéric, dit le Jeune, grand-prévôt de Saint-Dié en 1276, évêque d'Orléans en 1297, mort le juin 1299.

5° Mathieu, sire de Bel-Rouart, épouse *Alix* ou *Adélaïde de Bar*, fille de Thibaut II, comte de Bar, et se noie dans un étang en 1281. Sa femme mourut en 1307, dans l'abbaye de l'Etanche, où elle s'était retirée après son veuvage. Quelques auteurs disent qu'il était l'aîné.

---

quatorze ou de seize ans au plus, il ne dut avoir à l'époque de sa mort, arrivée en 1303, que soixante-trois ou soixante-quatre ans; et il y a certainement erreur de vingt-sept ou de vingt-huit dans la narration de dom Calmet.

FERRI III. (*ses enfans.*)

6° Nicolas, destiné à l'état ecclésiastique, et mentionné dans le testament de son frère Jean, comte de Toul; il lui donne tous les acquêts qu'il a faits au ban de Neuvillers et de Lorray, etc., etc.

7° Isabelle, mariée en 1281 à Louis de Bavière, fils de Louis II, dit le Sévère, électeur palatin : ce jeune prince fut tué dans un tournoi, à Nuremberg, par Craffton de Hohenlohe, en 1289; alors Isabelle se remaria à Henri III, comte de Vaudémont : elle mourut en 1335 (1). Voyez page 29.

8° Agnès (2), mariée à Jean II, sire d'Harcourt, vicomte de Châtellerault, maréchal et amiral de France, surnommé *le Preux*, mort le 21 décembre 1302. De ce mariage il ne vint aucun enfant.

Maison comtale de Fribourg et d'Urach.

9° Catherine, mariée en 1290 à Conrad II, comte de Fribourg et d'Urach. Conrad de Leuchtemberg, évêque de Strasbourg, oncle maternel de ce prince, donna dans cette dernière ville, à l'occasion de ce mariage, des fêtes magnifiques. De cette alliance vin-

---

(1) M. Lesage cite le premier mariage; mais il oublie de mentionner le second qui est le plus important, puisqu'il en résulta des enfans.

(2) L'Art de vérifier les Dates la fait religieuse, d'après Baleycourt, Paradin et Vignier; mais le P. Anselme, d'après la Roque, avoue le mariage précité. M. Lesage oublie entièrement de mentionner cette princesse.

rent Frédéric et Egenon, comtes de Fribourg et d'Urach. Conrad III, fils de ce dernier, fut père de Jean huitième et dernier comte de Fribourg, mort en 1457 (1).

10° Marguerite, dont il est fait mention dans le testament de Jean son frère, comte de Toul. Cette princesse néanmoins mourut jeune (2).

13. THIBAUT II.

Thibaut II succède en 1303 à Ferri III, son père, dans le duché de Lorraine. Déja il avait signalé sa valeur à la bataille de *Spire*, dite aussi de *Gelheim*, livrée le 2 juillet 1298 par Albert d'Autriche à l'empereur Adolphe de Nassau, qui y fut tué de la main de son rival. Thibaut soutenait les intérêts du vainqueur, qu'il suivit à Francfort, et dont il fut magnifiquement récompensé.

Le duc de Lorraine s'attacha en 1302 au roi de France Philippe-le-Bel, et servit en Flandres dans ses armées; il se battit en déterminé le 9 juin, de la même année, à Courtray, en

---

(1) M. Lesage oublie de mentionner cette princesse dans sa généalogie; s'il avait jeté les yeux sur l'histoire des comtes d'Urach et de Fribourg, il aurait fait sans doute assez de cas de ce personnage pour lui assigner la place qui lui est due.

(2) C'est à tort que M. Lesage la marie au *duc de Vaudémont*; il l'a confond avec Isabelle sa sœur.

Hubner oublie de citer toutes les filles de Ferri III, à l'exception de cette Marguerite, qui est celle dont l'existence intéresse le moins.

THIBAUT II.

voulant dégager le comte d'Artois qui fut tué à ses côtés : cet évènement lui causa la perte de sa liberté ; il fut fait prisonnier, et ne se racheta qu'en payant une rançon de six mille livres.

Rentré dans ses états et monté sur le trône de son père, il voulut réduire les priviléges que les nobles avaient usurpés sous les règnes précédens, et qu'ils prétendaient défendre à main armée ; Thibaut joint les rebelles près de Lunéville, les bat à plate couture, et les force à implorer sa clémence, et à se conformer aux sages réglemens qu'il venait d'établir.

Ce prince signala encore sa valeur à la bataille de *Mons-en-Puelle*, le 18 août 1304, en servant dans l'armée française contre les Flamands révoltés ; il s'entremit quelque tems après pour rétablir la paix entre eux et Philippe-le-Bel.

Le roi de France fit un voyage en Lorraine en 1305 ; il y fut reçu avec la plus grande magnificence par le duc Thibaut, qui l'accompagna même à son retour à Paris, et qui assista, d'après l'invitation du monarque, au couronnement de Bertrand de Goth, qui, ayant été élu pape sous le nom de Clément V, se fit couronner à Lyon le 14 novembre 1305. Un mur qui s'écroula lorsque la procession passait, écrasa le duc de Bretagne, le frère du pape, et plusieurs autres gentilshommes, qui périrent tous malheureusement de cet accident ; le pape même fut renversé de dessus son cheval, laissa tomber sa mitre, et perdit une escarboucle du plus grand prix. Thibaut, duc de Lorraine, y eut le bras droit et la cuisse gauche cassés.

Rétabli de ce malheureux évènement, Thibaut retourna en Lorraine, où il avait commission du pape de lever des décimes pour une expédition de la Terre-Sainte; mais l'évêque de Metz, Renaud de Bar, offensé de n'avoir point été chargé de cette commission, déclara la guerre au duc de Lorraine, et se fit assister par les comtes de Salm et Edouard, comte de Bar, son neveu, dans une attaque qu'il fit du château de Frouard, appartenant au duc Thibaut : celui-ci, dont l'armée était bien inférieure en nombre à celle du prélat, fondit brusquement sur les assiégeans, en tua deux cents, mit le reste en fuite, et fit prisonniers les comtes de Bar et de Salm. Alors l'évêque de Metz et le duc de Lorraine consentirent à s'en rapporter sur leurs différens à des arbitres, et ils nommèrent Jean, comte de Salm, et Erard de Bar, sire de Pierre-Pont, qui les mirent d'accord par le traité passé le 29 juin 1311.

L'année d'auparavant Thibaut avait accompagné l'empereur Henri VII en Italie; mais ayant contracté à Milan une maladie de langueur (1), il rentra presqu'aussitôt dans son duché.

Une histoire manuscrite assure qu'en 1311 ce prince, d'accord avec le pape Clément V et Philippe-le-Bel, fit exécuter dans ses états grand nombre de *Templiers*, dont il s'appropria les dépouilles.

---

(1) Plusieurs auteurs prétendent qu'il y fut empoisonné.

THIBAUT II. (ses enfans.)

Malgré que le duc Thibaut eût plusieurs enfans mâles, il s'était élevé, en 1306, quelque difficulté sur la succession à la couronne de Lorraine; ce prince fit convoquer, en août de cette même année, une assemblée à Colombey, où les grands de ce duché attestèrent *que la coutume observée en Lorraine, de tems immémorial, était que si le fils aîné du duc de Lorraine venait à mourir avant son père, et qu'il laissât des enfans légitimes mâles ou femelles, ces enfans devaient succéder au duché à l'exclusion de tous autres héritiers.*

Thibaut descendit dans la tombe le 13 mars de l'an 1312 (1). Il avait fondé le chapitre de Darney en 1308, et épousé, dès 1282, *Elisabeth de Rumigny*, qui lui apporta la seigneurie de ce nom, et celles d'Aubenton, de Boves, de Martigny, et de Bures; elle se remaria, en 1314, à Gaucher de Châtillon, comte de Portien, connétable de France. Le duc Thibaut II laissa les enfans qui suivent:

1° Ferri IV, dit le Lutteur, qui lui succéda, et dont l'article vient page 79.

2° Mathieu, seigneur de Teintru, de Passavant et de Florines, marié en 1311 à *Mathilde de Flandres-Béthune*, de laquelle il ne laissa point de postérité.

3° Hugues, seigneur de Rumigny et de Boves, marié en 1317 à *Marguerite de Bou-*

(1) Zurlauben est dans l'erreur, lorsqu'il dit qu'il mourut à Milan le 3 mai 1312. Ce prince était rentré languissant dans son duché plus d'un an avant sa mort, et il fit deux testamens qui attestent sa présence en Lorraine dans ses derniers momens.

MAISON DUCALE DE LORRAINE.

bers, de laquelle il n'eut point d'enfans; il se noya, dit-on, dans un étang.

4° Thibaut, archidiacre de Trèves. C'est à tort que Jean d'Aucy dit qu'il en fut archevêque (1). Il mourut en 1293, selon l'obituaire de Bonnefontaine.

5° Marie, épouse en 1325 Gui de Châtillon, seigneur de la Ferre en Tardenois, fils de Gaucher V de Châtillon, connétable de France; il mourut en 1362, et il fut enterré avec sa femme dans l'abbaye d'Igny en Tardenois, au côté gauche du grand autel.

6° Isabelle, épouse Erard de Bar, seigneur de Pierrepont, de Pierrefitte, et d'Ancerville, mort en 1337. Isabelle mourut le 20 mai 1353.

7° Marguerite, épouse Louis IV, comte de Los et de Chini, mort le 21 janvier 1336 (2), sans laisser de postérité.

8° Agnès, religieuse (3).

A ces enfans, M. Lesage ajoute: *Théobalde, évêque de Liège, mort en 1312.* C'est une erreur (4).

---

(1) Le P. Vignier et Paradin le font aussi archevêque de Trèves; leur erreur est d'autant plus grande qu'il n'y a jamais eu d'archevêques de Trèves du nom de *Thibaut.*

(2) Zurlauben est dans l'erreur en nommant ce prince *Arnoul;* c'était son père qui s'appelait ainsi.

(3) Le P. Benoît et Zurlauben la marient, l'un à un Erard, l'autre à un Ulric, comtes des Deux Ponts.

(4) M. Lesage fait comme Claude Paradin; *ab hoc* et *ab hac*, il suppose, ajoute ou supprime des enfans, des maris et des femmes. Ce Théobalde ou Thibaut, évêque de Liège, mort en 1312, était fils de Thibaut II, comte de Bar, et de Jeanne de Tocy. Ce fut encore un de ces prélats célèbres

14. FERRI IV, dit le lutteur.

Ferri IV, dit le Lutteur, fils aîné et successeur du duc Thibaut II, était né le 15 avril 1282, au château de Gondreville : il fut obligé, dès le commencement de son règne, de venir en personne faire réparation au roi de France Philippe-le-Bel, et à Louis-le-Hutin son fils, déja roi de Navarre et comte de Champagne, pour certains griefs dont les officiers de Thibaut II s'étaient rendus coupables envers ce dernier prince, en sa qualité de comte de Champagne. L'acte de cette soumission est daté du mois de juin 1312, et se conserve au trésor des chartes, *registre* 61, *acte* 46.

Ferri IV, déja plein d'expérience dans l'art de la guerre, qu'il avait faite sous la conduite du duc Thibaut son père, n'eut pas de peine à vaincre les comtes de Dachsbourg et de Richemont, qui avaient pris les armes contre lui, et qui s'étaient refusé à lui rendre hommage pour

par ses entreprises militaires, et aussi connu par la hardiesse de son génie que par la valeur de son bras. Il fut général de l'empereur Henri VII, qui, voulant se faire couronner de force à Rome en 1312, fut obligé de faire battre ses troupes contre celles du prince de Morée et de la famille des Ursins, qui prétendaient s'opposer à ce couronnement. L'évêque Thibaut donna avec tant de chaleur dans ce combat qu'il tomba criblé de blessures, fut fait prisonnier, et mourut quelques jours après.

Il faut avouer que M. Lesage est aussi malheureux dans ses *suppositions*, que dans ses *suppressions* ou ses *oublis*.

quelques fiefs qui étaient de la mouvance de Lorraine.

Louis de Bavière et Frédéric le-Bel, archiduc d'Autriche, se disputant l'Empire, cherchèrent chacun à attirer dans son parti les seigneurs les plus puissans; ce dernier prince avait fait une alliance avec le duc Ferri, qui l'assista de nombreux renforts à la bataille de *Mulhdorff*, livrée le 28 septembre 1322. Ferri y fut fait prisonnier, et ne recouvra sa liberté que par l'intercession de Charles-le-Bel, roi de France, auquel par reconnaissance il se lia étroitement dans la suite; il fournit même des secours à ce monarque, dans une guerre qu'il fit en Guienne contre le sénéchal d'Angleterre et le seigneur de Montpésat, qui s'étaient emparés d'une place forte appartenant à la France.

L'an 1328 le duc Ferri, se tenant toujours sincèrement attaché à cette dernière puissance, vola au secours de Philippe de Valois qui faisait la guerre aux Flamands révoltés; il lui conduisit l'élite de sa noblesse et de ses troupes, et combattit vaillamment à la journée de *Cassel*, où il perdit la vie le 22 août. Son surnom de *Lutteur* lui venait de son habileté dans l'art de la guerre, et de sa force extraordinaire qui lui donnait toujours l'avantage à la lutte.

Ce prince avait épousé, par contrat passé au mois de juin 1304, *Isabelle d'Autriche*, fille de l'empereur Albert I*er*, laquelle mourut le 19 décembre 1352 (1); elle fut enterrée dans

(1) Parceque cette princesse fit son testament en 1340,

l'église de Saint-Georges de Nancy. De ce mariage vinrent les enfans qui suivent:

1° Raoul Ier, qui succéda à son père, et dont l'article vient page 82.

2° Frédéric, comte de Lunéville, nommé dans un titre de l'abbaye de Beaupré en 1348.

3° Thibaut, chanoine de Trèves et de Liège.

4° Albert, chanoine de Liège, et archidiacre d'Hasbaye.

5° Blanche, abbesse d'Andlaw.

6° Agnès, épouse Louis Ier de Gonsague, seigneur de Mantoue.

7° Anne, morte sans alliance.

8° Marguerite, promise à Wenceslas de Luxembourg, roi de Bohême et empereur d'Allemagne, mais mariée à Ulric VII, seigneur de Ribeaupierre, lequel mourut en 1377.

Vignier et dom Calmet ajoutent à ces enfans, *Elisabeth, mariée au comte de Zœringhen.* C'est une erreur; la maison de Zœringhen était éteinte dès 1218, dans la personne du duc Berthold V.

Ferri IV eut un fils naturel, qui fut nommé *Aubert*, à qui l'on donna la seigneurie d'Essey; il épousa *Alix de Rancourt;* il est mentionné dans le testament du duc Raoul, son frère, et dans l'obituaire de l'abbaye de Beaupré: il vivait encore en février 1359.

plusieurs auteurs ont pris à tort cette date pour celle de sa mort.

15. RAOUL Iᵉʳ.

Raoul Iᵉʳ, fils du duc Ferri IV, lui succéda en 1328, sous la régence et la tutèle d'Isabelle d'Autriche, sa mère (1). Devenu majeur, il eut des démêlés avec Thomas de Bourlemont, évêque de Toul, Henri, comte de Bar, et Baudouin, archevêque de Trèves; mais Philippe de Valois, et quelques princes voisins s'entremirent pour rétablir la paix dans la Lorraine, en faisant signer des traités de réconciliation aux parties belligérantes.

Le duc Raoul, sincèrement dévoué au roi de France, fut un des médiateurs entre ce monarque et Edouard, roi d'Angleterre, qui avait fait une descente en Flandres en 1340. Il l'aida aussi dans la guerre qu'il eut à soutenir à l'occasion de la succession de la Bretagne.

A la sollicitation du pape Jean XXII, Raoul prit la croix, cette même année 1340, pour

---

(1) L'Art de vérifier les Dates ajoute, *laquelle il perdit en 1332*. C'est une erreur; elle vécut encore vingt ans au-delà de cette date. Ouvrez dom Calmet, tome II, page 523, vous y verrez qu'en 1342 elle gouvernait la Lorraine en l'absence de Raoul devenu majeur alors, mais parti pour la Flandres, où il avait été grossir l'armée de Philippe de Valois. La duchesse Isabelle soutint à cette époque une guerre très vive et très meurtrière contre Adémare, évêque de Metz, soutenu par Henri, comte de Bar. Isabelle mourut, ainsi que je l'ai dit, en 1352.

aller assister Alphonse XI, roi de Castille, qui se trouvait attaqué par les Maures; il conduisit en Espagne un corps de troupes assez considérable, et commanda l'aile gauche de l'armée chrétienne à la fameuse bataille de *Salado* ou de *Gibraltar,* qu'il gagna le 30 octobre 1340.

De retour dans ses états, en 1341, Raoul eut encore à soutenir des guerres avec ses voisins, et à régler des intérêts de famille qui avaient été négligés pendant son absence. Marie de Lorraine sa tante, femme de Gui de Châtillon, seigneur de la Fère, avait prétendu devoir obtenir en partage le tiers de la Lorraine: cette prétention, dénuée de fondement légal, fut réduite à treize mille livres que le duc s'engagea à payer à sa tante, et pour laquelle somme il hypothéqua les terres de Passavant et de Val-Roicourt.

Edouard, roi d'Angleterre, fait en 1346 une descente en Normandie, s'avance jusqu'à Poissy, d'où il envoie un défi au roi Philippe-le-Bel. Le duc Raoul, averti par le roi de France de l'extrémité dans laquelle il se trouvait, rassemble à la hâte toute l'élite de ses troupes et de sa noblesse, et vient le joindre dans les plaines de Picardie, près d'Abbeville. Un certain pressentiment de sa mort prochaine le porta à faire son testament dans cette ville, le 25 août de cette même année. Le 26 au matin l'armée française décampe pour gagner la plaine de *Crécy,* où se trouvait l'armée anglaise; le roi de France eût voulu différer la bataille jusqu'au lendemain, mais ses troupes, emportées par leur impétuosité ordinaire, commencèrent à engager une action qui devint bientôt générale, et qui se prolongea jusqu'à deux heures de la nuit : elle fut funeste à la France et à la Lorraine ; Philippe de Valois y courut les risques de la vie, et y perdit une partie de là meilleure noblesse de son royaume et de ses troupes : le duc Raoul, après avoir fait des prodiges de valeur, y fut renversé de son cheval, et assommé par les Anglais.

Ce terrible évènement jeta la consternation dans la Lorraine, où ce prince était chéri et admiré comme un souverain généreux et débonnaire. Son corps fut transporté à l'abbaye de Beaupré : Jean, dauphin de France ; et ses deux frères, avec un grand nombre de noblesse, assistèrent à la cérémonie de ses funérailles. Le duc Raoul avait fondé, en 1339, la collégiale de Saint Georges à Nancy.

Ce prince avait épousé, 1°, en 1329, *Eleonore* ou *Alienor de Bar*, fille d'Edouard Ier, comte de Bar, morte sans en enfans en 1332 ; 2°, en 1334, *Marie de Châtillon*, fille de Gui Ier de Châtillon, comte de Blois, de Dunois, et seigneur d'Avesnes, nièce de Philippe de Valois, roi de France ; elle lui porta en dot plusieurs seigneuries considérables, parmi lesquelles se trouvait le comté de Guise, qui devint dans la suite l'apanage d'une branche de la maison de Lorraine qui se rendit célèbre en France. Marie de Châtillon se remaria à Frédéric, comte de Linange, à qui la noblesse de Lorraine donna le titre de gouverneur du duché. Du mariage de Raoul I`er` avec Marie de Châtillon-Blois, morte en 1365, vint un fils unique qui suit(1):

16. JEAN I`er`.

Jean I`er`, fils et unique successeur de Raoul I`er`, fut mis sous la régence et la tutèle de Marie de Blois-Châtillon, sa mère, qui déploya dans son gouvernement une fermeté et un courage qui la portèrent à résister aux entreprises d'Adémare, évêque de Metz, qui convoitait le Château-Salins, et à plusieurs autres princes qui voulaient troubler sa régence. Frédéric, comte de Linange, second mari de cette princesse, se mit à la tête des armées de Lorraine pour soutenir les efforts de l'évêque de Metz et d'Yolande de Flandres, comtesse et régente de Bar, son alliée, qui obtinrent un avantage considérable sur les Lorrains près de Pont-à-Mousson en 1350. Jean II, roi de France, interposa sa médiation dans ces querelles, et les fit cesser par un accord qui régla les droits et les prétentions de chaque partie.

Le duc Raoul avait prévu dans son testament le cas où la duchesse son épouse se remarierait, et il voulait alors que le comte de Wurtemberg lui fût adjoint dans la régence des états de Lorraine. Ce cas étant effectivement

(1) Raoul I`er` laissa encore un fils naturel, qu'on nomma le *jeune Albert;* il fut destiné à l'état ecclésiastique: le testament de son père lui assigne une pension jusqu'à ce qu'il puisse être mis en possession de quelques prébendes ou canonicats.

arrivé, le comte de Wurtemberg nomma Burckard, sire de Fénestrange, son lieutenant-général au duché de Lorraine, et en 1353 ce même prince, se trouvant à Poissy, y fit ses reprises, au nom du duc Jean son pupille, de toutes les terres que la Lorraine tenait en fief de la France.

Les guerres que la duchesse régente attira dans la Lorraine ruinèrent entièrement ce pays, et l'obligèrent elle-même à mettre ses objets les plus précieux en gage pour en payer les frais.

Le duc Jean devenu majeur se dévoua au service de la France, et combattit, en 1356, à la fameuse bataille de *Poitiers;* il y fit des prodiges de valeur, et, après avoir eu deux chevaux tués sous lui, il fut fait prisonnier et emmené en Angleterre. Sa mère députa Gauthier de Saligny au prince de Galles, afin de traiter de sa rançon; elle fut fixée à trente mille francs, que la duchesse fit compter au prince de Galles. En 1364, Jean ne fut pas plus heureux à la bataille d'*Aurai*, perdue par le célèbre Bertrand Duguesclin contre Jean Chandos, général des Anglais : cependant la princesse Jeanne de Navarre, épouse du comte de Montfort, lui obtint sa liberté quelques mois après, sans qu'il eût été besoin de payer une rançon.

A peine délivré, ce prince se croise pour aller dans la Prusse ducale faire la guerre au duc de Lithuanie, qui voulait en chasser les chevaliers teutons. Les Allemands s'étant joints au duc

Jean Iᵉʳ, il se vit à la tête de cent soixante bannières, avec lesquelles il combattit en 1365 à la célèbre journée d'*Hazeland;* il contribua avec Geoffroi de Sales et Jean de Saintré à la victoire que remportèrent les Chrétiens en cette occasion. Mais son séjour fut de peu de durée dans ce pays, car la Lorraine méritait alors toute son attention.

Cette belle contrée était dévastée par des brigands, connus sous le nom de *Tards-venus, Malandrins*, dits aussi les *grandes compagnies.* Un nommé Arnoul de Carnolle ou de Cervole, dit l'Archiprêtre, commandait à lui seul un corps de quarante mille hommes, qui n'avait rien de commun avec les bandes que je viens de citer, et qui se chargeait pour son propre compte de commettre tous les crimes imaginables. Les peuples de l'Alsace et de la Lorraine, conjointement avec le duc Jean Iᵉʳ, appelèrent l'empereur Charles IV à leur secours: ce monarque conduisit des troupes au-delà du Rhin, avec l'aide desquelles il repoussa ces brigands. Mais ce qu'il y a de plus étonnant, c'est que Henri V, comte de Vaudémont, ait cherché à mettre à sa solde ces bandits pour faire la guerre pour son compte personnel au duc Jean. Il fut puni de sa mauvaise foi et de sa témérité, par le gain que ce dernier fit sur lui de la bataille de *Saint-Blin*, où il lui tua dix mille hommes. (Ce nombre me paraît trop considérable pour ce tems.)Mais la paix se rétablit entre eux par la médiation de l'empereur Charles IV et du roi de France Charles V : le duc de Lorraine et le duc de Bar firent même un traité avec ce dernier monarque pour la protection de leur pays respectif.

Jean, allié de la France, conduisit, en 1382, un secours de trois mille chevaux, outre les gens de pied et les volontaires qui suivaient son armée, à Charles VI, roi de France, qui voulait punir les Gantois de leur révolte; la victoire du Pont-de-Comines, la prise de la ville d'Ypres, et le gain de la bataille de *Rosebecq*, rangèrent les Flamands à leur devoir, et laissèrent retourner le roi de France dans ses états. Le duc de Lorraine, qui s'était distingué dans ces différentes actions, accompagna le roi à Paris.

Jean mourut en 1390 des suites d'un poison lent qui, dit-on, lui avait été donné, en 1383, par l'un de ses secrétaires, que les habitans de Neufchâteau avaient corrompu, redoutant la vengeance du duc qu'ils avaient insulté, et contre lequel ils s'étaient révoltés.

Sous le règne de ce prince le luxe et la mollesse furent portés à leur comble dans la Lorraine, selon quelques historiens.

« Les jeunes gens avaient des pourpoints de soie, de damas ou de satin cramoisi, des chausses d'écarlate, sur lesquels ils faisaient broder des devises en l'honneur des personnes qu'ils aimaient; mais il y avait toujours du mystère, et il fallait connaître leurs intrigues pour entendre ces devises. Ils portaient aussi des robes, selon les saisons; pendant l'été ils avaient des étoffes légères, qu'ils faisaient fourrer de martre pour l'hiver. Les robes se portaient fort courtes, en ce tems-là, mais ils les alongeaient pour se donner plus de grâce. Leurs chaperons étaient de toile d'or, chamarrée de perles et de diamans ; ils portaient des perles aux oreilles; des colliers et des bracelets de diamans et de rubis : leurs chapeaux étaient couverts de plumes d'oiseaux de différentes couleurs. Après avoir passé la journée à se parer et à se montrer dans les places publiques, ils employaient la nuit au jeu et en débauche, etc., etc. ». *Histoire de Saintré*, chap. LXX, 71.

Ce récit néanmoins me paraît exagéré ; le luxe et la mollesse ne peuvent se maintenir à un degré aussi extrême dans un état sans cesse dévasté par la guerre; et je suis si fondé dans mon opinion, que nous avons vu constamment la noblesse de Lorraine suivre ses ducs dans toutes leurs entreprises militaires, et faire preuve du plus grand courage. La disette d'argent était même si grande que la duchesse, mère de Jean, fut obligée de mettre en gage, chez l'abbé de Saint-Symphorien de Metz, les joyaux de la couronne, la couronne elle-même, et des ornemens d'église de la chapelle ducale, lesquels furent vendus dans la suite faute de remboursement.

Les premiers ennoblissemens en Lorraine datent du règne du duc Jean. On le considère aussi comme le premier instituteur des ordres de chevalerie de ce duché, quoiqu'il ne se soit conservé aucun acte authentique de ces institutions. Dom Calmet cite, au nombre des actions de piété de ce prince, la recherche qu'il fit des *Turlepins*, secte d'hérétiques, qu'*il fit brûler avec leurs livres et leurs habits.*

Il avait épousé, 1°, en 1357, *Sophie de Wurtemberg*, fille d'Eberhard II, dit le Querelleur, comte de Wurtemberg, morte en 1369; 2° *Marguerite*, comtesse de Los et de Chiny, morte le 1ᵉʳ octobre 1372, sans laisser d'enfans; elle fut enterrée dans l'abbaye d'Orval. Le duc Jean eut du premier lit les enfans qui suivent:

1° Charles Iᵉʳ, dit le Hardi, qui succéda à son père, et dont l'article vient page 91.

2° Ferri Iᵉʳ, fondateur de la seconde branche de Vaudémont rapportée ci-dessous (*).

3° Isabelle, mariée le 26 février 1385 à Enguerrand VII, sire de Coucy et comte de Soissons, célèbre par sa vaillance et ses faits militaires, fait prisonnier le 28 septembre 1396 à la bataille de *Nicopolis* (1), et mort dans la captivité à Burse, dans la Bythinie, le 18 février de l'année suivante. De ce mariage il vint une fille nommée, comme sa mère, Isabelle, laquelle fut mariée, le 25 avril 1409, avec Philippe de Bourgogne, comte de Ne-

---

Seconde branche de Vaudémont.

1. FERRI Iᵉʳ, DIT LE COURAGEUX.

(*) FERRI Iᵉʳ, second fils du duc Jean Iᵉʳ de Lorraine, et de Sophie de Wurtemberg, obtient en partage de la succession de son père la

(1) M. Lesage est dans l'erreur en disant qu'il fut *tué* à cette bataille.

JEAN I. (*ses enfans.*)

vers et de Réthel. Isabelle, veuve d'Enguerrand VII, sire de Coucy, épousa en secondes noces, en 1399, Etienne, duc de Bavière-Ingolstadt, père d'Isabeau, reine de France, si fameuse par les malheurs que sa méchanceté attira sur ce royaume.

17. CHARLES Ier, DIT LE HARDI.

CHARLES Ier, dit le Hardi, né vers l'an 1364, succéda à son père Jean Ier dans le duché de Lorraine, en 1390. Son premier soin, en prenant les rênes du gouvernement, fut de venger la mort de son père sur les habitans de Neufchâteau, qu'il croyait en être les auteurs. Cette vengeance fut terrible, et dépassa même les bornes de la plus rigoureuse sévérité.

Charles VI, roi de France, voulant secourir la république de Gênes contre les Mahométans d'Afrique, engagea les ducs de Bourbon et de Lorraine à se mettre à la tête de la noblesse française, et à diriger une expédition contre

---

Seconde Branche de Vaudémont. Ferri Ier.

seigneurie de Rumigny en Thiérache, et plusieurs autres villes assez considérables pour lui former une souveraineté particulière; il sut l'accroître encore par son mariage avec *Marguerite*, héritière de la première branche de Vaudémont, qui lui apporta en dot le comté de ce nom et la sirerie de Joinville. (Voyez page 40.)

la ville de Tunis. L'armée s'embarqua sur quatre-vingts gros vaisseaux, et fit voile vers Tunis, où elle aborda dans la nuit du 22 juillet 1390, après avoir essuyé deux rudes tempêtes. Le siége de Carthage fut aussitôt entrepris, et poussé avec vigueur : quatre assauts sanglans n'ayant pu faire rendre la place, les ducs de Bourbon et de Lorraine marchèrent droit au camp des ennemis, les attaquèrent spontanément, et les mirent en déroute. Cette victoire rendit la liberté à un nombre considérable d'esclaves chrétiens, et obligea le roi de Tunis à payer une somme de dix mille écus d'or pour subvenir à une partie des frais de cette guerre.

Le duc Charles, rentré dans ses états, médita une autre expédition, et partit en 1399, à la tête de sa noblesse, pour aller secourir en Prusse les chevaliers teutons. La présence de ce prince fut très utile à ses alliés; car il prit en bataille rangée le duc de Lithuanie, et l'envoya prisonnier au château de Marienbourg. Il

---

Seconde branche de Vaudémont. Ferri Ier.

Ferri fut un prince d'un génie supérieur, et d'un courage extraordinaire. Il fut long-tems l'allié fidèle et dévoué des ducs de Bourgogne, Philippe-le-Hardi et Jean-sans-Peur : mais lorsque les Anglais déclarèrent la guerre, en 1415, à Charles VI, roi de France, le comte Ferri s'attacha inviolablement à ce monarque, et vint à la tête de sa noblesse joindre son armée

demeura près de quatre années dans la Prusse, qu'il ne quitta qu'après avoir rendu les services les plus signalés à l'ordre teutonique.

L'an 1407, Louis d'Orléans, frère du roi de France Charles VI, soutenant contre l'électeur palatin Robert, beau-père du duc Charles, les intérêts de Wenceslas de Luxembourg, qui avait été déposé de l'Empire, fit entrer des troupes en Lorraine, et menacer la ville de Nancy. Le duc de Lorraine sortit de sa capitale avec l'élite de sa noblesse, et vint au-devant de l'ennemi jusqu'à Champigneulles; là un combat sanglant s'engagea, et la victoire la plus complète devint la récompense du courage et du génie de ce Charles.

L'affection que ce duc portait à son beau-père l'électeur palatin Robert, élu empereur à la place de Wenceslas, le détacha entièrement de la France, et lui fit changer le système politique qui avait sans cesse uni ses ancêtres à cette puissance. Les habitans de Neufchâteau profitèrent de cet état de mésintelligence pour

---

Seconde branche de Vaudémont. Ferri Ier. (*ses enfans.*)

près d'Azincourt. La funeste bataille de ce nom que perdirent les Français, le 25 octobre de cette année, coûta la vie au comte de Vaudémont, qui y avait fait des prodiges de valeur.

Il laissa de la comtesse Marguerite son épouse, qui mourut en 1416, les enfans qui suivent:

1° Antoine, qui lui succéda, et dont l'article vient page 97.

porter leurs plaintes au parlement de Paris, sur les traitemens qu'ils éprouvaient de la part de leur souverain, qui fût aussitôt cité pour répondre sur ces griefs. Charles ayant refusé de comparaître, le parlement envoya des officiers pour arborer les panonceaux du roi sur les portes de Neufchâteau, en signe de *main-mise* et de *saisie;* mais à peine furent-ils placés, que par ordre du duc ils furent arrachés, attachés à la queue de son cheval, et traînés dans la poussière. Le parlement, indigné de cet acte de mépris, rendit un arrêt qui condamnait ce prince à mort avec tous ses complices; mais le jugement n'eut alors aucun effet, parceque le duc de Bourgogne, dont Charles était un zélé partisan, avait employé tout son crédit pour en suspendre l'exécution, ce qui avait donné le tems au duc Charles de ménager sa réconciliation avec le roi de France; elle eut lieu en effet vers l'an 1412, que le duc de Lorraine accompagna le monarque français au siége de

---

¹ *Seconde branche de Vaudémont.* Ferri Ier. (*ses enfans.*)

2° Ferri, seigneur de Rumigny et de Boves.

3° Charles, seigneur de Bovines.

4° Jean, seigneur de Florines.

5° Isabelle ou Elisabeth, mariée, 1°, en 1412, à Philippe de Nassau, comte de Saarbruck, mort le 2 juillet 1429; 2°, vers l'an 1430 (1), à Henri IV, comte de Blamont,

(1) L'Art de vérifier les Dates met son second mariage

CHARLES I.

Bourges. Mais au retour de cette expédition Jean Juvénal des Ursins, avocat du roi au parlement de Paris, se trouvant au Louvre lorsqu'on y présentait le duc de Lorraine, éleva la voix, et demanda qu'on le livrât au parlement pour en faire justice. Le duc de Lorraine, étonné de cette fermeté et en craignant les suites, tombe aux genoux du roi, et lui fait ses excuses; le prince les agrée, et fait entériner ses lettres de grâce au parlement de Paris.

L'an 1415, le duc assista au concile de Constance, et y laissa deux députés, qui furent Henri de Bayer de Boppart, frère de l'évêque de Metz, et Jean d'Haussonville, sénéchal de Lorraine. Cette année fut encore mémorable par la fameuse bataille d'*Azincourt*, que perdirent les Français le 25 octobre : la majeure partie de leur noblesse y périt, ou y fut faite prisonnière; mais elle acheva de ruiner le crédit du duc de Bourgogne dans ce royaume, et y rendit nécessaire le duc de Lorraine à qui on donna le com-

---

Seconde branche de Vaudémont. Ferri I*er*. (*ses enfans.*)

mort le 24 avril 1441. Elle mourut le 17 janvier 1455. Quelques auteurs, par méprise, l'ont appelée Catherine, d'autres Marguerite.

6° Marguerite, mariée à Guillaume de Vienne.

en 1412; c'est à tort, puisque son premier mari n'est mort qu'en 1429, et qu'elle en fut la seconde femme; car Philippe de Nassau avait épousé en premières noces Anne de Hohenlohe.

mandement des troupes. La belle conduite qu'il tint devant Lagny lui valut l'épée de connétable, en 1418, après la mort de Bernard (1), septième du nom, comte d'Armagnac, qui avait été massacré, le 12 juin de la même année, dans les guerres civiles que la méchante Isabeau de Bavière, d'horrible mémoire, excitait dans ce royaume. Mais le duc de Lorraine ne jouit pas long-tems de cette dignité en, ayant été dépouillé, en 1424, par le roi Charles VII, pour n'avoir pas été légitimement institué.

Louis de Bar, cardinal, évêque de Châlons-sur-Marne, étant devenu héritier du duché de Bar par la mort de ses frères Edouard III et Jean, tués à la bataille d'Azincourt, appela pour lui succéder dans ce duché, René, fils de Louis II, duc d'Anjou et roi de Naples, son petit-neveu, et arrière-petit-fils de Jean II, dit le Bon, roi de France de la branche de Valois.

Depuis long-tems les états de Lorraine et de Bar avaient desiré ne faire qu'une seule

---

Seconde branche de Vaudémont. Ferri Ier. (*ses enfans.*)

7° Jeanne, mariée en 1420 à Jean IV, seigneur de Salm.

Nota. C'est à tort que MM. de Sainte-Marthe ajoutent à tous ces enfans *Marie*, qu'ils donnent pour épouse à Alain X, vicomte de Rohan. La princesse *Marie de Vaudémont*, qui épousa

(1) C'est à tort que l'Art de vérifier les Dates le nomme *Charles.*

souveraineté; l'occasion parut favorable dans la situation présente des affaires : un prince de la maison d'Anjou héritait de ce dernier duché, et pouvait réunir le premier en épousant Isabelle, fille aînée du duc Charles, qui n'avait aucun enfant mâle. Les seigneurs de Lorraine, assemblés en 1420, sollicitèrent Charles de faire ce mariage, et jurèrent de reconnaître à sa mort la princesse Isabelle sa fille pour son unique héritière; et que dans le cas où elle ne laisserait pas d'enfans, ils se conformeraient à sa volonté en appelant à la succession de ce duché la princesse Catherine sa fille, mariée au margrave Jacques Ier de Bade. Ces arrangemens furent arrêtés, et consacrés de la manière la plus solennelle par toutes les parties contractantes, et le mariage d'Isabelle avec René d'Anjou eut lieu le 24 octobre 1420.

Antoine, comte de Vaudémont, neveu du duc Charles, qui se prétendait son héritier direct et légitime, à l'exclusion des femmes, voyant avec jalousie qu'on lui enlevait une cou-

---

Seconde branche de Vaudémont. Ferri Ier. (*ses enfans.*)

Alain IX, et non pas Alain X, était fille du comte Antoine de Vaudémont, dont l'article va venir (1).

2. ANTOINE Ier, DIT L'ENTREPRENEUR.

Antoine Ier, surnommé l'Entrepreneur, suc-

(1) De ces sept enfans, un seul est mentionné par M. Lesage; c'est donc six d'oubliés sur sept.

ronne à laquelle il se croyait appelé, fit entendre quelques murmures, et différa d'exécuter ses menaces jusqu'à la mort de son oncle, arrivée le 25 janvier 1431 (1).

Charles Ier avait épousé, en 1393, *Marguerite de Bavière*, fille de Robert, comte palatin du Rhin, élu empereur en 1400. Cette princesse était douée de la piété la plus exemplaire, et mourut en odeur de sainteté le 26 août 1434; elle fut enterrée dans l'église de Saint-Georges de Nancy, à côté de son mari. On lui doit la fondation de l'hôpital de Sierck. De ce mariage vinrent les enfans qui suivent :

1° Louis, mort dans son enfance.
2° Raoul, mort aussi dans son enfance (2).
3° Isabelle, mariée à René d'Anjou, roi

Seconde branche de Vaudémont. Antoine Ier.

céda en 1415 à Ferri Ier son père, dans le comté de Vaudémont et la sirerie de Joinville.

(1) Ce fut en 1429, sous le règne de ce prince, que Jeanne d'Arc, si célèbre depuis dans l'histoire de France, sous le nom de *Pucelle d'Orléans*, sortit de Domremy, village où elle avait pris naissance, pour venir à Vaucouleurs exiger du commandant qu'il l'envoyât au roi Charles VII; elle arriva à Chinon où était ce monarque, et lui annonça que Dieu l'avait destinée à faire lever le siége d'Orléans, et à sauver la France. Elle remplit ses promesses; mais elle fut victime de son courage, et de la barbarie du siècle et de ses ennemis. Ayant été faite prisonnière et livrée aux Anglais, ceux-ci la firent brûler, comme *magicienne*, le 30 mai 1431, sur la place du Vieux-Marché à Rouen. Sa mémoire fut réhabilitée dans la suite.

(2) Tous deux oubliés dans la généalogie de M. Lesage.

CHARLES I. (*ses enfans.*)

de Naples, dit le bon roi René, à qui elle porte les états de Lorraine; son article vient page 101.

Maison grand-ducale de Bade.

4° Catherine, mariée en 1426 à Jacques Ier, margrave de Bade, mort en 1453 : cette princesse mourut en 1439. De ce mariage sortit une nombreuse postérité, entre autres, 1° Bernard de Bade, mort en odeur de sainteté en 1458, et canonisé en 1469; 2° Jean, électeur, archevêque de Trèves; 3° Marguerite qui, avec Albert Ier de Brandebourg, forme la souche de l'illustre maison de Prusse de nos jours; et 4° enfin, Charles Ier,

---

Seconde branche de Vaudémont. Antoine Ier.

Lorsque Charles Ier, duc régnant de Lorraine, dernier mâle de la branche aînée, fut mort (1331), Antoine prétendit lui succéder à l'exclusion de René d'Anjou, qui avait épousé la fille de Charles, laquelle avait été reconnue héritière par les états assemblés. Antoine eut recours aux armes pour soutenir ses droits; il atteignit l'armée de René d'Anjou, son rival, dans la plaine de Bullegneville, le 2 juillet 1431, la mit dans une déroute complète, et fit prisonnier le duc René, qui fut envoyé à Dijon sous la garde du duc de Bourgogne, allié du comte Antoine. Voyez page 104.

dit le Guerrier, margrave de Bade, souche de l'auguste maison *grand-ducale* de ce nom, représentée par le grand duc Charles Louis-Frédéric, prince accompli, qui reproduit sur le trône toutes les vertus qui ont fait donner à son illustre aïeul le beau nom de Nestor des princes de son siècle.

Le duc Charles Ier avait eu d'une maîtresse, nommée *Alison Dumay*, les enfans naturels qui suivent :

1º Ferri, seigneur de Bilstein, qui fonda une branche qui s'éteignit après quelques générations; 2º Jean de Pillepille, auteur de la maison de Darnieulles, qui finit avec Claudes de Darnieulles, fils de Didier de Darnieulles, conseiller et maître-d'hôtel d'Yolande d'Anjou, duchesse de Lorraine; 3º Ferri, dit de Lunéville, chevalier de Rhodes, commandeur de Xugnei en 1459. Tous ces enfans, ainsi que leur mère, sont mentionnés et reçoivent des legs dans le testament du duc Charles Ier.

Seconde branche de Vaudémont. Antoine Ier.

Loin de profiter de sa victoire, le comte de Vaudémont se laisse fléchir par Isabelle de Lorraine, et consent à une trêve que la princesse eut soin de faire renouveler encore à diverses reprises : le seul fruit qu'Antoine retira de cet évènement, qui devait être décisif, fut le mariage de la princesse Yolande, fille de René Ier, dit le Bon, duc de Lorraine et roi de Naples, avec Ferri son fils aîné. Mais l'âge de la princesse, qui n'avait pas encore cinq ans, et celui de Ferri qui à peine en avait huit, firent suspendre l'exécution de ce mariage jusqu'en 1444.

(La maison d'Anjou règne en Lorraine au préjudice de la branche de Vaudemont.)

18. RENÉ I^{ᵉʳ} (D'ANJOU),

DIT LE BON ROI RENÉ,

Roi de Naples, et duc de Lorraine par son mariage avec Isabelle, héritière de ce duché.

RENÉ, premier du nom, était né, le 16 janvier 1409, de Louis II, duc d'Anjou, comte du Maine et de Guise, roi titulaire de Naples, petit-fils de Jean II, dit le Bon, roi de France.

Le cardinal de Bar, grand-oncle maternel de René, devenu héritier du duché de Bar par la mort de deux de ses frères tués à la bataille d'*Azincourt*, en 1415, le désigna pour son successeur; il détermina en outre le duc

---

Seconde branche de Vaudémont. Antoine Ier.

Ce prince mourut en 1447, et fut enterré dans l'église collégiale de Vaudémont.

Il avait épousé, en 1417, *Marie*, fille de Jean VII (1), comte d'Harcourt, héritière des seigneuries de Mayenne, d'Aumale, d'Elbeuf, d'Harcourt, et de Mortain; elle mourut le 19 avril 1476, et fut enterrée au prieuré de Notre-

---

(1) Et non pas de Jean IV, ainsi que le disent MM. de Sainte-Marthe.

Charles I*er* de Lorraine, qui n'avait point d'enfans mâles, à appeler à sa succession ce jeune prince, en lui faisant épouser Isabelle, sa fille aînée, qu'il avait déclarée son héritière. Ce projet réussit au gré du prélat, et Charles I*er*, duc de Lorraine, fit reconnaître, par tous les grands de son pays, le duc René d'Anjou pour son héritier direct et universel, en lui donnant, en 1420, la main d'Isabelle, sa fille chérie.

A la mort du duc Charles I*er*, arrivée le 25 janvier 1431, le duc René d'Anjou reçut l'hommage des grands de Lorraine, et fut solennellement proclamé souverain de ce pays, quelques mois après, dans la ville de Nancy.

Antoine, comte de Vaudémont, neveu de Charles I*er*, s'opposa à cette intronisation, prétendant, comme petit-fils du duc Jean I*er*, hériter du trône de préférence à un étranger, qui n'avait d'autres droits que ceux qui pouvaient lui venir d'Isabelle de Lorraine, son épouse, laquelle ne pouvait exclure les mâles descendus en ligne directe et légitime. Le comte

---

Seconde branche de Vaudémont. Antoine I*er*. (*ses enfans.*)

Dame-du-Parc. De ce mariage vinrent les enfans qui suivent:

1° Ferri II, qui lui succéda, et dont l'article vient page 108.

2° Henri, évêque de Térouane, puis de Metz, mort à Joinville le 28 octobre 1505: il y est enterré dans l'église de Saint-Laurent.

3° Philippe, mort jeune.

de Vaudémont courut aux armes pour appuyer ses droits; il appela à son secours Philippe-le-Bon, duc de Bourgogne, qui lui envoya le maréchal de Toulongeon avec l'élite des grandes compagnies, si connues par les désastres qu'elles avaient faites en Alsace et en France. De son côté le duc René se fortifia de l'alliance de Charles VII, roi de France, son beau-frère et son cousin, qui fit aussitôt partir pour la Lorraine le brave Arnaud Guillaume de Barbazan, surnommé le *chevalier sans reproche*, à la tête d'un corps de troupes considérable, pour former le siége de la ville et du château de Vaudémont. Antoine marche au secours de sa capitale : au bruit de son approche René, contre l'avis de Barbazan, interrompt le siége pour aller au-devant de lui.

Les deux armées se rencontrent dans les plaines de *Bullegneville* ou *Bugneville*, près de la Meuse, le 2 juillet 1431. Barbazan voulait différer la bataille à cause du désavantage du terrain, mais René, emporté par son courage,

---

Seconde branche de Vaudémont. Antoine Ier. (*ses enfans.*)

4° Jean, comte d'Harcourt, qui se signala dans la conquête de la Normandie en 1449. Il fut gouverneur de l'Anjou : Ferri II son frère le fait, en 1470, son exécuteur testamentaire, et lui lègue mille ducats d'or pour faire à sa place le voyage de la Terre-Sainte; Ferri l'appelle dans son testament son très cher frère, et son *ami parfait et spécial.*

fait sonner la charge, et engage le combat: il fut victime de sa témérité; son armée fut mise en déroute, Barbazan blessé à mort, et lui fait prisonnier, après avoir reçu plusieurs blessures au visage. Ce malheureux prince fut envoyé au duc de Bourgogne qui le fit enfermer au château de Brâcon-sur-Salins, d'où il fut transféré à Dijon, et resserré dans la tour du château ducal, qui fut depuis nommée la *tour de Bar*, ou la *tour du roi René*.

Le comte de Vaudémont ne sut point profiter de sa victoire; car, au lieu de pénétrer en Lorraine à la tête de ses troupes enhardies par cet avantage, il fit une trève avec la duchesse Isabelle, femme de René, trève qu'il prolongea même à plusieurs reprises.

Le 1ᵉʳ mai 1432, René sort de sa prison en donnant deux de ses fils pour ôtages, et en promettant de se reconstituer prisonnier dans un an, s'il ne s'accommodait pas avec son rival. Sa présence en Lorraine excita la joie de

---

Seconde branche de Vaudémont. Antoine Iᵉʳ. (*ses enfans.*)

Maisons de Croï, de Chimay, et d'Havré.

5° Marguerite, mariée le 5 octobre 1432 à Antoine de Croï, dit le Grand, comte de Portian et de Renty, grand-maître de France, mort en 1475; elle lui porta en dot la seigneurie d'Archscot. De ce mariage descendent les branches de *Croi* et d'*Archscot*, d'*Havrech* ou d'*Havré*, de *Rœux*, de *Crese-*

tous les habitans dont il avait su gagner le cœur, et le fit songer sérieusement à se réconcilier avec le comte de Vaudémont. Ces deux princes se rendirent à cet effet en Flandres, où était le duc de Bourgogne, pour l'engager à prononcer sur leur différent. Le duc proposa d'abord le mariage de Ferri, fils aîné du comte de Vaudémont, avec Yolande, fille aînée du duc René, et remit à décider la question, concernant la propriété souveraine de la Lorraine, aux fêtes de Noël suivantes. Les choses n'ayant pu s'accommoder à cette époque, au gré des parties, René fidèle à sa parole retourna à Dijon reprendre ses chaînes.

Il y avait à peine trois semaines qu'il y était, lorsque Vidal de Cabanis, gentilhomme provençal, vint lui apporter la nouvelle de la mort de Jeanne, reine de Naples, qui l'avait institué son héritier. Mais cet accroissement de fortune ne fit qu'augmenter le mal-aise de sa position, parceque le duc de Bourgogne, qui se trouvait

Seconde branche de Vaudémont. Antoine Ier. (*ses enfans.*)

'ques, de *Chimay*, de *Sempy-Solre*, de *Molembais*, et de *Ferrières-Péralte* (1).

Maison de Rohan.

6° Marie, épouse Alain IX, vicomte de

(1) Cette princesse, qui fait la souche de tant de branches illustres, n'est pas mentionnée dans la généalogie de M. Lesage.

avoir un roi pour prisonnier, exigea une rançon plus forte, et le fit resserrer de plus près, afin de le forcer à accéder à ses propositions : mais René se résigna à demeurer captif encore deux années, plutôt que de signer des conditions indignes de lui.

Pendant ce tems Isabelle son épouse, princesse douée de toutes les vertus qui caractérisent les héros, fait voile vers Naples, et va prendre possession de ce royaume, au nom de son mari, en 1435. Elle rencontra dans Alphonse Ier, dit le Sage et le Magnanime, un compétiteur puissant, contre lequel elle fut obligée de soutenir une guerre dont les résultats furent souvent variés.

L'an 1436, vers la mi-novembre, le roi René obtint enfin sa liberté du duc de Bourgogne, moyennant une rançon de deux cent mille écus. Après avoir mis ordre aux affaires de Lorraine, il se dirigea sur Naples, où il fut bien accueilli au premier abord; mais comme

---

Seconde branche de Vaudémont. Antoine Ier. (*ses enfans.*)

Rohan, mort le 20 mars 1461 ; elle avait précédé son mari au tombeau le 23 avril 1455. Leur fils Jean II de Rohan, marié à *Marie de Bretagne*, fut père de Jacques, vicomte de Rohan, qui mourut en 1527, sans laisser de posterité : en lui finit la branche aînée de la maison de Rohan, dont les autres branches, représentées par les princes de Guéméné, de Mont-Bazon, de

ses finances étaient épuisées, et qu'il ne pouvait répandre l'or à profusion chez les grands du royaume, il commença à éprouver certaines disgraces, qui furent bientôt augmentées par la surprise de la ville de Naples de la part d'Alphonse d'Aragon, son compétiteur, qui y pénétra en 1442, et s'y fit proclamer roi.

René retourna dès-lors dans la Lorraine ; ce pays avait été inquiété et dévasté, pendant son absence, par le comte de Vaudémont, pour se venger du délai que René apportait à la conclusion du mariage d'Yolande avec son fils Ferri : cependant ce mariage s'effectua en 1444, par la médiation de Charles VII, roi de France, qui avait été visiter le roi René à Nancy. Pendant ce tems des ambassadeurs de Henri VI, roi d'Angleterre, vinrent demander pour leur monarque la princesse Marguerite, seconde fille du duc de Lorraine, laquelle leur fut accordée, ainsi que nous le verrons plus bas.

Le roi René abdiqua, le 26 mars 1453, le

Seconde branche de Vaudémont. Antoine Ier. (*ses enfans.*)

Soubise, se sont perpétuées jusqu'à nos jours (1).
7° Marguerite, religieuse.
8° Catherine, religieuse.

(1) M. Lesage ne mentionne pas non plus cette princesse. Zurlauben a tort de dire qu'elle épousa Alain X, puisque ce fut à Alain IX qu'elle fut mariée. Il fait Alain X, fils d'Alain IX et de *Marguerite de Bretagne;* c'est une erreur fort grave. Marguerite de Bretagne, loin d'être la mère d'Alain IX, en fut la femme; elle mourut en 1428. Ce même

gouvernement de la Lorraine en faveur de son fils aîné, Jean, duc de Calabre, et mourut le 10 juillet 1480, dans la ville d'Aix en Provence, d'où son corps fut transporté à Angers. Ce fut lui qui mit sur les monnaies de Lorraine la croix à double traverse, qu'on nomme *croix de Lorraine*.

Ce prince aimait les arts et les lettres; il les cultiva et les protégea durant toute sa vie. Il était singulièrement aimé de tous ses sujets, qui, en reconnaissance de sa débonnarité et de ses vertus, lui décernèrent le titre de *bon*. Il était duc de Lorraine et de Bar, duc d'Anjou, comte de Provence et du Maine, comte de Guise, roi titulaire de Naples, de Sicile et de Jérusalem. Tant de titres illustres ne le rendirent pas heureux, et ne répandirent souvent que beaucoup d'amertume sur certaines époques de sa vie. Dans sa captivité, il composa des chansons, et se livra à la peinture, de ma-

---

Seconde branche de Vaudémont. Ferri II.

3. FERRI II.

Ferri II succède en 1447 à Antoine Ier son père, dans le comté de Vaudémont. Ce fut un des plus grands capitaines de son siècle : il ac-

---

Alain, devenu veuf, épousa *Marie de Vaudémont*, et se remaria encore, après la mort de celle-ci, à *Peronelle de Maillé-Amboise*.

MM. de Sainte-Marthe sont aussi dans l'erreur, en faisant épouser à *Marie* Philippe de Nassau.

nière à se distraire et à se consoler plutôt en poëte troubadour et en artiste, qu'en roi.

La duchesse-reine *Isabelle*, première femme de René, était morte dès le 27 février 1452; et ce prince s'était remarié, le 10 septembre 1454, à *Jeanne de Laval*, fille de Gui XIV, comte de Laval, et d'Isabelle de Bretagne, qui mourut en 1498, sans postérité. Du premier mariage René laissa les enfans qui suivent :

1° Jean, duc de Calabre, qui lui succéda au duché de Lorraine sous le nom de Jean II, et dont l'article vient page 114.

2° Nicolas, mort jeune.

3° Louis, marquis de Pont-à-Mousson, mort à l'âge de vingt ans sans avoir été marié. Il fut déclaré lieutenant-général de la Lorraine et du Barrois, pour le roi son père, en 1439 (1).

4° Charles, comte de Guise, mort jeune.

5° René, aussi mort jeune.

Seconde branche de Vaudémont. Ferri II.

compagna le duc Jean II de Lorraine, son beau-frère, à la conquête du royaume de Naples, et eut la plus grande part à la victoire que ce dernier remporta à *Nole*, près de Sarno, sur Ferdinand d'Aragon, en 1458. Si l'on avait suivi l'avis de Ferri II, de marcher de suite sur la capitale, les affaires de Ferdinand en eussent

(1) Ce prince n'est nullement mentionné dans la généalogie de M. Lesage; cependant l'histoire de Lorraine en parle assez pour que les généalogistes ne l'oublient pas.

Maison de Vaudémont, qui hérite de la Lorraine et de l'Empire.

6° Yolande, née le 2 novembre 1428, mariée en 1444 à Ferri II, comte de Vaudémont, son cousin. C'est par ce mariage que la branche de Vaudemont ressaisit le duché de Lorraine en 1473. Voyez l'article de René II, leur fils, page 123. Yolande mourut à Nancy le 21 février 1482, et fut inhumée à Joinville. V. p. 100, 114 et 115, *à la branche de Vaudém.*

7° Marguerite, née le 23 mars 1429, épousa en 1444 Henri VI, roi d'Angleterre. Elle prit une part active au gouvernement de ce royaume, désolé par les factions de la *Rose rouge* et de la *Rose blanche :* Richard, duc d'Yorck, qui était chef de celle-ci, prétendait à la couronne d'Angleterre, à l'exclusion de la maison de Lancastre, dont la marque était la *rose rouge*, et qui avait Henri VI pour chef. Treize batailles

---

Seconde branche de Vaudémont. Ferri II.

été entièrement ruinées; mais la perfidie du prince de Tarente éloigna ce conseil, et fut la cause du salut du prince aragonais. Le comte Ferri II fut le lieutenant du roi René, son beau-père, dans cette expédition, qui ne prit fin que vers l'an 1464.

Il fit en 1468 la guerre en Espagne, toujours dans les intérêts du roi René et de son fils

signalèrent la haine de ces deux partis, et inondèrent l'Angleterre du sang de ses propres citoyens. Le duc d'Yorck lève une armée considérable, et entraîne dans son parti le comte de Salisbury, de l'illustre maison des Plantagenets, avec le comte de Warwick son fils, le héros de l'Angleterre. Le roi Henri VI, époux de Marguerite, veut réduire les rebelles par la force des armes, mais il a le malheur d'être battu et fait prisonnier, le 31 mai 1455, près Saint-Albans, par le duc d'Yorck, qui se fait proclamer protecteur du royaume. La reine Marguerite, égalant en courage les plus grands hommes de son siècle, se met à la tête de l'armée royale, et gagne, le 24 décembre 1460, la bataille de *Wakefield* sur le duc d'Yorck, qui est tué dans l'action. Marguerite fait séparer la tête de son corps, et la fait planter sur les portes de la ville d'Yorck, ceinte d'une couronne de papier, en signe de dérision. De là cette princesse

---

Seconde branche de Vaudémont. Ferri II.

Jean II, duc de Lorraine, que les Catalans avaient appelé dans l'intention de le faire couronner roi d'Aragon. Ferri soumit et emporta d'assaut les villes de Céréal, Ampurias, Girone, Lérida, Rose, Tortose, et presque toutes les places fortes de la Catalogne. La mort du duc Jean II, arrivée devant Barcelone le 13 décembre 1470, mit fin à cette guerre, et

marche sur Londres, bat le comte de Warwick près de Saint-Albans, et délivre son mari le 15 février 1461. Mais le comte de la Marche, fils du duc d'Yorck, que tant de revers n'effraient pas, paraît pour venger la mort de son père, et pour soutenir son droit au trône d'Angleterre; il lève des troupes, et avec l'appui du comte de Warwick, il fait son entrée triomphante dans Londres, où il est proclamé roi, le 5 mars, sous le nom d'Edouard IV. Une suite de guerres, de révolutions, d'évènemens funestes, bizarres et tragiques, remplit la vie de Marguerite et de son époux; enfin la perte qu'ils firent de la bataille de *Teuksbury*, le 9 mai 1471, ruina entièrement leur parti, et coûta la vie à Henri VI et à son fils âgé de dix-huit ans, qui, faits prisonniers, furent inhumainement mis à mort. Marguerite ne fut délivrée de sa prison que par la médiation de Louis XI, roi de France, qui s'engagea de payer, pour sa rançon, une somme de cin-

---

Seconde branche de Vaudémont. Ferri II.

fit rentrer le comte Ferri dans ses états (1).

La bataille de *Bullegneville*, gagnée en 1431 par le comte Antoine Ier, père de Ferri II, sur

(1) L'Art de vérifier les Dates, tome III, page 49, dit *que la mort surprit le comte Ferri, le 31 août 1470, dans la Catalogne.* Comment arranger cela avec les testament et codicille *autographes* qu'il fit le 30 et 31 août 1470 au *château de Joinville;* car il n'a pu mourir en *Ca-*

RENÉ I. (*ses enfans.*)

quante mille écus. Cette princesse quitta pour jamais l'Angleterre, en 1475, et mourut en France (à Angers) le 1ᵉʳ octobre 1480. (Sainte-Marthe et quelques auteurs disent 25 août 1482.)

8° Isabelle, morte jeune.
9° Anne, morte jeune.

Enfans naturels.

Le roi René Iᵉʳ, dit le Bon, avait eu trois enfans naturels de mademoiselle d'*Albertas*, d'une famille noble de Provence : ces enfans furent, 1° Jean d'Anjou, appelé vulgairement le *Bâtard de Calabre*, seigneur de Saint Cannat et de Saint Remy en Provence, et de l'Avantgarde en Lorraine. Le testament de son père lui adjugeait le marquisat de Pont-à-Mousson, qui était un *fief de l'Empire ;* mais il ne put en jouir à cause de l'opposition qu'y mirent les souverains légitimes de la Lorraine. Jean fut un capitaine expérimenté ; il se signala à la bataille de *Nancy*, contre le duc de Bourgogne, et se trouva à celle d'*Agnadel*, dans l'armée de Louis XII. Il avait épousé *Marguerite de Glandèves*, de laquelle il n'eut qu'une fille, qui fut mariée à François de Forbin, seigneur de Solières.

Seconde *Branche de Vaudémont.* Ferri II.

René d'Anjou qui y fut fait prisonnier, devait faire rentrer la Lorraine dans la branche de Vaudémont, si Antoine ne se fût pas laissé flé-

---

talogne le 31 août, et faire un testament le même jour au château de *Joinville ;* la chose est impossible. La vérité est qu'il mourut en 1472. M. Lesage, qui a suivi sans doute l'Art de vérifier les Dates, a fait la même erreur, en plaçant la mort de ce prince en 1470.

De ce mariage sont sortis les seigneurs de *Solières* et de *Saint-Cannat*. 2° Blanche d'Anjou, dame de Précigny, mariée à Bertrand de Beauvau, baron de Précigny et de Briançon, mort le 30 septembre 1474. Blanche était morte le 16 avril 1470, sans avoir eu d'enfans. 3° Madeleine d'Anjou, mariée à Louis-Jean, seigneur de Bellenave, chambellan du roi de France Charles VIII.

19. JEAN II,

Duc de Lorraine et de Bar,

DE LA MAISON D'ANJOU.

Jean II, fils aîné du roi René Ier, dit le Bon, duc de Lorraine et de Bar, comte de Provence, roi titulaire de Naples, de Sicile, et de Jérusalem, naquit à Nancy le 2 août 1424. Ce jeune prince porta le titre de *duc de Calabre*, presqu'en naissant, et n'était âgé que de huit ans lorsqu'il fut envoyé, avec son frère Louis, en ôtage en échange de son père qui était prisonnier à Dijon.

Seconde branche de Vaudémont. Ferri II.

chir ou amuser par la princesse Isabelle. Mais une temporisation futile lui fit perdre le fruit de sa victoire, et le seul avantage qu'il en retira fut de marier son fils Ferri II avec Yolande, fille de René et d'Isabelle; mais, comme l'un et l'autre étaient encore en bas âge, on remit à l'année 1444 la célébration de ce mariage.

La mort de Nicolas Ier d'Anjou, duc de Lor-

Le gouvernement de la Lorraine et du Barrois lui fut confié par son père, en 1442. Le duc Jean était un prince d'un génie supérieur, et d'une valeur sans égale; il assista le roi de France Charles VII aux siéges de Vernon, de Gournai, et de Caen.

Jean II, devenu souverain de la Lorraine par la cession solennelle qui lui en fut faite, en 1453, par le roi René, son père, prit possession de ce duché le 22 mai, et administra cet état en son nom, comme seul et unique souverain.

Il conduisit en personne, en 1455, un secours aux Florentins attaqués par Alphonse, roi d'Aragon, qui avait usurpé le royaume de Naples sur le roi René Ier, et le força à abandonner son entreprise. La ville de Florence, après lui avoir payé tous les frais de son expédition, lui fit présent de soixante et dix mille florins. Trois ans après, le roi de France Charles VII.le nomma gouverneur de la ville et des états de Gênes, qui s'étaient donnés à

Seconde branche de Vaudémont. Ferri II.

raine, le dernier mâle de la descendance du roi René, ouvrit la succession des états de Lorraine au duc René, fils de Ferri et d'Yolande. (Voyez page 123.)

Le comte Ferri II était mort l'année d'auparavant, laissant d'Yolande son épouse, morte en 1482 (voyez page 110), les enfans qui suivent :

lui; mais comme ce prince redoutait l'inconstance des Génois, il eut la précaution d'y envoyer un gouverneur sage, prudent et éclairé, qualités que réunissait le duc Jean. Alors Alphonse, roi de Naples, qui savait que ce prince n'attendait que l'occasion favorable de se former un parti dans ce dernier royaume, vint mettre le siége devant Gênes, où il fut atteint d'une maladie qui lui causa la mort le 27 juin 1458.

Cet évènement fit renaître l'espérance au duc de Lorraine et au roi René, son père, de faire rentrer dans la maison d'Anjou-Lorraine le royaume de Naples. Le duc Jean tente une expédition sur cet état, et gagne sur Ferdinand Ier, fils naturel d'Alphonse, la bataille de *Nole*, le 7 juillet 1458; mais le sort des armes lui ayant été contraire à *Troja* dans la Pouille, le 18 août 1462, il revint en Lorraine, où il fut accueilli avec beaucoup de joie par ses sujets.

Mécontent de Louis XI, roi de France, qui

Seconde branche de Vaudémont. Ferri II. (*ses enfans.*)

1° René II, qui hérita de la Lorraine, et dont l'article vient page 123.

2° Nicolas, baron de Joinville, mentionné dans le testament de son père.

3° Pierre, mort jeune, et avant l'an 1470.

4° Jeanne, née au château de Joinville en 1458, mariée le 21 janvier 1473 à Charles II, duc d'Anjou, neveu du roi René, duc de

l'avait trahi dans cette expédition, il entra, en 1465, dans la ligue que formèrent les princes français contre ce monarque, connue sous le nom de *ligue du bien public*. Mais s'étant aperçu que des haines personnelles étaient les seuls motifs de ces guerres civiles, il se réconcilia avec le roi, qui lui fit de grands avantages, et lui fournit de nouveaux secours pour faire la conquête du royaume d'Aragon, que les Catalans révoltés lui avaient offert, et sur lequel il avait des droits du chef d'Yolande son aïeule. Cette expédition fut heureuse dans son commencement, car il s'empara de la Catalogne sans coup férir, et voyait entrer dans son parti la majeure partie des habitans de l'Aragon, lorsque la mort vint trancher ses jours, le 13 décembre 1470, à Barcelone. Son corps fut inhumé au milieu du chœur de la cathédrale de cette ville, son cœur transporté à Angers, et ses entrailles à Pézenas. On soupçonne qu'il mourut de poison (1).

Il avait épousé *Marie de Bourbon*, fille de

Seconde branche de Vaudémont. Ferri II. (*ses enfans.*)

Lorraine. Jeanne mourut en 1480, et son époux le 12 décembre 1481. De ce mariage il ne resta aucun enfant; et comme le duc

(1) On ne croira jamais qu'un prince qui a été *duc régnant de Lorraine* pendant dix sept années, et qui a rempli l'Europe de son nom et du bruit de ses exploits pendant toute sa vie, n'ait pas été nommé, par M. Lesage, dans le tableau de la maison de Lorraine; cependant ce serait en vain

Charles Ier, duc de Bourbon et d'Auvergne, et comte de Clermont et de Forest, morte en 1448, de laquelle il laissa les enfans qui suivent :

1º René, qui eut pour parrain René Ier, son aïeul; il mourut jeune.

2º Jean, duc de Calabre, mentionné dans le testament de son père, meurt quelques jours après ce dernier, et par conséquent ne régna pas.

3º Nicolas Ier, duc de Lorraine, succède à son père; son article vint page 119.

4º Marie, morte jeune.

Enfans naturels.

Le duc Jean II eut de plusieurs maîtresses les enfans naturels qui suivent : 1º Jean, dit le bâtard de Calabre, mort le 4 mars 1504; 2º Aubert, seigneur d'Essey; 3º trois filles; l'une mariée à Jean d'Ecosse (et peut être mieux à Jean d'Ecoice), l'autre à Jean de Chabannes, et la troisième à Achille de Beauvau.

Seconde branche de Vaudémont. Ferri II. (*ses enfans.*)

Charles était le dernier de sa branche, il institua Louis XI, roi de France, son héritier universel, ce qui réunit à la couronne l'Anjou, le Maine, et la Provence. François Ier,

qu'on chercherait à l'y rencontrer. M. Lesage parle bien d'un *frère* d'Yolande, mais il le croit tellement obscur qu'il n'en cite pas même le *nom*; puis il renvoie à la maison d'Anjou pour cet article. Mais à la maison d'Anjou il n'est nullement question de Jean en qualité de *duc de Lorraine.*

20. NICOLAS Ier,

Duc de Lorraine et de Bar,

DE LA MAISON D'ANJOU.

Nicolas Ier, fils du duc Jean II de Lorraine, était né en 1448, et succéda en 1470, à son père, dans le duché de Lorraine, et dans ses prétentions au royaume d'Aragon.

Le duc Nicolas avait déja signalé son aptitude au gouvernement et sa valeur à la guerre, lorsque son père, en partant pour Naples, le déclara en 1463 son lieutenant-général en Lorraine. Il défendit courageusement, contre les entreprises du maréchal de Bourgogne, de la maison de Neufchâtel, la ville d'Epinal qui s'était unie au duché de Lorraine, et il reprit, sur le même général, les places de Liverdun et de Brixei.

Seconde branche de Vaudémont. Ferri II. (*ses enfans.*)

à son avènement au trône, donna le duché d'Anjou et le comté du Maine à Louise de Savoie, sa mère, qu'il créa duchesse d'*Angoulême.*

5° Yolande, mariée en 1457 à Guillaume II, landgrave de Hesse, mort en 1509 : elle ne lui donna point d'enfans. Ce prince se remaria à Anne de Mecklembourg, qui le fit père de Philippe-le-Magnanime, souche de

L'an 1471, après avoir pris solennellement possession des états de Lorraine, il retourna à la cour de France pour faire ses fiançailles avec la princesse *Anne*, fille du roi Louis XI, qui lui avait été promise dès le berceau, et qui lui portait en dot les villes et seigneuries de Chaumont en Bassigny, Nogent, Montigny, Coiffy, Voisey, Sainte-Ménéhould, Saint-Dizier, Vaucouleurs, Monteclerc, et le comté de Pézenas, sous la réserve, en faveur de la France, d'en faire le rachat moyennant la somme de trois cent cinquante mille livres tournois. Ce traité est daté de Bourges le 12 janvier 1467. Le duc Nicolas toucha en outre deux cent mille écus d'or, pour le douaire de son épouse, et une rente de quarante mille fr. pendant sept années. Ce mariage, dont les

Seconde branche de Vaudémont. Ferri II. (*ses enfans.*)

toutes les branches de l'illustre maison de Hesse (1).

Maison royale de Bourbon.

6° Marguerite, mariée le 14 mai 1488 à René de France, duc d'Alençon, comte du Perche, célèbre par le mauvais traitement et

(1) C'est à tort que M. Lesage, dans sa table XXV, généalogie de la maison de Hesse, ne mentionne pas la duchesse Yolande, ce qui ferait croire que Guillaume II ne fut marié qu'une fois, et ne contracta aucune alliance avec l'illustre maison de Lorraine.

conditions d'intérêt avaient été exécutées de la part de la France, ne fut jamais consommé par les deux époux; et Nicolas se croyait si peu engagé avec la princesse Anne, qu'il demanda en mariage la princesse Marie, fille du duc Charles de Bourgogne, qui, à l'aide de cette espérance, maintint pendant quelque tems ce prince dans son parti, contre le roi Louis XI, dont ils avaient à se plaindre tous deux.

L'an 1473, au moment où il préparait une expédition contre la ville de Metz, il fut surpris d'une fièvre maligne qui le conduisit au tombeau le 12 août, selon Sainte-Marthe, ou le 24 juillet, selon l'Art de vérifier les Dates. Il fut enterré dans l'église collégiale de Nancy, où René II lui fit élever un superbe mausolée

---

Seconde branche de Vaudémont. Ferri II. (*ses enfans.*)

la persécution que lui fit éprouver Louis XI, sur le soupçon qu'il avait que ce prince voulait céder son duché au duc de Bourgogne. René fut arrêté prisonnier, conduit à la Flèche, puis à Chinon, où il fut enfermé dans une cage de fer d'un pas et demi de long: on lui donnait à manger à travers les barreaux au bout d'une fourche, et on ne le tirait de cet état qu'une fois en huit jours pour donner de l'air à la cage. Après y être resté près de quatre mois, il fut transféré au château de Vincennes. Le parlement le condamna, par arrêt rendu le 22 mars

en marbre. Le roi René Iᵉʳ, son aïeul, l'avait nommé son lieutenant-général en Catalogne, et connétable des royaumes d'Aragon, de Valence, et de Maïorque (1). Ce prince avait captivé le cœur de ses sujets par ses brillantes qualités : aussi pleurèrent-ils sa mort avec amertume.

Le duc Nicolas Iᵉʳ n'ayant fait que des projets de mariages, sans jamais les exécuter, ne

---

Seconde branche de Vaudémont. Ferri II. (*ses enfans.*)

1482, à implorer la clémence du roi, et à recevoir garnison française dans ses places fortes. Son innocence ayant été reconnue dans la suite par Charles VIII, il fut rétabli dans tous ses droits par lettres-patentes du mois de mai 1487. Il mourut le 1ᵉʳ novembre 1492. Entre autres enfans qui naquirent de ce mariage, vint *Françoise d'Alençon*, qui eut pour second mari Charles de Bourbon, duc de Vendôme, qu'elle fit père d'Antoine de Bourbon, roi de Navarre, dont l'auguste fils fut roi de France, sous le nom de Henri IV. La duchesse Marguerite, après la mort du duc René de France, son époux, se fit religieuse au monastère de Sainte-Claire d'Argentan, où elle termina ses jours le 1ᵉʳ novembre 1521.

(1) Ce serait encore en vain que dans les généalogies de M. Lesage on chercherait Nicolas Iᵉʳ ; ce prince fut cependant duc régnant de Lorraine, et se rendit assez célèbre par un certain nombre d'exploits pour que son nom se rencontre à chaque page de l'histoire de son siècle.

NICOLAS I.

laissa aucun enfant légitime ; et, comme il était le dernier rejeton de la maison d'*Anjou-Lorraine*, le duché rentra dans la lignée *directe et masculine* des anciens ducs, représentés par la branche cadette de Lorraine, connue sous le nom de *Vaudémont*, laquelle avait pour chef René, dont l'article vient ci-dessous, sous le nom de René II, duc de Lorraine.

> Nicolas Ier avait eu pour fille naturelle Marguerite, duchesse de Calabre, mariée à Jean de Chabannes, comte de Dammartin. De ce mariage vint une seule fille, Anne de Chabannes, comtesse de Dammartin, qui épousa Jacques de Coligny-Châtillon, prévôt de Paris, chambellan des rois de France Charles VIII et Louis XII; il fut tué l'an 1512 au siége de Ravennes, sans laisser d'enfans.

(La Lorraine rentre dans la descendance masculine de ses ducs.)

21. RENÉ II.

RENÉ II, fils de Ferri II, comte de Vaudémont, et d'Yolande d'Anjou; duchesse de Lorraine (1), naquit en 1521, et succéda en 1573 à Nicolas Ier d'Anjou, duc de Lorraine, son cousin, qui était mort sans avoir contracté d'alliance. Ainsi le duché de Lorraine et toutes les seigneuries en dépendantes rentrèrent dans la lignée masculine et directe de ses ducs, qui s'étaient vus remplacés momentanément par une branche de la maison d'Anjou.

A peine ce prince fut-il monté sur le trône, que Charles le-Téméraire, duc de Bourgogne, qui convoitait de se rendre maître de ses états,

---

(1). Voyez page 116.

le força, après l'avoir fait arrêter prisonnier par une perfidie insigne, à signer un traité fort désavantageux à ses intérêts, et portant en outre la promesse d'une alliance offensive et défensive contre le roi de France Louis XI. René, rendu à la liberté, chercha à rompre des conditions qui lui avaient été extorquées par la mauvaise foi et la violence; il invoqua le secours du monarque français et de l'empereur Frédéric III, et déclara la guerre au duc de Bourgogne, qui était alors occupé à faire le siége de Nuitz dans l'archevêché de Cologne. Charles, au bruit de cette nouvelle, pénètre en Lorraine, en 1475, avec une armée de quarante mille hommes, s'empare de presque toutes les places fortes de René, et se fait ouvrir les portes de sa capitale, après un mois de siége (le 27 novembre 1475). Le cœur enflé de ces succès, il se dirige vers la Suisse, où il fut battu le 3 mars, à *Granson*, de la manière la plus complète, et y perdit tout son butin. Le duc René, apprenant cette défaite, vint joindre les Suisses avec un corps de troupes assez considérable, se mit à la tête de l'armée de ces républicains, et gagna sur le duc de Bourgogne, le 22 juin 1476, la célèbre bataille de *Morat*. Cet échec, considérable pour le duc de Bourgogne, ne l'empêcha pas cependant de revenir en Lorraine, et d'assiéger une seconde fois Nancy qui s'était remise sous la domination de son légitime souverain. Les Suisses, qui n'avaient point oublié les services que leur avait rendus le duc René à la fameuse journée de *Morat*, lui prêtèrent un secours considérable, avec lequel ce prince vint attaquer le duc de Bourgogne, le 5 janvier 1477, devant la ville même de Nancy. La bataille fut sanglante, mais Charles la perdit avec la vie. Cette victoire fit rentrer toute la Lorraine sous les lois de René, qui s'était immortalisé dans ces diverses campagnes.

L'an 1482, appelé par les Vénitiens pour les secourir contre les entreprises du duc de Ferrare, René s'embarque à Marseille, et arrive vers le commencement d'avril à Venise, où il fut reçu avec les plus grands honneurs par le sénat, et reconnu pour lieutenant-général des armées de la république. Il attaque et bat les Ferrarois à *Adria*, et pose le siége devant Ferrare quelques jours après. Mais la mésintelligence ne tarda pas à se glisser parmi les Lorrains et les Vénitiens à l'occasion des prisonniers. On prétend qu'un capitaine ferrarois et trois cents des siens, ayant été pris dans une sortie par le duc de Lorraine, furent tous mis à mort par ordre de ce prince, dans la persuasion où il était que la crainte d'un pareil supplice forcerait les autres habitans à se rendre ; mais cette rigueur, trop voisine de la barbarie et de l'inhumanité, déplut aux Vénitiens, qui n'avaient pour habitude que de rançonner les prisonniers. Alors le duc quitta l'armée de Venise et revint en Lorraine, vers l'an 1483.

Le roi de France Louis XI s'était emparé, à la mort du roi René d'Anjou, du comté de Provence et du duché de Bar, auxquels le duc René avait droit de prétendre : ce dernier porta ses demandes aux états de Blois, tenus en 1484, dans l'espoir qu'il serait réintégré dans ces possessions; mais il ne put obtenir de la justice de Charles VIII que la restitution du Barrois.

La noblesse de Naples, révoltée en 1486 contre le roi Ferdinand, envoya des ambassadeurs à René pour le prier de venir dans ce royaume, sous la promesse qu'elle le reconnaîtrait pour souverain légitime, aux droits de la maison d'Anjou-Lorraine qu'il représentait alors. René accueillit ces propositions, et se mit en devoir, avec le secours de la France, de partir pour la conquête du royaume de Naples; mais des brouilleries survenues entre lui et le roi de France Charles VIII, lui firent retirer l'assistance de ce monarque, et l'obligèrent à renoncer à cette expédition.

Sous le règne de ce prince, la peste et la famine désolèrent la Lorraine dans les années 1501, 1502, et 1505, et enlevèrent au-delà du tiers des habitans de ce pays.

Le duc René, aux droits de sa mère et de ses aïeux maternels, prenait les titres de roi Naples, de Sicile, de Hongrie, de Jérusalem, et d'Aragon; mais les duchés de Lorraine et de Bar, les comtés de Vaudémont, de Guise, d'Aumale, d'Harcourt et de Mortain, et la sirerie de Joinville, furent les seules possessions territoriales sur lesquelles il regna. Il mourut le 10 décembre 1508, et fut inhumé à Nancy dans l'église des Cordeliers : il fut grand-Chambellan de France.

Il avait épousé, 1° *Jeanne d'Harcourt*, fille de Guillaume d'Harcourt, comte de Tancarville, baron de Montgommery, et vicomte de

RENÉ II. (*ses enfans.*)

Melun, laquelle il répudia, pour cause de stérilité, en 1485; elle mourut le 7 novembre 1488(1). 2° Le 1ᵉʳ septembre 1485, *Philippine de Gueldres*, fille d'Adolphe d'Egmond, duc de Gueldres : ce fut une des plus belles princesses de son siècle. Après la mort de son mari, elle se retira dans le couvent des sœurs de Sainte-Claire de Pont-à-Mousson, et y prit l'habit et la vie de religieuse. Sa piété, son austérité servirent d'exemple à toute la communauté : le roi de France François Iᵉʳ avait pour elle une si grande considération qu'il n'entreprenait rien d'important sans en recommander le succès à ses prières. Elle mourut le 28 février 1547, âgée de quatre-vingt-quatre ans, et fut enterrée dans le cloître du monastère. De ce second mariage vinrent les enfans qui suivent :

1° Charles, né à Nancy le 17 août 1486, mort jeune.

2° François, né à Pont-à-Mousson le 5 juillet 1487, mort jeune.

3° Antoine Iᵉʳ, qui fut duc de Lorraine et succéda à son père; son article vient page 129.

4° Nicolas, né à Nancy le 9 avril 1493, mort jeune.

---

(1) M. le président Hainaut se trompe en disant que les biens, dont la maison de Lorraine hérita de celle d'Harcourt-Tancarville, lui vinrent de cette princesse; ce furent deux alliances antérieures et postérieures à celles-ci, qui firent entrer dans la maison de Lorraine la majeure partie des biens possédés par l'ancienne maison d'Harcourt.

Maison de Guise, si célèbre dans l'histoire de France, et d'où viennent les princes de Lambesc de nos jours.

5° Claude se retire en France, et s'y fait naturaliser. Il y fonde l'illustre maison de *Guise*, qui s'est rendue si célèbre dans le gouvernement et l'histoire de la nation française. (Voyez *la table qui vous indiquera la page où se trouve l'histoire de cette branche.*)

6° Jean, né à Bar le 9 avril 1498. Il fut évêque de Metz en 1501 (par la résignation de Henri de Vaudémont, son grand-oncle), évêque de Toul en 1517, de Térouane en 1518, élu cardinal dans la même année, archevêque de Narbonne en 1520, évêque de Verdun en 1523, de Luçon en 1524, de Valence en 1533, archevêque de Rheims, de Lyon et d'Alby en 1536; puis encore évêque de Die, de Mâcon, d'Angers et de Nantes. Dom Calmet ajoute, de Bologne, de Lizieux, et de Nevers. Il fut en outre abbé de Cluny, de Fécamp, de Marmoutier, de Saint-Ouen, et de Gorse, etc., etc. Enfin le grand nombre de ses prélatures fit dire, « qu'à lui seul il pouvait composer un con- « cile ». La cumulation de tant de revenus fut bien placée entre ses mains; il en fit un noble emploi, et les historiens de son siècle (Pierre Arétin sur-tout) s'accordent à vanter sa munificence et sa générosité. (Certains d'entre eux prétendent qu'il ne retint

RENÉ II. (*ses enfans.*)

de tous ses bénéfices que l'évêché de Metz, et les archevêchés de Narbonne et d'Alby). Le cardinal Jean fut envoyé par le roi de France François Ier, avec le maréchal de Montmorency, aux conférences de *Leucate*, pour y traiter de la paix avec l'empereur Charles-Quint; il jouissait de la confiance entière du monarque français et de son successeur Henri II; leur ministre à la cour de Rome, il y dirigea avec le plus grand succès les affaires de France. Ce fut lui qui, un jour à Rome, mit une poignée de pièces d'or dans la main d'un aveugle qui lui demandait l'aumône; celui-ci, dans son etonnement, s'écria: *Ou tu es le Christ, ou le cardinal de Lorraine!* Ce prélat mourut le 19 (1) mai 1550, et fut inhumé à Nancy dans l'église des Cordeliers (2). Il assista à trois conclaves.

7° Louis, né à Bar le 27 avril 1500. Il fut d'abord abbé de Saint-Mibel, puis évêque de Verdun; mais il quitta l'état ecclésiastique, en 1522, pour embrasser le parti des armes. Il mourut dans l'armée française, qui faisait le siége de Naples, le 11 septembre 1528; il fut enterré dans l'église de Sainte-Claire de Naples.

8° François, comte de Lambesc et d'Orgon, né à Bar le 23 juin 1506, tué aux pieds de François Ier, roi de France, à la bataille de *Pavie*, le 24 février 1525.

(1) Les registres du Vatican disent le 10.
(2) C'est à tort que M. Lesage dit qu'il fut le *second* fils de René, puisqu'on voit que ce prince compte cinq frères avant lui.

9°. Anne, née à Bar le 19 décembre 1490, morte jeune.

10° Isabelle, née à Lunéville le 2 novembre 1494, morte sans alliance.

11° Claude et Catherine, jumelles, nées le 24 novembre 1502, et mortes sans alliance (1).

22. ANTOINE Ier, DIT LE BON.

ANTOINE Ier, dit le Bon, fils du duc René II, ayant été déclaré majeur par les états du pays, en 1509, prit aussitôt les rênes du gouvernement (2).

Son amour pour la guerre et son penchant pour la France lui firent prendre parti, en faveur de cette puissance, dans les expéditions que Louis XII et François Ier dirigèrent en Italie. Il se signala à la bataille d'*Agnadel*, livrée le 14 mai 1509, et à celle de *Marignan*, livrée les 13 et 14 septembre 1515 : son frère, le duc de Guise, reçut vingt-deux blessures dans cette dernière, mais aucune ne fut mortelle.

Le duc Antoine, connaissant la position de

(1) M. Lesage, dans sa généalogie, a oublié de mentionner les quatre princesses, filles du duc René II.

(2) Le duc Antoine était né le 4 juin 1489; il avait donc près de vingt ans lorsque les états déclarèrent qu'il était majeur, et qu'il pouvait gouverner; c'est ce qui nous prouve qu'à cette époque les lois étaient encore indécises sur la majorité des ducs de Lorraine, puisque nous avons vu des princes, beaucoup plus jeunes qu'Antoine, être déclarés majeurs et habiles à gouverner.

son pays, et craignant les suites funestes qui pouvaient résulter de la guerre que se faisaient entre eux François I*er* et Charles-Quint, eut l'excellente politique de faire approuver sa neutralité par l'un et l'autre monarque. Ainsi pendant que l'Italie, l'Espagne, l'Allemagne, et la France, supportaient avec peine le poids de cette guerre, la Lorraine se livrait avec sécurité aux soins du commerce et de l'agriculture : néanmoins il ne tint pas au duc Antoine que la paix ne se rétablît entre ces deux monarques; il fut même au moment de voir ses efforts couronnés du succès. Le duc Antoine se rendit, en 1543, à la diète de Nuremberg pour faire rectifier une transaction qu'il avait passée l'année d'auparavant avec Ferdinand, roi des Romains, laquelle portait que la *Lorraine était un duché souverain, libre, et indépendant.*

Ce prince mourut le 14 juin 1544, emportant dans la tombe les regrets de tous ses sujets, qui le chérissaient comme un père, et qui lui décernèrent unanimement le titre de *Bon*. Il avait épousé à Amboise, le 15 mai 1515, *Renée de Bourbon,* fille de Gilbert de Bourbon, comte de Montpensier, vice-roi de Naples, et sœur du fameux connétable de Bourbon. Cette princesse obtint du roi de France la baronnie de *Mercœur* (érigée depuis en duché), après la confiscation des biens du connétable, et porta cette seigneurie dans la maison de Lorraine; elle servit de nom distinctif à l'une de ses branches. Renée mourut le 26 mai 1539, laissant les enfans qui suivent :

1° François Iᵉʳ, qui succéda à son père, et dont l'article vient page 133.

2° Nicolas, qui fonde la branche de *Mercœur*. Voyez ci-dessous (*).

3° Jean et Antoine, morts jeunes.

4° Anne, née le 25 juillet 1522, mariée, 1°, le 22 août 1540, à René de Nassau-Châlon, prince d'Orange, mort sans postérité le 15 juillet 1544; 2°, le 9 juillet 1548, à Philippe II, sire de Croï, duc d'Archscot,

---

Branche de Lorraine-Mercœur.

1. NICOLAS Iᵉʳ.

(*) Nicolas Iᵉʳ, second fils du duc Antoine Iᵉʳ de Lorraine, et de Renée de Bourbon-Montpensier, naquit le 17 octobre 1524 : il embrassa d'abord l'état ecclésiastique, et fut pourvu des évêchés de Metz et de Verdun en 1543 et 1544; mais il quitta ces bénéfices pour rentrer dans le monde, et se marier. Il obtint, en 1562, de son neveu le duc Charles II, dont il avait été le tuteur, les comtés de Vaudémont et de Chaligny pour apanage, et fit ériger, par l'empereur Maximilien II, en 1567, sa terre de Nomény en marquisat et principauté de l'Empire, pour lui et ses successeurs. Il assista au sacre du roi de France Henri III, son gendre, le 15 février 1575, et fut fait duc de Mercœur et pair de France le 8 mars 1576. Il mourut le 24 janvier 1577.

Il avait épousé, 1°, le 22 janvier 1548, *Mar-*

ANTOINE I. (*ses enfans.*)

mort en avril 1549. La princesse Anne mourut en 1568, et fut enterrée aux Cordeliers de Diest.

5° Elisabeth, morte jeune.

23. FRANÇOIS Ier.

FRANÇOIS Ier, fils d'Antoine Ier, dit le Bon, duc de Lorraine et de Bar, et de Renée de

---

Branche de Lorraine-Mercœur. Nicolas Ier. (*ses enfans.*)

guerite d'Egmont, morte le 10 mars 1554 ; 2°, le 24 février 1555, *Jeanne de Savoie-Nemours*, morte le 4 juillet 1568; 3°, le 11 mai 1569, *Catherine de Lorraine-Aumale*, morte en 1606.

Enfans du premier lit.

1° Henri, né le 9 avril 1552, mort jeune.
2° Marie, née le 9 février 1550, morte jeune.
3° Catherine, née le 26 février 1551, morte jeune.

Reine de France.

4° Louise, née le 30 avril 1553, mariée le 15 février 1575 à Henri III, roi de France et de Pologne, assassiné d'un coup de poignard, le 1er août 1589, par Jacques Clément,

Bourbon, naquit au château de Bar le 15 février 1517; l'éducation de ce prince se fit à la cour du roi de France François Ier, qui était son parrain, et qui lui portait une affection toute particulière.

Il succéda à son père dans les duchés de Lorraine et de Bar le 14 juin 1544, et se crut obligé, par reconnaissance pour la France, de suivre les négociations entamées par son père pour rétablir la paix entre cette puissance et

---

Branche de Lorraine-Mercœur. Nicolas Ier. (*ses enfans.*)

jacobin. Il ne vint aucun enfant de ce mariage. Louise, princesse vertueuse et admirable par sa piété, mourut le 29 février 1601. Elle avait ordonné, par son testament, la fondation d'un couvent de capucines dans la ville de Bourges, et desirait y être enterrée: Henri IV, roi de France, préféra le faire bâtir à Paris, au faubourg Saint-Honoré; le corps de Louise y fut inhumé. Mais cette église et la communauté furent depuis transportées rue Neuve-des-Petits-Champs, en face de la place Vendôme, puis ensuite démolies pour l'ouverture de la rue qui conduit de cette place au Boulevard.

Enfans du second lit.

1° Philippe-Emmanuel Ier, qui succède à son père, et dont l'article vient page 140.

2° Charles, né le 2 avril 1561. Il embrassa l'état ecclésiastique, et fut évêque de Toul,

l'empereur Charles-Quint, qui faisait alors le siége de Saint-Dizier; il se transporta à cet effet au camp de ce monarque, et avait fortement avancé les pourparlers de paix, lorsqu'une attaque d'apoplexie le surprit à Epernay, et le força à se faire transporter à Bar-le-Duc, puis à Remiremont, où il mourut le 12 juin 1545. Il fut inhumé dans l'église des Cordeliers de Nancy. Sa mort excita les regrets universels de ses sujets.

Branche de Lorraine-Mercœur. Nicolas Ier. (*ses enfans.*)

puis de Verdun, créé cardinal en 1578, commandeur de l'ordre du Saint-Esprit en 1583. Il est connu dans l'histoire sous le nom de *cardinal de Vaudémont;* il fut un ami zélé de S. Charles Borromée. Il mourut le 30 octobre 1587, et fut enterré dans l'église des Cordeliers de Nancy.

3° Jean, né le 14 septembre 1563, mort jeune.

4° François, marquis de Chausseins, né le 15 septembre 1567, mort sans alliance en 1592.

5° Marguerite, née le 14 mai 1564, épouse, 1°, le 24 septembre 1581, Anne, duc de Joyeuse, pair et amiral de France, favori du roi Henri III : ce seigneur joua un grand rôle dans les affaires de son tems, et fut vaincu et fait prisonnier à *Courtras,* par le roi de Navarre, depuis Henri IV. Les Huguenots, se rappelant qu'il avait fait massacrer les leurs avec la dernière barbarie au Mont

Il avait épousé à Bruxelles, le 10 juillet 1541, la princesse *Christine de Danemarck*, fille de Christiern II, roi de Danemarck, et d'Isabelle d'Autriche, sœur de l'empereur Charles-Quint; elle était veuve de François Sforce, duc de Milan, qu'elle avait perdu en 1535. Du mariage de François et de Christine vinrent les enfans qui suivent:

1° Charles II, qui succéda à son père, et dont l'article vient page 139.

Branche de Lorraine-Mercœur. Nicolas Ier. (*ses enfans.*)

Saint-Eloy, le mirent à mort de sang-froid, le jour même de la bataille, 20 octobre 1587. Il n'y eut aucun enfant de ce mariage. 2°, le 31 mars 1599, à François de Luxembourg-Piney, prince de Tingry, zélé serviteur des rois Henri III et Henri IV, contre les fureurs de la ligue, mort le 30 septembre 1613. Marguerite, qui était sa seconde femme, mourut le 20 septembre 1625, sans avoir eu d'enfans; elle fut enterrée aux Capucines de Paris.

Enfans du troisième lit.

1° Henri, qui fonde la branche de Lorraine, dite de *Chaligny* ou de *Mouy* (*).

Branche de Lorraine-Chaligny-Mouy.

1. HENRI Ier.

(*) Henri Ier, fils de Nicolas Ier de Lorraine-

Maison électorale de Bavière.

2° Renée, née le 20 avril 1544, mariée à Munich, le 25 février 1568, à Guillaume II, dit le Religieux, duc de Bavière, mort en 1626; elle fut mère de Maximilien-le-Grand, duc de Bavière, si célèbre dans la guerre de trente ans : ce fut ce prince qui fit entrer

Branche de Lorraine-Mercœur. Nicolas Ier. (*ses enfans.*)

2° Antoine, né le 27 août 1572, chanoine de Trèves et de Toul, proposé évêque de Toul en 1575, meurt quelque tems après.

3° Eric ou Henri, né le 14 mars 1576. Il eut pour gouverneur Christophe de la Vallée, à qui la maison de Lorraine fit donner, en reconnaissance de cette éducation, l'évêché de Toul. Henri embrassa l'état ecclésiastique, et fut évêque de Verdun en 1593. Ce prélat, quoiqu'il fût frère du duc de Mercœur, qui était un des chefs les plus puissans de la ligue, fut toujours fort attaché au parti du roi de France Henri IV. Il eut long-tems le

Branche de Lorraine-Chaligny-Mouy. Henri Ier.

Mercœur, et de Catherine de Lorraine-Aumale, naquit le 31 janvier 1570. Il se signala dans le parti des armes, se fit *ligueur,* et fut fait prisonnier au combat d'*Aumale* en 1592 ; il coopéra

dans sa maison la dignité électorale. Renée mourut le 23 mai 1602; elle fut enterrée dans l'église des Jésuites à Munich.

3° Dorothée, née posthume le 24 août 1545, mariée, le 30 novembre 1575, à Eric, duc de Brunswick-Gottingen, mort devant Pavie en 1584, sans laisser de postérité; ses états passèrent à Jules, duc de Brunswick-Wolfenbuttel, son cousin (1). La duchesse Dorothée mourut en 1587.

Branche de Lorraine-Mercœur. Nicolas Ier. (*ses enfans.*)

projet de se faire jésuite, puis capucin, et fut un des plus grands réformateurs des ordres religieux en Lorraine. Il se démit de son évêché de Verdun en 1611, en faveur du prince Charles de Lorraine-Chaligny-Mouy, son neveu; il fonda, en 1612, le couvent des

---

Branche de Lorraine-Chaligny-Mouy. Henri Ier.

à la guerre qui se faisait en Hongrie contre les Turcs en 1599, et fit des prodiges de valeur à la retraite de Canise le 10 octobre 1600. Il mourut à Vienne en 1601.

(1) M. Lesage, dans sa table de la maison de Brunswick, oublie de mentionner le mariage d'Eric avec Dorothée de Lorraine; et au même article il dit que *Henri-Jules, neveu d'Eric, recueillit ses états.* Voilà deux erreurs en six mots. Ce fut Jules Ier, duc de Brunswick-Wolfenbuttel, père de Henri-Jules, qui hérita en 1584 du duché de Gottingen; il mourut le 3 mai 1589. Ensuite Henri-Jules ne fut point le *neveu* d'Eric, mais seulement son *arrière-petit-cousin*.

24. CHARLES II, dit le grand.

Charles II, dit le Grand, fils de François Ier, et de Christine de Danemarck, naquit à Nancy le 15 février 1543; il succéda à son père le 13 juin 1545, dans le duché de Lorraine et de Bar, sous la tutèle de la duchesse Christine sa mère, et du prince Nicolas de Lorraine son

---

Branche de Lorraine-Mercœur. Nicolas Ier. (*ses enfans.*)

Capucins de Saint-Nicolas, et mourut le 27 avril 1623: on l'inhuma dans cette église (1).

4° Christine, née le 24 septembre 1571, morte sans alliance.

5° Louise, née le 27 mars 1575, morte sans alliance (2).

Branche de Lorraine-Chaligny-Mouy. Henri Ier.

Il avait épousé, en 1585, *Claude de Mouy*, veuve de Georges de Joyeuse, et fille unique et

---

(1) Voilà encore un prince oublié dans la généalogie de M. Lesage; il le méritait d'autant moins, qu'il est mentionné à chaque page de l'histoire de Lorraine et de l'histoire de l'église de Verdun. On lui doit la fondation d'un monastère qui fut long-tems célèbre, et la réformation des ordres religieux de la Lorraine. Il fut le frère d'une reine de France, et l'ami dévoué de Henri IV.

(2) Sur quinze enfans nés des trois femmes du duc Nicolas Ier, neuf sont oubliés dans la généalogie de M. Lesage.

oncle, évêque de Metz, et depuis duc de Mercœur.

La ligue des Protestans d'Allemagne, avant que de déclarer la guerre, en 1552, à l'empereur Charles-Quint, avait cru devoir se fortifier de l'alliance du roi de France Henri II ; ce prince, en vertu de son traité avec les Protestans de l'Empire, vint s'emparer des évêchés de Metz, Toul et Verdun ; et comme la

---

Branche de Lorraine-Mercœur. Philippe-Emmanuel Ier.

2. PHILIPPE-EMMANUEL Ier.

PHILIPPE-EMMANUEL Ier, fils de Nicolas Ier de Lorraine-Mercœur, et de Jeanne de Savoie-Nemours, naquit le 9 septembre 1558. Il se distingua de bonne heure dans la carrière des armes. La reine de France, sa sœur, l'appuya de tout son crédit pour lui ouvrir le chemin des honneurs et des grâces ; mais entraîné dans

---

Branche de Lorraine-Chaligny-Mouy. Henri Ier. (*ses enfans.*)

héritière de Charles, marquis de Mouy, châtelain héréditaire de Beauvais. Elle fonda le monastère du *Saint-Sépulcre* à Charleville, et s'y retira ; elle y mourut religieuse le 3 novembre 1627, laissant de son mariage :

1° Charles, né le 18 juillet 1592, évêque de Verdun en 1611, quitte son évêché pour se faire jésuite en 1624, et meurt, le 28 avril

duchesse régente de Lorraine lui portait ombrage, attendu qu'elle se trouvait être la nièce de l'empereur, il fit occuper son duché par ses troupes, et emmena à Paris le jeune duc pour y être élevé à sa cour.

Le jeune prince fit ses premières armes sous le commandement du célèbre duc de Guise François I*er*, son parent, et épousa le 5 février 1559, dans l'église de N.-D. de Paris, Claude de

---

Branche de Lorraine-Mercœur. Philippe-Emmanuel I*er*.

le parti des Guises, il se prononça contre la cour, et fut sur le point de succomber comme eux aux états de Blois, où il devait être arrêté, en 1588, si la reine ne l'avait fait prévenir secrètement : il échappa ainsi au fer assassin qui avait fait couler le sang de ses parens. Réfugié en Bretagne, il fait soulever cette province contre le roi, et prétend s'en faire déclarer souverain du chef de sa femme, qui avait pour aïeule maternelle, *Charlotte,* héritière du du-

---

Branche de Lorraine Chaligny-Mouy. Henri I*er*.(*ses enfans.*)

1631, à Toulouse, où il était supérieur de la maison professe (1).

2° Henri II, qui succéda à son père, et dont l'article vient page 148.

3° François, évêque de Verdun par la dé-

---

(1) M. Lesage a oublié ce prince dans sa généalogie. Le P. de Laubrussel a publié sa vie. *Nancy,* 1733, *in*-12.

France, fille du roi Henri II. Ce monarque mourut quelque tems après, et eut pour successeur François II, son fils, qui affectionna beaucoup le duc de Lorraine, son beau frère, et lui permit d'aller prendre possession de ses états en 1560.

Le gouvernement du duc Charles, ami zélé de la religion, de la justice, et des bonnes

---

Branche de Lorraine-Mercœur. Philippe-Emmanuel Ier.

ché de Penthièvre, maison qui avait des droits sur la Bretagne. Il devint dès-lors l'un des chefs les plus puissans de la ligue, et défait, à *Château-Giron*, les troupes commandées par le comte de Soissons, et à *Craon*, celles qui étaient sous le commandement des princes de Conti et de Dombes (1589 et 1592). Cependant en 1598 il fit son accommodement particulier avec Henri IV, et pour cimenter à jamais cette

---

Branche de Lorraine-Chaligny-Mouy. Henri Ier.(*ses enfans.*)

mission de son frère Charles en 1622, était né le 13 janvier 1599. La France s'empara de son évêché en 1624, et y érigea un bailliage royal en 1634, en supprimant la juridiction épiscopale. Dans la guerre de trente ans l'évêque François commanda, contre la France, les troupes de Lorraine en qualité de lieutenant-général, et protesta contre le traité de Westphalie qui cédait son évêché à cette puissance : cependant il finit, en 1651,

mœurs, fut un des plus glorieux de l'histoire de Lorraine ; il réunit à ses états le comté de Bitche, sur le refus que fit Philippe de Honaw de lui en prêter hommage ; et termina avec Charles IX, roi de France, certaines difficultés qui existaient à l'occasion des fiefs mouvans du duché de Bar. Son alliance avec les Suisses fut renouvelée en 1579 et 1581. Il réforma, en

---

Branche de Lorraine-Mercœur. Philippe-Emmanuel Ier.

union, il consentit à donner sa fille, qui était alors son unique héritière, à César, duc de Vendôme, fils naturel du monarque. Après cette réconciliation, il partit pour la Hongrie, où l'empereur Rodolphe II l'appela pour commander son armée contre les Turcs ; après plusieurs actions d'éclat, il fit la belle retraite de Canise, qui fit l'admiration de l'Europe (10 octob. 1600). L'année d'ensuite il prit *Albe-*

Branche de Lorraine-Chaligny-Mouy. Henri Ier.*(sesenfans.)*

par faire serment de fidélité à Louis XIV, et fut réintégré dans le spirituel de son évêché, et dans une partie de ses revenus. Ce prince quitta ensuite l'état ecclésiastique pour épouser, en 1661 (1), *Christine de Marsanne*, baronne de Saint-Mange, qu'il avait élevée dès sa plus tendre jeunesse, et à laquelle il

---

(1) Le P. Anselme se trompe en le faisant mourir le 12 août 1653.

1580, les coutumes de Lorraine, fit d'excellentes ordonnances pour l'administration de la justice, et fixa le commencement de l'année au 1ᵉʳ janvier.

Il fonda, en 1572, l'*université* de Pont-à-Mousson; Guillaume Barcklai, gentilhomme écossais et disciple de Cujas, fut choisi pour y enseigner le droit.

Branche de Lorraine-Mercœur. Philippe-Emmanuel Iᵉʳ.

Royale, et battit les Turcs qui venaient y jeter du secours (22 sept. 1601). Comme ce prince retournait en France, il fut surpris, à Nuremberg, d'une fièvre pourprée, qui lui causa la mort le 19 février 1602. Son corps fut transporté avec la plus grande pompe à Paris, et S. François de Salles prononça son oraison funèbre dans l'église métropolitaine de Notre-Dame.

Il avait épousé, le 12 juillet 1575, *Marie de Luxembourg*, héritière de Penthièvre et de

---

Branche de Lorraine Chaligny-Mouy. Henri Iᵉʳ.(*ses enfans.*)

voulut faire, avant que de mourir, une réparation authentique. Plusieurs auteurs lui donnent encore pour maîtresse *Marie-Sabine de Broun*, baronne de Blembec, de laquelle il eut Françoise-Marie et Louise-Michelle, reconnues *bâtardes de Lorraine* par arrêt du parlement de Paris. Un autre fils naturel de ce prince vivait encore en 1712.

CHARLES II.

Ce prince essaya vainement de faire ériger l'église de Nancy en cathédrale; le cardinal d'Ossat s'y opposa de la part de la France, et consentit seulement à ce qu'elle fût érigée en église *primatiale*; la bulle que Clément VIII délivra à cet effet est du 15 mars 1563.

Le duc de Guise Henri Ier, dit le Balafré, ayant été assassiné, en 1588, aux états de Blois

---

Branche de Lorr.-Mercœur. Phil.-Emmanuel Ier.(*ses enfans.*)

Martigues, morte au château d'Anet le 6 septembre 1623; son corps fut transporté au couvent des Capucines à Paris. De ce mariage vinrent :

1° Philippe, né le 21 mai 1589, mort le 11 décembre 1590, enterré au couvent de Sainte-Claire à Nantes.

Maison de Vendôme légitimée de France.

2° Françoise, née en 1592, épouse en

Branche de Lorraine-Chaligny-Mouy. Henri Ier.(*ses enfans.*)

Maison de Ligne et marquis de Moy.

4° Louise, mariée le 19 mars 1608 à Florent, prince de Ligne, marquis de Roubais, mort en 1622. De ce mariage vint, entre autres enfans, Claude Lamoral, prince de

par ordre de Henri III, les princes de la maison de Lorraine et les catholiques de France prétendirent venger sa mort. Le duc Charles II entra dans la ligue qui se forma à cet effet, et reprit, en 1593, les villes de Stenai, Dun et Beaumont, qui lui avaient été enlevées par le duc de Bouillon. Mais l'année suivante, le 31 juillet,

---

Branche de Lorr.-Mercœur. Phil-Emmanuel Ier.(*ses enfans.*)

juillet 1609. César, duc de Vendôme, fils naturel et légitimé de Henri IV, roi de France, et de Gabrielle d'Estrées, duchesse de Beaufort; elle lui porta les duchés de Mercœur, de Penthièvre et d'Etampes, et la principauté de Martigues. Elle mourut le 8 septembre 1669, et fut enterrée dans l'église

---

Branche de Lorraine Chaligny-Mouy. Henri Ier.(*ses enfans.*)

Ligne et d'Amblise, qui fut père de Procope-Hyacinthe, à qui Henri II de Chaligny-Mouy, son grand-oncle, qui n'avait aucun enfant mâle, céda en 1670 tous ses biens et seigneuries. Ce fut en vertu de cette donation que le prince Procope-Hyacinthe prit le titre de marquis de *Moy* ou de *Mouy*, qu'il transmit à sa branche. Ce prince fut trouvé mort dans son lit, à Paris, le 31 décembre 1723; il avait dissipé tous ses biens, et vendu le marquisat de Mouy : Claude-Lamoral-Hyacinthe, son fils, n'eut pour toutes possessions que celles qui lui vinrent d'Anne-

par les soins de Sancy, premier maître-d'hôtel de Henri IV, et de Christophe de Bassompierre, père du maréchal de ce nom, la paix se rétablit entre le duc de Lorraine et la France. Charles II stipula dans ce traité la réserve de ses droits sur les duchés de Bretagne et d'Anjou, sur les comtés de Provence et de Blois, et sur la sirerie

---

Branche de Lorr.-Mercœur. Phil.-Emmanuel Ier.(*ses enfans.*)

des Capucines de Paris : son mari l'avait précédée au tombeau le 22 octobre 1665 (1). Ils eurent entre autres enfans, 1° Louis de Vendôme, père de Louis-Joseph de Vendôme, si célèbre dans l'histoire de France par ses victoires sous le règne de Louis XIV, et sous celui de Philippe V, roi d'Espagne;

Branche de Lorraine-Chaligny-Mouy. Henri Ier.(*ses enfans.*)

Catherine de Broglie, sa mère. Louise de Lorraine, qui fait le sujet de cet article, mourut religieuse à Mons, le 1er décembre 1667. Elle est la fondatrice des Capucines de Mons et de Douay (2).

(1) Table XXII, M. Lesage fait mourir ce prince en 1655 : c'est une erreur grave; il vécut dix ans au-delà, et remporta, au mois d'octobre de cette même année 1655, une victoire complète près de Barcelone, sur l'armée navale d'Espagne.

(2) M. Lesage a oublié cette princesse dans sa généalogie, et c'est avec d'autant plus de tort, qu'elle forme la tige des princes de Ligne, marquis de Moy, et que ce fut

de Coucy; mais cette réserve fut éludée par le parlement de Paris à la vérification de ce traité, en 1601.

Ce prince, après avoir fait de vains efforts pour rétablir la bonne harmonie entre les Vénitiens et le pape, mourut à Nancy le 14 mai

---

Branche de Lorr.-Mercœur. Phil.-Emmanuel Ier.(*ses enfans.*)

il était frère de Philippe de Vendôme, grand-prieur de France, et mourut en 1712; 2° François de Vendôme, connu dans l'histoire sous le nom de *duc de Beaufort*, célèbre dans la guerre de la Fronde, et appelé le *roi des halles*; il fut tué au siége de Candie le 25 juin 1669. Plusieurs historiens révo-

---

Branche de Lorraine-Chaligny-Mouy. Henri II.

2. HENRI II.

Henri II, fils de Henri Ier de Lorraine, comte de Chaligny et marquis de Mouy, naquit en 1596; il était mineur lorsqu'il succéda à son père en 1601. Charles IV, duc de Lorraine, l'établit son lieutenant-général dans le duché de Lorraine, pendant un voyage qu'il fit en Allemagne en 1633. Henri II défendit Nancy à

de son chef que ce marquisat passa dans la maison de Ligne.

Il faut avouer que les nombreuses omissions de M. Lesage sont aussi funestes pour ses lecteurs, que ses erreurs et ses suppositions.

1608, et fut enterré aux Cordeliers de cette ville.

Il avait épousé *Claude de France*, fille de Henri II, et sœur de François II, de Charles IX, et de Henri III, rois de France : cette princesse était née à Fontainebleau le 12 novembre 1547;

Branche de Lorr.-Mercœur. Phil.-Emmanuel Ier.(*ses enfans*.)

quent ce fait en doute, et disent que ce prince fut l'homme au *masque de fer*. (Voyez Sainte-Foi, t. V, pag. 272 et suivantes; et t. III, p. 258.)

Fin de la branche de Lorraine-Mercœur qui se fond dans la maison de Vendôme.

Branche de Lorraine-Chaligny-Mouy. Henri II.

cette époque contre les Français, et ne céda cette ville que sur un ordre précis de Charles IV. Ce prince ne prit aucune alliance, et fit donation, en 1670, du marquisat de Moy ou de Mouy à Procope-Hyacinthe, prince de Ligne, son petit-neveu. (Voyez page 146.) Il mourut le 10 juin 1672, et ordonna sa sépulture dans l'église des Capucins de Saint-Nicolas en Lorraine.

Il laissa une fille naturelle, nommée *Marie, bâtarde de Mouy*, laquelle épousa François-Albert de Choiseul-Fremedorf.

Fin de la branche de Lorraine-Chaligny Mouy.

elle mourut le 20 février 1575, et fut enterrée dans l'église des Cordeliers de Nancy (1). De ce mariage vinrent les enfans qui suivent :

1° Henri I*er*, dit le Bon, qui succéda à son père, et dont l'article vient page 155.

2° Charles, né à Nancy le 1*er* juillet 1567, fut évêque de Metz en 1578, cardinal en 1589, évêque de Strasbourg en 1592; puis abbé de Saint-Victor de Paris, de Saint-Vincent de Metz, de Gorze, de Saint-Mihel, et primat de Nancy; légat apostolique en Lorraine et en Barrois; mort le 24 novembre 1607, enterré dans l'église primatiale de Nancy.

3° François II, comte de Vaudémont, puis duc de Lorraine; il succéda à son frère Henri I*er*, dit le Bon, qui ne laissa que des filles : son article vient page 158.

Maison de Médicis.

4° Christine, née à Nancy le 6 août 1565, mariée le 3 mai 1589 à Ferdinand I*er* de Médicis, grand-duc de Toscane; elle fut mère de Cosme II de Médicis, mort en 1621, dont la descendance masculine s'éteignit, en 1737, dans la personne du grand-duc Jean Gaston, qui mourut sans enfans. Le grand-duché de Toscane fut alors dévolu à Fran-

(1) Table X, M. Lesage fait mourir cette princesse en 1575, et table XXII, en 1574; c'est à la première date qu'il faut croire.

çois-Etienne de Lorraine, qui en prit possession le 9 juillet, en échange du duché de Lorraine qu'il avait cédé à la France. Ce prince avait épousé Marie-Thérèse d'Autriche, et fut élu empereur, sous le nom de François I*er*, en 1745. Je renvoie le lecteur à son article. Christine mourut le 19 septembre 1637.

5° Antoinette, née à Gondreville le 23 août 1568, mariée en 1599 à Jean-Guillaume, duc de Juliers et de Clèves, mort sans postérité en 1609. Le duc Charles II, en donnant son consentement à ce mariage, ignorait sans doute que Jean-Guillaume avait l'esprit aliéné, et qu'il lui prenait souvent des frénésies et des fureurs qui faisaient courir les plus grands risques à ceux qui l'approchaient. Lorsque la duchesse Antoinette arriva à Clèves, Jean-Guillaume était dans l'un des appartemens du palais, occupé à attraper des mouches; ses ministres et ses courtisans l'invitèrent à aller au-devant de son épouse pour la recevoir et lui témoigner ses félicitations, mais il n'en fit rien, et attendit la duchesse dans son appartement; comme elle y entrait, il lui dit seulement: *Bonjour, bonjour, duchesse de Lorraine;* et se remit à prendre des mouches comme auparavant. La princesse fut peinée d'une semblable réception, et peu s'en fallut qu'elle ne demandât la rupture de son mariage; mais la noblesse et les peuples des duchés de Clèves et de Juliers, qui desiraient ardemment ne pas voir s'éteindre la famille de leurs

152 MAISON DUCALE DE LORRAINE.

ducs, firent tant d'accueils, de soumissions, et de prières à Antoinette qu'elle consentit à rester parmi eux, et à entrer dans le lit nuptial. Ce ne fut pas sans danger ; car toutes les nuits elle était obligée d'appeler à son secours les gardes qui étaient dans l'antichambre, pour l'arracher des mains du duc qui voulait l'étrangler. Après la mort d'un mari aussi dangereux, Antoinette quitta le théâtre de ses peines et revint en Lorraine, où elle mourut le 23 août 1610 : elle fut enterrée dans l'église des Cordeliers de Nancy (1).

6° Anne, née à Nancy le 10 octobre 1569, morte le 8 août 1576.

7° Catherine, née le 3 novembre 1573. L'empereur Charles-Quint fit demander cette princesse pour l'archiduc Ferdinand son fils ; mais comme elle avait fait vœu de prendre le voile, elle refusa la plus belle alliance qui fût alors en Europe, et se fit abbesse de Remiremont en 1611. Elle travailla beaucoup à la réforme de son ordre ; mais elle rencontra tant d'obstacles de la part de ses chanoinesses pour l'exécution de ses desseins, que la cour de Rome fut obligée de nommer des commissaires pour rétablir l'harmonie entre elle et ses religieuses qu'elle avait voulu faire cloîtrer. Tant de résistance à ses pieuses intentions lui firent abandonner ses projets de réforme pour Remiremont, et porter

(1) M. Lesage a oublié de mentionner cette princesse dans ses généalogies.

CHARLES II. (*ses enfans.*)

toutes ses vues sur l'institution d'une communauté de bénédictins au *Saint-Mont;* elle fonda en outre, pour des bénédictines, l'abbaye de *Notre-Dame de Consolation* à Nancy, et vint elle-même à Paris prendre à cet effet les instructions de la mère d'Arbouze, abbesse du Val-de-Grâce. On lui doit aussi l'établissement des communautés de l'*étroite Observance*, en Lorraine, et la béatification de *S. Félix de Cantalice*, béatification qu'elle sollicita en cour de Rome, et pour laquelle elle dépensa plus de soixante mille francs de ce tems(1). La princesse Catherine en courut, ainsi que sa maison, la disgrace de Louis XIII, roi de France, à l'occasion du mariage de Gaston d'Orléans, son frère, avec la duchesse Marguerite de Lorraine, nièce de cette abbesse, qui avait pris la plus grande part à cette affaire : elle fut obligée de quitter son abbaye, et d'aller chercher un asile à Inspruck. De retour en Lorraine, en 1638, elle soutint avec le plus grand courage le siége de Remiremont, entrepris par un détachement de l'armée du maréchal de Turenne ; elle commandait elle-même aux trou-

---

(1) Félix de Cantalice était un frère convers capucin, d'une piété exemplaire : il avait guéri la princesse Catherine d'une maladie qu'on accusait un gentilhomme, nommé Tremblecourt, de lui avoir donnée par sortilège. Ce gentilhomme fut arrêté, conduit au château de Chaté, et mis à mort secrètement. Heureux le siècle où l'on peut se livrer à tous les exercices de la religion, sans avoir à craindre de les entacher du sang innocent qu'exigeaient alors les plus odieux et les plus stupides préjugés !

pes, se trouvait sur la brèche, et forçait toutes les femmes à suivre son exemple, et à réparer les dommages que faisait le canon des assiégeans aux remparts de la ville. Enfin tant d'efforts furent couronnés du succès ; elle sauva sa ville, et força les Français à se retirer. Elle mourut le 7 janvier 1648 (1).

8° Elisabeth et Claude, sœurs jumelles, nées à Nancy le 9 octobre 1574. Claude ne vécut pas; Elisabeth épousa, le 5 février 1595, Maximilien-le-Grand, duc et électeur de Bavière : elle mourut à Ranghoven, sans lui donner d'enfans, le 4 juin 1635 ; elle fut enterrée dans l'église des Jésuites à Munich.

(1) Il faut cependant convenir que les généalogies de M. Lesage sont les plus fautives et les plus mauvaises de toutes celles qui ont paru jusqu'à ce jour. Cette princesse devait-elle être oubliée dans la généalogie de la maison de Lorraine, lorsque l'histoire de ce duché et celle de France ne font que parler d'elle ? Elle fonda une abbaye, des monastères, figura dans un mariage qui fit du bruit dans toute l'Europe, fit lever le siége de Remiremont à un détachement de l'armée du maréchal de Turenne, se réfugia en France auprès de la duchesse d'Orléans, sa nièce, pour solliciter la restitution de tous les biens qu'on lui avait confisqués, et mourut presque dans l'indigence à Paris, en 1648. Un tel personnage ne pouvait pas être oublié, pas plus que ses sœurs les duchesses de Clèves et de Bavière ; mais plus on avance dans l'histoire, plus on est convaincu que M. Lesage ne s'est pas même donné la peine de l'ouvrir, qu'il n'a même pas voulu faire des recherches dans les auteurs les plus connus. Je suis forcé de faire, pour lui, le même serment que j'ai fait pour *Claude Paradin ;* c'est de ne plus en parler, parcequ'il me faudrait doubler mes volumes pour mentionner toutes ses erreurs, ses omissions, et rétracter ses suppositions.

25. HENRI Ier, DIT LE BON.

Henri Ier, dit le Bon, fils du duc Charles II et de Claude de France, naquit à Nancy le 8 novembre 1563.

Il porta dans sa jeunesse le titre de duc de Bar; ce fut en cette qualité qu'il épousa *Catherine de Bourbon*, fille d'Antoine de Bourbon, roi de Navarre, et sœur de Henri de Bourbon, depuis roi de France, sous le nom de Henri IV. Cette princesse avait été élevée dans la religion protestante, et ne voulut point en faire abjuration pour se marier. Cette affaire fit grand bruit en Europe, et le duc Henri se vit obligé à faire le voyage de Rome pour solliciter l'agrément, ou, pour mieux dire, les dispenses et le pardon du pape, qui était fort indisposé de ce que ce mariage avait été célébré par l'archevêque de Rouen, le 29 janvier 1599. Cette dispense ne fut délivrée qu'en 1604, et n'arriva en Lorraine que quelques jours après la mort de Catherine, qui avait eu lieu le 13 février de ladite année. Elle n'eut point d'enfans.

Cette princesse était fort spirituelle, et quoique petite et boiteuse, elle se vit rechercher par le comte de Soissons, le prince de Condé, Philippe II, roi d'Espagne, Jacques, roi d'Ecosse, et Chrétien, prince d'Anhalt. Le duc de Bar son mari, qui voulait la faire revenir à la religion romaine, faisait tenir devant elle des conférences par des théologiens catholiques; mais elles produisirent si peu d'effet, qu'elle manda un jour à Duplessis-Mornai, qu'elle irait à la messe quand il serait pape. C'est ce qui fit dire à Henri IV, qui connaissait l'obstination de sa sœur : *Les Lorrains* (1) *se vantent d'être cause que j'ai été à la messe ; je m'en trouve bien. En donnant ma sœur au duc de Lorraine, elle le fera peut-être aller au prêche, et je ne sais comment ils s'en trouveront.*

Le duc Henri prit les rênes du gouvernement le 14 mai 1608, aussitôt après la mort de son père. Il commença son règne par offrir sa médiation aux Suisses, divisés à cause des opinions religieuses nouvellement introduites en Allemagne, et accorda entre eux les cantons catholiques et les cantons protestans. Ce prince sut également se maintenir dans l'amitié des rois de France Henri IV et Louis XIII, qu'il allait visiter souvent. Il était très libéral, et disait que c'était le *péché originel de sa maison.*

Après un règne de seize années, Henri Ier descendit dans la tombe le 31 juillet 1624, et fut enterré dans l'église de Saint-Georges à Nancy.

Il avait épousé en secondes noces, le 26 avril 1606, *Marguerite de Gonzague,* fille de Vincent Ier de Gonzague, duc de Mantoue, née en 1590, morte le 7 février 1632, et enterrée à Nancy auprès du duc son époux. De ce mariage il ne vint que deux princesses qui suivent :

1° Nicole, née en 1608, mariée le 23 mai

(1) Les Guises.

HENRI I. (*ses enfans.*) 157

1621 à Charles de Vaudémont, son cousin, depuis duc de Lorraine, sous le nom de Charles III; il la répudia en 1637, et elle mourut en 1657. Henri IV, roi de France, avait fait demander cette princesse pour le dauphin son fils, qui n'était alors âgé que de neuf ans, parceque ce monarque espérait réunir, par ce mariage, la Lorraine à la France. Le roi d'Espagne avait fait la même demande pour son fils, depuis Philippe IV. Mais Henri, père de Nicole, préférait à tous ces partis Louis de Guise, prince de Phalzbourg, fils naturel du cardinal de Guise, assassiné à Blois, en 1588, par les ordres de Henri III, roi de France. Le duc François, frère de Henri, s'opposa de tout son pouvoir à cette alliance, et la fit tourner en faveur de Charles, son fils. Ce mariage fut néanmoins malheureux; l'inconstance de Charles en fut la cause. La princesse Nicole, quoique peu aimée et répudiée par son mari, n'en conserva pas moins pour lui tous les sentimens d'estime et d'amour, qui ne s'effacent jamais dans l'ame d'une femme bien élevée, quelques reproches qu'elle puisse adresser à son mari. Il faut dire à la louange de cette princesse, qu'elle ne cessa jamais de se sacrifier pour le duc Charles, que même elle vendit tous ses bijoux et ses hardes pour le soutenir pendant sa captivité en Espagne.

2° Claude, mariée en 1634 au duc Nicolas-François Ier, duc de Lorraine, son cousin; elle mourut à Vienne en 1648.

Le duc Henri Ier laissa un fils naturel, nommé Henri

connu d'abord sous le nom de Bainville, puis légitimé le 10 janvier 1605. Il fut abbé de Bouzonville, de Saint-Pierre-Mont, et de Saint-Mihel. Il avait entrepris de bâtir à ses frais l'église des Bénédictins de Nancy, lorsque la mort vint la surprendre en 1626.

26. FRANÇOIS II.

François II, troisième fils du duc Charles II et de Claude de France, naquit à Nancy le 27 février 1572. Il porta le titre de comte de Vaudémont, et succéda dans le duché de Lorraine, en 1624, aussitôt auprès la mort de son frère le duc Henri I, qui ne laissait point d'héritier mâle; mais il ne fit que paraître sur le trône, ayant abdiqué le gouvernement au bout de quelques mois, en faveur de Charles III, son fils, qui avait épousé la princesse Nicole, fille et héritière du duc Henri I.

Il paraît certain que le duc François voulut rétablir la *loi salique* en Lorraine, en faisant revivre le testament du duc René II, son trisaïeul, qui constituait les mâles héritiers de la Lorraine de préférence aux filles. Le duc Charles, fils de François II, avait épousé l'héritière du dernier duc; il préféra sans doute tenir le sceptre de son père, plutôt que de sa femme, puisqu'il paraît certain qu'il lui fit, en pleine assemblée des états, la remise de tous les droits qu'il avait pu acquérir par son mariage. Le père ne mésusa pas de cette déférence, puisqu'il abdiqua presqu'aussitôt en faveur de ce fils.

Le prince François était très zélé catholique;

FRANÇOIS II.

il refusa, en 1606, le commandement des troupes vénitiennes, que la république lui fit proposer, parcequ'elles devaient agir contre le pape, et força tous les protestans qui habitaient la portion du comté de Salm, qui lui était échu par son mariage avec une princesse de cette maison, à retourner à la confession romaine.

Quoique ce prince ne régna qu'un moment, il mit tant d'ordre dans l'administration de sa souveraineté, qu'il paya beaucoup de dettes occasionnées par la trop grande libéralité de son frère; il avait fait battre une monnaie qui portait pour légende: *Benè numerat qui nihil debet*. Il mourut le 14 octobre 1632.

Il avait épousé, le 21 mars 1597 (1), *Christine de Salm*, qui lui porta en dot la moitié des terres de ce comté, et lui donna les enfans qui suivent:

1° Henri, marquis d'Hatton-Châtel, né le 7 mars 1602, mort le 20 avril 1611.

2° Charles III, qui succéda à son père, et dont l'article vient page 161.

3° Nicolas-François Ier, qui succéda à Charles III, son frère; son article vient page 169.

4° Henriette, née le 5 avril 1605, mariée, 1°, le 22 mai 1621, à Louis, bâtard de Guise-Lorraine, prince de Phalzbourg et de Lixin, mort à Manheim, sans postérité, en 1631: il était fils du cardinal Louis de Guise, ar-

(1) C'est par erreur que l'Art de vérifier les Dates dit 1591.

chevêque de Reims, et de Marie de Loscheraine; 2°, le 15 octobre 1643, à Charles de Guasco, marquis de Sollerio, général d'artillerie de l'armée d'Espagne en Alsace, créé prince du Saint-Empire par l'empereur Ferdinand III; 3° à Christophe de Moura; 4° à Jérôme de Grimaldi. Cette princesse n'eut aucun enfant de ces quatre époux; elle mourut à Neufchâteau le 16 novembre 1660.

5° Marguerite, née le 22 juillet 1615, mariée le 31 janvier 1632 à Gaston de France, duc d'Orléans, frère de Louis XIII. Ce mariage se fit contre la volonté du roi, et du cardinal de Richelieu, son ministre: le parlement de Paris le cassa par arrêt du 16 septembre 1634. On craignait que les princes de la maison de Lorraine ne reprissent en France le même ascendant qu'ils y avaient eu sous François II, Charles IX, et Henri III, dans le cas où Louis XIII viendrait à mourir sans enfans, et que Gaston serait appelé à lui succéder. Richelieu se vengea cruellement sur le duc Charles III de Lorraine, frère de Marguerite, de cette infraction aux volontés du roi et à la sienne; on s'en convaincra à l'article de Charles III. La duchesse Marguerite mourut le 3 avril 1672, ne laissant que des filles de son mariage avec Gaston d'Orléans, mort le 2 février 1660.

Le duc François II avait eu deux fils naturels; l'un, nommé Charles, qui fut chevalier de Malte, commandeur de Saint-Jean de Nancy, et comte de Brieg; l'autre connu sous le nom de Rousselot-d'Hédival.

27. CHARLES III.

Charles III, fils du duc de Lorraine François II et de Christine de Salm, naquit le 5 avril 1604.

A la mort de Henri Ier, qui ne laissait point d'héritier mâle, François II, son frère, se porta héritier de la Lorraine, et se fit reconnaître comme tel en 1624. Charles III, fils de François II, devait aux droits de sa femme également hériter de ce duché; mais il préféra ne point en contester la succession à son père, pour consacrer la masculinité de cet état, qu'on s'efforçait toujours de présenter comme une souveraineté susceptible d'être dévolue aux femmes.

Le gouvernement de François II fut, ainsi que je l'ai dit, de peu de durée; il abdiqua en faveur de Charles III, son fils, après quelques mois de règne, en 1624.

La prédilection que le duc Charles manifesta pour la maison d'Autriche, en montant sur le trône, fut la source de tous les malheurs qui empoisonnèrent sa vie. Cette puissance, de concert avec l'Espagne, soutenait contre la France, la Suède et les protestans d'Allemagne, la guerre de trente ans. Charles, en choisissant des alliés, ne sut cependant que s'en faire des ennemis; son caractère inquiet et remuant l'entraînait presque toujours à rompre des traités qu'il venait de signer: on le vit sans cesse tergiverser dans ses desseins, et devenir tantôt l'allié de l'empereur, et tantôt celui de la France.

Le mariage qu'il fit contracter à Gaston de France, duc d'Orléans, frère de Louis XIII, avec la princesse Marguerite sa sœur, lui attira la haine du monarque et celle de son ministre, le cardinal de Richelieu. On soupçonna le duc d'avoir porté Gaston à cette alliance, pour rétablir en France l'autorité qu'y avaient exercée les princes lorrains, sous les règnes de François II, Charles IX et Henri III; parceque dans le cas où Louis XIII serait venu à mourir sans enfans, le trône serait dévolu de droit à Gaston son frère, qui, jouissant d'une faible santé, laisserait bientôt la régence à la princesse Marguerite, s'il naissait des enfans mâles de leur mariage. La naissance de Louis XIV fit échouer ces espérances; et, comme si la Providence se plaisait à déranger les dispositions humaines, il ne vint au contraire aucun prince du mariage de Marguerite avec Gaston.

Louis XIII, mécontent du duc de Lorraine, envoie les maréchaux de la Force et d'Effiat, en 1632, s'emparer de Pont-à Mousson, Bar-le-Duc, et Saint-Mihel; il part lui-même, le 23 juin, pour investir Nancy. Charles n'attendit pas l'effet des menaces du monarque français; il le prévint par un traité de paix qui fut signé à Liverdun, le 26 du même mois.

Mais à peine ce pacte fut-il consenti, que le duc le viola par son attachement pour l'empereur, à qui il ne cessait d'envoyer des troupes pour soutenir la guerre contre la France et la Suède. Alors Louis XIII ne garda plus aucun ménagement; il fit déclarer par le parlement de Paris l'union du duché de Bar à la France, et vint en personne, en 1633, mettre le siége une seconde fois devant Nancy, qui se rendit le 24 septembre.

Le duc Charles, chagrin de toutes les vicissitudes qu'il éprouvait à cause de sa souveraineté, se démit du gouvernement, et abdiqua ses états en faveur du cardinal Nicolas-François, son frère, par acte daté de Mirecourt le 19 janvier 1634.

Il put dès-lors donner un libre cours à son penchant pour la guerre, et à l'intérêt qu'il prenait à la maison d'Autriche; ce fut à cet effet qu'il rassembla un corps d'armée assez considérable pour se diriger vers l'Allemagne et la Hongrie, où il joignit le roi Ferdinand. Il commanda les troupes impériales à la bataille de *Nordlingue*, qu'il gagna sur le général Weimar le 6 septembre 1634; il fit lever le siége de Dôle au prince de Condé le 16 août 1636; et, aidé du général Galas, il poursuivit ses succès, fit une irruption en Bourgogne, et posa le siége devant Saint-Jean-de-Laune; mais le général Rantzau, accouru au secours de la place qui avait déja soutenu plusieurs assauts, la délivra, et força les Impériaux à se retirer, après qu'ils eurent perdu beaucoup de monde. Le duc Charles prit sa revanche, en 1638, en battant les Français, commandés par le duc de Longueville, près de la petite ville de *Poligni*, et en leur enlevant le fort de Rantzau au siége d'*Arras*, en 1640. Ce fut encore lui qui délivra la ville de Cambray, assiégée en 1649 par les troupes de France, sous le commandement du comte d'Harcourt.

Il profita, en 1652, des troubles qui existaient dans ce royaume pour se joindre aux princes mécontens de la cour et du cardinal Mazarin, et pour forcer la reine à consentir à lui signer la restitution de ses états. Cet acte fut résolu le 6 juin de la même année; mais les garnisons françaises qui occupaient les places fortes de la Lorraine n'y ayant eu aucun égard, le duc Charles fut obligé de perdre toute espérance, et de renouer ses intrigues avec les ligueurs pour se faire réintégrer dans son duché: ses efforts furent encore vains de ce côté; il n'eut d'autres ressources alors que de gagner la Flandres, en 1654, pour se joindre aux Espagnols qui y avaient une puissante armée. Mais son caractère bizarre et irrésolu le mit tellement aux prises avec le comte de Fuensaldagne, que ce dernier ne balança pas à le faire arrêter. Une lettre que le duc écrivait au comte de Ligniville, qui commandait sa petite armée, ayant été saisie par Fuensaldagne, découvrit à ce général les intentions du prince contre les Espagnols, ce qui le fit resserrer de plus près: on le conduisit à Anvers, et de là à Tolede, où il demeura prisonnier jusqu'en 1659, c'est-à-dire près de cinq ans. Le traité des Pyrénées, dans lequel on ménagea ses intérêts, lui rendit la Lorraine, et le cardinal Mazarin lui fit restituer, le 28 février 1661, le duché de Bar.

Quelques mécontentemens que le duc Charles avait reçus du duc Nicolas-François, son frère, et du prince Charles, fils de celui-ci, le déterminèrent à céder aux instances captieuses du marquis de Lionne, ministre de Louis XIV, pour déclarer les duchés de Lorraine et de Bar dévolus à la France après sa mort. Ce traité fut signé à Montmartre le 6 février 1662. Mais, en faisant cette cession à la France, ce prince eut soin de stipuler à l'avantage de sa famille et de sa postérité un article qui leur promettait la plus belle expectative : ce fut de faire déclarer par le roi Louis XIV, *que tous les princes de la maison de Lorraine seraient habiles et capables de succéder à la couronne de France, après l'auguste maison de Bourbon; qu'il les agrégeait à sa famille royale, et les adoptait à cet effet; voulant qu'ils y soient appelés selon leur rang, et de mâle en mâle, par ordre de primogéniture.*

Le prince Charles, neveu du duc, se voyant frustré par ce traité d'une souveraineté qui lui venait de droit naturel, fit ses protestations, et se retira à Vienne, laissant au duc Nicolas-François, son père, le soin de justifier ses réclamations.

Mais l'inconstance et l'irrésolution de Charles III devaient être, pour sa maison, les plus sûrs garans que tôt ou tard il rétracterait lui-même cet acte. L'occasion ne fut pas longue à se présenter; car Louis XIV ayant été instruit que ce prince commençait à se repentir de la cession qu'il lui avait faite, exigea de lui, en 1663, la remise de la ville de Marsal; sur son refus, il fit marcher une armée pour investir la place, et vint en personne pour l'assiéger; mais le duc, redoutant les suites de cette affaire, se rendit au camp du roi, et lui donna satisfaction.

Charles III conservait toujours dans le fond de son ame une haine prononcée contre la France; il la fit enfin éclater en 1670, en cherchant tous les moyens imaginables de rompre avec cette puissance, et de se ranger du côté de ses ennemis. Mais Louis XIV, averti des menées de ce prince, envoya le maréchal de Créqui avec une armée de vingt-cinq mille hommes occuper toute la Lorraine; alors Charles se réfugia dans l'électorat de Cologne, et ne pensa plus qu'à se livrer à tout son ressentiment contre la France, en lui suscitant des ennemis. Ce fut lui qui, en 1673, ménagea la grande alliance qui se fit entre l'empereur, l'Espagne et la Hollande, contre Louis XIV, et qui commanda les alliés, avec le comte de Caprara, à la bataille de *Sintzeim*, livrée le 16 juin 1674, bataille dont le succès fut payé chèrement par les Français, commandés par le maréchal de Turenne : elle eût été gagnée par les Impériaux, s'ils eussent suivi l'avis du duc Charles, qui passait à juste titre pour un prince expérimenté dans la guerre. Le maréchal de Turenne se plaisait à lui rendre cet hommage.

Le duc Charles gagna, le 11 août 1675, la bataille de *Consabruck* sur les Français, commandés par le maréchal de Créqui, qui après cette défaite se réfugia à Trèves, bien disposé à s'y défendre. Le duc de Lorraine investit la place presqu'aussitôt, et la fit capituler le 6 septembre : le maréchal de Créqui y fut fait prisonnier. Comme c'était ce général qui s'était emparé de la Lorraine en 1670, les soldats de Charles s'écriaient les uns aux autres : *Vois tu, vois tu Créqui, qui nous a traités si indignement à Épinal!*

Le duc Charles III ne survécut pas longtems à ce triomphe ; il mourut d'apoplexie le 18 septembre 1675, dans son camp d'*Alembach*, entre Birckenfeld et Berg Castel. Son corps fut déposé dans l'église des Capucins de Coblentz, d'où il fut transporté, le 20 mai 1717, en l'église de la Chartreuse de Bosserville, qu'il avait fondée en 1666 ; elle est située entre Nancy et Saint-Nicolas.

De la princesse *Nicole*, sa cousine germaine, qu'il répudia en 1637, et de laquelle j'ai déjà parlé pages 156 et 158, il n'eut point d'enfans ; il épousa en secondes noces, le 2 avril de la même année, *Béatrice de Cusance*, veuve d'Eugène-Léopold d'Oiselet, prince de Cante Croix, mort de la peste en 1636. Ce second mariage de la part de Charles III fut contesté et considéré comme illégal, attendu que la princesse Nicole, sa première femme, n'avait point cessé de vivre ; les enfans qui en vinrent, quoique titrés de la qualité de princes, ne furent cependant point appelés à la succession du duché de Lorraine, même des propres faits et aveux de leur père, qui ne stipula jamais dans ses divers testamens que des pensions et certains apanages pour eux (1). La duchesse de Cusance

(1) Le duc Charles III souscrivit cependant, en 1667 et 1670, un acte connu sous le nom de *pacte de famille*, qui accordait au prince de Vaudémont son fils, Charles-Henri, une portion de la Lorraine en souveraineté ; mais cet acte

mourut le 5 juin 1663; elle fut enterrée dans le monastère de Sainte-Claire à Besançon. Le duc Charles épousa en troisièmes noces, le 4 novembre 1664, *Marie-Louise d'Apremont-Nanteuil*, qui, devenue veuve et n'ayant point eu d'enfans de lui, se remaria, en 1679, à Henri-François, prince de Fondi, comte de Mansfeld, grand-maître de l'artillerie de l'empereur; elle mourut à Madrid le 23 octobre 1692.

Enfans du second lit, appelés princes de Commerci *et de* Vaudémont.

1° Charles-Henri, né le 7 avril 1642 (1), fut titré comte de Vaudémont, de Bitche, de Falkenstein, de Bouquenon, de Saaverden, seigneur de Fenestranges, prince de Lixin, et souverain de Commerci. Il fut chevalier de la Toison-d'or, et gouverneur des Pays-Bas et du Milanais; il servit avec distinction dans les armées impériales, et son nom devint célèbre dans les guerres de son tems: il mourut à Nancy le 14 janvier 1723. (Voy. la note au bas de la page précédente.). Il avait épousé, le 28 avril 1669, *Anne-Elisabeth de Lorraine-Elbeuf*, née le 6 août 1649,

n'eut aucune force ni aucune exécution; et le 12 septembre 1673, le prince Charles, neveu du duc Charles III, reconnut, par une déclaration formelle, le prince Charles-Henri de Vaudémont pour son successeur dans les duchés de Lorraine et de Bar, dans le cas où il mourrait sans enfans légitimes et capables de succéder auxdits états.

(1) Zurlauben dit à tort, 1649.

CHARLES III. (*ses enfans.*) 169

morte d'apoplexie le 5 août 1714. De ce mariage vint :

A. Charles-Thomas, né le 7 mars 1670, titré, comme son père, de prince de Vaudémont et de Commerci, chevalier de la Toison-d'or, général des armées de l'empereur, et célèbre dans les guerres de son tems. Il fut tué, le 12 mai 1704, à *Ostiglia* en Italie, où il commandait un corps de l'armée impériale. Il n'était pas marié.

2° Anne, née le 23 août 1639, mariée dans l'église de l'abbaye de Montmartre, le 7 octobre 1660, à François-Marie de Lorraine, comte de Lillebonne, mort le 11 janvier 1694. Anne mourut à Paris le 19 février 1720 ; elle y fut enterrée dans l'église de Saint-Paul.

Le duc Charles III eut, de mademoiselle d'Agermont, un fils naturel qu'on nomma le *chevalier de Bar :* il s'établit en Espagne ; et d'une autre maîtresse, Charles de Rimoncourt, abbé de Gorze et de Lunéville, prieur de Flavigny, grand-prévôt de Saint-Dier, et primat de Nancy. Il fit frapper de la monnaie à son coin, en qualité d'abbé de Gorze.

28. NICOLAS-FRANÇOIS Ier.

Nicolas-François Ier, frère de Charles III, était né le 6 décembre 1609. Il fut d'abord destiné à l'état ecclésiastique, et coadjuteur de l'évêché de Toul en 1623 ; il prit possession de cet évêché en 1626, et fut fait cardinal l'année suivante. Il cumula encore les abbayes de Saint-

Mihel, de Saint-Mansuy, de Saint-Avold, et de Saint-Arnoul.

Mais les brouilleries qui existaient entre le duc Charles III et la France, menaçant la maison de Lorraine d'une ruine totale, déterminèrent ce prince à se démettre de ses états, en faveur du cardinal son frère, par une abdication légale et solennelle, signée à Epinal le 26 août 1633.

Nicolas-François renonça dès-lors à l'état ecclésiastique pour accepter la cession qui lui était faite par son frère, et fut nommé depuis le duc François.

Afin de déterminer la France à ne point dépouiller entièrement la maison de Lorraine, François, en rentrant dans le monde, fit espérer au cardinal de Richelieu qu'il épouserait madame de Combalet, sa nièce; mais ses véritables vues se portèrent sur la duchesse *Claude de Lorraine*, sa cousine-germaine et sa belle-sœur, qu'il épousa le 18 fevrier 1634. Richelieu, indisposé plus que jamais contre les princes lorrains, donna ordre au maréchal de la Force d'investir Lunéville, où étaient les nouveaux mariés, de s'assurer de leur personne, et de les envoyer sous bonne escorte à Nancy, où l'on avait établi garnison française. Ces augustes personnages trouvèrent néanmoins l'occasion de s'échapper de leur captivité sous divers déguisemens, et de se retirer à Florence, puis à Vienne.

Ce fut dans cette dernière ville que le duc François apprit, en 1654, l'arrestation du duc Charles III, son frère, par les Espagnols; il

en partit aussitôt pour aller se mettre à la tête
de l'armée de Lorraine en Flandres, et se fit
reconnaître général en chef de cette armée,
qui était cantonnée aux environs d'Aire. Mais
ses entreprises militaires n'eurent aucun succès; ses irrésolutions pour rester parmi les
Espagnols, dont il recevait de fort mauvais
traitemens, ou pour se réunir aux Français,
qui lui faisaient de très belles promesses, lui
donnèrent la réputation d'un prince aussi in-
constant que son frère, sans en avoir les talens
militaires. Cependant en 1655 il quitta les Espagnols pour passer dans l'armée française avec
toutes ses troupes, et vint ensuite lui-même à
Paris pour se réconcilier avec le roi, qui leva
sur-le-champ le séquestre qui existait sur les
terres et châteaux qui lui appartenaient en
propre.

La maison de Lorraine se trouvait être plon-
gée dans des débats politiques, militaires, et
de famille, qui devenaient on ne peut pas plus
funestes à ses intérêts.

Charles III, quoique ayant abdiqué en 1634
en faveur de Nicolas-François son frère, voulait
toujours gouverner et régir la Lorraine, même
du fond de sa prison de Tolède; la duchesse
Nicole, sa femme, se prétendant encore à l'exclusion de son mari héritière présomptive de
la Lorraine, comme fille aînée de Henri I*er*, se
qualifiait de régente, et exerçait l'autorité souveraine, soit en son nom personnel, soit en
réunissant le nom de son mari au sien; le duc
François de son côté, se croyant souverain par
l'abdication de son frère, voulait aussi jouir

de l'autorité absolue ; mais tout ce conflit de prétentions et de pouvoir se trouvait borné par la toute-puissance des Français qui occupaient la Lorraine militairement, et par le retour du duc Charles III, qui avait été rétabli dans la possession de ses états, en 1659, par la paix des Pyrénées. Alors le duc François, qui avait perdu son épouse dès l'an 1648, rentra dans l'état ecclésiastique, et obtint l'abbaye de Senones en 1661. Il mourut à Nancy le 27 janvier 1670, et y fut enterré dans l'église des Cordeliers.

De la princesse *Claude de Lorraine*, sa cousine-germaine, qu'il épousa en 1634, et qui mourut en couches à Vienne le 2 août 1648, il laissa les enfans qui suivent :

1° Ferdinand, né à Vienne le 30 décembre 1639. Il signala son courage et son génie militaire sous les maréchaux de Turenne et de la Ferté, à la tête des troupes de Lorraine que son père avait réunies à l'armée française; mais, étant atteint de la pierre, il mourut des suites de l'opération qu'on lui en avait faite le 1er avril 1659.

2° Charles IV, duc de Lorraine, qui succède à son oncle Charles III, en vertu de l'abdication faite par celui-ci, en 1634, à Nicolas-François. Voyez la page suivante.

3° Antoinette-Eléonore, née le 12 mai 1645, morte le 28 février suivant.

3° Marie-Anne-Thérèse-Judith, née à Vienne le 30 juillet 1648. Elle fut abbesse de Remiremont, et mourut à Paris le 17 juin 1661.

29. CHARLES IV.

Charles IV, fils du duc Nicolas François I"
et de Claude de Lorraine, naquit à Vienne le
6 avril 1643. Il fut d'abord destiné à l'état ecclésiastique, et pourvu des abbayes de Jovillers
et de Senones, et de la grand'prévôté de Magdebourg. La mort de Ferdinand son frère détermina le duc François à lui faire quitter
l'église pour rentrer dans le monde : il vint à
la cour de France, où il fut question de le
marier avec mademoiselle de *Montpensier*, fille
de Gaston d'Orleans, ou avec mademoiselle de
Savoie Nemours; mais le jeune prince n'ayant
pas voulu ratifier le traité par lequel Charles III,
son oncle, avait cédé à la France ses duchés de
Lorraine et de Bar, disparut furtivement de
Paris, sans conclure aucune alliance, et se réfugia à Vienne. L'empereur l'accueillit géné-
reusement, lui promit sa protection, et l'envoya faire ses premières armes en Hongrie,
sous la conduite du fameux Montécuculli et
du prince Louis de Bade. Il fit des prodiges de
valeur à la bataille de *Saint-Gothard*, gagnée
par les Impériaux sur les Turcs le 1ᵉʳ août 1664.

En 1674, il se signala au combat de *Seneff*,
et fut fait la même année commandant général
de la cavalerie de l'empereur, puis général en
chef de l'armée impériale, après la mort de
Montécuculli.

Le duc Charles III étant expiré en 1675, la
succession au trône de Lorraine se trouvait

ouverte de droit au prince Charles, en vertu de l'acte d'abdication consenti par ce premier, en 1634, en faveur du duc Nicolas-François et de ses descendans. Le prince de Vaudémont, fils de Charles III, le plus intéressé à interrompre cet ordre de succession, s'empressa au contraire d'envoyer faire ses soumissions au duc Charles IV, qui venait de se faire proclamer et reconnaître souverain de la Lorraine en présence des armées impériales.

Mais ce duché étant toujours occupé par les troupes françaises, Charles IV, avec un corps d'armée de soixante mille Impériaux, tenta en 1677 de rentrer dans ses états; il fit placer sur ses étendards cette inscription : *Aut nunc, aut nunquam*. Le succès de cette entreprise ne répondit ni aux espérances, ni aux efforts du duc de Lorraine; le maréchal de Créqui le força de repasser le Rhin, et d'abandonner les projets qu'il avait conçus pour la conquête de ce pays.

Plus heureux en Autriche, le duc Charles délivra, de concert avec le roi de Pologne Jean Sobieski, la ville de Vienne, assiégée par les Turcs en 1683. Il poursuivit ses succès contre les infidèles avec une rapidité et une intelligence qui l'ont fait placer au rang des premiers capitaines de son siècle, et qui le rendirent maître de Barckan, de Strigonie, de Wicegrad, de Pest, et de Neuhausel. En 1686, après quarante cinq jours de siége, il prit la ville de Bude à la vue de l'armée du grand-visir, et remporta, le 12 août 1687, la célèbre victoire d'*Esseck* sur les mêmes ennemis.

CHARLES IV. (*ses enfans.*)

En 1689, le théâtre de sa gloire se transporta vers le Rhin : Maïence défendue par quatorze mille Français, ayant à leur tête le marquis d'Uxelle, se vit forcée de capituler le 8 septembre, après cinquante-deux jours de siége; la ville de Bonn ne put résister non plus aux efforts du duc Charles, qui la força à se rendre le 12 octobre suivant.

Ces deux évènemens furent le terme de ses exploits; ce prince ayant été saisi d'une fièvre vive, qui lui causa la mort le 18 avril 1690, à Welzen en Autriche. Son corps fut depuis transporté à Nancy dans l'église des Cordeliers.

Louis XIV, en apprenant sa mort, dit que c'était le plus grand, le plus sage, et le plus généreux de ses ennemis. Ce monarque, lors de la paix de Nimègue, lui avait offert de lui rendre ses états, mais c'était à des conditions que le duc crut indignes de lui.

Charles IV avait épousé, le 6 février 1678, *Eléonóre-Marie d'Autriche*, sœur de l'empereur Léopold Ier (1), et veuve de Michel Wisnowiski, roi de Pologne. Cette reine-duchesse mourut à Vienne le 17 décembre 1697, laissant de son mariage les enfans qui suivent:

1° Léopold Ier, qui succéda au duché de Lorraine, et dont l'article vient page 176.

2° Charles-Joseph-Ignace-Antoine-Jean-Félicité, né Vienne le 24 novembre 1680, grand-prieur de Castille, évêque d'Olmutz et d'Osnabruck, archevêque-électeur de Trèves.

---

(1) Et non pas *sa fille*, comme le dit l'Art de vérifier les Dates.

Il rentra, en 1714, dans son électorat en vertu de la paix de Rastadt, et mourut à Vienne le 4 décembre 1715.

3° Ferdinand-Antoine, né le 9 août 1683, mort jeune.

4° Joseph-Innocent-Emmanuel-Félicien-Constant, né à Inspruck le 20 octobre 1685, mort le 25 août 1705, des blessures qu'il avait reçues au combat de *Cassano* en Italie.

5° François-Antoine-Joseph-Ambroise, né à Inspruck le 8 décembre 1689, prince-abbé de Stavelo et de Malmedi, chanoine de Cologne et de Liège, mort le 27 juillet 1715.

6° Eléonore, née le 28 avril 1682, morte peu après sa naissance.

Le duc Charles IV eut de mademoiselle Lemoine-Fontenau une fille naturelle, nommée *Charlotte*, qui embrassa la vie religieuse.

30. LÉOPOLD Ier.

Léopold Ier, fils de Charles IV, duc de Lorraine, et d'Eléonore-Marie d'Autriche, naquit à Inspruck le 11 septembre 1679.

Le duc Charles IV son père, dépouillé de ses états par la France, ne lui laissa à sa mort que le titre de duc de Lorraine; mais la paix de Ryswick, signée en 1697, en rendant le repos à l'Europe, le rétablit enfin dans les possessions de ses ancêtres.

Ce prince, plein de sagesse, de bonté, et de sagacité, ne s'occupa qu'à cicatriser les plaies qu'une guerre longue et cruelle avait faites à ses peuples. Les soins de l'administration intérieure employèrent tous ses momens ; il crut avec raison qu'il devait à jamais abandonner le système de faire la guerre, parcequ'elle ne pouvait qu'être nuisible à sa nation et à sa famille. Ces principes lui firent refuser de prendre part aux hostilités qui embrasèrent l'Europe, à l'occasion de la succession d'Espagne. Louis XIV cependant avait convoité le duché de Lorraine, en échange du Milanais, avant que le duc d'Anjou, son petit-fils, ne fût appelé au trône d'Espagne; Callières, ambassadeur de France, avait été chargé de terminer cette négociation, qui n'eut aucun effet par l'avènement de Philippe V au trône de Charles II.

Le duc Léopold Ier reçut, en octobre 1700, un diplôme de l'empereur, qui lui accordait le titre d'*Altesse Royale* ; c'était sans doute pour le dédommager de l'extrême rigueur que Louis XIV avait mise à lui faire subir les lois austères des fiefs les plus serviles, dans la prestation de foi et hommage que ce monarque exigea de ce prince pour le duché de Bar, en 1699.

Léopold, après avoir fait bâtir le château de Lunéville, établit dans cette seconde capitale de la Lorraine une école, où la jeune noblesse de ce duché et de toute l'Allemagne venait se former : elle fut une des plus célèbres du siècle; on y enseignait toutes les sciences utiles à la société, et la physique sur-tout y était démontrée aux yeux par des machines admirables.

Léopold Ier joignit à ses titres ceux de roi de Jérusalem, duc de Montferrat, prince souverain d'Arches et de Charleville. Ayant obtenu, en 1707, la restitution de la principauté de Commerci de la part du roi de France, il s'en démit en faveur du prince Charles Henri de Vaudémont, son cousin.

Léopold Ier donna asile à Bar-le-Duc, en 1713, au prétendant Jacques III, roi d'Angleterre, que le traité d'Utrecht forçait à quitter la France. Le monarque fugitif resta près de huit mois en Lorraine.

Le duc Léopold Ier mourut à Lunéville, le 27 mars 1729 ; son corps fut transporté aux Cordeliers de Nancy.

Ce prince avait épousé à Bar-le-Duc, le 25 octobre 1698, *Elisabeth-Charlotte de France*, dite mademoiselle de *Chartres*, fille de Philippe de France, duc d'Orléans, frère de Louis XIV, née le 13 septembre 1678, morte à Commerci le 23 décembre 1744. Cette princesse, que la nature avait douée de toutes les vertus, fut aussi chérie de ses peuples que son auguste époux. De ce mariage vinrent les enfans qui suivent :

1° N***, duc de Bar, né le 26 août 1699, mort à Nancy le 4 avril 1700.

2° Louis, né à Lunéville le 28 janvier 1704, mort le 10 mai 1711.

3° N***, né le 4 mars 1706, mort jeune.

4° Léopold-Clément, né le 5 août 1707, mort le 4 juin 1723, à l'âge de dix-sept ans : on le nommait le *prince héréditaire de Lorraine*.

LÉOPOLD I. (*ses enfans.*) 179

5° François-Etienne, empereur, sous le nom de François Ier; son article vient page suivante.

6° Charles Alexandre, né le 12 décembre 1712. Ce prince s'immortalisa dans la guerre de 1740, où il commanda les armées de Marie-Thérèse, sa belle-sœur. Son génie militaire, sa valeur constante, en ont fait un des généraux les plus célèbres du dernier siècle : il est connu dans l'histoire sous le nom de *Prince*, ou d'*archiduc Charles*. Il fut gouverneur-général des Pays-Bas en 1744, grand-maître de l'ordre teutonique en 1761. Il mourut au château de Terwuren, le 4 juillet 1780; il fut enterré à Sainte-Gudule de Bruxelles. Il avait épousé, le 7 janvier 1744, *Marie-Anne-Eléonore d'Autriche*, fille de l'empereur Charles VI, et sœur de Marie-Thérèse, qui donna sa main et l'Empire à François-Étienne de Lorraine, frère aîné de l'archiduc Charles. Marie-Anne mourut le 16 décembre 1744.

7° Elisabeth-Charlotte-Béatrix, née à Nancy le 21 octobre 1700. Elle fut élue abbesse de Remiremont le 4 mai 1711, et mourut à Paris le 9 février 1738.

8° Gabrielle, née le 3 décembre 1702, morte à Lunéville le 11 mai 1711.

9° Josephe, née à Lunéville le 16 février 1705, morte le 26 mars 1709.

10° N***, née le 4 juillet 1710, morte le 23 août 1711.

11° Elisabeth-Thérèse, née à Lunéville le 15 octobre 1711, mariée le 1er avril 1737 à

Charles-Emmanuel III, roi de Sardaigne, duc de Savoie, morte à Turin le 3 juillet 1741. (Elle fut sa troisième femme.) De ce mariage vint Benoit-Marie-Maurice de Savoie, *duc de Chablais*, né le 21 juin 1741.

12° Anne-Charlotte, née à Lunéville le 17 mai 1714, élue abbesse de Remiremont en 1738, morte le 7 décembre 1773.

(L'empire d'Allemagne, les royaumes de Hongrie, de Bohême, et l'archiduché d'Autriche entrent dans la maison de Lorraine.)

31. FRANÇOIS-ETIENNE Ier,

Duc de Lorraine, grand-duc de Toscane, empereur d'Allemagne sous le nom de FRANÇOIS Ier.

FRANÇOIS-ETIENNE, fils du duc de Lorraine Léopold Ier et d'Elisabeth-Charlotte d'Orléans, naquit à Lunéville le 8 décembre 1708.

Il succéda le 27 mars 1729 à Léopold Ier, son père, dans les duchés de Lorraine et de Bar, et fut nommé par l'empereur Charles VI, en 1732, vice-roi de Hongrie.

Frédéric-Auguste Ier, électeur de Saxe, roi de Pologne, étant mort le 1er février 1733, Frédéric-Auguste II, son fils, appuyé de la Russie et de l'empereur Charles VI, se fit proclamer son successeur le 5 octobre suivant, à l'exclusion de Stanislas Leczinski, beau-père de Louis XV, roi de France.

Ce dernier monarque, mécontent de cette élection, déclare la guerre à l'empereur, fait occuper la Lorraine par ses troupes, et envoie une armée considérable en Allemagne; il se fortifie ensuite de l'alliance des rois de Sardaigne et d'Espagne, et agit avec les plus grands succès dans l'Empire et en Italie. Charles VI, justement alarmé des progrès des Français et de leurs alliés, ne voit de salut pour lui que dans le retour à la paix : le traité en fut signé à Vienne le 3 octobre 1735.

La France, en faisant renoncer Stanislas Leczinski au trône de Pologne, stipula que les duchés de *Lorraine et de Bar* lui seroient dévolus pour prix de cette renonciation, et qu'à la mort de ce prince lesdits états demeureroient annexés à la couronne de France à perpétuité ; qu'en échange de ses possessions patrimoniales, le duc François-Etienne de Lorraine recevrait l'expectative du *grand-duché de Toscane*, pour en jouir en toute souveraineté après la mort de Jean-Gaston de Médicis, qui n'avait aucun enfant pour lui succéder.

Ce prince étant venu à mourir le 9 juillet 1737, François-Etienne fut effectivement proclamé *grand-duc de Toscane* le lendemain, et prit en personne possession de ses nouveaux états, en 1739.

Ainsi la France vint à bout de ses desseins. La maison de Lorraine, dépouillée de ses possessions héréditaires, se vit obligée de quitter les rives de la Meuse et de la Moselle, pour aller régner au-delà des Alpes dans un pays qui lui était totalement étranger.

Mais une autre destinée, bien capable de combler l'espoir de cette auguste maison, était réservée au prince qui s'en trouvait alors le chef.

Dès l'an 1736, François Etienne avait épousé *Marie-Thérèse d'Autriche*, fille chérie et présomptive héritière de l'empereur Charles VI. Ce monarque, par une *pragmatique sanction*, avait assuré sa vaste succession à cette princesse, et s'était déterminé à faire les plus grands sacrifices envers diverses puissances de l'Europe pour obtenir d'elles la garantie de cet acte solennel : mais à peine fut-il descendu dans la tombe (1740) que les gouvernemens, qui avaient juré d'observer ses volontés, et qui avaient même reçu le prix de leur prétendu dévouement, rompirent leurs sermens, et devinrent les ennemis d'une femme, d'une orpheline dont ils ne s'étaient déclarés protecteurs que par fourberie, et qu'ils accablèrent par lâcheté et cupidité. Marie-Thérèse, la première princesse de l'Europe par l'illustration de sa naissance, devint aussi l'héroïne de son siècle par ses brillantes qualités ; son vaste génie, son courage dans l'adversité, furent un exemple frappant que la vertu et la persévérance triomphent toujours de la mauvaise foi et de l'injustice. Une guerre, soutenue avec gloire contre le roi de Prusse, la France et la Bavière, fixa enfin la couronne impériale sur la tête de François-Etienne de Lorraine, grand-duc de Toscane, qui fut élu et proclamé empereur dans une diète de Francfort, le 13 septembre 1745, sous le nom de François Ier. Son auguste épouse, qui avait ménagé cette élection, avait eu soin de rassembler un corps de quarante mille hommes, près d'Heidelberg, pour l'appuyer.

Ainsi la maison de Lorraine, naguère dépouillée de ses états, et forcée d'aller chercher une retraite chez des nations étrangères, voit se fixer sur sa tête la couronne alors la plus belle et la plus puissante de celles de l'Europe. A la vérité le prince, que la fortune traitait aussi favorablement, s'en était rendu digne par ses vertus et ses éminentes qualités : tous les peuples qui se trouvèrent rangés sous sa nouvelle domination éprouvèrent bientôt les bons effets de son gouvernement paternel, et de son amour pour les arts et l'agriculture. Le traité de Dresde en 1745, et celui d'Aix-la-Chapelle en 1748, rétablirent la paix en Europe, et confirmèrent à jamais les droits de François Ier à la succession des vastes états de la maison d'Autriche, qui comprenaient les royaumes de Hongrie et de Bohême, l'archiduché d'Autriche, et l'expectative héréditaire de la couronne impériale, fixée dans la maison d'Habsbourg depuis nombre de siècles.

L'histoire doit cependant accuser que, si François-Etienne n'eût pas été appelé à succéder à la maison d'Habsbourg, en sa qualité d'époux de Marie-Thérèse, héritière présomptive du dernier empereur, il s'en fût toujours trouvé le successeur direct et légitime, en sa qualité de premier hoir issu de la maison d'Alsace, divisée alors en deux branches, celle d'Habsbourg et de Lorraine, qui devaient hériter l'une de l'autre, d'après les droits de la nature et les lois sociales.

L'empereur François Ier mourut à Inspruck, le 18 août 1765, regretté de ses peuples, chéri comme un père, et admiré par les princes de l'Europe, qui trouvaient en lui le modèle et l'exemple de toutes les vertus.

Son illustre épouse, de glorieuse et d'éternelle mémoire, mourut à Vienne le 29 novembre 1780, après avoir mérité le surnom de *mère de la patrie*. De ce mariage vinrent :

1° Joseph II, qui succède à son père, et dont l'article vient page 189.

2° Charles-Joseph-Emmanuel-Jean-Népomucène-Procope, né le 1er février 1745, mort à Vienne le 16 janvier 1761.

3° Léopold II, qui succède à son frère Joseph Ier, et dont l'article vient page 193.

4° Ferdinand, qui fonde la branche de *Brisgaw-Modène*, rapportée ci-dessous (*).

Branche de Brisgaw-Modène.

FERDINAND I.

(*) FERDINAND Ier, fils de l'empereur François Ier et de Marie-Thérèse d'Autriche, naquit à Schœnbrunn le 1er juin 1754. Il fut fait gouverneur de la Lombardie autrichienne, et épousa, le 15 octobre 1771, *Marie-Béatrice d'Est* fille aînée d'Hercule-Renaud, duc de Modène, de Reggio, et de la Mirandole, états dont la succession fut garantie, par la diète de

5° Maximilien-François-Xavier-Joseph-Jean-Antoine-Wenceslas, né à Vienne le 8 décembre 1756. Il prit possession de la grande-maîtrise de l'ordre teutonique le 25 octobre 1780, et de l'électorat de Cologne en 1785; il fut aussi évêque de Munster, et mourut en 1802.

6° Marie-Anne-Josephine-Jeanne-Antoinette, née à Vienne le 6 octobre 1738, abbesse de Prague en 1755.

7° Marie-Christine-Josephe, née le 13 mai 1742, épouse le 8 avril 1766 Albert-Casimir, Prince de *Saxe*, *duc de Teschen*, lieutenant-général et gouverneur du royaume de Hongrie, né le 11 juillet 1738, fils de Frédéric-Auguste II, électeur de Saxe, roi de Pologne. La princesse Marie-Christine mourut en 1798; son auguste époux, l'un des princes les plus magnifiques et les plus éclairés de son siècle, a fixé sa résidence dans les états

---

Branche de Brisgaw-Modène. Ferdinand Ier.

l'Empire de 1771, à l'archiduc Ferdinand et aux enfans qui naîtraient de son mariage, attendu que le duc Hercule-Renaud n'avait point d'héritier mâle, et que la princesse Béatrice était sa fille aînée. Mais en 1796 le duc Hercule-Renaud ayant perdu ses états, par les suites de la guerre avec la France, cette puissance lui fit céder, en 1801, par le traité de Lunéville, la souveraineté des provinces du Brisgaw et de l'Ortenaw, qui passèrent à l'archiduc Fer-

autrichiens. Marie-Christine et le duc Albert de Saxe-Teschen furent gouverneurs des Pays-Bas autrichiens à la mort du prince Charles-Alexandre de Lorraine, frère de l'empereur François Ier.

8° Marie - Elisabeth - Joséphine - Jeanne-Antoinette, née le 13 août 1743, abbesse d'Inspruck en 1781, morte en 1808.

Maison royale d'Etrurie.

9° Marie-Amélie-Josephine-Jeanne-Antoinette, née le 26 février 1746, mariée le 27 juin 1769 à Dom Ferdinand, infant d'Espagne, duc de Parme, de Plaisance, et de Guastalla, mort en 1802. Ses états furent dévolus à la France en vertu d'un traité conclu en 1801; et Louis Ier, issu de ce ma-

---

Branche de Brisgaw-Modène. Ferdinand Ier. (*ses enfans.*)

dinand, son gendre. Ce dernier prince les perdit par l'effet de la guerre de 1805; elles furent réunies au grand-duché de Bade. Cet archiduc mourut, ainsi privé de ses états, le 24 décembre 1806, laissant de son auguste épouse, née le 7 avril 1750, les enfans qui suivent:

1° François-Joseph, archiduc d'Autriche, né le 6 octobre 1779.

2° Ferdinand, archiduc d'Autriche, né le 25 avril 1781.

riage, reçut en échange le grand-duché de Toscane qui fut érigé en monarchie, sous le nom de *royaume d'Etrurie.* Ce prince prit possession de ses nouveaux états le 2 août 1801, et s'en fit proclamer Roi; mais il mourut presque aussitôt après, c'est-à-dire en 1803, laissant un fils nommé Charles-Louis, né en 1799, qui lui succéda sous la régence et la tutèle de Marie d'Espagne, sa mère. De nouveaux arrangemens entre la France et l'Espagne mirent à la disposition de cette première puissance le royaume d'Etrurie, qui reprit son nom primitif de *grand-duché de Toscane,* et fut annexé à l'empire. La princesse Marie-Amélie mourut en 1805.

10° Jeanne-Gabrielle-Joséphine, née le 4 février 1750, morte à Vienne le 23 décembre 1762.

11° Marie-Josephe-Gabrielle, née le 19 mars 1751, morte le 15 octobre 1767.

Branche de Brisgaw-Modène. Ferdinand Ier. (*ses enfans.*)

3° Maximilien, archiduc d'Autriche, né le 14 juillet 1783.

4° Charles-Ambroise, né le 2 novembre 1785, mort en 1809 à Comorn.

Maison royale de Sardaigne.

5° Marie-Thérèse, née le 1er novembre 1773, mariée le 21 avril 1789 à Victor-Em-

MAISON DUCALE DE LORRAINE.

Ancienne maison royale des Deux-Siciles.

12° Caroline-Marie-Louise-Josephe, née à Vienne le 13 août 1752, mariée le 7 avril 1768 à Ferdinand IV, roi des Deux-Siciles, né le 12 janvier 1751. Ce monarque, par les suites de la guerre avec la France, fut dépossédé du royaume de Naples en 1806. De ce mariage il est sorti une nombreuse postérité, parmi laquelle on distingue,

A. Marie-Thérèse de Naples, mariée le 19 septembre 1790 à l'empereur François II, depuis empereur d'Autriche, sous le nom de François Ier; de ce mariage vient, entre autres enfans : S. M. MARIE-LOUISE, IMPÉRATRICE DES FRANÇAIS, REINE D'ITALIE. L'impératrice Marie-Thérèse est morte le 13 avril 1807.

B. Marie-Louise-Amélie de Naples, née

Branche de Brisgaw-Modène. Ferdinand Ier. (*ses enfans.*)

manuel de Savoie, roi de Sardaigne, par abdication de son frère en 1802. De ce mariage il n'est venu qu'une princesse, nommée Béatrice-Marie-Victoire, née le 6 décembre 1792.

6° Marie-Anne-Léopoldine, née le 10 décembre 1776, mariée à Charles-Théodore, électeur Palatin, mort sans postérité le 16 février 1799. Cette princesse s'est retirée en Autriche.

FRANÇOIS-ETIENNE I. *(ses enfans.)* 189

le 27 juillet 1773, mariée le 19 septembre 1790 à Ferdinand, archiduc d'Autriche, grand-duc de Toscane, aujourd'hui grand-duc de Wurtzbourg. Cette princesse est morte le 19 septembre 1802.

13° Marie-Antoinette, née à Vienne le 2 novembre 1755, mariée le 16 mai 1770 à Louis XVI, roi de France et de Navarre, morte en 1793.

32. JOSEPH II, empereur.

Joseph II, fils de l'empereur François Ier et de Marie-Thérèse d'Autriche, naquit à Vienne le 13 mars 1741. Il fut élu roi des Romains à Francfort le 24 mars 1764, et parvint à l'empire le 18 août 1765, après la mort de son père.

Ce prince coopéra, en 1772 et 1773, au pre-

Branche de Brisgaw-Modène. Ferdinand Ier. *(ses enfans.)*

7° Marie-Louise-Béatrice, née le 14 décembre 1787, épouse, le 6 février 1808, François Ier, empereur d'Autriche, roi de Bohême et de Hongrie, aujourd'hui glorieusement régnant. Cette impératrice est la troisième épouse de ce monarque; elle porte sur l'un des premiers trônes de l'univers ces qualités aimables et douces qui, en faisant la consolation et le bonheur des rois, présagent aux peuples le plus heureux avenir.

Fin de la branche de Brisgaw-Modène.

mier démembrement de la Pologne, de concert avec la Russie et la Prusse ; il acquit par ce partage le comté de Zips, le palatinat de la Russie rouge, la Pocutie, une partie des palatinats de Cracovie, de Sendomir, de Belz, et de la province de Podolie ; et les riches salines de Wieliczka, de Bochnia, et de Sambor. Sa portion fut estimée environ treize cent soixante milles carrés, avec une population de sept cent quarante mille âmes.

Joseph II fit en 1775 un traité de limites avec les Turcs, qui lui cédèrent Buckowine.

Maximilien-Joseph, électeur de Bavière, étant mort sans postérité en 1777, Joseph II prétendit à la plus grande portion de cette succession, à l'exclusion de l'électeur Palatin et du duc de Deux Ponts, héritiers collatéraux du défunt électeur : il fit en conséquence occuper par ses troupes une partie de la Bavière. Le roi de Prusse, ami et allié de l'électeur Palatin et du duc de Deux-Ponts, fait une diversion en Bohème en leur faveur, et s'avance jusque vers Pless, où l'empereur se trouvait à la tête de son armée ; mais il ne put amener ce monarque à accepter une bataille, parceque le plan de Joseph était de ruiner l'armée prussienne par la disette des vivres, qui se faisait déja sentir dans ses cantonnemens. Le feld-maréchal Laudon, général de Joseph II, et le prince Henri de Prusse, frère du roi, signalèrent leur habileté par des marches et des contre-marches qui occupèrent presque toute la campagne. Cette guerre ne fut pas de longue durée, et se termina par le traité de Teschen,

JOSEPH II.

le 13 mai 1779, conclu sous la médiation de la France et de la Russie.

Le 27 mars 1783, Joseph II signe un édit de suppression des couvens inutiles dans les Pays-Bas, et ordonne, l'année suivante, un dénombrement général de tous les religieux.

La Hollande refuse à l'empereur le passage de l'Escaut pour les navires qu'il peut faire construire dans les Pays-Bas : la guerre éclata à cette occasion, mais elle ne fournit aucune action remarquable. La France fait signer à Fontainebleau, le 8 novembre 1785, un traité qui accorde les intérêts des parties belligérantes.

Le 13 janvier 1785, l'électeur Palatin consent, par un traité signé à Munich, à échanger avec la maison d'Autriche son électorat de *Bavière* contre le *Pays-Bas*. Le roi de Prusse, les électeurs de Saxe et de Lunébourg, et d'autres princes de l'Empire, s'y opposèrent, et formèrent une confédération sous le nom d'*union germanique*, pour empêcher des innovations dans l'Empire. Ce changement, qui n'était que projeté, n'eut pas lieu.

L'empereur Joseph II et l'impératrice Catherine font le voyage de la Crimée en 1786, et déclarent de concert la guerre aux Turcs l'année suivante.

Les changemens et la nouvelle administration que Joseph II avait introduits dans les Pays-Bas excitent des mecontentemens, et font soulever les peuples du Brabant en 1787.

Le général Laudon donne l'assaut à *Belgrade*, et la prend sur les Turcs le 8 octobre 1789.

L'empereur Joseph II meurt à Vienne, le 20 février 1790, d'une maladie de langueur.

Ce prince était très connu en France, où il avait voyagé en 1777 et en 1781. On l'y a vu visiter avec attention les ports et les arsenaux, suivre les procédés des arts, encourager et récompenser ceux qui les pratiquaient, et se livrer avec ardeur à l'acquisition de toutes les connaissances dont il pouvait tirer quelque utilité dans le gouvernement de ses vastes états.

Il avait épousé, 1° le 6 octobre 1760, *Marie-Isabelle-Louise-Antoinette de Parme*, née le 31 décembre 1741, morte de la petite vérole le 27 novembre 1763; 2°, le 23 janvier 1765, *Marie - Josephe de Bavière*, fille de l'Empereur Charles VII, née le 18 mars 1739, morte à Vienne le 28 mai 1767, sans lui avoir donné d'enfans.

Du premier lit vinrent deux princesses bui suivent :

1° Marie-Thérèse-Elisabeth, née le 20 mars 1762, morte le 24 janvier 1770 ; elle fut enterrée aux Capucins de Vienne.

2° N***, morte à Vienne le jour de sa naissance, le 24 novembre 1763.

33. LEOPOLD II, empereur.

Léopold II, frère de Joseph II, était grand-duc de Toscane, lorsqu'il succéda à l'empire en 1790.

Les premiers soins de son administration se dirigèrent vers les affaires du Brabant et la guerre contre les Turcs. La Prusse et l'Angleterre, se prononçant en faveur de ces derniers contraignirent par leur médiation forcée Léopold II à conclure la paix avec eux : par les traités de Reichenbach, signé en mars 1791, ces deux puissances garantirent à Léopold II le retour des Belges à la soumission ; mais l'insurrection avait pris des caractères trop puissans pour pouvoir l'arrêter sans effusion de sang. Une armée autrichienne, sous le commandement du général Bender, pénètre dans ce pays, et livre différens combats, dont les suites font dissiper les insurgés, et dissoudre le congrès insurrectionnel, dont l'agent-général van der Noot, et le secrétaire d'état van Eupen, étaient les principaux moteurs. L'ordre se rétablit dès-lors dans les Pays-Bas (1790).

La révolution de France prenant un cours qui devait faire craindre pour le repos des autres états de l'Europe, l'empereur Léopold II et le roi de Prusse Frédéric-Guillaume III se liguent par le traité de Pilnitz, signé le 27 août 1791, à l'effet d'en arrêter la marche, et de rétablir la puissance monarchique dans toute l'étendue de ses droits.

L'empereur Léopold II meurt presque subitement le 1er mars 1792. Il avait épousé, le 16 février 1765, *Marie-Louise, infante d'Espagne*, née le 24 novembre 1745, de laquelle il laissa :

1° François Ier, empereur d'Autriche, aujourd'hui régnant ; son article vient page 196.

2° Ferdinand, qui fonde la maison *grand-ducale de Wurtzbourg*, rapportée ci-dessous (*).

3° Charles, né le 5 septembre 1771. Prince dont les vertus civiles et le génie militaire ont formé un héros, qui fait la gloire de la monarchie autrichienne. Il est connu sous le nom de *Prince* ou *d'archiduc Charles*.

4° Léopold-Alexandre, né le 14 août 1772, palatin de Hongrie, mort des suites d'une explosion de poudre le 12 juillet 1795.

5° Joseph-Antoine, né le 9 mars 1776, succède à son frère Léopold dans le palatinat de Hongrie. Il est veuf d'*Alexandra-Paulawna de Russie* (morte le 16 mars 1801).

Maison grand-ducale de Wurtzbourg.

FERDINAND Ier.

(*) FERDINAND Ier, second fils de l'empereur Léopold II et de Marie-Louise d'Espagne, na-

LÉOPOLD II. (ses enfans.)

6° Antoine-Victor-Joseph, né le 31 août 1779, élu grand-maître de l'ordre teutonique le 20 juin 1804.

7° Jean-Baptiste-Joseph-Fabien-Sébastien, né le 20 janvier 1782.

8° Regnier-Joseph Jean-Michel-François-Jérôme, né le 29 septembre 1783.

9° Louis-Joseph-Jean, né le 14 décembre 1784.

10° Rodolphe-Jean-Joseph, né le 8 janvier 1788.

11° Marie-Thérèse-Josephe-Charlotte-Jeanne, née le 14 janvier 1767, mariée le 8 septembre 1787 à Antoine-Clément de Saxe, né le 27 décembre 1755, frère du roi de Saxe aujourd'hui régnant.

12° Marie-Anne-Ferdinande-Josephe-Charlotte-Jeanne, née le 21 avril 1770, morte abbesse de Prague en 1809.

13° Marie-Clémentine-Josephe-Jeanne-Fidèle, née le 24 avril 1777, mariée le 25 juin 1797 à François-Janvier-Joseph, prince de Naples et de Sicile, né le 19 août 1777. Cette princesse est morte en 1801.

Maison grand-ducale de Wurtzbourg. Ferdinand Ier.

quit le 6 mai 1769. Il succéda au grand duché de Toscane le 2 juillet 1790, lorsque son père monta sur le trône impérial d'Allemagne.

Mais la guerre lui ayant fait perdre ses états d'Italie, il reçut en échange, par le traité de

14° Marie-Amélie-Josephe-Geneviève-Thérèse, née le 14 octobre 1780.

34. FRANÇOIS III*

du nom de Lorraine,

II* *du nom comme Empereur d'Allemagne,*

et I*er* *du nom comme Empereur d'Autriche.*

François I*er*, fils de l'empereur Léopold II et de Marie-Louise d'Espagne, naquit le 12 février 1768.

Il fut élu empereur d'Allemagne le 5 juin 1792; il érigea, le 4 août 1804, ses états en *empire héréditaire*, sous le nom d'*empire d'Autriche*, et abdiqua la dignité d'empereur d'Allemagne, par une lettre-patente du 6 août 1806. Alors la majeure partie des princes du corps germanique formèrent une confédération sous le nom de *Confédération du Rhin*, et se mirent sous la protection de l'empereur des Français.

Le règne de François I*er* sera, sans contre-

Maison grand-ducale de Wurtzbourg. Ferdinand I*er*.

Lunéville en 1801, l'archevêché de Saltzbourg, la prévôté de Berchtoldsgaden, et une partie des évêchés de Passau et d'Eichstaedt, qui furent érigés en sa faveur en électorat, le 27 avril 1803.

Une nouvelle guerre survenue entre la France

dit, un des plus brillans de l'histoire de la maison d'Autriche; les évènemens importans qu'il a vus naître avec une rapidité presque incompréhensible, intéresseront la postérité, et serviront de monumens éternels à la gloire du prince magnanime qui a pu en triompher.

Si l'auguste maison de Lorraine a conservé son ancienne splendeur, son antique illustration, si elle continue à siéger au rang des premieres puissances de l'Europe malgré les guerres funestes qu'elle a supportées depuis 20 ans, c'est aux vertus personnelles, aux qualités éminentes de son illustre chef et à la modération de l'Empereur Napoléon, qu'elle en est redevable. Ainsi l'union de ces deux grands monarques a consolidé à jamais l'existence d'une famille souveraine, qui fait depuis plusieurs siècles la gloire de l'Europe, et a donné à la France une Impératrice qui en assure le bonheur.

L'empereur François a épousé, 1° le 6 janvier 1788, *Elisabeth-Wilhelmine-Louise de Wurtemberg*, née le 17 juillet 1765 : elle mourut, sans lui avoir donné d'enfans, le 16 février 1790; 2° le 19 septembre 1790, *Marie-Thérèse de Naples*, née le 6 juin 1772, morte le 13 avril

---

Maison grand-ducale de Wurtzbourg. Ferdinand I".

triche, en 1805, le priva encore de ces possessions, en échange desquelles il obtint l'évéché de Wurtzbourg, qui fut érigé en *grandduché*, et qui sert aujourd'hui de souveraineté à la branche dont cet auguste prince est le chef. Ses nouveaux sujets le chérissent comme

1807 ; 3° le 6 janvier 1808, *Marie-Louise d'Autriche,* de la branche de *Brisgaw-Modène* (voyez page 189), née le 14 décembre 1787, aujourd'hui régnante.

Enfans du second lit.

1° Ferdinand-Charles, prince impérial d'Autriche, prince royal de Hongrie et de Bohême, née le 19 avril 1793.

2° François-Charles-Joseph, née le 7 décembre 1802.

3° Jean-Népomucène-Charles, né le 29 août 1805.

Maison impériale de France.

4° Marie-Louise, née le 12 décembre 1791, mariée le 11 mars 1810 à Napoléon-le-Grand, Empereur des Français, Roi d'Italie, né le 15 août 1769 : elle fonde avec ce grand monarque la quatrième dynastie de

---

Maison grand-ducale de Wurtzbourg. Ferdinand I.er

un père, et admirent en lui les qualités brillantes d'un excellent souverain.

Il a épousé, le 19 septembre 1790, *Louise-Marie-Amélie de Naples*, née le 27 juillet 1773, morte le 19 septembre 1802, de laquelle il a :

1° Léopold-Jean-Joseph, archiduc d'Au-

FRANÇOIS III. (*ses enfans.*)

France, et devient l'auguste mère de Napoléon-François-Charles-Joseph, *Prince impérial des Français, Roi de Rome*, né le 20 mars 1811.

5° Léopoldine-Caroline-Josephe, née le 22 janvier 1797.

6° Marie-Clémentine-Françoise, née le 1ᵉʳ mars 1798.

7° Caroline-Ferdinande-Joséphine, née le 8 avril 1801.

8° Marie-Anne-Françoise, née le 8 juin 1804.

Maison grand-ducale de Wurzb. Ferdinand Iᵉʳ. (*ses enf.*)

triche, grand-duc héréditaire, né le 3 octobre 1797.

2° Marie-Louise, née le 30 août 1798.

3° Thérèse-Françoise-Josephe, née le 21 mars 1801.

FIN.

TABLE

DE LA MAISON DE LORRAINE
DEVENUE AUTRICHE.

A.

Adelbert ou Albert Ier, duc de Lorraine, 1.
Albert II, *idem*, 7.
Albert-Casimir, duc de Saxe-Teschen, 185.
Anjou (maison d') régnante en Lorraine, 101.
Anne de Lorraine, abbesse de Montmartre, 169.
Antoine Ier, duc de Lorraine, 127, 129.
Antoine Ier, comte de Lorr.-Vaudémont, 93, 97, 102.
Azincourt (bataille d'), 93, 95.

B.

Bade (maison de), 49, 99.
Bavière (maison de), 137.
Belleval (prieuré de), 11.
Bielstein (maison de), 100.
Boulogne (branche de Lorraine-), 20.
Bourbon (mais. de), 45, 120.
Bouzonville (abbaye de), 1.
Brisgaw (Branche de Lorraine-), 184.
Bulleneville (bataille de), 103, 112.

C.

Castinach ou Chalenoy, 8.
Chaligny-Mouy (branche de Lorraine), 136.
Châlon (maison de), 48.
Chamblay (sire de), 45.
Charles Borromée (saint), 135.
Charles Ier, duc de Lorraine, 90, 91.
Charles II, duc de Lorraine, 136, 139.
Charles III, *idem*, 159, 161.
Charles IV, *idem*, 172, 173.
Charles (archiduc ou prince) de nos jours, 194.
Charles-Henri Ier de Lorraine-Commercy, 168.
Charles-Thomas Ier, fils du précédent, 169.
Châtelet (maison du), 56.
Chimay (maison de), 104.
Choiseul, 18, 149.
Claude, duchesse de Lorraine, 157, 170, 172.
Commercy (branche de Lorraine-), 168.
Croi (maison de), 104.
Cusance de Cante Croix (duchesse de), 167.

D.

Dachsbourg, 62.
Deuilly, 13, 16.

E.

Empire d'Allemagne, 180, 182.
Etrurie (maison d'), 186.
Eudes Ier de Lorraine-Toul, 52, 53.

F.

Félix de Cantalice (S.), 153.
Ferdinand Ier, chef de la branche de Lorraine-Brisgaw-Modène, 184.
Ferdinand Ier, chef de la maison grand-ducale de Wurzbourg, 194.
Ferri Ier, duc de Lorraine, 46, 55.
Ferri II, *idem*, 56, 58.
Ferri III, *idem*, 66, 68.
Ferri IV, *idem*, 77, 79.
Ferri Ier, comte de Lorraine-Vaudémont, 90.
Ferri II, *idem*, 102, 108.
Flandres (maison de), 22.
Flandres (branche de Lorraine-), 14.
Floranges (branche de Lorraine-, 42.
France (4e dynastie de), 198.
François Ier, duc de Lorraine, 132, 133.
François II, *idem*, 150, 158.
François-Etienne Ier, empereur sous le nom de François Ier, 179, 180.
François Ier, empereur d'Autriche, 194, 196.
Frédéric Ier, chef de la branche de Lorraine Toul, 52.
Fribourg (maison de), 73.

G.

Gaston d'Orléans, 160, 162.
Gérard Ier, duc de Lorr., 7.
Gérard Ier, comte de Lorraine-Vaudémont, 11.
Gérard II, *idem*, 13, 14.
Gertrude de Flandres, 14.
Gilles Ier, comte de Lorraine-Floranges, 44.
Godefroi-le-Barbu, 7.
Granson (bataille de), 124.
Guise (maison de), 128.

H.

Harcourt (ancienne maison d'), 127.
Havré ou Havrech (maison d'), 104.
Hedwige de Namur, 9.
Henri Ier, duc de Lorraine, 150, 155.
Henri Ier, comte de Lorraine-Vaudémont, 20.
Henri II, *idem*, 25 et suiv.
Henri III, *idem*, 27 et suiv.
Henri IV, *idem*, 30 et suiv.
Henri V, *idem*, 34, 36.
Henri Ier de Lorraine-Chaligny-Mouy, 136.
Henri II, *idem*, 141, 148.
Hugues Ier, comte de Lorraine-Vaudémont, 12.
Hugues II, *idem*, 16, 17.
Hugues III, *idem*, 19.

J.

Ide Ire, 31, 34.
Jean Ier, duc de Lorr., 85.
Jean II, *idem*, 109, 114.
Jeanne d'Arc, 98.
Joinville (sirerie de), 33.
Joseph Ier du nom de Lorraine, mais II comme emper. d'Allemagne, 184, 189.
Isabelle de Lorraine, 98, 101 et suiv.
Judith de Luxembourg, 1.
Juvenal des Ursins, 95.

L.

Laure de Lorraine, 66.
Lénoncourt (maison de), 6.
Léon IX (S.), pape, de la maison de Lorraine, 8.
Léopold Ier, duc de Lorraine, 175, 176.
Léopold, emper., 184, 193.
Lesage, auteur de l'Atlas généalogique, 42, 52, 67, 74, 78, 97, 105, 109, 117, 122, 130, 138, 139, 147, 154, etc.
Ligne (maison de), 145.
Limbourg (maison de), 50.
Lionne (le marq. de), 165.
Lise Ire, 47.
Lixin (prince de), 159.
Louise de Lorr.-Mercœur, reine de France, 133.
Luxembourg (maison de), 6, 50.

M.

Mahault Ire de Lorraine-Boulogne, 39.

Marguerite de Lorr., reine d'Angleterre, 110.
Marguerite Ire de Lorraine-Vaudémont, 31, 33.
Marguerite II, *id.*, 37, 38.
Marguerite Ire de Lorraine-Flandres, 22, 33.
Marguerite de Lorraine, duchesse d'Orléans, 160, 162.
Marie-Christine de Lorr., duch. de Saxe-Teschen, 185.
Marie-Louise, impératrice des Français, 198.
Marie-Louise, impératrice d'Autriche, 189.
Marie-Thérèse, impératrice et reine de Hongrie, 182.
Mathieu Ier, duc de Lorraine, 41, 44.
Mathieu II, 59, 63.
Mathieu Ier de Lorraine-Boulogne, 20.
Mathieu Ier de Lorraine-Toul, 46.
Médicis (maison de), 150.
Mercœur (br. de), 131, 132.
Modène (branche de), 184.
Moha, 62.
Montbéliard (mais. de), 66.
Montmartre (traité de), 165.
Morat (bataille de), 124.
Moy (marquis de), 145.

N.

Nancy (bataille de), 125.
Napoléon le-Grand, 198.
Nassau (maison de), 48.
Nicolas Ier, duc de Lorraine, 118, 119.
Nicolas Ier, duc de Lorraine-Mercœur, 132.

Nicolas-François Ier, duc de Lorr., 159, 163, 164, 169.
Nicole, duchesse de Lorraine, 159, 167.

O.

Orange (maison d'), 48.

P.

Paradin (Claude), 54.
Phalzbourg - Lixin (prince de), 159.
Philippe Ier de Lorraine-Flandres, 26.
Philippe Ier de Lorraine-Floranges, 42.
Philippe II, idem, 44.
Philippe III, idem, 44.
Philippe-Emmanuel de Lorraine-Mercœur, 140.
Pilnitz (traité de), 193.

R.

Rancourt (Alix de), 81.
Raoul Ier, duc de Lorraine, 81, 82.
René Ier, duc d'Anjou, de Lorraine, et roi de Naples, 101.
René II, duc de Lorraine, 116, 123.
Richelieu (le cardinal de), 160, 162.
Robert Ier, duc de Lorraine-Floranges, 42.
Robert II idem, 44.
Robert III, idem, 46.
Rohan (mais. de), 96, 105.

S.

Salm (maison de), 58.
Sardaigne (maison de), 187.
Savoie (maison de), 23.
Saxe-Teschen (duc de), 185.
Siciles (mais. des Deux-), 188.
Simon Ier, duc de Lorraine, 14, 34.
Simon II, id., 46, 52 et suiv.
Souabe (maison de), 43.

T.

Teschen (duc de Saxe-), 185.
Thibault Ier, duc de Lorraine, 59, 60.
Thibault II, id., 72, 74.
Thierri Ier, id., 10, 12.
Thierri Ier de Lorraine-Flandres, 14.
Toscane (gr. duché de), 181.
Toul (br. de Lorraine-), 46.

V.

Vaudémont (première branche de Lorraine), 11.
Vaudémont (seconde branche de Lorraine-), 90.
Vendôme (maison de), 145.

U.

Urach (maison d'), 73.

W.

Wurzbourg (maison de Lorraine grand-ducale de), 194.

Y.

Yolande d'Anjou et de Lorraine, 105, 107, 110, 115.

FIN DE LA TABLE DE LA MAISON DE LORRAINE.

HISTOIRE
GÉNÉALOGIQUE
DES
MAISONS SOUVERAINES
DE L'EUROPE.

IIIe PARTIE DU TOME II.

MAISON DUCALE DE LORRAINE-GUISE.

Branches de Guise.
        d'Aumale.
        d'Elbœuf.
        de Mayenne.
        de Joyeuse.
        d'Armagnac-Brionne.
        de Marsan-Pons.
        de Lillebonne.
        d'Harcourt.
        de Lambesc.

DE L'IMPRIMERIE DE PATRIS.

MAISON
DUCALE
DE LORRAINE - GUISE.

1. CLAUDE Ier.

Claude Ier, fils puîné de René II, duc de Lorraine, et de Philippine de Gueldres, sa seconde femme, naquit au château de Condé le 20 octobre 4196. Voyez *p. 128 de ce vol.*

Ce prince ayant eu avec son frère, le duc Antoine Ier, certains démêlés à l'occasion du partage de la succession de leur père, quitta à jamais la Lorraine pour venir s'établir en France, où il possédait les comtés de *Guise* et d'*Aumale*, la sirerie de *Joinville* et la seigneurie de *Mayenne*. Il obtint en 1506, du roi Louis XII, des lettres de naturalisation, et, en 1514, le droit de nommer aux offices royaux établis dans ses comtés.

Ses brillantes qualités et son courage extraordinaire le firent accueillir avec distinction de François Ier.

Il accompagna ce monarque dans son expédition d'Italie, en 1515, et se trouva à la bataille de *Marignan*, où il reçut vingt-deux blessures. Il devint bientôt un des généraux les plus célèbres de son siècle. La prise de *Fontarabie* en 1521, la défaite des Anglais devant *Hesdin*, et celle des Allemands devant *Neufchâteau* en 1522; les combats de *Loupstein*, *Chenonville* et de *Saverne*; la conquête du duché de *Luxembourg* et le siége de *Landrecies*, attestent sa valeur et son intrépidité.

L'empereur Charles-Quint ayant pénétré en France en 1544, s'empara de Saint-Dizier, d'Epernay, de Château-Thierry, et menaçait de marcher sur Paris, lorsque le roi de France donna ordre au duc Claude I*er* de se rendre dans cette capitale, afin d'empêcher la désertion de ses habitans, et pour pourvoir à leur sûreté. L'habileté et la générosité que ce prince apporta à assurer la tranquillité des Parisiens, et à les engager à rester dans leur ville pour la défendre en cas d'attaque, lui gagnèrent tous les cœurs. Ce service rendu aux habitans de cette grande ville, fut l'origine de l'affection et du dévouement qu'ils ne cessèrent de témoigner dans la suite au duc Claude I*er* et à ses descendans, au préjudice même des héritiers présomptifs et légitimes de la couronne.

Le roi de France, François I*er*, pour reconnaître les services de ce prince, érigea, en janvier 1527, le comté de *Guise* en *duché-pairie*, et, en février 1544, la baronnie de *Mayenne*, avec Sablé et la Ferté-Bernard, en *marquisat*.

Claude I*er*, duc de Guise, fut pair et grand-veneur de France, comté d'Aumale, marquis de Mayenne et d'Elbeuf, baron de Joinville, gouverneur de Champagne, de Brie et de Bourgogne. Ce prince était grand, bien fait, spirituel, magnifique, également galant et politique, extrêmement doux et affable dans la société, brave et de sang-froid à la guerre ; il avait fait de ce dernier art une étude particulière dans le cabinet, ce qui était presque unique et inouï de son tems, selon le dire de plusieurs historiens accrédités.

Ses descendans héritèrent de ses belles qualités ; le charme de leur esprit, la majesté et les grâces de leur taille et de leurs manières, les ont toujours fait chérir du peuple français, qui fut prêt plus d'une fois à leur sacrifier ses propres souverains.

Claude Ier mourut à Joinville le 12 avril (1) 1550 ; il y fut enterré dans l'église du château.

Il avait épousé, le 18 avril 1513, *Antoinette de Bourbon*, fille aînée de François de Bourbon, bisaïeul de Henri IV, née au château de Ham le 25 décembre 1494, morte le 20 janvier 1583. De ce mariage, vinrent les enfans qui suivent :

1° *François Ier*, qui succéda à son père dans le duché de Guise, et dont l'article vient page 12.*

2° *Charles*, né à Joinville le 17 février 1524. C'est le célèbre *cardinal de Lor-*

---

(1) C'est par erreur que le Père Anselme, tom. VIII, pag. 731, dit le 12 août.

raine, qui occupe une place si considérable dans l'histoire de France, sous les règnes de Henri II, François II, Charles IX et Henri III. Le *colloque de Poissy*, le concile de *Trente*, le traité de *Cateau - Cambresis*, la conjuration d'*Amboise*, son ministère des finances, ses liaisons avec François Ier, duc de Guise, son frère, et Henri Ier, duc de Guise, son neveu, et les *potences* qu'il fit dresser dans l'avenue de Fontainebleau, pour empêcher les solliciteurs d'aborder le roi, sont les événemens les plus marquans de sa vie.

M. Chénier, poète français, a mis au théâtre, en 1790, une tragédie sous le nom de Charles IX. Le cardinal de Lorraine est un des principaux personnages de cette pièce ; c'est lui qui bénit, dans une scène horrible, les poignards qui doivent percer le sein des huguenots, dans l'exécrable journée de la *Saint-Barthélemi*. Mais le poète français a eu le plus grand tort de mettre ce prélat en action dans un événement aussi criminel ; il est bien prouvé, bien constaté, qu'à cette époque, il remplissait à Rome une mission diplomatique, à l'effet d'obtenir une dispense pour le mariage de *Marguerite de Valois* avec *Henri de Bourbon*, roi de Navarre, depuis *Henri IV*. L'impression que cette pièce a faite en France, peut perpétuer contre la mémoire du cardinal de Lorraine une haine qu'il est bon d'effacer. Les écrivains qui ont le droit de verser sur les plus grands princes tout le blâme que peuvent mériter certaines actions de leur vie, doivent s'empresser aussi de les justifier, lorsque des accusations injustes viennent ternir leur histoire.

Le cardinal de Lorraine était archevêque de Reims, évêque de Metz, et jouissait d'un nombre considérable d'abbayes et de bénéfices. Le duché de *Chevreuse* fut érigé en sa faveur, en 1555. Il fonda, en 1547, une Université dans la ville de Reims, et mourut à Avignon le 26 décembre 1574.

3º *Claude*, qui fonda la branche d'Aumale, rapportée ci-dessous *.

4º *Louis*, né le 21 octobre 1527, fut

Branche d'Aumale.

1. CLAUDE Iᵉʳ.

* *Claude Iᵉʳ*, troisième fils de Claude Iᵉʳ, duc de Guise, et d'Antoinette de Bourbon, naquit le 1ᵉʳ août 1526. Il obtint le duché d'*Aumale* pour son partage, et fut fait pair et grand-veneur de France, puis colonel-général de la cavalerie légère, et lieutenant-général au gouvernement de Bourgogne. Il se signala aux batailles de *Saint-Denis*, de *Dreux*, de *Moncontour*, et aux siéges de Metz, de Calais et de *Saint-Jean-d'Angely*; il fut tué

destiné à l'état ecclésiastique ; il obtint l'évêché de Troyes en 1545, celui d'Alby en 1550, et l'archevêché de Sens en 1561; il fut également pourvu, en 1568, de l'évêché de Metz, puis des abbayes de Saint-Victor de Paris, de Moissac et de Saint-Pierre de Bourgueil. Le pape Jules III le créa cardinal le 22 décembre 1553 ; il sacra le roi Henri III, le 13 février 1575, et mourut le 29 mai 1578, avec la réputation d'un *bon courtisan*.

5° *Philippe* et *Pierre*, morts jeunes.

6° *François*, né le 18 avril 1534. Il fut chevalier et général des galères de l'ordre de Malte, et défit, en 1557, les Turcs devant l'île de *Rhodes*. En 1577, il fut pourvu de la charge de grand-prieur et de général des galères de France ; il prit une

---

Branche d'Aumale, Claude Ier.

à celui de *la Rochelle* le 14 mars 1573. Il avait pris part au *massacre de la Saint-Barthélemi*, pour se venger de l'amiral *Coligny*, qu'il avait toujours soupçonné d'être l'un des complices de l'assassinat de François Ier, duc de Guise, son frère, tué devant Orléans par Poltrot de Méré, en 1563.

Claude Ier, duc d'Aumale, avait épousé, le 1er août 1547, Louise *de Brézé*, fille et héritière de Louis de Brézé, comte de Maulevrier, seigneur d'Anet, et de Diane de Poi-

part active aux guerres civiles occasionnées par sa maison dans ce royaume, et se trouva à la bataille de *Dreux*, où il combattit vaillamment ; mais il s'échauffa tellement dans l'action, qu'il gagna une pleurésie qui le conduisit au tombeau le 6 mars 1563.

7° *René*, né le 14 août 1536, général des galères de France, se rend célèbre dans les affaires de son tems, et fonde la branche d'*Elbeuf*, d'où viennent celles d'*Armagnac*, de *Brionne*, de *Lillebonne*, d'*Harcourt*, de *Marsan*, de *Pons*, et les princes de *Lambesc*. La généalogie de toutes ces branches sera détaillée plus loin ; je renvoie le lecteur à la table, aux mots *Elbeuf*, et *René I*er, marquis d'*Elbeuf*.

Branche d'Aumale, Claude I*er* (*ses enfans*).

tiers, duchesse de Valentinois. De ce mariage, vinrent :

1° *Henri*, comte de Saint-Vallier, né le 2 septembre 1549, mort au mois d'août 1559.

2° *Charles I*er, duc d'Aumale, dont l'article vient page 10.

3° *Antoine*, comte de Saint-Vallier, né le 1er novembre 1562, mort en bas âge.

4° *Claude*, né le 10 février 1564 ; il fut abbé du Bec, chevalier de Malte, et général des galères de la religion. Il prit

Maison royale d'Angleterre.

8° *Marie*, née le 22 novembre 1515, mariée, 1° le 4 août 1534, à Louis II d'*Orléans*, duc de *Longueville*, mort en juin 1537; il vint de ce mariage un fils, nommé François, qui hérita du comté de *Neufchâtel*, en 1543; mais ce jeune prince ne vécut que seize ans; 2° le 9 mai 1538, à *Jacques Stuart*, 5ᵐᵉ du nom comme roi d'*Ecosse*, mort le 13 décembre 1542. De ce dernier mariage, vint l'infortunée *Marie Stuart*, qui épousa en premières noces *François II*, roi de *France*, mort sans avoir eu d'enfans d'elle, en 1560; et en secondes noces, Henri *Stuart-Darnley*, dont l'histoire l'accuse de s'être dé-

---

Branche d'Aumale, Claude Iᵉʳ (*ses enfans*).

parti dans la *Ligue*, et se trouva au siége de Dieppe, et au combat d'Arques en 1589. Il fut tué en voulant surprendre Saint-Denis en France, sur le roi Henri IV, le 3 janvier 1591. Il fut enterré dans l'église de Saint-Jean en Grève. Il est connu dans l'histoire sous le nom de *chevalier d'Aumale*.

5° *Charles*, né le 26 décembre 1566, mort le 7 mai 1568.

6° *Catherine*, née le 8 novembre 1550, mariée le 11 mai 1569, à Nicolas de

fait, en 1567, par une explosion méditée, pour épouser le comte de *Bothwel*, son favori. Le règne de Marie, en Ecosse, fut troublé par des guerres civiles, qui la forcèrent à chercher un asile en Angleterre ; mais loin d'y trouver une retraite assurée et une protection généreuse, elle n'y rencontra que jalousie, dédain, et une captivité de dix-huit années, après lesquelles il fallut monter sur un échafaud pour y laisser la vie (18 février 1587). Jacques Stuart son fils, qu'elle avait eu de son second mariage, réunit les couronnes d'Angleterre et d'Ecosse, sous le nom de Jacques Ier, et fut père du malheureux Charles 1er, qui fut décapité en 1649. Jacques II, fils de celui-ci, fut détrôné, en 1688, par Guillaume de Nas-

Lorraine, duc de *Mercœur*; elle mourut vers la fin de juin 1606.

7° *Marguerite*, née le 5 février 1554, morte jeune.

8° *Diane*, née en novembre 1558, mariée le 15 novembre 1576, à *François de Luxembourg*, duc de *Piney*, prince de *Tingry*. Elle mourut avant l'an 1599.

9° *Antoinette*, née le 9 juin 1560, morte jeune.

10° *Antoinette-Louise*, née le 29 septembre 1561. Elle fut abbesse de Notre-

sau-Orange, son gendre, qui ne laissa point de postérité. Les Anglais appelèrent à sa mort, pour les gouverner, Georges Ier de *Brunswick-Hanovre*, qui était arrière-petit-fils, par les femmes, de Jacques Ier; c'est ainsi que la maison électorale d'Hanovre fut mise en possession du royaume d'Angleterre. Marie de Lorraine, mère de Marie Stuart, avait été régente d'Ecosse pendant la minorité de sa fille. Elle mourut en France le 10 juin 1560, et fut enterrée dans le chœur de l'abbaye de Saint-Pierre de Reims.

9° *Louise*, née le 10 janvier 1520, mariée à Charles de *Croï*, prince de

---

Branche d'Aumale, Claude Ier (*ses enfans*).

Dame de Soissons, et mourut le 24 août 1643.

11° *Marie*, abbesse de Chelles, morte en 1627.

2. CHARLES Ier.

Charles Ier, fils de Claude Ier, duc d'Aumale, naquit le 25 janvier 1556, et succéda à son père dans les biens de sa branche, et dans la dignité de grand-veneur de France en 1573.

Après l'assassinat du duc Henri de Guise et du cardinal Louis son frère, aux états de Blois en 1588, ce prince partagea avec le

Chimay, morte, sans enfans, le 18 octobre 1542.

10° *Renée*, née le 21 septembre 1522; elle fut abbesse de Saint-Pierre de Reims, mourut le 3 avril 1602. Elle fut enterrée dans son abbaye, auprès de la reine d'Ecosse, sa sœur.

11° *Antoinette*, née le 31 août 1531, fut abbesse de Farmoutier, et mourut le 24 mars 1561.

Claude Ier, duc de Lorraine, avait eu d'une fille du président des Barres, de Dijon, un fils naturel, nommé Don Claude, bâtard de Guise, *qui fut abbé de Saint-Nicaise de Reims, puis de Clugny; il mourut le 28 mars 1612.*

Branche d'Aumale, Charles Ier.

célèbre duc de *Mayenne*, frère des deux premiers, toute la faveur que les ligueurs et le peuple de Paris avaient vouée à la maison de Guise. Il fut créé, par les *Seize*, gouverneur de Paris, en 1589, et sut entretenir, avec chaleur et même acharnement, la haine que les Parisiens témoignaient aux Valois.

Il posa le siége devant *Senlis*, cette même année 1589; mais le duc de Longueville le força à le lever, après lui avoir tué plus de dix mille hommes. Il se trouva ensuite au siége de Dieppe, et perdit, avec le duc de Mayenne, la bataille d'*Arques* contre le roi de France Henri IV. Il ne fut pas plus heureux à *Yvri*,

MAISON DUCALE DE LORRAINE-GUISE.

2. FRANÇOIS Ier, dit le BALAFRÉ.

FRANÇOIS Ier, fils de Claude Ier, duc de Guise, et d'Antoinette de Bourbon-Vendôme, naquit au château de Bar le 17 février 1519.

Grand général, politique habile, prince généreux et débonnaire, il gouverna la France, conjointement avec le cardinal de Lorraine, son frère, sous les règnes de Henri II, de François II et de Charles IX. Il se signala à la prise de Montmédi en 1542, au secours de Landrecies en 1543, et à la défense de Saint-Dizier en 1544.

Cette même année, il vola au secours de Boulogne, assiégée et prise par les Anglais (Jacques de Couci leur livra la place par tra-

---

Branche d'Aumale, Charles Ier.

le 14 mars de l'année suivante (1590), où il commandait l'aile gauche de l'armée de la Ligue, qui fut entièrement défaite par le roi de France ; mais il empêcha ce monarque d'entrer dans Paris, et le força même d'en lever le siége le 30 août 1591. Désespéré de voir les Français se soumettre à Henri IV, qui gagnait chaque jour leur affection, il attira les Espagnols dans la Picardie, pour l'aider à en ressaisir les places ; mais le parlement de Paris le condamna alors comme *criminel de lèse-majesté*, et ordonna qu'il serait *écartelé à quatre chevaux*, et tous *ses biens acquis et*

FRANÇOIS Ier, *dit* LE BALAFRÉ. 13

bison), et reçut à la tête une blessure des plus dangereuses, dont il ne guérit que par une espèce de miracle. Le fer, long d'un demi-pied, et deux doigts du bois de la lance dont il fut frappé entre le nez et l'œil droit, restèrent dans la plaie. Il fallut, pour les arracher, que son chirurgien, *Ambroise Paré*, lui mît les pieds sur le visage; opération qu'il soutint avec la même tranquillité que si on n'eût fait que lui arracher un cheveu. La cure fut si heureuse, qu'il ne lui en resta que la simple cicatrice, qui lui fit donner le surnom de Balafré, sans lui rien faire perdre des grâces de sa figure.

Il défendit avec une valeur extraordinaire la ville de Metz, contre toutes les forces de l'Empire, et obligea Charles-Quint, en 1553, d'en abandonner le siége.

Branche d'Aumale, Charles Ier.

confisqués au roi. L'arrêt fut exécuté en effigie le 24 juillet 1595, en place de Grève, sur un fantôme qui représentait le duc d'Aumalé. Cette rigueur déplut à Henri IV, qui fit défense de tenir registre de cet arrêt, et qui ordonna de surseoir à la confiscation des biens, et à la dégradation des enfans de ce prince, qui s'était retiré à Bruxelles, où il mourut en 1631.

Le roi Henri III avait érigé en sa faveur, en 1584, la seigneurie d'*Anet* en principauté.

Charles Ier avait épousé, le 10 novembre

Il se rendit encore célèbre par son zèle pour les catholiques, et dissipa la conjuration d'*Amboise*, après laquelle il fit déclarer les huguenots ennemis de l'Etat. Le parlement lui décerna en cette circonstance le titre de *Conservateur de la patrie*. Le gain des batailles de *Renty* et de *Dreux*, la prise de *Calais*, de *Thionville*, de *Rouen* et de *Bourges*, son union avec le maréchal de *Saint-André* et le connétable de *Montmorency*, connue sous le nom de *triumvirat*, et le *massacre de Vassy*, sont encore les principales époques de la vie de ce prince.

Le 18 février 1563, il fut lâchement assassiné devant Orléans, qu'il assiégeait, par

---

Branche d'Aumale, Charles Ier (*ses enfans*).

1576, *Marie de Lorraine-Elbeuf*, sa cousine, fille de René Ier, duc d'Elbeuf, née le 22 août 1555, et morte en 1613. Cette princesse tint le parti de la maison de Guise, dans les guerres civiles de France, sous les règnes de Henri III et de Henri IV ; cependant lorsque ce dernier monarque se fut fait catholique-romain, elle ne négligea rien pour engager son mari à lui faire ses soumissions et à se réconcilier avec lui ; mais elle eut le chagrin de ne pouvoir réussir dans cette négociation. Cette princesse faisait sa résidence ordinaire au château d'*Anet*. De ce mariage, vinrent :

1° *Charles*, né en décembre 1580, mort jeune.

FRANÇOIS I*er*, *dit* LE BALAFRÉ. 15

Poltrot de Méré, gentilhomme huguenot, qui fut pris, et écartelé le 18 mars, par arrêt du parlement.

Le duc de Guise était l'idole des catholiques ; ses grandes qualités le firent universellement regretter de tous les Français dévoués à l'Etat et à la religion.

Il était pair, grand-maître, grand-chambellan et grand-veneur de France, *lieutenant-général de l'Etat et du royaume*, et gouverneur de Champagne et de Brie.

Henri II érigea en sa faveur, le 9 mai 1552, la baronie de Joinville en Principauté.

François avait épousé, le 4 décembre 1549, *Anne d'Est*, fille d'Hercule II d'Est, duc de

---

Blanche d'Aumale, Charles I*er* (*ses enfans*).

2° *Henri*, mort au berceau.

3° *Marguerite*, morte sans alliance.

4° *Anne*, mariée, le 14 avril 1618, à *Henri de Savoie-Nemours*, héritier de sa branche, mort en 1652. La duchesse Anne porta la succession d'Aumale dans la maison de Nemours, et mourut le 19 février 1638. Elle fut mère de Charles de Savoie-Nemours, tué en duel, en 1652, par le duc de Beaufort, son beau-frère.

5° *Marie*, qui épousa le marquis *Ambroise Spinola*, aussi célèbre par ses exploits militaires, que par l'illustration de sa naissance.

Fin de la branche d'Aumale.

Ferrare, laquelle se remaria, en 1566, à *Jacques de Savoie*, duc de *Nemours*, et mourut le 17 mai 1607. Cette princesse joua un grand rôle dans les affaires de son siècle, et trempa dans le premier assassinat de l'amiral de *Coligny*. De son mariage avec François de Guise, vinrent les enfans qui suivent :

1° *Henri Ier*, qui succède à son père, et dont l'article vient page 18.

2° *Charles*, qui fonde la branche de *Mayenne*, rapportée ci-dessous *.

3° *Louis*, né le 6 juillet 1555. Il succéda à son oncle, le cardinal de Lorraine, dans l'archevêché de Reims, en 1574, et fut créé cardinal sous le nom de *cardinal de Guise*, le 21 février 1578, par le pape Grégoire XIII. Ses liaisons avec les ligueurs et avec Henri, duc de Guise, son frère aîné, qui en était le chef, ayant donné de l'ombrage à Henri III, roi de France, ce monarque ne vit en eux que des rebelles, et donna l'ordre de les assassiner l'un et l'autre, ce qui

---

* *Branche de Mayenne.*

1. CHARLES Ier.

* *Charles Ier*, fils de François Ier, duc de Guise, et d'Anne d'Est, naquit au château d'Alençon le 26 mars 1554.

Il se distingua de bonne heure dans la carrière des armes, et parut avec éclat aux siéges

FRANÇOIS Ier, *dit* LE BALAFRÉ (*ses enfans*). 17
fut exécuté à Blois les 23 et 24 décembre de l'an 1588. Leurs corps, percés de mille coups, furent brûlés avec de la chaux vive, et leurs cendres jetées au vent, de peur que leurs dépouilles mortelles ne devinssent un signe de ralliement et un objet de vénération pour les ligueurs, qui en étaient idolâtres.

Le cardinal laissa de *Marie* ou *Aymerie* de *Loscherenne*, dame de *Grimancourt*, un fils naturel qui suit :

A. *Louis*, qui fut créé baron d'Ancerville, puis *prince de Phaltzbourg* et *de Lixin*. Il épousa *Henriette de Lorraine*, fille de François II, duc de Lorraine, de laquelle il n'eut point d'enfans. Il mourut à Munich le 4 décembre 1631. Sa veuve contracta encore trois mariages, et mourut en 1660. *Voyez* son article aux enfans de François II, duc régnant de Lorraine.

Branche de Mayenne, Charles Ier.

de Poitiers et de la Rochelle et à la bataille de Moncontour. A l'instar des princes ses frères, il fut un zélé partisan des catholiques, et battit les huguenots en Guienne, en Dauphiné et en Saintonge.

Le duc de Guise, Henri Ier, et le cardinal Louis, ses frères, ayant conçu le dessein de faire déposer le roi Henri III, dans les états

4.° *Antoine*, né le 15 avril 1557, mort en 1560.

5° *François*, né le 31 décembre 1559, chanoine de Reims. Il fut désigné pour en être l'archevêque; mais il mourut auparavant son élévation, en 1573.

6° *Maximilien*, né le 25 octobre 1562, mort en 1567.

7° *Catherine*, née le 18 juillet 1552, mariée, le 4 février 1570, à *Louis de Bourbon*, second du nom, duc de *Montpensier*. Cette princesse, à l'exemple de ses frères, se jeta dans le parti de la ligue, et en devint un des principaux appuis. M. *de Thou*, *Davila*, le Père *Mathieu* et tous les historiens du tems, la signalent comme un chef de parti. Elle mourut sans enfans, le 8 mai 1596.

3. HENRI Ier, dit aussi LE BALAFRÉ.

Henri Ier, fils de François Ier, duc de Guise,

Branche de Mayenne, Charles Ier.

généraux tenus à Blois en 1588, Charles qui était indisposé contre eux, choisit ce moment de leur nuire, et fit prévenir, par Alphonse Ornano, le monarque français, des dangers qu'il courait. Henri III médita dès lors de faire assassiner ces deux princes pour se soustraire à leur projet; il en donna l'ordre les 23 et 24 décembre 1588; mais à peine leur

HENRI Ier, dit LE BALAFRÉ.

dit *le Balafré*, et d'Anne d'Est duchesse de Ferrare, naquit le 31 décembre 1550.

Dès sa plus tendre jeunesse, on distingua chez lui les qualités brillantes qui personnifiaient les Guises, et on le vit combattre avec un courage sans exemple à la bataille de *Jarnac* et à la rencontre de *Château-Thierry*. Dans cette dernière affaire, il reçut à la joue un coup de feu qui le fit aussi surnommer *le Balafré*.

Le peuple de Paris et le parti catholique, toujours idolâtres des princes de la maison de Guise, lui portèrent le même amour qu'ils avaient eu pour le duc François, et se dévouèrent entièrement à ses volontés.

Sa haine contre les huguenots, à qui il attribuait l'assassinat de son père, ne fit qu'augmenter pendant la guerre civile qui désola la France sous le règne de Charles IX. On sait que les chefs protestans étaient le roi de Navarre, qui fut depuis roi de France, sous le nom de *Henri IV*, le prince de Condé et le célèbre amiral de Coligny.

Branche de Mayenne, Charles Ier.

mort fut-elle connue, que le duc de Mayenne, dont les avis secrets l'avaient causée, en devint furieux, et se jeta dans le parti de la ligue. Pour en tirer vengeance contre le roi, il prit le titre de *lieutenant-général de l'état et couronne de France*, et fit déclarer le cardinal de Bourbon roi de France, sous le nom de Charles X; avec plus de fermeté et

La reine Catherine de Médicis, après avoir ménagé une paix avec ces illustres personnages, les attira à la cour de Charles IX, sous prétexte de les combler d'honneurs et de graces, en signe d'une parfaite réconciliation; mais elle méditait dès lors contre eux l'odieux dessein de les immoler à sa vengeance, et de faire couler leur sang.

Le massacre de la *Saint-Barthélemy* fut arrêté en plein conseil, sous la présidence du roi, le 23 août 1572. Le duc de Guise, qui croyait toujours voir dans l'amiral de Coligny le provocateur du meurtre de son père, se chargea de l'exécution. En effet, le dimanche 24 août, à deux heures du matin, il se transporta à l'hôtel de l'amiral avec une escorte d'hommes déterminés, qui l'assassinèrent impitoyablement. Ce fut là le signal de cette affreuse journée où le gouvernement, en faisant immoler de braves citoyens, croyait se défaire de sujets rebelles et dangereux.

L'influence que le duc de Guise gagnait de

Branche de Mayenne, Charles I.er

d'activité, il eût pu lui-même s'emparer du trône; mais quelques historiens prétendent que, quoique ce fût l'objet de son ambition, il n'osa consommer son dessein. Il perdit les fameuses batailles *d'Arques* et *d'Ivry*, contre Henri IV, et finit par s'accommoder avec ce monarque en 1599.

Charles IX avait érigé en sa faveur, en

HENRI Ier, *dit* LE BALAFRÉ.

jour en jour sur le parti catholique, le rendait bien plus puissant en France que ne l'était Henri III. Ce monarque, effrayé des conséquences qui pouvaient résulter d'un pouvoir aussi absolu, songea à l'arrêter ; mais le soulèvement de *la ligue* et la journée des *barricades*, lui prouvèrent plus que jamais que la couronne des Valois chancelait sur sa tête, et que les Guises étaient tout prêts à la saisir pour la porter avec plus de gloire et de succès. Le projet même de déposer Henri III, de le raser, et de le confiner dans un couvent, n'était plus un mystère. Dans cette conjoncture, ce prince médita de faire assassiner le duc de Guise et le cardinal Louis, son frère, afin d'éviter pour lui-même un danger aussi imminent.

Cet attentat fut consommé, sur la personne du premier, le 23 décembre 1588, aux états de Blois. Ce fut *Lognac,* premier gentilhomme de la chambre du roi, et capitaine des quarante-cinq gentilshommes gascons de

---

Branche de Mayenne, Charles Ier.

1573, la terre de Mayenne en duché-pairie, et il fut, en outre, pair, amiral et grand chambellan de France, et gouverneur de l'Isle-de-France et de Bourgogne. Il mourut le 4 octobre 1611.

Il avait épousé Henriette de *Savoie-Villars,* comtesse de Tende et de Sommerive, veuve de Melchior Desprez, seigneur de Montpesat.

la nouvelle garde, qui se chargea de cette exécution avec neuf des siens. Le duc de Guise étant allé visiter le roi, tomba percé de plusieurs coups de poignard dans une des salles du palais. Ainsi finit ce grand homme, qui avait su, par des qualités aimables et un courage à toute épreuve, mériter les suffrages de presque toute la France. Le cardinal, son frère, fut assassiné le lendemain, 24 décembre, ainsi que je l'ai dit page 16.

Le duc Henri Ier était duc de Guise, prince de Joinville, pair et grand-maître de France, général des armées du roi, et gouverneur de Champagne et de Brie; il avait épousé, au mois de septembre 1570, *Catherine de Clèves*, comtesse *d'Eu*, veuve d'Antoine de Croï, prince de Portian, seconde fille de François de Clèves, duc de Nevers et comte d'Eu. Elle mourut le 11 mai 1633. Elle fut enterrée dans l'église des Jésuites de la

---

Branche de Mayenne, Charles Ier (*ses enfans*).

Cette princesse avait une ambition démesurée; elle fut un des ressorts les plus puissans de la ligue; elle mourut quelques jours après le duc de Mayenne son mari, laissant de lui les enfans qui suivent :

1° *Henri Ier*, duc de Mayenne, dont l'article vient page 28.

2° *Charles-Emmanuel*, né le 19 octobre 1581, nommé le comte de Somme-

HENRI I*er*, *dit* LE BALAFRÉ (*ses enfans*).
ville d'Eu, dont elle était la fondatrice. De ce mariage, vinrent :

1° *Charles I er*, duc de Guise, dont l'article vient page 30.

2° *Henri*, né le 30 juin 1572, mort le 13 août 1574.

3° *Charles*, né et mort en 1576.

Maison de Chevreuse.

4° *Claude*, duc de Chevreuse, né le 5 juin 1578. Il servit avec gloire au siége de la Fère, en 1596, et à celui d'Amiens, en 1597, sous le nom de *prince de Joinville*. Quelques disgraces qu'il essuya à la cour, lui firent momentanément quitter la France pour aller en Hongrie, où il fit la guerre contre les Turcs, depuis 1599 jusqu'en 1608. De retour à Paris, en 1612, il fut créé pair de France et duc de *Chevreuse*. Il servit avec distinction aux

---

Branche de Mayenne, Charles I*er* (*ses enfans*).

rive; il mourut le 14 septembre 1609, à Naples, au retour d'un voyage qu'il avait fait à Malte. Il n'était pas marié.

Maisons de Mantoue et de Condé.

3° *Catherine*, née en 1585, épousa, en 1599, Charles I*er* de *Gonzague-Nevers*, duc de *Mantoue*, mort en 1637 (1). De

---

(1) C'est par erreur que Zurlauben dit 1627.

siéges de Saint-Jean-d'Angely, de Clérac, de Montauban, de Negrepelisse et de Montpellier. En 1621, il fut pourvu des charges de grand-chambellan et de grand-aumônier de France, puis ensuite gouverneur de la Marche, de l'Auvergne, du Bourbonnais et de la Picardie. En 1625, il épousa, au nom et par procuration de Charles Ier, roi d'Angleterre, la princesse Henriette de France, fille de Henri IV, qu'il conduisit à Londres avec une pompe pleine de magnificence. Il se trouva au siége de la Rochelle en en 1628, et mourut à Paris le 24 janvier 1657. Il avait épousé, en juin 1622, *Marie de Rohan*, veuve de Charles d'Albert, duc de Luynes. Cette princesse se rendit célèbre dans l'histoire de France, sous le nom de *duchesse de Chevreuse*, en prenant part aux affaires de son siècle, pendant la minorité de Louis XIV, et la régence d'Anne d'Autriche, reine de France, dont elle fut la favorite.

Branche de Mayenne, Charles Ier (*ses enfans*).

ce mariage, vinrent, entre autres enfans : 1° *Charles II*, dont le fils, Charles III, continua la lignée des ducs de Mantoue ; cette maison s'éteignit en 1708 dans la personne de Charles IV, fils de ce dernier ; 2° *Anne*, qui épousa Edouard, fils de l'électeur palatin, roi de Bohême, Frédéric V ; de ce mariage, vint *Anne-*

HENRI Ier, *dit* LE BALAFRÉ (*ses enfans*). 25

Elle mourut en 1679. De ce mariage, vinrent :

A. *Anne-Marie*, abbesse du Pont-aux-Dames, morte le 5 août, 1652.

B. *Charlotte-Marie*, dite *mademoiselle de Chevreuse*, morte à Paris sans alliance, le 7 novembre 1652. Elle était née en Angleterre en 1627.

C. *Henriette*, née en 1631, abbesse du Pont-aux-Dames, après sa sœur. Elle mourut à Port-Royal de Paris, en 1694, après avoir abdiqué son abbaye.

5° *François*, né en 1581, mort en 1582.

6° *Louis*, né vers le 20 mai 1585 (1), fut archevêque de Reims et abbé de Cluni, de Saint-Denis en France, de Moutier-en-Der, et de plusieurs autres célèbres abbayes dont les revenus étaient considérables. Le 21 décembre 1615, le pape Paul V le créa cardinal. Ce prélat avait l'humeur fort guerrière, et voulut mettre l'épée à la main avec Charles de

---

Branche de Mayenne, Charles Ier (*ses enfans*).

Henriette, qui épousa *Henri-Jules*, fils du *Grand-Condé*. Elle porta dans la maison de Condé tout l'héritage des Guises, en sa qualité de petite-fille et d'unique héritière de la princesse Catherine qui fait le sujet de cet article,

---

(1) Zurlauben se trompe en disant 1575.

Gonzague, duc de Nevers, pour une discussion d'intérêt qui s'était élevée entre eux. Le roi, en ayant été averti, envoya au lieu du rendez-vous, fit enlever le cardinal, et le punit par quelques mois de détention à la Bastille. En 1621, il accompagna Henri IV dans son expédition de Poitou, et se distingua par sa bravoure à l'attaque et au siége de Saint-Jean-d'Angely. Il mourut même des suites d'une maladie qu'il avait contractée à ce siége, le 21 juin 1621. Des auteurs accrédités prétendent qu'il s'était marié, le 11 février 1611, à *Charlotte des Essarts*, comtesse *de Romorantin*, l'une des maîtresses du roi Henri IV; mais, marié ou non, il laissa d'elle les enfans qui suivent :

A. *Charles-Louis*, évêque de Condom, mort le 1ᵉʳ juillet 1668.

B. *François-Achille*, comte de Romorantin, tué en 1668 (1) au siége de

---

Branche de Mayenne, Charles Iᵉʳ (*ses enfans*).

et qui mourut le 8 mars 1618. On verra dans la table généalogique des Guises, que leur héritage devait plutôt revenir à la branche d'*Elbeuf* et à celle des princes de *Lambesc* qui en étaient issus

---

(1) C'est par erreur que le Père Anselme dit 1648.

HENRI Ier, *dit* LE BALAFRÉ (*ses enfans*). 27

Candie, où il commandait un corps d'armée pour les Vénitiens contre les Turcs. Il avait épousé *Anne-Marie* de *Salm-Rhingrave*, de laquelle il eut *Charlotte-Christine*, née en 1642, mariée, en 1660, à Ignace de Rouhaut-Gamaches, marquis d'Acy. Elle mourut le 13 mai 1705. De ce mariage, vinrent plusieurs enfans, qui prétendirent à la succession des ducs de Guise, offrant de prouver que le cardinal Louis avait épousé leur bisaïeule.

C. *Henri*, dit *le Chevalier de Lorraine*, mort insensé.

D. *Louise*, dame de Romorantin, fiancée, par contrat passé le 13 décembre 1625, à Mery de Vic.

E. *Charlotte*, dite *de Lorraine*, abbesse de Saint-Pierre de Lyon.

F. *Louise*, mariée, le 24 novembre 1639, à Claude Pot, seigneur de Rhodes, grand-maître des cérémonies de France, morte sans enfans, le 15 juillet 1652.

Branche de Mayenne, Charles Ier (*ses enfans*).

en ligne directe et masculine, qu'à la maison de Condé qui ne pouvait y prétendre que par les femmes.

4° *Renée*, mariée en 1613 à Marie Sforce, duc d'Ognano et comte de Santa-Fiore, morte à Rome le 23 septemb. 1638.

7° *François-Alexandre Paris*, né posthume en 1589, fut chevalier de Malte et lieutenant-général au gouvernement de Provence. Il fut tué au château de Baux, près de Tarascon, de l'éclat d'un canon, le 1er juin 1614. Il est enterré à Arles, dans l'église de Saint-Trophyme.

8° *Catherine*, née et morte en 1573 (1).

9° *Marie*, née le 1er juin 1577, morte en 1582.

10° *Catherine*, née en 1579, morte sans alliance.

11° *Christine*, née en 1580, morte sans alliance.

12° *Louise-Marguerite*, épouse, le 24 juillet 1605, François de Bourbon-Condé, prince de Conti (2), mort le 3 août 1614.

Branche de Mayenne.

2. HENRI Ier.

Henri Ier, fils de Charles Ier, duc de Mayenne, et d'Henriette de Savoie-Villars,

---

(1) C'est par erreur qu'Anselme dit 1473, car son père n'était pas né alors.

(2) *M. Lesage* nous dit gravement, table XI, que ce prince était *sourd-muet*; mais *M. Lesage* ne sait pas que c'est une *erreur* qui n'a été copiée que par des auteurs qui n'ont pas voulu se donner la peine de connaître leur sujet. François de Bourbon-Condé, prince de Conti, naquit le 19 août 1558. Il assista aux premiers

HENRI I*er*, *dit* LE BALAFRÉ (*ses enfans*). 29

De ce mariage il ne vint qu'une fille, née au Louvre le 8 mars 1610, morte le 20 du même mois. La princesse Louise-Marguerite se remaria *secrètement*, selon plusieurs historiens, au célèbre *Bassompierre*, dont elle eut un fils, mort peu de tems après son père. Elle mourut de chagrin, le 30 avril 1631, au château d'Eu, et fut enterrée aux Jésuites de cette ville.

13° *Renée*, abbesse de Saint - Pierre de Reims, morte le 26 juin 1626.

14° *Jeanne*, abbesse de Jouarre. Elle fit rebâtir ce monastère, et mourut le 8 octobre 1638.

Branche de Mayenne, Henri I*er*.

naquit le 20 décembre 1578 ; il fut créé duc d'*Aiguillon* en 1599, et assista au sacre du roi Louis XIII, en 1610.

Le prince de Condé et plusieurs seigneurs,

états de Blois en 1577, et fut reçu chevalier de l'ordre du Saint-Esprit en 1580. Ayant essuyé quelques disgraces à la cour, il embrassa le parti du roi de Navarre, son cousin ; mais l'année d'ensuite il rentra dans le devoir. Lorsque Henri III fut descendu dans la tombe, il fut un des premiers princes du sang qui fit ses soumissions à Henri IV. En 1590, il se trouva à la bataille d'Ivry, puis au combat de Craon, où il commandait des troupes contre le duc de Mercœur. En 1594, il représenta le duc de Bourgogne au sacre de Henri IV, et, l'année suivante, le 17 mai, il fut fait

4. CHARLES Ier.

Charles Ier, fils de Henri Ier, duc de Guise, et de Catherine de Clèves, naquit le 20 août 1571.

Il avait accompagné son père aux états de Blois, en 1588. Aussitôt que Henri III eut fait consommer le meurtre de ce dernier, il s'assura de la personne du jeune Charles, et le fit enfermer au château de Tours, d'où il s'échappa en 1591. Il accourut à Paris, où les ligueurs, toujours inviolablement attachés aux Guises, et sur-tout à la mémoire de son père, le reçurent avec acclamations, et l'eus-

---

Branche de Mayenne, Henri Ier.

mécontens et jaloux de l'autorité que la reine Marie de Médicis accordait au maréchal d'*Ancre*, se retirèrent de la cour, et prirent les armes. Le duc Henri Ier suivit leur parti

---

gouverneur de Paris. Après la mort de Henri IV, il assista au sacre de Louis XIII, et y représenta le duc de Normandie. Il fut encore gouverneur de l'Auvergne et du Dauphiné. Tant de charges et d'emplois importans auraient-ils pu être occupés par un prince *sourd-muet* ? M. *Lesage* ne sait pas que l'imputation de cette infirmité n'est qu'une imposture qui fut alléguée exprès, en 1591, au pape Grégoire XIV, pour faire tomber la couronne de France sur la tête du *cardinal de Bourbon*, préférablement à son frère aîné, François, dont est question. Ce prince avait seulement quelque difficulté

sent proclamé roi, sans la jalousie du duc de Mayenne, son oncle, qui fit échouer ce projet, parce qu'il voulait être le seul prince de sa maison qui gouvernât la France.

Le duc Charles I*er* fut nommé gouverneur de Champagne. On lui donna pour lieutenant le célèbre *Saint-Pol* (1), que le duc de Mayenne avait créé maréchal de France. Les vexations dont ce lieutenant se rendit coupable envers les habitans de la ville de Reims, les déterminèrent à en porter plaintes au duc Charles I*er*, qui l'en réprimanda aussitôt ; mais Saint-Pol, peu disposé à recevoir le blâme

---

Branche de Mayenne, Henri I*er*.

et se retira à *Soissons*, où il fut assiégé par les troupes du roi ; mais l'assassinat du maréchal d'Ancre, la seule cause de cette espèce de soulèvement de la part des princes, fit

---

dans la prononciation. On fut même jusqu'à dire qu'il était impuissant, et qu'il avait subi la taille. Autre imposture, puisqu'il eut *une fille* de la princesse Louise-Marguerite de Lorraine, et un *bâtard*, qui fut abbé de la Couture du Mans, de Bassac en Saintonge, et prieur de Grammont, et dont l'existence est attestée par arrêt du grand-conseil, du 28 septembre 1629. J'ai rompu à cette occasion le serment que j'avais fait de ne plus parler des erreurs multipliées de M. Lesage, parce que l'imputation m'a paru mériter d'être relevée.

(1) Qu'il ne faut pas confondre avec les comtes de Saint-Pol de la maison de Luxembourg, car il était simplement fils d'un braconnier, qui devint maître-d'hôtel de MM. de Brichanteau-Nangis.

du duc de Guise, fit mine de mettre la main sur la garde de son épée. Le prince, se croyant menacé, tire la sienne et la lui passe au travers du corps. (25 avril 1594.) Cette même année, le duc Charles se réconcilia avec Henri IV, qui lui donna le gouvernement de Provence.

En 1617, il eut le commandement de l'armée de Champagne, contre les princes mécontens de la cour et du gouvernement du maréchal d'Ancre. Il prit sur eux Richecourt, Château-Portien et Réthel, et gagna, le 18 octobre 1622, un combat naval sur les Rochellois.

L'attachement que ce prince porta constamment à la reine Marie de Médicis, lui valut la haine du cardinal de Richelieu, qui le fit disgracier du roi, et l'obligea à se retirer, avec toute sa famille, en Italie. Il séjourna près de neuf années à Florence, et mourut à Cuna, près de Sienne, le 30 septembre 1640.

Branche de Mayenne, Henri Ier.

tout rentrer dans le devoir. Le duc Henri Ier servit dans la guerre qui survint peu de tems après contre les huguenots, et fut tué au siége de *Montauban* le 20 septembre 1621 (1).

---

(1) Il fut duc de Mayenne et d'Aiguillon, pair et grand-chambellan de France, gouverneur de Guienne et de l'Isle-de-France.

CHARLES Ier, (*ses enfans*).

Son corps fut transporté à Joinville, pour être inhumé dans le tombeau de ses ancêtres.

Il fut duc de Guise et de Joyeuse, prince de Joinville, souverain de Château-Renaud, comte d'Eu, pair et grand-maître de France, amiral des mers du levant, gouverneur de Champagne et de Provence.

Il avait épousé, en 1611, *Henriette-Catherine*, duchesse de *Joyeuse*, comtesse de *Bouchage*, veuve de Henri de Bourbon, duc de Montpensier (1), et fille du célèbre *Henri*, duc de Joyeuse, pair et maréchal de France, qui se fit *capucin*, sous le nom de *père Ange de Joyeuse*, et qui se rendit fameux pendant la *ligue*. Cette princesse mourut le 25 février 1656, après avoir donné au duc Charles les enfans qui suivent :

1°. *François*, né le 3 avril 1612, connu sous le nom de *prince de Joinville*,

---

Branche de Mayenne, Henri Ier.

Il ne laissa point de postérité de *Henriette* de *Gonzague-Clèves* qu'il avait épousée en 1599 et qui mourut en 1601.

Fin de la branche de Mayenne.

---

(1) De son premier mariage elle eut Marie de Bourbon, duchesse de Montpensier, qui épousa Gaston, duc d'Orléans, frère de Louis XIII. De cette alliance, vint la célèbre *duchesse de Montpensier*, connue sous le nom de *grande Demoiselle*, fameuse par son dévouement à la *ligue* et ses amours avec le duc de *Lauzun*.

et généralement estimé à cause de ses belles qualités. Il mourut à la fleur de son âge, le 7 novembre 1639, sans avoir été marié. On transporta, de Florence, son corps à Joinville, où il fut inhumé.

2° *N**** et *N****, deux princes jumeaux, nés le 4 mars 1613, morts le 19 du même mois. Ils furent enterrés dans l'église de Saint-Jean en Grève.

3° *Henri II*, duc de Guise, dont l'article vient page 35.

4° *Charles-Louis*, duc de Joyeuse, né le 15 juillet 1618, mort à Florence le 15 mars 1637. Son corps fut transporté à Joinville.

5° *Louis*, qui fonda la branche de Joyeuse, rapportée ci-dessous *.

6° *Roger*, né le 21 mars 1624, che-

Branche de Joyeuse.

1. LOUIS Ier.

* *Henri Ier*, fils de Charles Ier, duc de Guise, et d'Henriette-Catherine de Joyeuse, naquit le 11 janvier 1622 (Zurlauben est dans l'erreur en disant 1611.)

Ce prince eut pour apanage le duché de *Joyeuse* qui fut porté par sa mère dans la maison de Guise, et qui lui servit à distinguer sa branche personnelle.

Il fut pourvu en 1644 de la charge de grand-

valier de Malte, se distingue au siége de Gravelines, en 1644, et meurt à Cambrai le 6 septembre 1653. Son corps fut transporté à Joinville.

7° *Marie*, duchesse de Guise. Elle succéda aux biens de sa maison, après la mort de François-Joseph Ier, son petit-neveu. *Voyez* son article, page 40.

8° *N****, née le 4 mars 1617, morte le 18 janvier 1618.

9° *Françoise-Renée*, née le 10 janvier 1621, abbesse de Montmartre en 1644, morte le 4 décembre 1682. Ce fut dans son abbaye, et en sa présence, que se signa, en 1662, le fameux traité de *Montmartre*, par lequel Charles III, duc de Lorraine, cédait ses Etats à la France, sous la condition que les princes lorrains seraient déclarés *princes du sang de France*, et habiles à succéder à cette couronne, au défaut des Bourbons. *Voyez* ce

---

Branche de Joyeuse, Louis Ier.

chambellan de France, puis de celle de colonel-général de la cavalerie légère.

Il se distingua de bonne heure dans la carrière des armes, et mérita par son courage les faveurs du roi ; il mourut le 27 septembre 1654, d'une blessure qu'il avait reçue au bras en chargeant un parti ennemi près d'Arras, le 22 août d'auparavant.

Il avait épousé, le 3 novembre 1649,

qui a été dit sur cet objet, page 175, histoire de la maison de Lorraine.

5. HENRI II.

Henri II, fils de Charles Ier, duc de Guise et d'Henriette-Catherine de Joyeuse, naquit le 4 avril 1614.

Ce prince avait embrassé d'abord l'état ecclésiastique et possédait plusieurs riches abbayes lorsqu'il rentra dans le monde. (Il avait même été nommé à l'archevêché de Reims).

L'inconstance de son caractère et de ses projets lui attirèrent des disgraces sans nombre ; il se jeta dans le parti du comte de *Soissons*, en 1641, et fut traité comme criminel de lèse-majesté, et condamné par contumace, le 6 septembre de la même année, ses biens confisqués et son duché aboli. Cependant, en 1643, il fit ses soumissions au roi et rentra en France ; mais le duché de Guise ne fut point rétabli ; ce ne fut qu'en 1704 que de nou-

---

Branche de Joyeuse, Louis Ier.

Françoise-Marie de *Valois*, fille unique et héritière de Louis-Emmanuel de Valois, duc d'Angoulême, fils du célèbre comte d'Auvergne, bâtard de Charles IX, et de Marie Touchet. Françoise-Marie tomba en démence dans les dernières années de sa vie, et mourut le 4 mai 1696, dans l'abbaye d'Essey. De ce mariage, vint :

1° *Louis Joseph* Ier, qui succède à son

velles lettres-patentes furent délivrées pour en faire l'érection en faveur du prince de Condé.

En 1644, il assista au siége de Gravelines, et passa en Italie en 1647 pour seconder les Napolitains révoltés contre Philippe IV, roi d'Espagne. La France lui avait promis des secours pour le soutenir dans cette entreprise qu'il formait pour son propre compte, les rebelles l'ayant élu leur généralissime, et lui promettant même de le porter au trône après la révolution qu'ils opéraient ; mais la trahison de *Gennaro Landi*, l'un des chefs des révoltés, qui livra la ville de Naples aux Espagnols pendant l'absence du duc de Guise, fit échouer tous ces projets. Henri II eut même le malheur d'être fait prisonnier par les Espagnols, qui l'envoyèrent au château de Ségovie, où il demeura dans la captivité jusqu'en 1652. Il se vengea d'eux en 1654, en conduisant en Italie une armée navale avec laquelle il prit Castelamare.

Les duels, les profusions, les aventures et les amours romanesques de ce prince, en fi-

---

Branche de Joyeuse, Louis Ier (*ses enfans*).

oncle le duc Henri II dans les biens de la maison de Guise. *Voyez* page 38.

2° *Henriette-Catherine*, née en 1651, morte en 1655.

La branche cadette de Joyeuse hérite de la branche aînée. Voyez page *suiv.*

rent un personnage singulier en tout. En parlant de lui et du Grand-Condé, l'on disait que l'un était le *héros de la fable*, et l'autre le *héros de l'histoire*.

Il devait épouser Anne de Gonzague sa cousine, mais il préféra Honorée de *Grimberg* ou *Grimberghe*, fille de Godefroi de *Glimes - Bergues*, comte de Grimberghe, veuve d'Albert-Maximilien de Hénin, comte de Bossu, laquelle il épousa à Bruxelles le 11 novembre 1641. Quatre ans après ce mariage, il devint amoureux de *mademoiselle de Pons*, issue, comme lui, de la maison de Guise, et prétendit faire casser son alliance avec Honorée de Grimberg, mais il ne put y parvenir. Honorée mourut en août 1670.

Le duc Henri II fut duc de Guise, prince de Joinville, comte d'Eu, pair et grand-chambellan de France ; ce prince ne laissant point de postérité, eut pour successeur dans les biens de la maison de Guise, Louis-Joseph Ier, de la branche de Joyeuse, son neveu.

6. LOUIS-JOSEPH Ier.

Louis-Joseph Ier, fils de Louis Ier, duc de Joyeuse, et de Françoise-Marie de Valois, (*voyez* page 57.) naquit le 7 août 1650.

Le duc de Guise, Henri II, son oncle, étant mort en 1664, sans laisser de postérité, il fut mis en possession de l'héritage de ce prince et de tous les biens de la maison de Guise ; il fit ses premières armes sous le roi

Louis XIV, qu'il accompagna à la conquête de la Franche-Comté en 1668.

Trois ans après il mourut de la petite-vérole, à Paris, le 30 juillet; son corps fut transporté à Joinville pour être inhumé à côté de ses ancêtres.

Il prenait les titres de duc de Guise, de Joyeuse et d'Angoulême, pair de France, prince de Joinville, comte d'Aletz et de Ponthieu.

Il avait épousé, le 15 mai 1667, *Elisabeth d'Orléans*, duchesse d'Alençon, fille de Gaston de France, frère de Louis XIII. La ville d'Alençon, dit dom Clémencet, n'oubliera jamais les exemples de vertu que cette princesse lui donna, ni les abondantes aumônes que sa charité lui fit verser dans le sein des indigens. Elle mourut à Versailles le 17 mars 1696.

De ce mariage vint Franç.-Joseph Ier qui suit:

7. FRANÇOIS-JOSEPH Ier.

FRANÇOIS-JOSEPH Ier, fils de Louis-Joseph Ier, duc de Guise et d'Elisabeth d'Orléans, naquit à Paris le 28 août 1670.

Il fut titré duc de Guise, d'Alençon, de Joyeuse et d'Angoulême, pair de France, prince de Joinville et comte d'Aletz, à la mort de son père, arrivée le 30 juillet 1671.

Il ne vécut que jusqu'à l'âge d'environ six ans, étant mort au palais du Luxembourg, à Paris, le 16 mars 1675.

En lui, finissent les mâles de la branche

aînée des ducs de Guise. La succession de cette maison fut recueillie par la fille aînée de Charles Ier, dont il a été question page 35, et dont l'article va se répéter.

8. MARIE Iere, dite Mlle DE GUISE.

Marie Iere, fille de Charles Ier, duc de Guise, et d'Henriette-Catherine de Joyeuse, naquit le 15 août 1615.

A la mort du jeune François-Joseph Ier, duc de Guise, son petit-neveu, elle fut mise en possession de la majeure partie des biens qui appartenaient, de tems immémorial, à sa maison; mais cette princesse ne s'étant pas mariée, et étant morte le 3 mars 1688, le duché de Guise passa à la maison de Condé, du chef d'Anne-Henriette de Gonzague, issue, par les femmes, de Catherine de Guise, dont il a été parlé page 24.

Marie avait fait un testament olographe, le 6 janvier 1686, par lequel elle appelait la maison d'*Elbeuf*, issue des Guises, à recueillir sa succession; mais la maison de Condé, plus puissante alors à la cour, que celle d'Elbeuf, s'en fit adjuger la majeure partie. Néanmoins les terres de *Lambesc* et d'*Orgon* furent dès lors cédées à la branche d'Armagnac.

Fin de la branche aînée de la maison de Guise.

MAISON DUCALE D'ELBEUF,

ISSUE DE LA MAISON DE LORRAINE.

---

1. RENÉ Ier.

R ené Ier, fils de Claude Ier, duc de Guise, et d'Antoinette de Bourbon-Vendôme, naquit le 14 août 1536 (*Voyez* page 7).

Ce prince reçut le marquisat d'*Elbeuf* pour son apanage, et en fit prendre le nom distinctif à sa branche.

Il signala son courage à la défense de Metz, en 1552, et seconda puissamment, dans cette entreprise, le duc François Ier de Guise, son frère. Il ravitailla Mariembourg, et commanda les Suisses en Italie, dans la campagne de 1557. Il coopéra, l'année d'ensuite, à la prise de Calais, sous le commandement de François de Guise, dont je viens de parler, qui avait été créé lieutenant-général des armées de France, par le roi Henri II.

François de Guise, grand-prieur et général

des galères de France, autre frère de René Ier, étant mort en 1563, le roi Charles IX conféra cette dignité au prince René Ier qui l'exerça jusqu'à sa mort, arrivée en 1566.

René avait épousé, le 3 février 1554, *Louise de Rieux*, sœur et héritière de Claude II de Rieux, comte d'Harcourt, et seigneur d'Ancenis, de laquelle il laissa :

1° *Charles Ier*, duc d'Elbeuf, qui succéda à son père, et dont l'article vient ci-dessous.

2° *Marie*, qui épousa, le 10 novembre 1576, *Charles Ier*, duc d'Aumale ; elle mourut en 1613. *Voyez* page 14.

René Ier laissa un fils naturel d'une demoiselle écossaise, nommée *Marguerite Chrétien*. Il fut appelé René, du nom de son père, et quelquefois on lui donnait le surnom de *bâtard d'Elbeuf*. Il fut seigneur de Beaumesnil, et mourut le 26 janvier 1629, laissant d'*Isabeau de Lormeau-Memont*, 1° René d'Elbeuf ; 2° Charles d'Elbeuf, appelé le chevalier de Beaumesnil, vivant en 1675 ; 3° Claude-Marie d'Elbeuf, qui épousa, en 1665, Pierre Janvier du Maine-Blanc, vicomte de Bois-Herpin.

2. CHARLES Ier.

Charles Ier, fils de René Ier, marquis d'Elbeuf, et de Louise de Rieux, naquit le 18 octobre 1556.

Ce prince représenta le grand-maître de France au sacre du roi Henri III, en 1575. Il accompagna le duc d'Alençon en Flandres, en 1581, et se distingua en 1587 à l'attaque de Vimory.

Henri III ayant eu avis qu'il trempait dans les projets d'Henri Ier, duc de Guise, son cousin, l'avait fait arrêter à Blois en 1588, en même tems qu'il ordonnait le meurtre de ce dernier, et du cardinal Louis son frère. Charles ne fut remis en liberté qu'en 1591; mais ayant fait, en 1594, son accommodement avec le roi Henri IV, il le servit avec une fidélité et un dévouement exemplaires, et se signala au combat de Fontaine-Française.

Henri III avait érigé en sa faveur le marquisat d'Elbeuf en *duché-pairie*, au mois de novembre 1581.

René Ier fut en outre grand-écuyer et grand-veneur de France, gouverneur du Bourbonnais; il prit les titres de comte d'Harcourt, de Lillebonne et de Rieux. Il mourut en 1605.

Il avait épousé *Marguerite de Chabot*, fille et héritière de Léonor de Chabot, comte de Charny et de Buzançais, morte le 29 septembre 1652. De ce mariage, vinrent:

1° *Charles II*, duc d'Elbeuf, qui succède à son père, et dont l'article vient page 47.

2° *Henri*, qui fonde la branche d'Armagnac, rapportée ci-dessous *.

Branche d'Armagnac-Brionne.

1. HENRI Ier.

* Henri Ier, fils de Charles Ier, duc d'El-

3º *Claude-Eléonore*, dame de Beaumesnil, épouse, en 1600, Louis Gouffier, duc de Rouanez ; elle mourut le 1ᵉʳ juillet 1654.

Branche d'Armagnac-Brionne, Henri Iᵉʳ.

beuf, et de Marguerite de Chabot, naquit le 20 mars 1601.

Il fut pourvu des comtés d'*Harcourt*, d'*Armagnac*, de *Charni*, et de *Brionne*, et de la *vicomté* de *Marsan*.

Il se trouva à la bataille de *Prague* le 8 novembre 1620 ; il y fit des prodiges de valeur. Lous XIII employa utilement ses talens militaires aux siéges de Saint-Jean-d'Angely, de Montauban, de l'île de Rhé et de la Rochelle, et à la prise du pas de Suze. En 1637, le même monarque le créa général d'une armée navale, avec laquelle le comte Henri fit une descente en Sardaigne, et reprit, au retour de cette expédition, les îles de St.-Honorat et de Sainte-Marguerite, dont les Espagnols s'étaient rendus maîtres en 1635. Ce même prince commandait l'armée française à la journée de *Quiers*, en 1639 : avec huit mille hommes, il battit vingt mille Espagnols, commandés par le marquis de Leganès. Le 29 avril 1640, il gagna, sur les mêmes troupes, la bataille de *Cazal*, et ouvrit, le 16 mai d'ensuite, la tranchée devant *Turin*, et y entra victorieux le 24 septembre. Ce siége est un des événemens les plus mémorables du dix-

4° *Henriette*, abbesse de Notre-Dame de Soissons, en 1646, morte le 24 janvier 1669.

Branche d'Armagnac-Brionne, Henri Ier.

septième siècle : il couvrit de gloire le comte d'Harcourt, et le fit passer, à juste titre, pour un des généraux les plus expérimentés de l'Europe.

En 1645, le 22 juin, pendant la minorité de Louis XIV, il remporta, sur les Espagnols, commandés par dom André Cantelme, la célèbre victoire de *Liorens*, qui le rendit maître de Balaguier ; mais, l'année d'ensuite, il ne fut pas aussi heureux devant *Lérida*, dont il fut obligé de lever le siège, le 21 novembre, avec perte d'une partie de son bagage et de son canon.

Le cardinal Mazarin lui confia, en 1649, le commandement de l'armée de Flandres avec laquelle le comte Henri prit Condé, Maubeuge et le fort de l'Esclère.

Ce prince servit encore en Guienne en 1651 et 1652, pendant les troubles civils qui agitèrent la France à l'occasion de l'exil du cardinal Mazarin.

Il est connu dans l'histoire sous le nom de *comte d'Harcourt* ; et ce ne fut qu'en 1645, le 20 novembre, que le roi Louis XIV lui délivra des lettres-patentes pour la concession du comté d'*Armagnac*, dont la branche prit le titre distinctif.

5° *Françoise*, née en 1599, morte sans alliance, le 9 décembre 1626.

6° *Catherine*, née en 1606, morte le 30 janvier 1611.

Branche d'Armagnac-Brionne, Henri Ier (*ses enfans*).

Henri Ier fut grand écuyer de France, vice-roi de Catalogne, gouverneur de l'Anjou et de l'Alsace et sénéchal de Bourgogne.

Il mourut le 25 juillet 1666, de mort subite, à l'abbaye de Royaumont, où il fut enterré.

Il avait épousé, en février 1639, *Marguerite-Philippine* de *Cambout-Coaslin*, veuve d'Antoine de l'Age, duc de Puy-Laurens, morte le 9 décembre 1674, laissant de son mariage les enfans qui suivent :

1° *Louis Ier*, comte d'Armagnac, qui succède à son père, et dont l'article vient page 49.

2° *Philippe*, né en 1643, fut fait chevalier de Malte. On lui donna plusieurs abbayes, qui lui fournirent des revenus considérables. Il entreprit la carrière des armes, et servit avec distinction en Italie et en Hongrie, en 1658 et 1664, puis en Hollande, contre les Anglais, en 1666. Il se distingua encore aux siéges de Bergues, de Tournai, de Douai, d'Oudenarde et de Lille, en 1667. Il accompagna Louis XV à la conquête de la Hollande et de la

3. CHARLES II.

Charles II, fils de Charles Ier, duc d'Elbeuf et de Marguerite de Chabot, naquit en 1596.

Branche d'Armagnac-Brionne, Henri Ier (*ses enfans*).

Franche-Comté, puis aux siéges de Mons et de Namur. Partout il signala la valeur qu'il tenait de ses ancêtres. Il est généralement connu dans l'histoire sous le nom de *chevalier et de prince de Lorraine*. Il mourut le 8 décembre 1702, après s'être acquis la réputation d'un général célèbre et expérimenté.

3° *Alphonse-Louis*, né en 1644. Il fut abbé de Royaumont, chevalier et général des galères de Malte, et servit avec distinction au siége de Candie, en 1667. Il mourut le 8 juin 1689. On l'appelait le chevalier d'*Harcourt*.

4° *Raymond-Béranger*, né le 4 janvier 1647, fut abbé de Saint-Faron de Meaux, et mourut en 1686.

5° *Charles*, qui fonde la branche de Marsan, rapportée ci-dessous *.

Branche de Marsan-Pons.

1. CHARLES Ier.

* Charles Ier, fils de Henri Ier, comte d'Armagnac et de Brionne, et de Marguerite-

Il représenta le comte de Flandres au sacre de Louis XIII, le 17 octobre 1610, et le duc de Guienne au sacre de Louis XIV, en 1654.

Pendant les guerres civiles qui désolèrent

Branche d'Armagnac-Brionne, Henri I*er* (*ses enfans*).

6° *Armande-Henriette*, née le 7 janvier 1640, abbesse de Notre-Dame de Soissons en 1669, mourut à Paris le 19 mai 1684.

Branche de Marsan-Pons, Charles I*er*.

Philippine de Cambout-Coaslin, naquit le 8 avril 1648.

Il suivit le roi Louis XIV dans presque toutes ses campagnes, et mérita, par son courage, les faveurs et les louanges de ce monarque. Il mourut le 13 décembre 1708.

Il fut comte de Marsan, sire de Pons, prince de Mortagne, souverain de Bedeille, marquis d'Ambleville et baron de Miossens. Toutes ces principautés lui vinrent en partie de Marie-Françoise d'*Albret*, qui en était héritière, et qu'il avait épousée en mars 1683. Elle mourut sans enfans en 1692. Le comte Charles I*er* se remaria le 22 février 1696, à *Catherine-Thérèse* de *Matignon*, veuve du célèbre Colbert, ministre et secrétaire d'État, et fille de *Henri* de *Goyon* de *Matignon*,

CHARLES II. 49

la France à l'occasion du calvinisme, il servit avec distinction dans les armées royales, et fut blessé au siége de Saint-Jean-d'Angely, en 1621. Il battit le marquis de Laforce

---

Branche d'Armagnac-Brionne, Louis Ier.

2. LOUIS Ier.

Louis Ier, fils de Henri Ier, comte d'Armagnac et de Brionne, et de Marguerite-Philippine de Cambout-Coaslin, naquit le 7 décembre 1641.

Branche de Marsan-Pons, Charles Ier (*ses enfans*).

comte de *Thorigny*. Elle mourut le 7 décembre 1699. De ce mariage, vinrent :

1° *Charles - Louis Ier*, dont l'article vient page 50.

2° *Jacques - Henri*, né le 24 mars 1698, fut chevalier de Malte, *prince de Lixin*, colonel d'un régiment de cavalerie français en 1719, puis grand-maître de la maison du duc de Lorraine. Il fut tué, le 2 juin 1734, à la tête du pont de Philisbourg. Quelques auteurs disent que ce fut dans un duel avec le duc de Richelieu. Il avait épousé, le 19 août 1721, *Marguerite - Gabrielle de Beauvau-Craon*, née le 28 avril 1707, de laquelle il n'eut point d'enfans. Elle se re-

Tome III. 4 d

en 1622, et prit les places de Sainte-Foi, Montravel et Tonneins sur les huguenots.

L'attachement qu'il avait porté à Gaston d'Orléans, frère de Louis XIII, lui avait at-

---

Branche d'Armagnac-Brionne, Louis Ier.

Il assista le roi Louis XIV dans les guerres de Flandres, de Franche-Comté et de Hollande.

Il fut créé grand-écuyer de France, séné-

Branche de Marsan-Pons, Charles Ier (*ses enfans*).

maria, le 2 janvier 1739, à *Charles-Pierre-Gaston* de *Levis*, maréchal de *Mirepoix*.

3° *Marie*, née le 7 décembre 1699, morte neuf jours après sa naissance.

2. CHARLES-LOUIS Ier.

Charles-Louis Ier, fils de Charles Ier, comte de Marsan, sire de Pons, et de Catherine-Thérèse de Matignon, naquit à Paris le 19 novembre 1696.

Il fit ses premières armes en Hongrie, dans la campagne de 1717, et à son retour en France, l'année suivante, il fut fait colonel d'un régiment d'infanterie de son nom, puis lieutenant-général des armées du roi.

Il prit les titres de prince de Lorraine,

tiré certaines disgraces en 1631 ; le cardinal de Richelieu le força à quitter la cour et même la France ; il ne rentra en faveur qu'en 1643.

En 1644, après la prise de Gravelines, il

Branche d'Armagnac-Brionne, Louis Ier.

chal de Bourgogne et gouverneur de l'Anjou. Il prenait les titres de prince de Lorraine, comte d'Armagnac, de Brionne et de Charni. Il

---

Branche de Marsan-Pons, Charles-Louis Ier (*ses enfans*).

comte de Marsan, sire de Pons, prince de Mortagne, souverain de Bedeils, marquis de Mirambeau et d'Ambleville, et baron de Miossens. Il mourut à Paris le 1er novemb. 1755. Il fut connu sous le nom de *prince de Pons*.

Il avait épousé, le 1er mars 1714, *Élisabeth de Roquelaure*, fille d'Antoine-Gaston, duc de Roquelaure, maréchal de France, morte le 25 mars 1752. De ce mariage, vinrent :

 1° *Gaston Ier*, dont l'article vient p. 55.

 2° *Louis-Joseph*, né le 3 juillet 1722, mort le 13 janvier 1727.

 3° *Camille-Louis*, né le 18 décembre 1725. Il fut appelé le *prince Camille*, et prenait les titres de prince de Marsan, marquis de Puyguilhem, sire de Pons et comte de Pontgibaud. Il fut lieutenant-général des armées du roi. Il ne s'est pas marié.

prit le commandement de l'armée française en Flandres.

Il fut duc d'Elbeuf, pair de France, comte d'Harcourt, de Lillebonne, de Rieux, et gouverneur de Picardie.

Branche d'Armagnac-Brionne, Louis Ier.

mourut dans l'abbaye de Royaumont le 13 juin 1718.

Il avait épousé, le 7 octobre 1660, *Catherine de Neuf-Ville*, fille de Nicolas de *Neuf-*

Branche de Marsan-Pons, Charles-Louis Ier (*ses enfans*).

4° *Léopoldine-Elisabeth*, dite *mademoiselle de Pons*, née le 2 octobre 1716, mariée le 1er mars 1733, à *Joachim de Zuniga-Soto-Mayor*, substitué aux biens et aux noms des maisons de Soto-Mayor, de Mendozza et de Gusman, duc de Béjar, comte de Belalcasar, grand d'Espagne, et grand-justicier héréditaire des royaumes de Castille et de Léon.

5° *Louise-Henriette-Gabrielle*, née le 30 octobre 1718, mariée, le 28 novembre 1743, à *Godefroi-Charles-Henri* de la Tour-d'Auvergne-Bouillon, prince de Turenne. De ce mariage, vinrent, 1° *Jacques-Léopold Godefroi, prince de Bouillon*, colonel du régiment de ce nom ;

Il mourut le 5 novembre 1657.

Il avait épousé, au mois de février 1619, *Catherine-Henriette* de *France*, fille légitimée du roi Henri IV, et de Gabrielle

---

Branche d'Armagnac-Brionne, Louis Ier (*ses enfans*).

Ville, duc de *Villeroi*, pair et maréchal de France. Elle mourut le 27 décembre 1707. De ce mariage, vinrent :

1° *Henri II*, dont l'article vient page 65.

Branche de Marsan-Pons, Charles-Louis Ier (*ses enfans*).

2° *Charles-Louis Godefroi*, chevalier de Malte, dit le prince d'*Auvergne*. La princesse leur mère est morte en 1788.

6° *Marguerite-Françoise-Louise*, née le 1er janvier 1723, appelée *mademoiselle de Marsan*. Elle se fit chanoinesse à Remiremont.

3. GASTON Ier.

GASTON Ier, fils de Charles-Louis Ier, comte de Marsan et prince de Mortagne, et d'Elisabeth de Roquelaure, naquit en 1720.

Il fut fait brigadier des armées du roi, le 20 février 1743, et mourut à Strasbourg le 1er mai de la même année, sans laisser de postérité de *Marie-Louise* de *Rohan-Soubise*, qu'il avait épousée le 15 juin 1739. Cette prin-

d'Estrées, duchesse de Beaufort. Elle mourut le 20 juin 1663. De ce mariage, vinrent:

1º *Charles III*, duc d'Elbeuf, dont l'article vient page 61.

Branche d'Armagnac-Brionne, Louis Ier (*ses enfans*).

2º *François-Armand*, né le 13 février 1665, abbé de Royaumont, primat de Nanci, puis évêque de Bayeux en 1719, mort en 1728.

3º *Camille*, né le 26 octobre 1666. Il servit avec distinction dans les armées françaises, et fut fait maréchal-de-camp. Le duc de Lorraine le revêtit de la dignité de grand-maître et de grand-maréchal du duché de Lorraine. Il est connu sous le nom de *prince Camille*. Il mourut à Nanci en décembre 1715, sans avoir été marié.

Branche de Marsan-Pons, Gaston Ier.

cesse fut nommée gouvernante des enfans de France, et surintendante de leur maison et éducation le 4 janvier 1754. Elle était sœur du duc de Rohan-Rohan, prince de Soubise, maréchal de France et ministre d'Etat. Après la mort de son époux, on l'appela la *comtesse douairière de Marsan*.

Fin de la Branche de Marsan-Pons.

CHARLES II (*ses enfans*).

2° *Henri*, abbé d'Homblières, dit l'abbé d'Elbeuf, mort le 30 avril 1668.

3° *François*, tige de la branche de Lorraine-Harcourt, rapportée ci-dessous ⋆.

Branche d'Armagnac-Brionne, Louis Ier (*ses enfans*).

4° *Philippe*, né le 29 juin 1673, mort en 1677.

5° *Louis-Alphonse*, né le 4 août 1675, fut chevalier de Malte et chef d'escadre des armées navales de France. Il fut tué à la bataille de *Malaga* le 24 août 1704. On l'appelait le *Bailli de Lorraine*.

6° *Anne-Marie*, né le 23 septembre 1680, abbé de la Chaise-Dieu et de Moustier-en-Der, mourut de la petite vérole, à Monaco, le 19 octobre 1712.

Branche de Lorraine-Harcourt.

1. FRANÇOIS Ier.

⋆ FRANÇOIS Ier, fils de Charles II, duc d'Elbeuf, et de Catherine-Henriette de Bourbon, naquit en 1623.

Il se distingua au siége de Coni, en 1641, et à celui de Gravelines en 1644.

Il avait reçu pour apanage le comté d'Harcourt, dont sa branche prit le nom distinctif. Il fut en outre comte de Rieux, de Montlaur, de Rochefort, de Saint-Romaise, marquis de

MAISON DUCALE D'ELBEUF.

4° *François-Marie I*ʳ qui forme la tige des comtes de Lillebonne, dont la branche est rapportée ci-dessous *.

Branche d'Armagnac-Brionne, Louis Iᵉʳ (*ses enfans*).

7° *Charles*, né le 22 février 1684. Il se distingua dans les campagnes de Flandres, de 1711 et 1712, où il servit en qualité de maréchal-de-camp. Il fut *grand-écuyer de France*, gouverneur de Picardie et d'Artois; il prenait les titres de

---

Branche de Lorraine-Harcourt, François Iᵉʳ.

Maubec, Baron d'Aubenas, seigneur de Montpesat et de Miremande. Il mourut le 27 juin 1694.

Il avait épousé, le 15 juillet 1645, *Anne d'Ornano*, fille et héritière de *Henri-François-Alphonse d'Ornano*, favori de Gaston de

---

Branche de Lorraine-Lillebonne.

1. FRANÇOIS-MARIE Iᵉʳ.

* FRANÇOIS-MARIE Iᵉʳ, fils de Charles II, duc d'Elbeuf, et de Catherine-Henriette de Bourbon, naquit le 4 avril 1624.

Il fit des prodiges de valeur au siége de Nortlingue, en 1645, et de Lérida, en 1646; se trouva à la bataille de Lens en 1648, au

CHARLES II (*ses enfans*). 57

5º *Catherine*, religieuse au Port-Royal de Paris, morte en 1645.

6º *Marie-Marguerite*, dite mademoi-

Branche d'Armagnac-Brionne, Louis Ier (*ses enfans*).

comte d'Armagnac et de Brionne. On l'appelait le *prince Charles*. Il mourut en 1751. Il avait épousé, le 12 mai 1717, *Françoise - Adélaide de Noailles*, fille ainée d'Adrien-Maurice, duc de Noailles, et de Françoise-Charlotte-Amable d'Au-

---

Branche de Lorraine-Harcourt, Franç. Ier (*ses enfans*).

France, frère de Louis XIII. Elle lui porta les seigneuries de Montlaur, de Maubec et d'Aubenas. Elle mourut en septembre 1695. De ce mariage, vinrent :

1º *Alphonse-Henri Ier*, comte d'Harcourt, dont l'article vient page 62.

Branche de Lorraine-Lillebonne, François-Marie Ier.

siége de Landrecies en 1655, et à la prise de Condé et de Saint-Venant en 1657. Il commanda les troupes de Lorraine aux siéges de Douai et de Lille, et se signala au combat de *Binguen* en 1668.

Il fut pourvu du comté de Lillebonne, dont sa branche prit le nom distinctif, et des sei-

selle d'Elbeuf, née en 1629, dame du palais de la reine ; elle mourut le 7 août 1679.

Branche d'Armagnac-Brionne, Louis Ier (*ses enfans*).

bigné. Il ne vint aucun enfant de ce mariage.

Maison de Mello-Cadaval-Portugal.

8° *Marguerite*, née le 17 octobre 1662, mariée le 26 juillet 1675 à *Nugno-Alva-*

Branche de Lorraine-Harcourt. Franç. Ier (*ses enfans*).

2° *César*, comte de Montlaur, dit le *chevalier d'Harcourt*, tué à la guerre d'Allemagne le 27 juillet 1675.

3° *Charles*, dit *l'abbé d'Harcourt*, né en 1661, mort le 23 mars 1683.

4° *Marie-Angélique*, mariée, le 7 fé-

Branche de Lorraine-Lillebonne, François-Marie Ier.

gneuries de Commerci et de Villemareuil.

Il mourut lieutenant-général des armées du roi, le 11 janvier 1694.

Il avait épousé, 1° le 3 septembre 1658, *Christine d'Estrées*, morte sans lui avoir donné d'enfans, le 18 décembre de la même année; 2° le 7 octobre 1660, Anne de Lor-

CHARLES II (*ses enfans*).

Le duc d'Elbeuf, Charles II, avait eu cinq filles naturelles qui suivent : 1° *Charlotte*, bâtarde d'Elbeuf, religieuse à Notre-Dame de Soissons, morte en 1667 ; 2° *Élisabeth*, dite *mademoiselle de Rochefort*; 3° *Thérhèse*, dite *mademoiselle de Luigny* ; 4° *Charlotte* ;

Branche d'Armagnac-Brionne, Louis Ier (*ses enfans*).

rès-Pereyra de *Portugal-Mello*, duc de Cadaval, mort le 29 janvier 1712. Marguerite mourut à Lisbonne le 16 décembre 1730. De ce mariage, vinrent plusieurs enfans qui continuèrent l'illustre lignée

Branche de Lorraine-Harcourt, Franç. Ier (*ses enfans*).

vrier 1671, A Nugno-Alvarès-Pereyra de Portugal-Mello, duc de Cadaval. Elle mourut en couches, le 9 juin 1674. Son époux se remaria à Marguerite de Lorraine-Armagnac. *Voyez* page 58.

Branche de Lorraine-Lillebonne, François-Marie Ier (*ses enfans*).

raine, fille du duc Charles III et de Béatrix de Cusance, morte le 19 février 1720. De ce mariage, vinrent :
 1° *Charles-François Ier*, dont l'article vient page 62.
 2° *Henri-Louis*, né le 26 octobre 1669, mort le 17 mars 1670.

5° N***, morte jeune et sans alliance. Les trois premières eurent pour mère une demoiselle de la meilleure noblesse de Flandre ; les deux dernières vinrent d'une femme d'une commune extraction.

Branche d'Armagnac-Brionne, Louis Ier (*ses enfans*).

des ducs de Cadaval-Mello-Pereyra, en Portugal.

9° *Françoise*, née le 28 février 1664, morte jeune.

Branche de Lorraine-Harcourt, Franç. Ier (*ses enfans*).

5° *Françoise*, née en 1675, abbesse de Montmartre, morte le 29 octobre 1699.

Nota. Des lettres-patentes, enregistrées au parlement de Paris le 21 avril 1694, parlent de la légitimation de *François d'Harcourt*, qualifié fils naturel de messire François de Lorraine et d'*Anne d'Ornano*. Alors il était né avant le mariage de son père, et ne fut reconnu que quelques mois avant sa mort.

Branche de Lorraine-Lillebonne, François-Marie Ier (*ses enfans*).

3° *Jean-Paul*, dit le *prince Paul*, né le 10 juin 1672, tué à la bataille de Nerwinde le 29 juillet 1693.

4° *Béatrix-Hiéronyme*, née le 1er juillet 1662, abbesse de Remiremont en 1711, morte le 9 février 1738.

5° *Thérèse*, née le 12 mai 1663, morte le 17 septembre 1671.

4. CHARLES III.

CHARLES III, fils de Charles II, duc d'Elbeuf, et de Catherine-Henriette de France, naquit en 1620.

Branche d'Armagnac-Brionne, Louis Ier (*ses enfans*).

10° *Armande-Ferdinande*, née le 8 juillet 1668, morte en 1681, sans alliance.

11° *Isabelle*, née le 12 juin 1671, morte au berceau.

Branche de Lorraine-Harcourt, Franç. Ier (*ses enfans*).

Le comte François-Marie Ier avait encore eu trois enfans naturels de Marie-Blanche Morin; savoir : Henri, dit le *bâtard d'Harcourt*, né le 31 mars 1674; Marie-Anne, bâtarde d'Harcourt, née le 7 février 1675, et Catherine, dite aussi *bâtarde d'Harcourt*, née le 27 septembre 1676.

Branche de Lorraine-Lillebonne, François-Marie Ier (*ses enfans*).

6° *Elisabeth*, née le 5 avril 1664, mariée, le 7 octobre 1691, à Louis *de Melun*, prince d'*Epinoy*, mort le 24 septembre 1704. Elle mourut en 1748.

7°. *Marie-Françoise*, née le 28 mai 1666, morte le 10 mai 1669.

8° *Sébastienne*, née le 19 avril 1667, morte le 15 août 1669.

9° *Jeanne-Françoise*, née le 16 septembre 1668, morte en 1680.

Il commença ses premières armes en 1641, et se trouva au siége et à la prise de Coni. Il accompagna le duc d'Orléans en Flandres, où il coopéra à la réduction de Gravelines,

Branche d'Armagnac-Brionne, Louis Ier (*ses enfans*).

12° *Marie*, née le 12 août 1674, mariée, le 13 juin 1688, à Antoine de Grimaldi, duc de Valentinois, prince de Monaco, pair de France, colonel du ré-

Branche de Lorraine-Harcourt.

2. ALPHONSE-HENRI Ier.

Alphonse-Henri Ier, fils de François-Marie Ier, comte d'Harcourt, et d'Anne d'Ornano, naquit le 14 août 1648.

Branche de Lorraine-Lillebonne.

2. CHARLES-FRANÇOIS Ier.

Charles-François Ier, fils de François-Marie Ier, comte de Lillebonne, et d'Anne de Lorraine, naquit le 11 juillet 1661.

Il fit ses premières armes, en Hongrie, au service de l'empereur d'Allemagne, qui soutenait une guerre considérable contre les Turcs. Il se signala à la bataille de Gran, en 1685, aux siéges de Neuhausel et de Bude,

le 28 juillet 1644. Il fit, avec succès, dans le même pays, la campagne de 1647.

Ce prince mourut le 4 mai 1692 ; il prenait les titres de duc d'Elbeuf, pair de France

---

Branche d'Armagnac-Brionne, Louis Ier (*ses enfans*).

giment de Soissonais. Elle mourut le 30 octobre 1724.

De ce mariage il ne vint que des filles, dont Louise-Hippolyte de Grimaldi-

---

Branche de Lorraine-Harcourt, Alphonse-Henri Ier.

Il se distingua au siége de Lille, en 1657, et accompagna le roi de France, Louis XIV, à la conquête de la Hollande, en 1672, et de la Franche-Comté en 1674. Il fut envoyé en Flandres l'année suivante, et assista à la ré-

---

Branche de Lorraine-Lillebonne, Charles-François Ier.

en 1686, et à la bataille de Moatz, en 1687. Il fut blessé, l'année suivante, au siége de Belgrade. En 1689, il coopéra à la prise de Mayenne et de Bonn, et fut tué, le 15 août 1702, à la bataille de Luzzara, où il commandait, en qualité de général, la cavalerie de l'Empereur. Il ne s'était pas marié.

Fin de la Branche de Lorraine-Lillebonne.

et comte d'Harcourt ; il fut gouverneur de Picardie, de Montreuil-sur-Mer, de l'Artois et du Hainaut français.

Il avait épousé, 1°, le 7 mars 1648, *Anne-Elisabeth* de *Lannoy*, veuve de Henri-Roger du Plessis-Liancourt, comte de la Roche-

---

Branche d'Armagnac-Brionne, Louis Ier (*ses enfans*).

Monaco fut l'aînée. Elle épousa, le 20 octobre 1715, *Jacques-François-Eléonor Goyon de Matignon-Thorigny*, qui fut substitué au nom et aux armes de Grimaldi, et à qui elle porta le duché de Valentinois.

13° *Charlotte*, dite *mademoiselle d'Armagnac*, née le 6 mai 1677, morte le 21 Janvier 1757.

Branche de Lorraine-Harcourt, Alphonse-Henri Ier.

duction de Limbourg, de Valenciennes, de Cambrai, de Gand et d'Ypres.

Le 17 août 1688, il fut blessé au siége de Negrepont ; il commanda, en 1689, un corps d'armée de cinq mille hommes, qui occupait les passages de l'isthme de Corynthe.

Il prenait les titres de *prince d'Harcourt*, comte de Montlaur, de Saint-Romaise, marquis de Maubec, baron d'Aubenas et de Montbonnet, seigneur de Montpezat. Il mourut en février 1719.

Il avait épousé, le 21 février 1667, *Fran-*

Guyon, fille unique et héritière de Charles, comte de Lannoy; elle mourut à Amiens, le 3 octobre 1654; 2°, le 20 mai 1656, *Elisabeth* de la *Tour-d'Auvergne-Bouillon*, fille de Frédéric-Maurice de la Tour-d'Auvergne, duc de Bouillon; elle mourut le 23 octobre

---

Branche d'Armagnac-Brionne, Louis Ier (*ses enfans*).

14° Marguerite, née le 20 juillet 1680, morte en 1681.

3. HENRI II.

Henri II, fils de Louis Ier, comte d'Armagnac et de Brionne, et de Catherine de Neuf-Ville-Villeroi, naquit le 15 novembre 1661.

Branche de Lorraine-Harcourt, Alphonse-Henri Ier (*ses enfans*).

çoise de Brancas fille aînée et héritière de Charles, comte de Brancas, morte le 13 avril 1715. De ce mariage, vinrent :

1° *Charles*, comte de Montlaur, né en 1673, mort jeune.

2° *Anne-Marie Ire*, dont l'article vient page 67.

3° *François*, né le 31 mars 1684, mort en 1705. On l'appelait le *prince de Montlaur*.

4° *François - Marie*, né le 10 août 1686, blessé et fait prisonnier à la ba-

1680 ; 3°, le 25 août 1684, *Françoise de Montault*, fille et héritière de Philippe de Montault, duc de *Navailles*, morte le 11 juin 1717.

Branche d'Armagnac–Brionne, Henri II.

Il fut reçu grand-écuyer de France le 25 février 1677, en survivance de Louis Ier, comte d'Armagnac, son père. Il accompagna le dauphin au siége et à la prise de Philisbourg, en 1688, et continua ses services à l'armée d'Allemagne en 1691.

Il donna sa démission de grand-écuyer de

Branche de Lorraine–Harcourt, Alphonse-Henri Ier
(*ses enfans*).

taille de *Hochstet*, en 1704. Il mourut à Guastalla, l'an 1706. Il était mestre-de-camp de cavalerie.

5° *N****, dite *mademoiselle d'Harcourt*, née le 16 octobre 1668, morte en 1671.

6° *Marie*, dite *mademoiselle de Montlaur*, née le 18 août 1669, morte en 1671.

7° *Anne*, dite *mademoiselle de Maubec*, née en octobre 1670, morte en janvier 1671.

8° *Anne-Marguerite*, née en août 1675, morte jeune.

9° *Suzanne*, morte jeune.

CHARLES III (*ses enfans*). 67

Enfans du premier lit.

1º *Charles*, né le 2 novembre 1650, chevalier de Malte, mort en 1690.

2º *Anne-Elisabeth*, née le 6 août 1649,

Branche d'Armagnac-Brionne, Henri II.

France en faveur de son fils, en mars 1712, et mourut le 3 avril de la même année. (Anselme est dans l'erreur en le faisant mourir en 1691 ou 1692).

Il avait épousé, le 23 décembre 1689, *Ma-*

Branche de Lorraine-Harcourt.

3. ANNE-MARIE Ier.

ANNE-MARIE Ier, fils d'Alphonse-Henri Ier, comte d'Harcourt, et de Françoise de Brancas, naquit le 30 avril 1679.

Le duc souverain de Lorraine, Léopold Ier, voyant avec regret que le nom de *Guise* se fût éteint depuis la mort du duc Henri II, et ne présumant pas qu'il fût possible d'arracher cette succession de la maison de Condé, prit le parti, en 1718, de céder au prince Anne-Marie Ier, des terres seigneuriales en nombre assez considérable, dans ses propres Etats, pour former une principauté sous le nom de *Guise-sur-Mozelle*.

mariée le 28 avril 1669 à Charles-Henri Ier, comte de Vaudémont, et prince de Commerci, mort le 14 janvier 1723. *Voyez* page 168, *maison de Lorraine*. Anne-Elisabeth mourut le 5 août 1714, au château de Bar-le-Duc.

Branche d'Armagnac-Brionne, Henri II (*ses enfans*).

rie-*Madeleine d'Espinay - Duretal*, fille et héritière de Louis, marquis d'Espinay et de Broòn, morte le 12 décembre 1714. De ce mariage, vinrent :

 1° *Louis II*, dont l'article vient p. 70.
 2° *Marie-Louise*, née le 24 octobre

Branche de Lorraine-Harcourt, Anne-Marie Ier.
(*ses enfans*).

Anne-Marie prit dès-lors le titre de prince de Guise-sur-Mozelle, comte d'Harcourt, de Clermont, de Montlaur et de Saint-Romaise. Il mourut le 27 avril 1739.

Il avait épousé, le 2 juillet 1705, *Marie-Louise-Christine Jeannin de Castille*, fille et héritière de Gaspard Jeannin de Castille, seigneur de Chenoise et marquis de *Montjeu*. Elle mourut le 11 janvier 1736. De ce mariage, vinrent :

 1° *N****, né en janvier 1721, mort au mois de mai suivant.
 2° *Louis Ier*, dont l'article vient page 70.
 3° *Louise - Henriette - Françoise*, née en 1707, mariée, le 21 mars 1725, à

CHARLES III (*ses enfans*).

Enfans du deuxième lit.

1° *Henri-Frédéric*, né le 26 janvier 1657, comte de Lillebonne, mort le 21 octobre 1666.

2° *Henri I*ᵉʳ, duc d'Elbeuf, dont l'art. vient page 74.

Branche d'Armagnac-Brionne, Henri II (*ses enfans*).

1693, appelée *mademoiselle de Brionne*, morte sans alliance le 18 octobre 1724.

Le comte Henri II eut un fils naturel, dit le *bâtard de Brionne*, et chevalier d'Orgon, capitaine de cavalerie dans le régiment de Lambesc.

Branche de Lorraine-Harcourt, Anne-Marie Iᵉʳ (*ses enfans*).

Emmanuel-Théodore de la Tour-d'Auvergne, duc de Bouillon, pair et grand-chambellan de France. Cette princesse mourut le 31 mars 1737.

Maison de Richelieu.

4° *Marie-Elisabeth-Sophie*, née en 1710, épouse, le 7 avril 1734, *Louis-François-Armand du Plessis*, duc de *Richelieu* et de *Fronsac*, pair et maréchal de France, mort le 8 août 1788, célèbre dans l'histoire du siècle dernier par son génie et ses talens militaires, ses aventures amoureuses, ses liaisons avec Voltaire, les

3° *Louis*, né le 18 septembre 1662, abbé d'Orcamp, mort le 4 février 1693. Il avait eu de *Catherine-Henriette du Fay-Lamezangère*, une fille naturelle, nommée *Françoise-Henriette-Louise*, bâtarde de Lorraine, qui, s'étant pourvue

---

Branche d'Armagnac-Brionne.

4. LOUIS II.

Louis II, fils de Henri II, comte d'Armagnac, et de Marie-Madeleine d'Espinay-Duretal, naquit le 13 février 1692.

Ce prince se signala dans la carrière des armes, et se trouva à la bataille de *Malplaquet*, le 11 septembre 1709. Il y reçut trois

---

Branche de Lorraine-Harcourt, Anne-Marie Ier
(*ses enfans*).

grâces de son esprit, et la finesse de ses réparties. La princesse Marie-Elisabeth-Sophie mourut le 2 août 1740. De ce mariage, vint *Louis-Joseph-Antoine*, duc de Richelieu, qui fut père d'*Armand-Emmanuel*, duc de Richelieu, attaché aujourd'hui au service de Russie.

4. LOUIS Ier.

Louis Ier, fils d'Anne-Marie Ier, comte d'Har-

CHARLES III (*ses enfans.*)

au parlement pour se faire légitimer, échoua dans son projet.

4° *Emmanuel-Maurice I*, dont l'art. vint page 77.

5° *Marie-Eléonore*, née le 24 février 1658, religieuse au couvent de la Visi-

---

Branche d'Armagnac-Brionne, Louis II.

coups de sabre sur la tête. Il fut fait brigadier des armées du roi le 1er février 1719.

Il prenait les titres de prince de Lorraine et de *Lambesc*, comte d'Armagnac, de Brionne et de Braine; baron de Pontarcy, grand-sénéchal héréditaire de Bourgogne, gouverneur de l'Anjou.

Il mourut à Paris le 9 septembre 1743.

Il avait épousé, le 22 mai 1709, *Jeanne*-

Branche de Lorraine-Harcourt, Louis Ier.

court, prince de Guise-sur-Mozelle, et de Marie-Louise-Christine de Castille-Montjeu, naquit le 17 décembre 1720.

Ce prince embrassa le parti des armes, et fut fait brigadier des armées du roi le 1er mai 1745, puis colonel d'un régiment d'infanterie. On le trouva mort dans sa tente, à l'armée d'Italie, le 20 juin 1747. Il n'était pas marié. En lui finit la branche de Lorraine-Harcourt.

Fin de la Branche de Lorraine-Harcourt.

tation du faubourg Saint-Jacques à Paris, le 16 mai 1676.

6° *Marie-Françoise*, née le 5 mai 1659, religieuse, le 13 janvier 1680, au couvent de la Visitation du faubourg Saint-Germain, à Paris.

Enfans du troisième lit :

1° *Susanne-Henriette*, née le 1er février 1686, mariée à Milan le 8 novembre 1704, à *Charles IV de Gonzague-Nevers*, duc de *Mantoue*, mort en 1708, sans laisser de postérité. Son duché fut confisqué par l'empereur Joseph Ier, qui le réunit aux domaines autrichiens.

Branche d'Armagnac-Brionne, Louis II (*ses enfans*).

Henriette-Marguerite de *Durfort-Duras*, fille aînée de Jacques-Henri de Durfort, duc de Duras, morte le 4 août 1748. De ce mariage, vinrent :

1° *Louis - Charles Ier*, dont l'article vient page 74.

2° *François-Camille*, né le 31 octobre 1726. Il se fit chevalier de Malte, et était connu sous le nom de *chevalier* de *Lorraine* ; mais il embrassa ensuite l'état ecclésiastique, et fut pourvu, en 1747, de l'abbaye de Saint-Faron de Meaux, et en 1751, de l'abbaye de Saint-Victor de

CHARLES III, (*ses enfans*). 73

Charles de Gonzague avait été mis au ban de l'Empire par ce monarque, pour avoir pris parti pour la France dans la guerre de la succession d'Espagne ; il fut le dernier mâle de la maison de Gonzague-Nevers, qui avait hérité de la branche aînée en 1627. La duchesse Susanne - Henriette mourut à Paris le 16 décembre 1710.

2° *Louise-Anne-Radegonde*, née le 10 juillet 1689, abbesse de Saint-Saëns, en septembre 1726.

Le duc Charles III eut les enfans naturels qui suivent :
1° *Alexis de Lorraine*, légitimé par lettres-patentes du mois de mars 1673.
2° *Charles de Lorraine*, chevalier de *Quatremares*, né de *Louise Vincent*, légitimé en même tems que

---

Branche d'*Armagnac-Brionne*, Louis II (*ses enfans*).

Marseille. On l'appelait alors l'*abbé de Lorraine*.

3° *Jeanne-Louise*, dite *mademoiselle de Lambesc*, née le 4 décembre 1711.

4° *Henriette-Julie-Gabrielle*, née le 30 octobre 1722, mariée le 12 mai 1739, à *Jacques de Portugal-Mello*, duc de *Cadaval*, marquis de *Pereyra*.

5° *Charlotte-Louise*, née le 21 juillet 1724, mariée le 22 mars 1746, à *Alexandre-Ferdinand, prince de la Tour et Taxis*. Elle fut sa seconde femme.

6° *Agathe-Louise*, née le 10 juillet 1731, dite mademoiselle de Brionne.

son frère. Il épousa *Anne d'Angleberme*, dont il eut *Marie-Charlotte d'Elbeuf-Quatremares*, née à Paris le 4 avril 1688.

3° *Charlotte de Lorraine*, légitimée par lettres du mois de décembre 1680, et mariée en 1681 à *Léonor de Brevedent*, seigneur d'Oisel et de Betencourt.

5. HENRI Ier.

HENRI Ier, fils de Charles III, duc d'Elbeuf, et d'Elisabeth de la Tour-d'Auvergne-Bouillon, naquit le 7 août 1661.

Ce prince débuta dans le service militaire à l'âge de seize ans, et se trouva aux siéges de Valenciennes et de Cambrai, en 1677; il fut blessé l'année suivante à la prise d'Ypres; il accompagna le dauphin au siége de Philisbourg, en 1688, et assista à la prise de Mons en 1691; il fut fait maréchal-de-camp à l'ar-

---

Branche d'Armagnac-Brionne.

5. LOUIS-CHARLES Ier.

LOUIS-CHARLES Ier, fils de Louis II, prince de Lambesc et comte de Brionne, et de Jeanne-Henriette de Durfort-Duras, naquit le 10 septembre 1725.

Ce prince servit avec distinction dans les armées du roi, et fut fait gouverneur de l'Anjou en 1740, grand-sénéchal, héréditaire de Bourgogne en 1743, brigadier de cavalerie en 1745, maréchal-de-camp en 1748 et *grand-écuyer de France* en 1751.

Il prenait les titres de prince de Lorraine,

mée de Piémont, et revint en Flandres où il coopéra aux siéges de la ville et du château de Namur ; il paya de sa personne à la tête d'un corps de l'armée française, au combat de Steinkerque, le 3 août 1692, puis à la bataille de Nerwinde en 1693.

Il fut créé lieutenant-général des armées du roi le 3 janvier 1696, et mourut le 12 mai 1748. Il prenait les titres de prince de Lorraine, duc d'Elbeuf, pair de France, gouverneur de Picardie, des comtés d'Artois, d'Hainaut, et des ville et citadelle de Montreuil.

Il avait épousé, le 28 janvier 1677, *Charlotte* de *Rochechouard*, fille puînée de *Louis-Victor* de *Rochechouard*, duc de *Vivonne-Mortemar*, pair, maréchal et général

---

Branche d'Armagnac-Brionne, Louis-Charles Ier.

et de Lambesc, comte de Brionne et de Charny.

Il mourut le 28 juin 1761.

Il avait épousé, 1°, le 5 janvier 1740, *Louise - Charlotte de Grammont*, fille de Louis-Antoine-Armand, duc de Grammont, pair de France, morte *sans enfans* le 2 février 1742 ; 2°, le 30 décembre 1744, *Augustine de Coëtquen*, fille unique de *Jules-Malo*, comte de Combourg, veuve de Charles-Auguste, duc de Rochechouard-Mortemart, aussi morte *sans enfans* le 3 juin 1746 ; 3°, le 30 octobre 1748, *Marie-Louise-Julie-Cons-*

des galères de France, morte à Paris le 28 avril 1729. De ce mariage, vinrent :

1° *Philippe*, né en octobre 1678, dit le prince d'Elbeuf, tué en 1705, à l'âge de 27 ans, devant Chivas en Italie, en allant faire une reconnaissance de l'ennemi (1).

2° *Charles*, né en 1685, mort jeune.

3° *Armande-Charlotte*, née en 1683, dite *mademoiselle d'Elbeuf*, morte en 1701.

Le duc Henri Ier laissa deux enfans naturels ; 1° *Henri*, bâtard d'Elbeuf, né le 26 mai 1702, page

---

Branche d'Armagnac-Brionne, Louis-Charles Ier (*ses enfans*).

tance de *Rohan-Guémené*, fille de *Charles de Rohan*, prince de Montauban, née le 8 mars 1734; elle le fit père des enfans qui suivent :

1° *Charles IV*, prince de Lambesc, comte d'Armagnac et de Brionne, qui succède au duché d'Elbeuf; son article vient page 80.

2° *Joseph*, né le 23 juin 1759, connu de nos jours en France, sous le nom de

---

(1) Zurlauben est dans l'erreur, lorsqu'il prétend que ce fut Charles qui fut tué à Chivas ; cet auteur se condamne lui-même, en disant que Charles fut tué à *l'âge de* 27 *ans*, car Charles étant né en 1685, n'avait

HENRI I*er* (*ses enfans*).

de la grande écurie du roi en 1716, sous le nom de *Routot*; 2° *Alexandre-François*, bâtard d'Elbeuf, né le 12 septembre 1703, reçu page avec son frère, sous le nom de *Croslay*.

6. EMMANUEL-MAURICE I*er*.

Emmanuel Maurice I*er*, fils de Charles III, duc d'Elbeuf, et d'Elisabeth de la Tour-d'Auvergne-Bouillon, naquit le 20 décembre 1677.

Il passa, en 1706, au service des empereurs Joseph I*er* et Charles VI, et fut fait général de la cavalerie impériale dans le royaume de Naples. Il revint en France en 1719, et re-

---

Branche d'Armagnac-Brionne, Louis-Charles I*er* (*ses enfans*).

prince de *Vaudémont*; il fut mestre-de-camp commandant le régiment des dragons de Lorraine, et grand-écuyer de France, en survivance du prince de Lambesc, son frère; il quitta ce royaume en 1790, pour entrer au service de l'empereur d'Allemagne, issu, comme lui, de la maison de Lorraine. Il servit dans les dernières guerres en qualité de lieutenant-général des armées impériales. Il a épousé,

---

que 20 ans en 1705, époque de l'événement de Chivas; or, c'était donc bien de son frère qui était alors âgé de 27 ans, étant né en 1678. Anselme d'ailleurs suit ce système.

cueillit, en 1748, la succession de son frère Henri Ier, qui était mort sans laisser de postérité mâle.

Emmanuel-Maurice prit dès-lors les titres de prince de Lorraine, duc d'Elbeuf, second pair héréditaire de France, et baron de Routot.

C'est à ce prince que nous sommes redevables de la découverte de la fameuse ville d'*Herculanum* (1). Il faisait bâtir à *Porticci* un superbe château qu'il voulait orner de marbres antiques; certain d'en trouver dans un terrain qu'il avait acheté d'un paysan, il ordonna qu'on

---

Branche d'Armagnac-Brionne, Louis-Charles Ier
(*ses enfans*).

le 30 décembre 1778, *Louise-Auguste-Elisabeth-Marie-Colette* de *Montmorenci*, née le 31 mai 1763.

Maison de Carignan.

3° *Josephe-Thérèse*, née le 26 août 1753, mariée le 18 novembre 1798, à *Victor-Amédée de Savoie*, *prince de Carignan*, lieutenant-général au service de France, puis général d'infanterie du roi de Sardaigne; il mourut en 1780. De ce mariage, vint Charles-Emmanuel de

---

(1) Herculanum, ville de Campanie, fut détruite ainsi que Pompeia, par un tremblement de terre, occasionné par une éruption du Vésuve. Ce funeste événement eut lieu sous le règne de Titus, le 24 août de l'an 79. Her-

y fit une fouille profonde; on fut fort étonné, lorsqu'à force de persévérance, on découvrit, non-seulement les plus beaux marbres, mais encore sept statues de sculpture grecque du plus grand prix. Il fit présent de ces dernières au roi de Naples ; ces excavations menèrent à la découverte des villes d'Herculanum et de Pompeïa.

Le duc Emmanuel Maurice Ier mourut le 14 août 1763, *sans laisser de postérité*.

Il avait épousé à Naples, le 25 octobre 1713, *Marie-Thérèse Stramboni*, duchesse de *Salza*, morte en 1744 ; 2°, le 6 juin 1747, *Innocentine-Catherine* de *Rougé*, fille de Jean-Gilles de Rougé, marquis du *Plessis-Bellière*, colonel du régiment d'Angoumois;

―――――――――――

Branche d'Armagnac-Brionne, Louis-Charles Ier
(*ses enfans*).

Savoie-Carignan, mort en 1800, laissant Charles de Savoie-Carignan, né en 1798 et une princesse née en 1799.

4° *Anne-Charlotte*, née le 11 novembre 1755, abbesse de Remiremont, morte en 1786.

La Branche de Lambesc *hérite du duché* d'Elbeuf. *Voyez* Charles IV, page suivante.

―――――――――――

culanum était à vingt-quatre pieds sous terre, et Pompeïa à douze. Les maisons et les rues en étaient encore en assez bon état.

elle était veuve de *Jean-Sébastien* de *Kerhoënt*, marquis de *Coëtanfau* en Bretagne, et de *Montoire* en Vendômois.

Fin de l'ancienne Branche d'Elbeuf, celle d'Armagnac-Brionne, première de Lambesc, lui succède en la personne de Charles IV qui suit:

7. CHARLES IV.

Charles IV, dit aussi Charles-Eugène, fils de Louis-Charles Ier, comte d'Armagnac et de Brionne, prince de Lambesc, et de Marie-Louise de Rohan-Guémené-Montauban, naquit le 28 septembre 1751. (*Voyez* page 76).

Ce prince succéda à son père en 1761, dans la dignité de grand-écuyer de France.

Le duc d'*Elbeuf*, Emmanuel-Maurice Ier, le seul mâle de cette branche, étant mort en 1763, sans laisser de postérité, le prince de Lambesc fut appelé à recueillir l'héritage de cette maison.

Il prit dès lors les titres de duc d'Elbeuf, prince de Lambesc, sire de Pons, prince de Mortagne, et souverain de Bedeils. Il fut capitaine du régiment de Mestre-Camp-Général, cavalerie, puis colonel des dragons de Lorraine, le 21 mars 1773, chevalier des ordres du roi, le 1er janvier 1777, grand-sénéchal héréditaire de Bourgogne, gouverneur de l'Anjou, en 1761, et brigadier des armées du roi en 1781. Il commandait, en 1789, le régiment de Royal-Allemand, cavalerie.

Il quitta la France en 1789, pour prendre du service en Autriche, et il commanda dans les dernières guerres, en qualité de lieutenant-général des armées impériales.

Il a épousé *Anne de Cettner*, née en 1764; elle était veuve du comte Potocki.

Le prince de Lambesc et le prince de Vaudémont, son frère, dont il a été question page 76, sont les derniers rejetons de la maison de Guise, si célèbre en France par les grands hommes qu'elle a produits.

FIN.

TABLE

DES MAISONS DUCALES
DE LORRAINE-GUISE
ET DE LORRAINE-ELBEUF,
ET DES BRANCHES QUI EN DESCENDENT.

A.

Aiguillon (duché d'), 29.
Alphonse-Henri Ier, chef de la branche d'Harcourt, 57, 62.
Amboise (conjuration d'), 14.
Ancre (maréchal d'), 30.
Angleterre (maison d'), 8.
Anet (principauté d'), 13.
Anne-Marie Ier, chef de la branche d'Harcourt, 65, 67.
Armagnac (branche d'), 43.
Arques (bataille d'), 11, 20.
Aumale (branche d'), 5.

B.

Barricades (journée des), 21.
Barthelemy (massacre de la S.), 4, 6, 20.
Bassompière, 29.
Blois (états de), 10, 18.
Brionne (branche d'Armagnac, dite aussi), 43.

C.

Carignan (maison de Savoie-), 78.
Catherine de Médicis, reine de France, 20.
Charles IX, roi de France, 19, 20.
Charles Ier, duc de Guise, 23, 30.
Charles de Lorraine Guise (le cardinal), célèbre dans l'histoire de France, 3 et suiv.
Charles Ier, duc d'Elbeuf, 42.
Charles II, *idem*, 43, 47.
Charles III, *idem*, 54, 61.
Charles Ier, duc de Mayenne, 16.
Charles Ier, duc d'Aumale, 10.
Charles Ier, chef de la branche de Marsan-Pons, 47.
Charles, prince de Lambesc, 76, 80.
Charles-François Ier, chef de la branche de Lillebonne, 59, 62.

Tome III.

TABLE DES MAISONS

Charles-Louis Ier, chef de la branche de Marsan Pons, 49, 50
Charlotte des Essarts-Romorantin, 26.
Chenier, poète français, 4.
Chevreuse (branche de), 23.
Chevreuse (duchesse de), 24.
Claude Ier, prince de Lorraine, chef de la maison de Guise, 1.
Claude, duc de Chevreuse, 23.
Coligny (l'amiral de), 6, 19.
Condé (maison de), 23.

E.

Elbeuf (branche d'), 7, 41.
Emmanuel-Maurice Ier, duc d'Elbeuf, 71, 77.
Essarts (des) Romorantin, 26 et suiv.

F.

François Ier, duc de Guise, 3, 12.
François Ier, chef de la branche d'Harcourt, 55.
François-Joseph Ier, duc de Guise, 39.
François Marie Ier, chef de la branche de Lillebonne, 56.
Françoise-Renée, abbesse de Montmartre, 35.

G.

Gaston Ier, chef de la branche de Marsan-Pons, 51, 53.
Guise (maison de), 1.
Guise-sur-Moselle (principauté de), 67.

H.

Harcourt (branche d'), 55.
Harcourt (comté d'), 44, 45.
Henri III, roi de France, 16, 17, 18, 30.
Henri Ier, duc de Guise, 16, 18.
Henri II, *idem*, 34, 36.
Henri Ier, duc de Mayenne, 22, 28.
Henri Ier, duc d'Elbeuf, 69, 74.
Henri Ier, chef de la branche d'Armagnac-Brionne, 43.
Henri II, *idem*, 53, 65.
Henri Ier, duc de Joyeuse, 34.
Herculanum, 78.

J.

Joinville (principauté de), 15.
Joseph, prince de Vaudémont, 76
Joyeuse (branche de), 33, 34.

L.

Lambesc (princes de), 75, 76, 79, 80.
Lérida, 45.
Lillebonne (branche de), 56.

DE GUISE ET D'ELBEUF. 85

Lixin (princes de), 17, 49.
Lognac (M. de), 21.
Loschereune (Marie de), 17.
Louis Ier, chef de la branche d'Harcourt, 68, 70.
Louis Ier d'Armagnac Brionne, 49.
Louis II, *idem*, 68, 70.
Louis, cardinal de Guise, assassiné à Blois, 16, 21.
Louis-Joseph Ier, duc de Guise, 36, 38.

M.

Mantoue (maison de), 23.
Marie de Médicis, reine de France, 32.
Marie Ire, duchesse de Guise, 35, 40.
Marie de Lorraine-Guise, reine d'Ecosse, 8.
Marignan (bataille de), 2.
Marsan-Pons (branche de), 47.
Mayenne (branche de), 16.
Mello (maison de), 58
Montmartre (traité de), 35.

P.

Pol (de Saint-), 34.
Pompeia, 78.
Pons (branche de Marsan), 47.

R.

René Ier, duc d'Elbeuf, 7, 41.
Richelieu (maison de), 69.
Richelieu (cardinal de), 32, 50.
Romorantin, 26.

T.

Tour et Taxis, 73.
Turin (siége de), 44.

V.

Vassy (massacre de), 14.

Y.

Yvri (bataille d'), 11, 20.

FIN DE LA TABLE DES MAISONS DUCALES DE LORRAINE-
GUISE ET DE LORRAINE-ELBEUF.

www.ingramcontent.com/pod-product-compliance
Lightning Source LLC
Chambersburg PA
CBHW050246230426
43664CB00012B/1851